本书由中共中央党校创新工程资助出版，为中共中央党校创新工程"中国共产党人的价值观与精神追求"项目科研成果之一。

张军 ◎ 主编

学步集

中国近现代政治思想与制度研究论文集

中国社会科学出版社

图书在版编目(CIP)数据

学步集：中国近现代政治思想与制度研究论文集 / 张军主编. —北京：中国社会科学出版社，2018.8
ISBN 978 - 7 - 5203 - 2389 - 5

Ⅰ.①学… Ⅱ.①张… Ⅲ.①政治思想史—中国—近现代—文集 Ⅳ.①D092.5 - 53

中国版本图书馆 CIP 数据核字(2018)第 077382 号

出 版 人	赵剑英
责任编辑	刘 艳
责任校对	陈 晨
责任印制	戴 宽

出　　版	中国社会科学出版社
社　　址	北京鼓楼西大街甲 158 号
邮　　编	100720
网　　址	http://www.csspw.cn
发 行 部	010 - 84083685
门 市 部	010 - 84029450
经　　销	新华书店及其他书店
印　　刷	北京明恒达印务有限公司
装　　订	廊坊市广阳区广增装订厂
版　　次	2018 年 8 月第 1 版
印　　次	2018 年 8 月第 1 次印刷
开　　本	710×1000　1/16
印　　张	22.5
插　　页	2
字　　数	352 千字
定　　价	99.00 元

凡购买中国社会科学出版社图书，如有质量问题请与本社营销中心联系调换
电话：010 - 84083683
版权所有　侵权必究

目　　录

自序 ………………………………………………… 张　军(1)

知识分子与近代以来中国社会意识形态兴替
　　——兼论中国共产党早期意识形态的建构 ………… 孙寅沛(1)

何干之的鲁迅研究 ………………………………… 杨友鹏(54)

中国国民党中央宣传部组织管理研究
　　(1924—1927) …………………………………… 童翔宇(124)

宪政视野下国民党党国体制形成研究
　　——以 1911—1928 年为中心的考察 ……………… 张　会(159)

剿匪与自治:20 世纪 30 年代宛西地区
　　权势转移与乡村建设研究 ………………………… 靳潇飒(198)

建构与统合
　　——20 世纪三四十年代边疆研究刊物中的
　　　　"中国"印象 …………………………………… 孙　英(304)

自　　序

　　本集所收六篇论文的作者是我这些年培养的中国近现代史专业的硕士研究生。论文是他们在硕士学位论文基础上进一步凝缩提炼加以改写的。将学位论文合编为一本论文集，自然体例上难免要做一些修正。有的好处理，比如压缩中文摘要的字数，删掉英文摘要，进一步提炼选题意义等等；有的难处理，比如有些内容按照学位论文撰写体例要求是必须要具备的，但收入文集则稍显冗余，那我们就尽量压缩或改写，甚至将部分正文改编，加入到注释中。不过尽管有如此改动，论文观点和正文部分的章节架构则没有变化。

　　这些论文探讨的问题，大多是我和学生们讨论的结果，其中也渗透了我的若干思考。这里依次对这些论文的主旨大意及有关情况简单介绍一下，以便于读者阅读。

　　先看《知识分子与近代中国社会意识形态兴替——兼论中国共产党早期意识形态的建构》一文。此题有两个关键词，一是知识分子，一是意识形态。无论知识分子还是意识形态，学界有关研究甚夥，堪称繁富。但如果站在当下，在总结目前中国共产党意识形态建设的核心问题的前提下，追溯九十多年前，在中国共产党成立之初的那个时代，知识分子如何参与中国社会意识形态重构，并如何形塑共产党早期意识形态基本特点的，这样的研究尚不多见。这篇文章的问题意识，实在于此。虽然我与作者经过多次讨论，但定下这样的论文题目，我仍是比较担心的。担心两点，一是此题甚大，作为博士学位论文选题都绰绰有余；二是要求学养较高，需要通贯地看问题。如对党的意识形态建设史没有整体的理解与认识，是把握不住这个题目的。但初稿出来后，我不太担心了，因为作者对这一问题有一以贯之的理解，文气顺畅自然。有的细节问题，作者反复推敲。在改过七稿后才最终定稿。文章的个别观点或有可商，但整体把握的较好，应该算是成功的写作。

《何干之的鲁迅研究》一文应该是近年来关于我们党的理论家何干之同志研究的最新成果。最初，我与作者商定的研究方向是考察延安时期的马克思主义史学。实质上，我们的意图是拟考察历史学在延安时期共产党意识形态建设中所起的作用。作者在遍览了学界已有的成果后，决定做个案研究。但最终决定研究何干之，则实属偶然。因我的办公室书架中有《何干之文集》，作者很感兴趣，借去读。通读之后，遂自定题目为《何干之的鲁迅研究》。我也很高兴，这确实是一个好选题。据我了解，学界尚无这样的成果。作者本科毕业于历史学系基地班，文史哲皆有很好的底子，颇有才气。他对鲁迅的作品也很熟悉。因此，作者的写作过程很顺利，改过两稿后就定稿了。这篇论文揭示了何干之的鲁迅研究在鲁迅研究史上的重要价值，很有意义。

《中国国民党中央宣传部组织管理研究（1924—1927）》是一篇从组织管理的角度研究国民党中央宣传部的文章。目前学界的相关研究，有一个突出的现象，就是大而全的中国国民党党史研究与具体的中国国民党职能部门的研究相脱节。即便是对国民党政权的重要机构的研究，也是多为政府行政、立法机构或国民党中央党部研究。对具体的中央党部下属职能部门的研究成果并不多见。这篇文章就是对此做具而微的研究的一个尝试。本来我与作者的最初设想，是从国共两党对比的角度去研究，并展开讨论。但作者限于时间与精力，这样的设想在写作过程中没有能完全贯彻。这是令人颇感遗憾的事情。否则，这篇文章的学术价值会更大一些。不过尽管如此，这篇论文还是获得了当年中央党校优秀毕业论文的称号。

近年来，党治问题成为近现代史研究的一个热点。学界讨论非常热烈。成果也不少，从宏观着眼考察近代以来的"革命"与"反革命"之争者有之；从微观入手，分析国民党组织机构进而考察国民党军政关系和基层政权者有之；从"立宪时刻"考察晚清政治与辛亥革命者亦有之。不一而足。《宪政视野下国民党党国体制形成研究——以1911至1928年为中心的考察》一文即是在学界已有成果基础上，从宪政角度对党治问题的进一步探讨。该文通过解剖宪政制度在中国本土化过程中的四个阶段、三次变轨，重点关注和考察了1911年到1928年即中华民国创立到南京国民政府成立这一时期，国民党党国体制形成的内在机理。这篇文章的特点是对有关问题梳理的很是清楚，这是亮点。

《剿匪与自治：20世纪30年代宛西地区权势转移与乡村建设研究》是一篇写得非常扎实的文章。文章的观点与具体论证过程皆是在准确理解并详尽地占有第一手档案资料基础之上。作者在写作过程中，得到宛西彭禹廷家族后人的支持，并得以参阅其珍贵家藏文献资料。很多资料也是第一次被研究利用。需指出的是，作者写的是自己家乡的历史。他自幼在街坊邻里间耳濡目染家乡先贤事迹，从本科至研究生学习期间，自觉或不自觉地试图将自己对近代宛西自治运动的认识逐步系统化。所以，作者在研究生一年级时就想以宛西自治作为毕业论文题目，我也欣然同意。三年间，字斟句酌，从容写就。读其文，能感觉到作者对宛西自治在认识上从感性到理性，渐趋深刻。文字亦情理兼备，简洁雅致。该文篇幅也很长，竟达12万字，已经是一篇博士论文的字数了。

《建构与统合——民国时期边疆研究刊物中的"中国"印象》一文最显著的特点就是问题意识很强，探讨的是民国时期中国作为一个民族国家的建构问题。何为中国，何为边疆，何为民族？除了历史学，政治学、民族学、社会学、人类学、政治哲学等很多学科都在研究这一问题。这一问题太重要了，也是一个跨学科研究的热点问题。作者选取20世纪30、40年代具有代表性的边疆研究刊物《禹贡》《新亚西亚》《边政公论》《中国边疆》《边疆服务》等，解读刊物文本之中学人如何重构作为国家的"中国"以及民族国家视野下的国民统合进程，试图解释在号称多事之秋的晚清民国，中国怎样避免了被肢解的危险，以及最终如何以一个统一多民族国家的面貌屹立于世界舞台之上的。应该说，此文的研究理路，与目前学界有关论著相比，是较为新颖别致的。

以上即是所收论文之大概情况。虽然选题品类不一，但亦有共同之处。这些共同之处，折射出他们的学术追求和学问特点。首先，基本都从意识形态、政党政治等角度选题。其次，皆有强烈的问题意识和现实关照。有些问题，研究的是百年前或者几十年前之"古"，但其实着眼点、出发点则在当下之"今"。最后，皆有理论关怀与家国情怀。这也是中央党校培养的研究生的精神气质。读者可在字里行间细细品味。

这段日子，重读这些学生的论文，忆起他们在校读书的日子，忆起我与他们纵谈国家、学术与人生时的点点滴滴，不免悄然动容，心起波澜。他们的文字或许青涩稚嫩，但蹒跚学步之作，并非全无可采之处。今以《学步集》为名，将论文结集出版，一方面是接受学界的检验，另一方面也是对论文作者在中央党校求学岁月的一个纪念。现在，他们有的在读博，有的已在国家机关或事业单位工作，作为曾经的导师，我惟盼他们一切顺利。

　　是为序。

张军

2016 年 10 月

知识分子与近代以来中国社会意识形态兴替

——兼论中国共产党早期意识形态的建构

孙寅沛

摘　要　在清帝国崩溃的过程中，传统意识形态的瓦解虽然滞后于政治体制的解构，但其作用从时间和空间的两个维度上看，却远远超越了帝国体制崩溃所经历的时间并且不受现实政治制度和政党更迭的影响。中国之所以最终放弃了君主立宪政体，放弃了资本主义而最终选择了列宁式政党和类似于苏联模式的社会主义，这不仅是当时国际政治相互作用的结果，更是中国传统意识形态崩溃后进行选择性再生的影响。

在意识形态更迭的过程中，近代中国知识分子本身即是传统意识形态崩溃过程中形成的产物。各代际知识分子的思想及其论述都带有该阶段传统意识形态崩溃后残留部分的特点，这种特点通过知识分子的宣传逐步下移和推广到基层的大范围民众中形成了改变中国的政治运动，并最终形成了新的政党，而新政党的意识形态无不带有鲜明的传统意识形态特点，它们或明或暗地保存着传统意识形态内核，其契合程度则决定着政党的生命力和执政命运。历史是否会重演，且可能出现何种倾向都取决于意识形态发展和变化过程中各种因素的此消彼长。我们总是将注意力集中在制度建设层面上，但在不触及意识形态核心或未能正确选择改革顺序和改革对象时，制度设计往往功亏一篑，最终导致社会在前进的过程中遭受重大的曲折。

同时，中国知识分子不同于传统社会的士阶层，其只在诞生至新意识形态争霸之前拥有短暂的独立的地位与作用。在新的意识形态形成之后，执政者同意识形态构建者完成了身份的合一，知识分子面对更为强势和高度统一的意识形态亦不能如士一般发挥清流的作用并以捍卫意识形态作为立场而匡正执政者的得失，最终唯有融入到政党之中成为各自党派意识形态的辅助构建者。而未能融入党派的知识分子最终将逐步走向社会的边缘。但同样要看到，要重新整合意识形态，则需要重塑公共知识分子阶层并促使其能够发挥独立、客观的作用，恢复意识形态的弹性。

关键词　知识分子；社会变迁；共产党；意识形态

一　中国传统意识形态的崩溃与自救

近代以来的中国思想史在主观和客观的双重作用下产生了断层，仿佛在五四运动及中国共产党诞生之后便产生了巨大的飞跃。这种飞跃不仅掩盖了意识形态的传承性，更无法深挖政治、经济、文化等方面现象的根源，导致诸多历史问题无法直面回答，亦无法避免其重演。

探究近代以来中国社会意识形态的兴替，需要将时间范围扩大至中国近代的开端，在保持意识形态脉络完整性的基础上，方能进一步探究20世纪初国共两党崛起、争雄和此消彼长的内在动力以及意识形态构建的内在逻辑与因素。

中国近代历史的开端对新旧两种意识形态起到了承前启后的作用，构成了新旧两种意识形态的内核，始终影响着中国近代社会的变革。而内核之外的其他部分则始终在西方强势意识形态与中国传统意识形态相互碰撞、破碎并重新组合中，逐步填补着中国社会意识形态的真空地带。从全局来看，传统意识形态的崩溃与新意识形态的崛起均是逐步完成的，在此过程中部分的真空造成了整体的亚真空状态。这种亚真空状态中，始终未被改变的部分即成为中国意识形态的内核，跨越近代，其影响延续至今，并将深刻地改变中国的未来。

（一）传统意识形态的崩溃

1840年至20世纪30年代，中国传统意识形态在现实变革的冲击下不断出现局部性的崩溃，而选择过程中出现的徘徊造成了真空，导致中国近代意识形态呈现出部分真空和整体亚真空的状态。中国近代政治改革和革命呈现出高层领域的快速转换，形成了中央层面频繁实验、地方军绅政权彼此对抗的局面。这种局面直到20世纪30年代，国共两党为中国奠定了"三民主义"和"马克思主义"两大强势系统的意识形态才最终宣告结束。

以具体事件及其结果作为证据，将中国意识形态嬗替由浅及深、由局部到全面、由拼凑至融合为主线，可以将中国近代传统意识形态崩溃分为三个阶段，即1840年至1895年为第一阶段，以鸦片战争和甲午战争作为节点性事件；1895年至1916年为第二阶段，以"公车上书"和袁世凯复辟为节点性事件；1915年至1927年为第三阶段，以新文化运动和"四一二"政变为节点性事件。

清政府在17世纪和19世纪与西方的两次相遇中呈现出了不同的境遇。第一回合中，西方主要是以宗教的形式出现，但在武力层面并没有对中国的决定性优势，结果铩羽而归。到19世纪，中国面对经历了工业革命的西方，"唯有以开放的心灵学习西方科学技术"[①]。但清王朝业已制度化和僵化的意识形态占据统治地位之时，是否能够重新开放心灵就成为了一个问题。

首先，清王朝始终保持着"帝国中心论"的世界观。特殊的地理环境导致中国无法成为罗马帝国或阿拉伯帝国一般的跨越洲际的大帝国，但也成就了中国独立于外界的独特文化和意识形态体系。中国历史进入到元代之后，统一的帝国形态以及同周边国家的册封与朝贡体系基本稳定下来，在这种秩序之中，中国始终处于亚洲东部朝贡、册封体系的顶端。

清王朝面对西方列强的入侵，存在法理和心理的双重应对机制。第一，清王朝将条约的事项看作被迫接受的例外，而未能明文规定的内容则依旧按照原有秩序进行。"要而言之，鸦片战争之后，围绕中国与英国之间的国家关系的理解，对秩序原理的认识仍然存在着分歧。这种分歧引起了频繁的外交纠纷，最终诱发了第二次鸦片战争。"[②] 第二，清

---

① 韦政通：《中国十九世纪思想史》，东大图书公司1991年版，第5页。
② ［日］佐藤慎一：《近代的知识分子与文明》，刘岳兵译，江苏人民出版社、凤凰出版传媒集团2011年4月第二版，第41页。

王朝在接受不平等条约时，始终固守在册封体系之中，视其为实际被迫之下的"赏赐"。这种心态并非清朝所独有，从汉匈和亲到"澶渊之盟"始终有所体现。

其次，清王朝始终保持着"华夏中心主义"的文化观。在中国的传统意识形态当中，始终存在着"道"的观点，"道"凌驾于一切之上，是评价道德和文化的根本标准，士大夫认为只有中国的文化、伦理和制度是"天下"最高价值的体现。因此，中国是世界的中心，其他国家和民族根据其教化程度而作为"藩"和"夷"，分布在中国的周围，费正清称之为"华夏中心主义"①。

中国传统意识形态具有突出的道德理想主义色彩，兼有儒、释、道三家思想精髓。帝国统治者通过将意识形态制度化，进而建立起以儒生为官僚的庞大官僚体系实现对国家的统治。它要求士大夫奉行"成圣成佛的实践与成圣成佛的学问是合一的"② 哲学，"它没有西方式的以知识为中心，以理智游戏为特征的独立哲学，也没有西方式的以神为中心的宗教启示。它是以'生命'为中心，由此展开他们的教训、智慧、学问与修行"③。这就决定中国从上至皇帝下至士大夫在遵循和巩固意识形态时，出现了将个人修为提升到首要地位，并将其自然人属性交由社会组织在意识形态规定的伦理体系中运行的双重轨道。宋代理学的出现不仅标志着"援佛入儒"的完成，不仅完成"天人合一"体系的构建，也标志着中国文化理性化的实现。通过这一实现，达到了将宇宙论和修身境界在"天理"的概念之下合二为一。从实践中可以看到中国传统士大夫和知识阶层将"世界形成过程同道德实践在结构中等同起来"④。在"华夏中心主义"和"道德内在修行"的双重作用下，中国传统意识形态在面对外来文明冲击时表现出包容和排斥两个极端的状态。当中国文化具有压倒性优势时，"诸夏用夷礼则夷之，夷狄用诸夏礼则诸夏之"的大原则将成为指导中外关系的基本性原则，而行为上则会表现为郑和下西洋之类的举动。但当国力衰微时，中国会表现出极

---

① 费正清：《中国传统与变革》，江苏出版社2011年版。
② 牟宗三：《中国哲学的特质》，吉林出版集团有限责任公司2010年版。
③ 金观涛、刘青峰：《中国现代思想的起源》，法律出版社2010年第1版，第6页。
④ 同上书，第52—64页。

端封闭与排外的意愿和行为，通过保持华夏中心主义的道德优越感，捍卫制度化儒家所规范的国家、社会组织不遭受到破坏，并以捍卫"天道人伦"的方式表现出来。

在"道德内在修行"的指引下，中国知识阶层普遍追求内在"天理世界"的成圣境界，但官僚体系容量的有限性，阻断了由"内圣"达于"外王"的实现途径，佛教禅修的方式为不能从实践角度实现理想的士大夫提供了内在提升的具体方式，也转化成为国家在面对外来冲击时的集体性选择。由此"吾闻用夏变夷者，未闻变于夷者也"① 的思想始终笼罩在传统意识形态第一阶段崩溃中的士大夫和统治者头脑之中，正如薛福成在其1872年送陈兰彬携幼童赴美时写的《赠陈主事序》中所言"其炮械之精，轮船之捷，又大非中国所能敌。中国所长，则在秉礼守义，三纲五常，犁然罔欺。盖诸国之逮远焉。为今之计，莫若勤修政教，而辅之以自强之术。其要在夺彼所长，益吾之短，并审彼所短，用吾之长"②，而"西俗不知五伦"之类的说法和郭嵩焘《使西纪程》被禁的强烈反应则同样说明了这一观点。

1860年5月，太平军将领李秀成、陈玉成击破清军江南大营并于8月开始进攻上海，对于这座因为太平军的冲击而迅速扩大和富有的城市来说，太平军已近在咫尺，但其入城的愿景最终在近代军械武装的洋枪队面前化为泡影。

在清政府弹压太平军的战场上，西洋武器的优势逐渐发挥了关键性的作用，那些深受旧意识形态禁锢的儒臣和统治者在残酷的战争中深切体会到了洋枪洋炮的威力，正如史学家常提的湘军将领胡林翼看到外国轮船"鼓轮西上，迅如奔马，疾如飘风"色变吐血引以为大患。湘、淮两系地方督抚以及幕僚们都在惊恐、欣喜和警觉的矛盾之中开始推行国防近代化，以图在弹压南北动乱之后抵御外来的侵略。

洋务运动自19世纪60年代开始至甲午战争为止，其时间与明治维新基本相同，但却使两国走向了两个方向，并在一场由双方参加的战争之中检验了选择的效果，然而仅仅将其归因于中国士大夫的愚昧和清政

---

① 《孟子·滕文公上》。
② 薛福成：《庸庵文编》卷三，第34页。

府的腐败无能未免有些偏颇。其背后的意识形态差异和由此造成的政治形态差异则相比之下更多地决定了中日两国的成败。同时我们可以看到，造成这种差异的因素早已蕴藏在两国传统意识形态之中了。

从政治体制角度看，日本在经历"尊王攘夷"和"废藩置县"的政治革命之后，恢复了日本天皇对全国的实际统治权。日本长期存在"关白"、"幕府"与"天皇"共存的虚君与实君相互转化的政治体制和政治先例，即"到了中古武人执政时代，逐渐打破了社会的结构，形成了至尊未必至强，至强未必至尊的情况，在人的心目中开始认识到至尊和至强的区别，恰如胸中容纳两种东西而任其自由活动一般"①，正如塞缪尔·P. 亨廷顿所说的，日本政治体制具有高度的弹性，这种弹性决定了政治体制能够在发生重大危机时通过内在转化而减小国内改革和革命的阻力，做到政治体制平稳调整。而中国在废除分封制之后逐步走向中央集权的郡县制并最终固化下来，其内部通过以皇帝为首、士大夫为辅的官僚体系进行权力流转。清王朝将原有满族贵族体制同明朝"废除丞相权归六部"的体制相结合，并通过设立军机处进一步强化了皇权对官僚体系的控制。

从文化角度看，中国处在儒家文化圈的宗主国地位，对于自身文化和意识形态具有极高的优越感和对外排斥性。中国传统意识形态所具有的超稳定性在此时却成为阻碍中国前进的最重要的障碍，而作为藩属国的日本却不存在这样的问题，"这不能不说是日本的偶然幸运"②。

洋务运动是中国尝试进行近代化的第一步，也是所有后进国家谋求抵抗武装侵略的重要一步。但军事工业需要以大量的民间现代工业体系作为支撑，国家投资的军事工业必然引发配套的民间工业随之展开，而新式军队要形成战斗力则须引进和培养了解西方科技的近代人才。由此，洋务运动刺激了近代教育的兴起和配套行政管理与政治制度的改革。但在意识形态没有变动的情况下，必然产生"官督商办"这一特殊的企业组织形式。

洋务运动的发生不能理解成为部分士大夫开始排斥或否定原有意识形态，而只是士大夫在传统意识形态当中对于"经世致用"的重塑。

---

① ［日］福泽谕吉：《文明论概略》，商务印书馆 1985 年版，第 16 页。
② 同上书，第 18 页。

韦政通考察了《经世文编》的社会影响。其起于洋务运动，发达于甲午之后，"从1826年到1913年，以'经世'为名同类的文编有18种，而19世纪40年代只印了1种，到80年代印了3种，90年代为5种，以后逐步增多"①。在"经世致用"的框架内，洋务运动只是在传统"内圣"的基础上，在面对冲击时所表现出的对于"外王"的新的追求。与明末相似的内忧外患的政治环境，催生了士大夫对于明末思想家对明朝灭亡进行的反思与总结的推崇。曾国藩作为清末理学家、地方督抚和洋务派大臣，其刊印王夫之书籍的行为也从侧面证明了追求新"外王"的思想动机。

相较于中国的洋务大臣，日本的明治维新家认为"文明有两个方面，即外在的事物和内在的精神。外在的文明易取，内在的文明难求。谋求一国的文明，应该先攻其难而后取其易，随着攻取难者的程度，仔细估量其深浅，然后适当地采取易者以适应其深浅的程度"，"用人力可以制造，用金钱可以购买，是有形事物中的最显著者，也是容易中的最容易者"，但是内在文明的改变"必须适应本国的人情风俗，斟酌本国的强弱贫富"，"它（人情风俗）虽然普遍渗透于全国人民之间，广泛表现于各种事物之上，但是既不能以目窥其形状，也就很难察知其所在"。由此明治维新采取了"首先变革人心，然后改革政令，最后达到有形的物质"② 这一改革程序。

洋务运动与明治维新分别选择了由易到难和由难到易的两条路径，正如《文明论概略》中总结的一样，"（由难到易）这个顺序，虽然有困难，但是没有真正的障碍，可以顺利达到目的地。倘若次序颠倒，看来似乎容易，实际上此路不通，恰如立于墙壁之前寸步难移，不是踌躇不前，就是想前进一寸，反而后退一尺"③。

在晚清传统意识形态崩溃的第一阶段中，中国社会对于西方文化不是一种强烈的排斥，而更多地表现出一种不与接触的冷漠。"中学"与"西学"还没有上升到彼此对抗或是"中学为体，西学为用"的高度，两

---

① 韦政通：《中国十九世纪思想史》（上），第36—37、71—72页，转引自金观涛、刘青峰《开放中的变迁》，法律出版社2010年版，第87页。
② ［日］福泽谕吉：《文明论概略》，商务印书馆1985年版，第12—14页。
③ 同上。

者在此阶段仅停留在清王朝引进和使用西方军械来镇压太平天国和抵抗外来侵略的尝试之中,西学人才也不过是用来操作西方武器的"工具",而士大夫中的洋务派、顽固派和清流派的争端也只局限在引进近代工业和培养西学人才是否有碍于"祖宗家法"的层面,并没有丝毫触动到原有的意识形态,其焦点可以说始终停留在政策制定和执行的操作层面。①

随着日本明治维新的不断推进,清王朝在遭受到西方列强侵略的同时开始注意到来自东方的威胁,李鸿章(1885年)也意识到"日本富强,尚需十年左右,目前可望无事"②。不料一语成谶,中日甲午战争在大约十年以后爆发,并最终以中国战败而告终。甲午战败第一次让中国士大夫意识到中国正处在"三千年未有之大变局"之中。甲午战争不仅标志着洋务运动的失败,更让中国传统意识形态开始面临崩溃。第一,日本的崛起和侵略不同于英法等国的入侵,其地位由中国属国转而成为战胜国,进而通过《马关条约》迫使中国承认朝鲜独立并且割地赔款,从事实上彻底击碎了东亚朝贡—册封体系,从根本上否定了"帝国中心论"。第二,作为同属儒家文化圈的日本,何以在同等时间内取得了同洋务运动截然不同的效果,这一命题成为困扰中国儒家知识分子的首要问题,对中国政治制度与意识形态的优越感完全动摇了。中国曾经对于日本"文明开化"政策持蔑视态度,认为其是由于没有自身值得保守的文明才贸然进行自我抛弃。而战败却导致华夏中心主义失去了其立足点。从此,中国传统意识形态崩溃的第一张多米诺骨牌轰然倒下,改革与革命的洪流从此开始超越官僚体系而成为一种社会运动,席卷了整个中国,在1895年到1927年这30余年之间,中国思想界经历了西方近200年才完成的转化,范围之广、程度之深都是前所未有的。

(二)中国社会进化观的转变

"今大道既隐,天下为家。各亲其亲,各子其子,货力为己。大人

---

① 从对待以林则徐为代表的第一批"开眼看世界"的士大夫的处置,到容闳主持的华童留学的搁浅,以及铁路修建过程中李鸿章和刘铭传所受到的朝议,都可以看到士大夫作为中国的政治精英,将意识形态的稳定和不可变性作为一种常识,始终没有考虑过经行触及和更迭。

② 郭廷以:《近代中国史纲》(第3版),上海人民出版社2012年版,第132页。

世及以为礼，城郭沟池以为固。礼义以为纪，以正君臣，以笃父子，以睦兄弟，以和夫妇，以设制度，以立田里，以贤勇知，以功为己，故谋用是作，而兵由此起。禹汤文武成王周公，由此其选也。此六君子者，未有不谨于礼者也。以著其义，以考其信，著有过，刑仁讲让，示民有常。如有不由此者，在执者去，众以为殃。是谓小康。"① 儒家认为"大同"和"小康"是社会完美和接近完美的两种状态，"小康"社会是在"礼"的约束之下，将宗法制之中的亲情关系加以扩大，形成"示民有常"的、通过"三纲五常"规范而运行的有序社会。而"大同"世界则是将亲情和伦理全面泛化而形成的家庭社会，社会成员转化成为家庭成员，通过"礼"进行道德的教化，并将道德作为成员遵从的秩序，进而达到取消制度与法律的完美状态。从这个角度来观察中国的历史，恰是"人心不古，世风日下"的鲜明写照。对于大同世界的追求描绘出了中国传统儒家的进化观，即退化的进化观。

中国传统意识形态中"退化的进化观"提倡个人自身修行以达到道德境界的自我提升，再通过教化推动社会整体道德层次达到"三代"的水平，而中国社会与经济的发展则呈现出简单的数量增长。甲午战争的失败证明中国传统意识形态所构建的理想蓝图存在逻辑上的缺陷，在面对外来强大冲击时，封闭条件下通过教化以达到某种道德纯化的"退化"只能导致中国在近代国际竞争中出现"亡国灭种"的危机，却不能促使中国社会向前推进。中国必须寻找到一种能够战胜现有挑战的前进的进化论。

甲午战争直接导致了儒家社会观和哲学观的风暴式变迁，康有为发表了《孔子改制考》《新学伪经考》和《大同书》；严复将《天演论》引入了中国。康有为在《新学伪经考》和《孔子改制考》中着重阐述了"六经皆伪"的思想，并将孔子树立成了"托古改制"的典范。这就在不触碰"天不变，道亦不变"的前提下，否定了传统意识形态的思想支柱，并将孔子作为改革先贤，为戊戌变法构建了学理和政治的合法性。在其最终形成的《大同书》中将世界进化论归结为系统的"三世"说，即"据乱世"、"升平世"、"太平世"。清代自刘逢禄至龚自

---

① 《礼记·礼运》，浙江文艺出版社2001年版。

珍再至康有为，均对《春秋公羊传》的"张三世"进行了微言大义的解释，认为"通古今可以为三世"，最终由康有为将"三世"、《礼记·礼运》篇和进化论相融合形成了渐进式历史进化论，进而确立了由君主专制至君主立宪终于民主共和以至达到美满极乐世界的进化进程。康有为在《大同书》中给了进化一个明确的定义："日益思为求乐免苦之计，是为进化"[①]，即快乐的增加和痛苦的减少就是一种简化的表现，同时人类进化的标准则可以从毛发的多少看出，而毛发的数量是可以人为控制的，及至大同世界，康有为认为可以除了鼻毛之外所有毛发悉应剔除。[②] 由此而见，康有为之所以被称为"思想之大飓风"、"火山之大爆发"，关键在于改变了士大夫奉为神圣不可侵犯的经典，从根本上修改了不可变的"祖宗之法"，一种线性式的进化论从此走进中国意识形态，但最终改变"天不变，道亦不变"的则是严复翻译的《天演论》。

1897年12月天津出版《国闻汇编》刊载了严复翻译的英国生物学家赫胥黎的《进化论与伦理学》（*Evolution and Ethics and Other Essays*），中文译名为《天演论》，共分为卷上导言十八篇和卷下论十七篇。严复将《进化论与伦理学》通过中国典雅的文言文形式翻译出来，并通过撰写"复案"对其进行符合中国人思维逻辑和文化特征的解读。

《天演论》与《大同书》的不同在于，《天演论》是"西国格物家言也。其学以天择、物竞二义，综万汇之本源"以力图阐释"以为天下不可独任，要贵以人持天"进而达到"以人持天，必究极乎天赋之能，使人治日即乎新，而后其国永存，而种族赖以不坠，是之谓与天争胜"[③] 的目的。但之所以选择赫胥黎所著的《进化论与伦理学》作为翻译的原著来介绍社会达尔文主义，则是因中国传统意识形态所造成的。中国士大夫在经历"援佛入儒"而创造宋明理学的过程中，将禅宗成佛的静修方式与儒家成圣的道德理想相结合，形成了"理想天理"的内修环境，并将道德提升的实现与实践相分离。其"入世"的追求在这一过程当中并没有受到影响，而是力图在"内圣"和"外王"之间

---

① 康有为：《大同书》，《康有为全集》第七集，中国人民大学出版社2007年版，第184页。
② 同上。
③ 严复：《天演论》，中国青年出版社2009年版，第2页。

构建起实践的联系，即在客观条件允许时为官入世进行"经世致用"的实践，在客观条件不具备时，则通过自身反省达到提升道德境界的修行。那么，中国传统意识形态就促使士大夫普遍具有了强烈的人为改造社会和推进社会进步的热忱，当士大夫认为"进化"是道德的一部分或是新道德的时候，这种入世的精神则推动其对进化采取人为干预的形式，这种干预则具有了浓厚的改造社会的色彩和意志推进的动力。《进化论与伦理学》原本是赫胥黎旨在反对斯宾塞等人将进化论应用于社会和政治问题的种种企图所做的演讲，可是严复奇妙地将《天演论》变成了反对赫胥黎并对斯宾塞主要观点进行阐述和综合的舞台，故"赫胥黎氏此书之旨，本以救斯宾塞任天为治之末流，其中所论，与吾古人有甚合者，且于自强保种之事，反复三致意焉"①。严复在赞同斯宾塞的立场上，也反驳了对斯宾塞的批评。②"《进化论与伦理学》一书为严复介绍他所理解的斯宾塞的进化论哲学提供了一个出发点，而赫胥黎几乎成了斯宾塞的一个陪衬角色。"

在《天演论·导言二 广义》的"复案"中言："余如动植之长，国中之成，虽为物悬殊，皆循此例矣……国种之始，无尊卑、上下、君子小人之分，亦无同理合作之事……因思起欲，由欲而动，自欲以前，亦皆点力之事……天演之义，所苞如此，斯宾塞氏至推之农商工兵语言文学之间，皆可以天演明其消息所以然之故。"《天演论·导言三 趋异》言："物类之生乳者至多，存者至寡，存亡之间，间不容发。其种愈下，其存弥难，此不仅物然而已。……有术者既多取之而丰，无具者自少取焉而啬，丰者近昌，啬者邻灭。"《天演论·导言六 人择》言："人择一术，其功用于树艺牧畜，至为奇妙。用此术者，不仅能取其种而进退之，乃能悉变原种，至于不可复识。"《天演论·导言八 乌托邦》言："乌托邦者，犹言无是国也，仅为涉想所存而已。然后世果其有之，其致之也，将非由任天行之自然，而由尽力于人治，则断然可识者也……民智如田土。民智既开，则下令如流水之源，善政不期举而自

---

① 严复：《天演论》，中国青年出版社 2009 年版，第 6 页。
② 史华兹：《寻求富强：严复与西方》，叶凤美译，江苏人民出版社 1989 年版，第 135 页。

举，且一举而莫能废……夫言治而不自教民始，徒曰'百姓可与乐成，难与虑始'；又曰'非常之原，黎民所惧'，皆苟且之治，不足存其国于物竞之后者也。"《天演论·导言十三 制私》言："赫胥黎保群之论，可谓辩矣。然其谓群岛由人心善相感而立，则有倒果为因之病，又不可不知也。盖人之由散入群，原为安利……天演之事，将使能群者存，不群者灭；善群者存，不善群者灭。……善相感通之德，乃天择以后之事，非其始之即如是也。"

之所以颇费篇幅地引用《天演论》中复案的原文，实在是学界长期根据严复的序言将《天演论》笼统概括为"物竞"、"天择"二词。实际上，严复在"复案"之中并非局限于此。严复通过批驳和融合赫胥黎的观点将斯宾塞所宣扬的社会达尔文主义与中国伦理观相融合起来形成了能够符合中国人常识理性的进化观，更重要的是为中国人指出"开民智"是达"善群者"至不灭与富强的关键。

《大同书》和《天演论》两部著作，首先将退化式的进化观通过动摇传统意识形态内在哲学思想基础的方式进行了否定，将其改为前进式的进化观，突破了道德"向后进化"同社会简单数量累加相结合的社会进化循环，将中国社会的进化放置在了前进的轨道之中；其次，在"民智未开"的情况下，将进化因素符号化和指标化，形成通过单一数据或行为进行社会进化的思维逻辑和行为准则；再次，从进化论的角度，为中国在清王朝册封—朝贡体系、华夏中心文化圈双重崩溃之后，找到了民族在国际竞争中的地位和存在感，中国近代民族主义觉醒的同时，中国社会对于国际竞争的认识也普遍加强了，从心理层面来看，中国同世界其他国家的地位在战争、不平等条约的压迫之下第一次平等了；[①] 最后，《大同书》与《天演论》勾勒出了中国改革和革命的蓝图，"大同"、"小康"的社会愿景与"物竞天择"、"广开民智"、"善

[①] 笔者认为，之所以称为"第一次平等"，主要是因为在原以中国为核心的东亚体系中，中国与其他国家处在君臣关系之中，本身不存在平等交往和竞争的背景和条件，在甲午战争之后，朝鲜、琉球、菲律宾、印度支那等周边国家和地区均由英、法、美、日等国瓜分而称为殖民地或傀儡政权，原体系的彻底破碎从事实上改变了东亚不平等的国际环境，中国虽然遭受到侵略，但估计关系中的平等原则却是因为中国具有优势的不平等的格局遭到破坏才产生的。魏源：《海国图志叙》，《魏源集》，中华书局2009年版，第206页。

群"等观念唤醒了中国传统意识形态之中的乌托邦精神。

（三）意识形态的初步结合与探索

力的作用总是相互的，在中国近代思想交汇的过程中，中国传统意识形态受到冲击而产生崩溃的同时，国情同样部分否定了西方的意识形态，并最终形成了以中国传统意识形态内核为核心吸收外来思想的新意识形态。《海国图志》的序言之中写道："《海国图志》六十卷，何所据？一据前两广总督林尚书所译《四洲志》，再据历代史志及明以来岛志，及日夷图夷语，钩稽贯串，创榛辟莽，前驱先路。"[1] 虽然这部"为以夷攻夷而作，为夷款夷而作，为师夷长技以制夷而作"[2] 的《海国图志》同它的作者以及林尚书一样遭到了"贬黜"，但"同治中兴"恰恰是依靠了洋务派所兴起的武装得以实现的。从"师夷长技"到洋务运动、戊戌维新和最后的清末新政，中国救亡图存的政策和实践时有反复，但其本质是连贯的传统意识形态的崩溃与内核不变时的选择性吸收，即洋务运动实际上是将传统"经世致用"作为士大夫内在动力的中体西用，而张之洞的《劝学篇》却在其后出现并被看作是与戊戌维新相对抗的纲领且倒追为洋务运动指导思想的系统性表述。其实，正如夏东元先生在《洋务运动史》中所述，"只认为它（《劝学篇》）是洋务运动理论上的总结，洋务思想的系统概括……对其中有突破'中体西用'思想体系的倾向的一面却忽视了"[3]。在《劝学篇》中所论及西方议院制度称之为"其尊严君上不如中国，而亲爱过之"[4] 对于西方议院制度的优越性已经有所涉及，对于西方的优点则"择西学之可以补吾阙者用之，西政之可以起吾疾者取之"[5]。同时，在对于是否必须因循"祖宗之法"则采取"西政西学，果其有益于中国，无损于圣教者，虽于古无征，为之固亦不嫌"[6]。《劝学篇》同"江楚会奏变法三折"

---

[1] 魏源：《海国图志叙》，《魏源集》，中华书局2009年版，第206页。
[2] 同上。
[3] 夏东元：《洋务运动史》，华东师范大学出版社2010年版，第304页。
[4] 张之洞：《劝学篇·明纲》，中州古籍出版社1998年版，第70页。
[5] 张之洞：《劝学篇·循序》，中州古籍出版社1998年版，第90页。
[6] 张之洞：《劝学篇·会通》，中州古籍出版社1998年版，第161页。

共同构成了清末新政的基本蓝图,"尽管他们说与'康有为之邪说谬论'决然不同,但事实上绝大部分是康有为等维新派已经胪陈过想要实行而没有来得及实行即被镇压下去的那些内容"①。

夏东元先生认为清末新政"在政治上是搞加强君权前提下的立宪,与戊戌维新派所要实行的立宪民主是背道而驰的,因此这又是'假'的"②。但我们认为,不能以后来者"倒卷帘"的方式看待清末新政。中国政治在传统意识形态的作用下不存在类似于日本"至尊未必至强,至强未必至尊"的政治弹性,政权与治权分离的情况只有在"奉天子以令诸侯"的情况下才出现,"治权民主"③也只是在皇权与相权平衡的情况下出现或者以不断更换丞相、首辅而已,真正的"治权民主"同"政权民主"从来没有出现过。巩固君权是清末新政在传统意识形态作用下的天然前提,但其已经超越了洋务运动所奉行的"中体西用"的范围,呈现出了"中西合一"的倾向。从新政起,中国开始进入到国家层面政治体制实质性变化的时代,传统意识形态完成了国家层面的崩溃逐步开始向士绅阶层退守。

旨在巩固君权的清末新政却成了王朝灭亡的催命符。废除科举和兴办实业的举措,削弱了传统意识形态的灌输力度,使民间财富迅速积累和以捍卫财富为目的的争权成为必然。由此,士绅失去了学习和灌输官方意识形态的动力并离开农村进入城市从事工商业。中国从未有过的绅权与皇权的紧张在城市中出现了。传统意识形态在高端政治层面的崩溃使士绅阶层超越了原有的桎梏,成为辛亥革命的参与者和拥护者,最终葬送了他们曾经支持和捍卫的王朝。他们"为了维护其经济利益,在辛亥革命前的晚清政局中,是立宪运动的领导人,为辛亥提供了必要的准备。在辛亥革命中,他们不是激进的革命派,但在革命已成定局的形势下,赞成共和,积极地投入革命,他们依附于革命,稳定了局势,并凭借其经济实力和政治影响一步步地掌握了主动权,以左右全国局势"④。

---

① 夏东元:《洋务运动史》,华东师范大学出版社2010年版,第307页。
② 同上书,第308页。
③ 牟宗三:《政道与治道》,吉林出版集团有限责任公司2010年第1版。
④ 李国环:《清末士绅阶层与辛亥革命》,《安徽史学》2008年第6期。

在《阿Q正传》当中出现赵秀才之流先于阿Q进行"革命"是传统意识形态退守到士绅阶层的写照。中国近代改革与革命的参与者从士大夫逐步扩展到边缘儒生,并最终转变为新型知识分子引导下的底层民众,描绘出了传统意识形态从上到下的崩溃路线。从底层爆发的太平天国起义虽然"从西方学来了一套新的方式,把这种反剥削的理想提高到一个空前的水平,构成了一套相当完备的理论体系,以此来作为发动、组织、统帅农民进行军事、政治、经济文化各方面斗争的根本思想武器。它搞得如此充分、完整和自觉,在中外农民战争史上,都是罕见的"[①]。但从对于社会进步和意识形态更替的角度看,只是一场具有西方元素的旧式起义,不过起到了改变清王朝政治权力格局的作用罢了。

辛亥革命虽然推翻了清帝国并且废除了帝制,但从体制来看只不过是"更换了一块招牌"并把皇帝换成了总统。从袁世凯的资金使用情况来看民国初年的政治,就能看到,无论是清室遗老、新兴军人、地方大员还是国民党人更或是北洋的"自己人"都运行在一整套与清王朝无异乃至更甚的黑金政治之中。作为袁世凯的"特别费用"[②]主要分为:1. 政治性的怀柔费用;2. "采访"、"通讯"、"宣传"等费用;3. 行军费用;4. 扩充建立军团、军校费用;5. 购买军国费用;6. 发动帝制费用。其中第3至5项费用之中出了一些经办人从中分得回扣和利润之外并没有太多的拉拢之意,而第2项费用则是在"采访"、"通讯"、"宣传"名义下支出的密探费用,这些人"一般都成为'通天地人'的朋友"[③],而最大的支出则是由唐在礼所在的"军需处"所支出的第1项费用。

从另一方面看,孙中山、黄兴等人为了限制袁世凯的权力,在"南北议和"时仓促制定了《中华民国临时约法》,将总统制改为了总理内阁制。"临时约法根据当时交出政权的紧迫需要,违反整体设计的

---

① 李泽厚:《中国近代思想史论》,生活·读书·新知三联书店2008年版,第3页。
② 唐在礼:《辛亥以后的袁世凯》,《文史资料选辑》(第五十三辑),文史资料出版社1964年版,第188页。
③ 同上书,第201页。

理性分析……表现出工具主义的趋向，使宪法成为从事某种政权追求的工具……反映了较为浓重的人治色彩……也同样具有传统文化中权力归诸一元的价值追求。"① 同时我们可以看到，在袁世凯直接任命王芝祥为南京宣慰使、冯国璋为直隶总督时，全国舆论大哗，但议会内议员却将注意力集中在王、冯能否顺利上任和揣测其中政治权力交易的内幕之中。② 及至"宋案"爆发，在已经查明袁世凯亲信赵秉钧与此事有染的情况下，完全是可以在法律框架之内对总统弹劾的，但是以孙中山为首的国民党人选择了发动"二次革命"。

由此可见，中华民国只是将"帝"字换成了"民"字，中国各阶层依然受到传统意识形态影响，革命党人因人设法，广大舆论注重政治内幕，行贿受贿大行其道，"封建军阀视法律为婢女，随心所欲，毁法造法"③。一部《中华民国临时约法》最终还是成为了民国时代的新"法典"，是政治操作的工具而已。袁世凯复辟的失败并非是"民主共和深入人心"的结果，只是传统意识形态业已崩溃后，无法完成社会整合所致。

1840年至1916年，传统意识形态从上至下开始崩溃，导致皇权失去了其精神支柱和学理支持。中国近代启蒙思想从开端便伴随着"救亡"的危急与诉求，"救亡"压倒"启蒙"的倾向与现实政治的发展如影随形，各种启蒙思想均具有强烈的工具主义倾向。"中国社会的转型时期始于1895年"④，伴之而解体的"东亚朝贡体系"和"华夏中心主义"导致了中国人在20世纪初放弃了"天下"和"万国"的观念而选择了"世界"观，中国国家主权、民主主义和现代民族国家的观念已经悄然兴起，从此中国不再是天下的中心和道德文化的顶端，只是参与国际竞争的普通国家，东西方交流的观念上的国家和国际体系障碍消除了。

《大同书》与《天演论》扭转了中国"厚古薄今"的退步的进化

---

① 陈晓峰：《〈中华民国临时约法〉的文化透视》，《武汉大学学报》（人文科学报）1996年第6期（总第245期）。
② 同上。
③ 张华腾：《袁世凯与〈临时约法〉》，《安阳师专学报》1999年第1期。
④ 张灏：《中国近代思想史的转型时代》，《二十一世纪》（1999年4月号）总第52期。

观，从此中国人认同了通过"广开民智"去参与"物竞天择"进而达到全新"大同"世界的进步的进化观，中国人开始寻求一种处在前进道路上能够带领国家摆脱屈辱以至富强的意识形态，这种意识形态需要来自西方，同时能够超越西方。

自1840年起经历75年的历程，中国传统意识形态完成了从宇宙论到价值观的崩溃，退守到了伦理观之中，仅保留在宗族之中。作为农业国的中国，其财力、物力、人力的巨大潜能均蕴藏在宗族统治的广大乡村之中，民国初年的变革不过是皇权崩溃之后新兴军阀与新型士绅相结合的政治动荡，"军绅"集团的动员能力不可能改变国家的局面，只能带来更大的动荡与分裂。几近崩溃的传统意识形态同零散的西学思潮无法填补意识形态领域的真空，也就无法打破城乡的二元结构，城市薄弱的基础更不可能带领国家走向富强。

一种来自西方同时反对、超越西方，能够打破城乡二元结构并通过广大底层民众唤醒古老国家沉睡的巨大潜能的意识形态已经悄然临近，它能够与中国传统意识形态的内核对接，能够通过中国知识分子创造性的翻译与宣传成为广大"未开"民众所掌握的思想武器，并能通过它将其所创造的制度与组织调动起来。

二 新意识形态的构建

帝国的崩溃并没有完全清除社会进步的障碍，也没有培育和构建出应对外来入侵的有利因素和社会组织体系。辛亥革命之后的中华民国只是在形式上没有了皇帝，换了一块"民国"和"共和"的招牌。在传统意识形态的强烈影响下，政治操作的内在规律没有发生改变。袁世凯称帝和张勋复辟失败的根本原因在于传统帝制所依托的意识形态已经崩溃。"共和乱象"的本质在于中华民国以自由主义为核心的意识形态和政治体制，不能与中国传统意识形态所残留的内核相适应新意识形态还不足以承载中华民国的政治架构和社会组织。要结束近代中国的乱象，一方面可以通过确立全新的意识形态得以改变，另一方面可以在不改变意识形态内核只改变部分社会组织指导思想时，形成满足新社会需要的新的强势意识形态，对社会进行有力整合，这种意识形态所依托的思想，必然来自西方又反对西方。虽然存在两种道路的选择，但从实际操作的角度看，救亡图存的紧迫性决定中国只能在不触碰旧意识形态核心的情况下，选择第二条道路。

（一）传统意识形态危机的进一步加深

1905年是改变中国的一年，从制度层面看，日俄战争奠定了中国人对君主立宪制度的诉求；之后的清末新政让士大夫中的精英走进了城市，进一步导致农村传统意识形态趋弱，更为清王朝的覆灭培养了掘墓人；科举制度的废除不仅打破了原有意识形态的社会组织链条，更催生了新型知识分子这一社会阶层，为革命向思想与文化层面的延伸做了人员的准备。

中国传统社会中士阶层对意识形态保持强势起到了贯穿作用。在传统意识形态崩溃的过程中，士阶层从传统意识形态所构建的体系中解脱出来。科举制度的废除和西方教育制度的传入，使士阶层"读书人"和"知识人"的属性更加突出，形成了以学历和专业作为联系纽带，辅以同乡或同业等客观因素，突破原有地域和意识形态的社会阶层。知识分子通过报刊、报纸、社会团体以及政党进行交流和政治参与，是中国新意识形态和新社会组织结构的缔造者与推动者。

民国初年屡次"复辟"之所以失败更多是由于传统意识形态部分崩溃导致的原有社会组织和政治组织凝聚力下降，造成帝制失去了控制社会的能力。实际上，资产阶级思潮并未在中国生根，深厚的封建统治传统和狭隘的小农意识结合起来，造成了"军绅政体"导致的军阀混战，并构成了阻碍中国前进与发展的巨大思想障碍。新型知识分子面对这种"习以为常"的局面和思想，愤而发起了新文化运动。启蒙的过程是曲折的，新文化运动攻击了传统意识形态在士人和知识分子阶层的残留，但"邹容呼唤的资产阶级民主观念也是始终居于次要地位。一方面，历史告诉我们，基础不改变，脱离开国家、民族、人民富强的主题，自由民主将流为幻想，而主要的方面，则是没有人民民主，封建主义将始终阻碍着中国走向富强之道"①。由此来看，中国始终存在"救

---

① 李泽厚：《中国近代思想史论》，生活·读书·新知三联书店2008年版，第320页。

亡压倒启蒙"的情况。但从名词来看,"民主"、"自由"、"人民"等词却是在这样的情况下在中国政治领域逐步增多的,那么就不能将中国思想变迁的困境完全归因于这种"压倒"。我们认为形成这种现象主要缘于两个动因：首先,中国传统意识形态部分崩溃主要集中在政治制度层面,并没有深刻地改变中国的宗法思想、生活常识和伦理常识,导致政治改革在实际操作过程中发生了扭曲,犹如更换了列车和操作方法却没有更换轨道；其次,西方思想在传入过程中始终受到"严复式"的重构。西方思想被中国传统意识形态中的习惯性思维逻辑击碎并赋予了中国特色的定义,造成西方思想的核心概念发生了扭曲。

新型知识分子从一开始就不是以资产阶级个人为主体,而是以传统士大夫分化出的精英、留学生和新式学校的青年学生为核心。他们集中在城市当中,直接以政治思想作为构建的起点,通过报纸、学会和学校进行交往。"现代知识教育体系和出版媒体产业逐步完善,以都市为中心的物质化的职业分工和精神化的文化网络形成规模,真正现代意义上的知识分子终于定型了。"① 中国传统意识形态碎片与西方思想的结合,产生了中国近代启蒙思想。新型知识分子作为其塑造者和推广者,发起了1915年的新文化运动。从后来的政治走向和文化发展看,新文化运动从《新青年》发端并最终催生了两大政党和主宰20世纪上半叶的两大意识形态。

早期的"《青年杂志》是一个提倡'德智体'三育的青年读物,与当时的一般杂志'无殊'",是一个以青年为设想读者群的普通杂志。② 1916年因上海基督教青年会指责其名称上与之刊物雷同、容易混淆③,故《青年杂志》改名为《新青年》。随着陈独秀在1917年1月入掌北大文科学长,曾经一度中断4个月的《新青年》在1918年1月重新出版,这本"创办后一两年间,北大同学知道者非常少"④ 的杂志转变成为了以全国最高学府为依托,"名彦"、"名流"、"名家"担任撰译的

---

① 许纪霖：《近代中国知识分子的公共交往（1895—1949）》,上海人民出版社2008年版,第9页。
② 郑振铎：《郑振铎文集》第六卷,人民文学出版社1985年版,第413页。
③ 汪原放：《东亚图书馆与陈独秀》,学林出版社2006年版,第33页。
④ 张国焘：《我的回忆》（上）,东方出版社2000年版,第39页。

声威大壮的青年导航。在这一历史过程中,"新文化"从涓涓细流逐渐汇聚成为洪波巨浪,1918年12月和1919年1月,《每周评论》和《新潮》的创刊与《新青年》遥相呼应,相互影响。1919年5月,《新青年》决定重印前5卷。从此,"新文化运动"的阵地在北京正式形成了。

"对于五四运动与新文化运动的关系,向来有不同说法。与后来史家以《新青年》创刊为开端不同的是,在20年代初,知识界所认知的'新文化运动'多以五四为端绪"①,"就《新青年》和'新文化'在全国各地传播的进程而言,'新文化运动'以五四为开端,大体代表了当时人较为普遍的看法"②。

如果以五四运动为新文化运动的开端,从1919年至1921年,仅两年的时间便成立了中国共产党。从时间来看,中共早期意识形态的构建时间与新文化运动逐渐兴旺的过程具有高度重叠。那么,早期意识形态的内容受到新文化运动的影响,其并非出于对新文化运动、社会主义思想和马克思主义的普遍认同,而是受到陈独秀、李大钊、李达、毛泽东、恽代英等新文化运动的领导者和参与者的个人推动;另一方面,中共的建立与组织扩张早于社会普遍接纳新文化运动,这就决定了早期中共党意识形态的构建必然融合了1915年至1919年间一部分《新青年》为主导的思想,亦同时融合了1915年以前传统意识形态崩溃并受思维习惯所转化的思想碎片。

如前所述,新文化运动首先将矛头指向了孔教,陈独秀在《吾人最后之觉悟》中言:"辛亥之役,共和告成……然自今以往,共和国体果能巩固无虞乎?立宪政治果能施行无阻乎?……尤待吾人最后之觉悟"③,最后觉悟即是中国伦理的觉悟,其论道"孔教与帝制,有不可离散之因缘"④,"袁世凯之废共和复帝制,乃恶果非恶因,乃枝叶之罪恶,非根本之罪恶。若夫别尊卑重阶级、主张人治、反对民权之思想之学说,实为制造专制帝王之根本恶因。吾国思想界不将此根本恶因铲除

---

① 张国焘:《我的回忆》(上),东方出版社2000年版,第39页。
② 王奇生:《革命与反革命》,社会科学文献出版社2010年版,第28—29页。
③ 陈独秀:《吾人最后之觉悟》,《新青年》第一卷第六号(1916年2月15日)。
④ 陈独秀:《驳康有为致总统总理书》,《新青年》第二卷第二号(1916年10月1日)。

净尽，则有因必有果。无数废共和复帝制之袁世凯，当然接踵应运而生"①。而民国之所以如此，更是因为"创造共和、再造共和的人物，也算不少。说良心话，真心知道共和是什么，脑子里不装着帝制时代旧思想的，能有几人？"② 在陈独秀看来"孔教与共和乃绝对不兼容之物，存其一必废其一。……盖以孔子之道治国家，非立君不足以言治"。

吴虞亦言道："居住不庄，非孝也；事君不忠，非孝也；莅官不敬，非孝也；朋友无信，不孝也；战阵无勇，不孝也……凡人未仕在家，则以事亲为孝，出仕在朝，则以事君为孝。能事亲、事君，乃可谓之立身，然后可以扬名于世"③，"自孔氏诛少正卯，著'侮圣言'、'非圣无法'之厉禁；孟轲继之，辟杨墨，攻异端，自附于圣人之徒；董仲舒对策，以为诸不在六艺之科、孔子之术者，皆绝其道，勿使并进；韩愈《原道》'人其人，火其书，庐其居'之说昌；于是儒教专制统一，中国学术扫地！"④ 他在《吃人的礼教》等文中始终极力攻击儒教，是攻击"孔教"最有力的健将。

在轰轰烈烈的反孔之中，传统意识形态的"旧文化"、"旧思想"、"旧道德"亦随之在城市范围之内瓦解，新文化所到之处无不引起对传统意识形态的强烈冲击，但这种冲击往往局限在新青年和新知识分子之内。在广大乡村，传统意识形态的势力依旧存在且强大地维持着。中国传统意识形态来自于制度化儒家，并通过传统语言形式表现出来，欲张扬"新文化"则旧文体必然成为阻碍，文学革命与思想革命同时爆发也就成了必然。关于文学革命，新文化运动重点即在陈独秀的《文学革命论》⑤与胡适的《文学改良刍议》⑥以及新旧问题在此纲领之下的论战。《文学革命论》中推倒雕琢的、阿谀的贵族文学，建设平易的、抒情的国民文学；推倒陈腐的、铺张的古典文学，建设新鲜的、立诚的

---

① 陈独秀：《袁世凯复活》，《新青年》第二卷第四号（1916年12月1日）。
② 陈独秀：《旧思想与国体问题》，《新青年》第三卷第三号（1917年5月1日）。
③ 吴虞：《家族制度为专制制度之根据论》，《新青年》第二卷第六号（1917年2月1日）。
④ 吴虞：《儒家主张阶级制度之害》，《新青年》第三卷第四号（1917年6月1日）。
⑤ 陈独秀：《文学革命论》，《新青年》第二卷第六号（1917年2月1日）。
⑥ 胡适：《文学改良刍议》，《新青年》第二卷第五号（1917年1月1日）。

写实文学；推倒迂晦的、艰涩的山林文学，建设明了的、通俗的社会文学。从内容到形式对封建旧文学持批判否定态度并从启蒙的角度抨击旧文学与"阿谀夸张、虚伪迂阔之国民性"，主张以革新文学作为革新政治、改造社会之途。但在其中少有具体施行的方法，而《文学改良刍议》的"八不主义"①（须言之有物、不模仿古人、须讲求文法、不作无病之呻吟、务去滥调套语、不用典、不讲对仗）为"文学革命"提供了切实可行的操作方法。正所谓"不破不立"，新文化运动在攻击传统意识形态的同时，知识精英们以白话文为武器，重新树立和推广自己的宇宙观、人生观，为构建新意识形态的内核做准备。

陈独秀在《敬告青年》中倡导青年成为"自主的"、"进步的"、"进取的"、"世界的"、"实利的"、"科学的"②去解决"人生归宿问题"和"人生幸福问题"③，因为"人生在世"时"社会是真实存在的……社会文明幸福，是个人造成的，也是个人应该享受的……个人的意志和快乐是应该尊重的……社会的组织和秩序是应该尊重的……宗教、法律、道德、政治……（非人乐生的根本原意）可以随时变更……人生幸福是人生自身处理造成的……现在个人的痛苦，有时可以造成未来个人的幸福……个人生存的时候，当努力造成幸福；并且留在社会上，后来的个人也能够享受，递相授受，以至无穷"④。

无独有偶，李大钊在1918年4月的《今》中言："因为宇宙大化，刻刻流转，绝不停留……茫茫百千万劫，究竟那一刹那是无人的'今'，是吾人的现在呢？刚刚说他是'今'是'现在'，他早已风驰电掣一般，已成'过去了'……故一时代的思潮，不是单纯在这个时代所能凭空成立的。不晓得有几多'过去'的时代的思潮，差不多可以说是由所有'过去'时代的思潮一（起）撮合而成的……都想永远流动传播，不能消灭。"⑤由此可见李大钊的宇宙观是运动的、联系的、不灭的，而宇宙的运动是以何为动力的呢？是矛盾，是"质言之无而

---

① 胡适：《文学改良刍议》，《新青年》第二卷第五号（1917年1月1日）。
② 陈独秀：《敬告青年》，《青年杂志》第一卷第一号（1915年9月15日）。
③ 陈独秀：《新青年》，《新青年》第二卷第一号（1916年9月1日）。
④ 陈独秀：《人生真义》，《新青年》第四卷第二号（1918年2月15日）。
⑤ 李大钊：《今》，《新青年》第四卷第四号（1918年4月15日）。

已矣"与"质言之有而已矣"①的相互作用下的"一成一毁者"的"天道"②,可以看到李大钊的宇宙观是在矛盾作用下运动着的,而其人生观则是因宇宙无限而"徘徊回顾,前不见古人,后不见来者。唯有昂头阔步,独往独来,何待他人之援手,始以遂其生者"③的青春的人生观。同时,胡适在《不朽——我的宗教》中系统地阐述了对个人与社会关系的看法,在他看来,社会是一种有机的组织,社会的生活全靠个人分工合作,但个人的生活,无论如何都摆脱不了社会的影响。"小我"之间有交互的关系,与世界互为影响和社会的过去未来互为因果,"小我"会消灭,"大我"则永远不灭。④

新文化运动将中国革命推向思想革命与文学革命的高潮。在"价值取向危机"与"精神取向危机"⑤的双重作用下,新型知识分子高举"德先生"和"赛先生"两面旗帜猛烈攻击传统意识形态和传统文学、文化时,意识形态的选择亦突破了对于西方自由主义的一味追求而开始具有更强烈的自主选择性。对文化的关注与批判同时引起了社会革命的高涨,"社会"与"社会主义"的观念开始伴随着对传统文化的全面否定和民国初年"共和幻想"的破灭而成为下一个时代的先声。

(二) 意识形态嬗替的新阶段与知识分子边缘化

社会主义思想并非是在十月革命的"一声炮响"才进入中国,论及新文化运动之中的马克思列宁主义的传播,更多的是一种社会主义思潮的重新高涨,"在民国元年江亢虎等大轰了一阵,又居然构成了中国的社会党一段小小的历史,并且有为主义而死的人。但是中国真正有人研究社会主义,却是在最近的两年中"⑥。

马克思列宁主义在中国的迅速传播,犹如十月怀胎,孕育者不仅有后世为人熟知的马克思主义者与共产党人,也有那些始终反对它的知识

---

① 李大钊:《青春》,《新青年》第二卷第一号(1916年9月1日)。
② 同上。
③ 同上。
④ 胡适:《不朽——我的宗教》,《新青年》第六卷第二号(1919年2月15日)。
⑤ 张灏:《时代、公理与进化》,《幽暗意识与民主传统》,新星出版社2006年版。
⑥ 蓝公武:《社会主义与中国》,《改造》三卷六号(1921年2月15日)。

分子。而我们当然更不能忽略那些早在新文化运动之前便为社会主义播种的人与历史进程。

19世纪末20世纪初，在西方进步思想界的眼中，资本主义制度的优劣本身就是一个大有争议的问题，伴随着经济危机和工业人口的高速增长，欧美各国的工人运动和社会主义思想运动迅速高涨起来，美国于1881年至1886年之间罢工达到3000多次，参加人数有100余万，英国、德国、法国、意大利的社会主义者和工人运动业已成为影响国家社会政治生活的重要因素。早在1873年，王韬就曾刊行《普法战纪》，介绍过法国巴黎公社起义的情况，上海江南制造编译局的《西国近世汇编》更逐年介绍了欧美各国工人与资本家斗争的消息。欧洲几乎所有国家的社会主义者、无政府主义者和共产主义者都公开声明："革命临近了，两团云的相撞足以导致人类的爆炸"；"社会革命近在眼前了，不出十年就会爆发"；"下个世纪将是新时代的开始"。[①] 在孙中山看来，"在他周围，到处都是正在到来的骚动和阶级冲突的征兆"，以使他"始知徒致国家富强，民权发达，如欧洲列强者，犹未能登民族极乐之乡也。是以欧洲之士，犹有社会革命之运动也"。[②]

中国早期出现社会主义方面的文字，多采用音译，如1877年《西国近世汇编》曾采用"康密尼人"的说法，使德大臣李凤苞在日记中则用"莎舍尔德玛噶里"和"廓密尼士"来翻译"社会民主党"，并指出他们是"欲天下一切平等，无贵贱贫富之分"[③]者，时至20世纪初，中国知识分子向西方学习的态度已经发生部分转变，认识到西方社会或许不是人类文明发展的"极治"。但中国人在外患之下唯有遵循"物竞天择"的规律进行效仿，也是不知如何补救西方资本主义弊病的一种表现。伴随中国社会危机的加深，传统意识形态进一步崩溃，以康有为、孙中山为代表的一代知识分子自然会对社会主义产生浓厚兴趣，社会主义思想在中国的传播不能不成为一种必然。

---

① [法]米歇尔·博德：《资本主义史》，吴艾美、杨慧玫等译，东方出版社1986年版，第167页。

② 孙中山：《孙中山全集》第二卷，中华书局2011年版，第84页。

③ 《灵鹣阁丛书》第二集，转引自杨奎松《海市蜃楼与大漠绿洲》，上海人民出版社1991年版，第16页。

同时必须注意到，社会主义思潮在中国的迅速传播具有两重动力。首先，中国传统社会在"大同"思想的作用下，始终存在着追求平等和富强的乌托邦理想，但是在实际操作层面上，中国的政治始终都压抑着乌托邦理想的追求与实现，这种冲动只有在社会动荡的农民运动时得以短暂出现。造成这种失败，有社会经济基础造成的局限，但也受到了农民起义领导者无法超越原有意识形态进行最大限度的社会动员力的组织限制。太平天国运动以前的农民运动主要表现出第一种阶级局限，而太平天国则同时表现出了两种局限性。其次，社会主义思潮是在西方批判资本主义的状态下产生的，对于受到侵略的近代中国而言，改良与革命的核心任务就是抵御西方的入侵，以期达到独立与富强，而其深层次理想则是超越西方重新塑造新的华夏文化中心地位和以中国为中心的世界关系格局，在这种内在诉求的推动下，社会主义思潮在中国必然迅速传播。但这种传播是有条件的，当条件不具备时，社会主义思潮的传播只能处于低潮，以研究和小范围实验的形式表现出来。

中日甲午战争激起了中国留学日本的热潮，而在这股热潮当中，日本作为后起的资本主义国家于明治维新期间大量引进了西方国家的各种学说，而此时正值欧洲各国社会主义运动开始兴起，"至19世纪末20世纪初的10余年里，日本出版的各类社会主义的著作，已达近百种……日本的各种社会主义团体及工会组织如雨后春笋般涌现出来"[1]。这种规模不能不影响到刚刚惊醒的中国，但随着日本社会主义运动被取缔，中国社会主义思潮的传播也走向了低潮。

回到新文化运动之中，可以清晰地看到，伴随着民族危机地不断加深，中国完成了民族国家内核部分的构建，将改革与革命引向了思想与文学，而伴随着华夏中心主义和帝国中心主义的崩溃，传统意识形态逐步碎片化并与西方思想融合。在这种杂糅的思想之下，中国由改革而革命，从温和走向激进，从政治改革经思想革命而至社会革命。乌托邦精神的复活、中国式进化论的成型、社会主义思潮的早期传播、白话文所主导的舆论话语权、新型知识分子的社交网络和舆论网络这六项因素，加以蕴藏在生活和头脑中的常识与习惯，在1919年动荡的政局之中交

---

[1] 杨奎松、董士伟：《海市蜃楼与大漠绿洲》，上海人民出版社1991年版，第21页。

汇在一起组成了中共早期意识形态构建之前的主要部件。

五四运动之后，新文化运动中的知识分子群体在如何摆脱危机、重新实现社会整合方面产生了分歧，并随着新意识形态整合的完成，形成了党派之间的迅速分化与对立。陈独秀、李大钊、恽代英、毛泽东、李达等人转向马克思列宁主义，胡适等自由主义知识分子生存在马克思列宁主义与三民主义之间，戴季陶、胡汉民则转向三民主义，而梁漱溟等人则走向了新儒家。这些知识分子的分野不仅是出身、文化、思维习惯等因素的结果，也实在是社会革命所导致的必然。

第一，社会主义和马克思列宁主义迅速传播，中国展开了重构社会组织的蓝图，各种尝试的失败和对第一次世界大战的反思，激化了知识分子的分际。金观涛考证，戊戌前后用"社会"一词翻译 society 已从日本传入中国，但是士大夫多用"群"而不用"社会"，转为用"社会"则是在 1901 年至 1904 年间，1905 年"社会"一词"高度普及"①。民国初年的乱象以及第一次世界大战、巴黎和会促使中国知识界对"宪政民主"、"国家"和"国家主义"进行反思，认为民族国家观念是导致世界战争的直接根源。在"社会"一词"高度普及"的同时，"国家主义"遭到普遍反思，追求来自西方而反对西方并且带有一种超越国家的"世界主义"的思想呼之欲出。1919 年 12 月，张东荪言："当欧战未终以前，中国人没有一个讲社会主义的；欧战完了，忽然大家都讲起社会主义来了。"② 一提到"社会主义"，当时的人便觉得是一种改造社会的主义，或者说社会主义就是有关"社会"的主义。基于这种模糊的认知，"高到安那其布尔塞维克，低到安福系王揖唐所称道，都有些可以合于通行所谓社会主义的意义"③。恽代英同时将社会主义区分为个人为本位、国家为本位和社会为本位三种，其认为"世界的未来，不应归于个人主义的无政府主义，乃应归于共存互助的社会主义"④。

李大钊从 1918 年开始大量撰写有关社会主义、马克思和列宁主义的文章，其言道："劳工的能力，是人人都有的，劳工的事情，是人人

---

① 金观涛、刘青峰：《观念史研究》，法律出版社 2009 年版。
② 张东荪：《我们为什么讲社会主义》，《解放与改造》第一卷第七号（1919 年 12 月）。
③ 恽代英：《论社会主义》，《少年中国》第二卷第五期。
④ 同上。

都可以做的,所以劳工主义的战胜,也是庶民的胜利……我们要想在世界上当一个庶民,应该在世界上当一个工人"①,"(大战的结果)乃是德国的社会主义战胜德国的军国主义,……乃是德国的皇帝、军阀、军国主义降服在世界新潮流的面前……是平和思想的胜利,是公理的胜利,是自由的胜利,是民主主义的胜利,是社会主义的胜利,是Bolshevism的胜利,是赤旗的胜利,是世界劳工阶级的胜利,是二十世纪新潮流的胜利……像这般滔滔滚滚的潮流,实非资本家的政府所能防遏得住"②。他赞同"平民独裁"③,并认为"Marx所谓真的历史,就是互助的历史,没有阶级竞争的历史"④。

在1919年前后,对于如何实现社会主义,知识分子已经意识到中国在社会组织层面所存在的问题,陈独秀称:"中国人民简直是一盘散沙,一堆蠢物,人人怀着狭隘的个人主义,完全没有公共心。"⑤毛泽东也说:"人民是散的,一盘散沙,中国人生息了四千多年,不知道干什么去了,一点没有组织,一个有组织的社会看不见,一块有组织的地方看不见。"⑥孙中山则认为:"是因为个人的自由太多……个个有自由和人人有自由,人人把自己的自由扩充到很大,所以成了一片散沙……欧洲从前因为太没有自由,所以革命要去争自由。我们是因为自由太多,没有团体,没有抵抗力,成一片散沙。因为是一片散沙,所以受外国帝国主义的侵略,受列强经济商战的压迫。……要将来能够抵抗外国的压迫,就要打破个人的自由,结成很坚固的团体。"⑦面对"一片散沙"的状态,要变革社会首先要变革社会组织,中国究竟应该以何种形式进行社会改造,这一问题摆在了中国知识分子面前。毛泽东指出:国家坏到了极点,人类苦到了极点,社会黑暗到了极点,而补救改造的

---

① 李大钊:《庶民的胜利》,《新青年》第五卷第五号(1919年1月)。
② 李大钊:《Bolshevism的胜利》,《新青年》第五卷第五号(1919年1月)。
③ 李大钊:《平民独裁政治》,《每周评论》第六号。
④ 李大钊:《阶级竞争与互助》,《每周评论》第二十九号(1919年7月6日)。
⑤ 陈独秀:《卑之无甚高论》,《新青年》第九卷第三号(1921年7月)。
⑥ 毛泽东:《反对统一》,《毛泽东早期文稿》,湖南人民出版社2008年版,第530页。
⑦ 孙中山:《民权主义》,《孙中山全集》第九卷,中华书局2006年版,第272页。

根本方法只有一个，就是"民众的大联合"①，毛泽东的观点得到了罗家伦的赞同②，这可以说明毛泽东、罗家伦、傅斯年等一代五四知识青年均开始重视民众组织和民众联合。清末民初的各种学会、同业会、同乡会、校友会等知识分子和社会民众的"小联合"在更大的背景和交际网络之中，表现出五四运动后的全国民众"大联合"的趋势。"集体主义"压倒"自由主义"在社会革命的浪潮之中，似乎已经为时不远了。

"工读互助"在五四运动之后的兴起即是知识分子对于社会组织蓝图转换的尝试。工读互助组织主要旨在"为苦学生开一个生活途径，为新社会筑一个基础""（青年）有一种适当的组织，可以维持他们的生活，他们的胆子大了，便可以踊跃前进"以达到"训练他们的独立生活"。而之所以要去讲工读组合，实在是因为"现在社会制度不良，平民生机日艰，虽有优秀青年，亦为境遇所迫，不能读书。若是有一个互助组织，便可自由读书"，并且养成组成新社会的"互助劳动的习惯"③，"工读互助"与其他"合作主义"的区别在于"不是慈善组织"、"不是职业学校"、"不是《解放与改造》所介绍的所提倡的'合作'……工读互助团营业所得的余利全归团体团员各取所需"、"（工读互助）不是半工半读的学校"、"不是成美学会"、"不是其他各科工作的组合"。总而言之，他们的理想是"人人作工，人人读书，各尽所能，各取所需"以至于达到"日出而作，日入而息，凿井而饮，耕田而食，帝力—政府—于我何有哉"④ 的程度。可以看到"工读互助团"是城市中的"新村主义"在社会改造方面与马克思主义具有共同点，与"勤工留学"也具有相近的内在思想。这种温和的社会改造方式具有空想社会主义的倾向，但它的失败无疑加速了马克思列宁主义在中国

---

① 毛泽东：《民众的大联合》，转引自《毛泽东早期文稿》，第 338—341、373—378、389—394 页。

② 罗家伦：《一年来我们学生运动底成功失败和将来应取的方针》，《新潮》第二卷第四期，"若是大家参看毛泽东君的《全国民众的大联合》一文，一定更要明白"。

③ 王光祈：《工读互助团》，《少年中国》第一卷第七期（1920 年 1 月），转引自《中国现代思想史资料简编》。

④ 同上。

的发展，而戴季陶就曾用马克思主义的分析方法将其失败的原因归结于，全职工作的工人尚且受到剥削的压迫而生存艰难，那么将工读并举的互助团就更加受到剥削的影响而难以生存。"工读互助"的失败堵死了温和改造社会的道路，更进一步刺激了中国人用马克思主义去看待中国的一切。

第二，"科玄论战"加速了中国知识分子抛弃传统意识形态，巩固了西方思想的地位，却客观上加快了接受马克思主义的步伐。继"文体之争"和"东西文化论战"之后，1923年爆发了一场大规模的"科玄论战"，旨在辩明"科学"与"人生观"的关系，是中西思想的又一次大冲撞。参加这场论战的人物是：张君劢、丁文江、梁启超、梁漱溟、任叔永、胡适、孙伏园、林宰平、张东荪、章演存、朱经农、唐钺、王星拱、吴稚晖、陈独秀，而主将是张君劢与丁文江。

"科玄论战"看到了当时思想界的实力分际，在西方工业思想战胜中国宗法封建农业思想的时候，社会主义思想却悄然兴起了。胡适在《科学与人生观》序中的"得意扬扬"在陈独秀的《科学与人生观序》中成了"五十步笑百步的举动"。陈独秀说："攻击张君劢、梁启超的人，表面上好像是得了胜利，其实并未攻破敌人的大本营"，"主将丁文江攻击张君劢的唯心见解，其实他自己也是以五十步笑百步"。[①] 希望胡适等人"相信只有可观的物质原因可以变动社会，可以解释历史，可以支配人生观，这便是'唯物的历史观'"[②]。而胡适等人与张君劢"唯心一元论"的不同，无非是"主张心物二元论"[③]。由此社会主义思想与资本主义思想的冲突点燃了导火索，资本主义思想与传统思想争雄近代中国的局面成为过去，辩证唯物主义、历史唯物主义与实证主义等资本主义思想争雄的时代开始了。

如前所说，当知识分子将注意力从文化革命转向社会革命之时，简单的"工读互助"和"合作主义"被事实证明是无法改变中国社会组织形态结构并且成为未来社会组织之蓝图的，而传统意识形态已经基本

---

① 陈独秀：《科学与人生观序》，《陈独秀文集》第二卷，人民出版社2013年版，第476页。
② 同上。
③ 陈独秀：《答适之》，《陈独秀文集》第二卷，第511页。

破碎成为据守在思维习惯和生活伦理层面的思想碎片，无法与西方资本主义思想进行抗衡。但社会主义思想的蓬勃发展乃至于与西方资本主义思想争雄，实在是不能仅仅归因于传统意识形态崩溃和第一次世界大战造成的群体性反思。部分学者认为通过第一次世界大战，社会达尔文主义在中国知识分子心中破产了，自由竞争带来繁荣的同时也带来了毁灭性的灾难，这无疑为中国思想界接受马克思主义提供了契机。笔者认为，中国在这样的条件下，的确倾向于选择一种来自西方而又反对西方的思想，但并不必然导致选择马克思列宁主义，第一次世界大战的反思只是导致了"自由竞争"的破产，而正是社会达尔文主义的继续存在促使中国选择了马克思主义。

"东西文化论战"是在反思的背景下，传统思想与西方思想在近代中国的最后一搏，西方思想的胜利证明了中国社会进程的不可逆，但在此基础上中国社会可以修正西方资本主义的思想，何以反对西方的马克思列宁主义能够如此迅速地战胜资本主义呢？从近代中国的历史来看，在第一次世界大战之后，中国人在抛弃《天演论》中"物竞天择"和"自由竞争"的同时，却坚持社会进化需要人为干预的观点。

"三民主义"与"马列主义"的争锋恰是将传统意识形态碎片在反思过程中与西方资本主义思想和社会主义思想分别相结合形成"中国式资本主义"与"中国式社会主义"的结果。而马克思列宁主义的胜利更多的是因为其与中国传统思想的部分内在逻辑和思维习惯具有高度相似性。

第三，中国在近代经历了若干次大的论战之后，形成了意识形态三分天下的局面，其中"马列主义"与"三民主义"二强争锋，形成了传统意识形态在组织上据守着广大农村而在思想上退守到伦理常识和社会常识之中影响着中国人的思维习惯，而自由知识分子与新儒家始终充当着对于国共两党的批评者。但要形成这种争锋局面就必须有一个前提的成立，即"马列主义"知识分子与"三民主义"知识分子处在同样的话语体系之内，而从戴季陶等人思想中的社会主义因素和之前新文化运动所带来的影响看，这种话语体系的建立恰恰是"马列主义"范式的。

《星期评论》与《新青年》《每周评论》在客观上共同构建了国共

两党意识形态的部分基础。在两大意识形态争锋之前,在这些阵地上,知识分子们不分党派地宣传着社会主义思想,周恩来后来曾经说过:"当时戴季陶在上海主编的《星期评论》,专门介绍社会主义,北平胡适主编的《每周评论》,陈独秀主编的《新青年》,都是进步的读物,对我的思想有许多影响。"① 而其编辑者不乏日后国共两党的重要知识分子,瞿秋白亦曾经认为:"五四运动之际,《新青年》及《星期评论》等杂志,风起云涌地介绍马克思的理论。我们的前辈:陈独秀同志,甚至于李汉俊先生、戴季陶先生、胡汉民先生及朱执信先生,都是中国第一批的马克思主义者。"② 张国焘则认为"戴季陶爱谈社会主义,有学者味"③。

《星期评论》发表了一系列介绍社会主义思想的文章,如戴季陶的《世界的时代精神与民族的适应》《马克思传》译文、《劳动运动的发生及其归趣》《社会主义的两性问题》,哲父译了《自由社会的男女关系》,徐苏中译了克鲁泡特金的演讲文《国家论》、云陔的《唯物史观的解释》、李汉俊的《浑朴的社会主义者特别的劳动意见》《劳动者与国际运动》。戴季陶就在《世界的时代精神与民族的适应》中,"对马克思给予了高度评价,称赞马克思是社会主义的集大成者,是社会主义的科学根源的创造者"④,认为他们(马克思、恩格斯)发现了很深邃的唯物史观,这是"精确的学理"⑤。同时,戴季陶从自己的角度将社会主义理解成为"一种时代精神",并呼吁"去迎合这世界的时代精神"⑥。此外,戴季陶将考茨基的《马克思的经济学说》一书的日文本译成了中文《马克思资本论解说》,在《建设》第一卷第四、五、六号和第二卷第二、三、五号上连载,"作了比较系统的、通俗的阐述,观点基本正确"⑦。总体而言,戴季陶在五四运动前后以极高的热情宣传

---

① 《周恩来同李勃曼谈个人经历》,《瞭望》1984 年第 2 期,第 27 页。
② 瞿秋白:《瞿秋白选集》,人民出版社 1985 年版,第 310 页。
③ 张国焘:《我的回忆》(上),东方出版社 2000 年版,第 71 页。
④ 刘利民:《戴季陶早年思想研究》,中国社会科学出版社 2010 年版,第 298 页。
⑤ 戴季陶:《戴季陶集》,华中师范大学出版社 1990 年版,第 977 页。
⑥ 同上。
⑦ 郭圣福:《五四时期国民党人对社会主义学说的介绍和研究》,《社会主义研究》1988 年第 1 期。

和赞扬社会主义与马克思主义,并为苏维埃俄国进行辩护,且信奉唯物史观和阶级斗争理论。①

与戴季陶一样,胡汉民可以称为"最多发文介绍马克思主义的国民党人"②。而朱执信等人亦从1906年以来连续介绍了马克思主义。毛泽东在《七大工作方针》中言:"朱执信是国民党员,这样看来,讲马克思主义倒还是国民党在先。"总之,"早期国民党人在辛亥革命时期就介绍过马克思主义的阶级斗争尤其是资本剩余价值学说","而到了五四时期,他们开始从事唯物史观的传播,其中以胡汉民为先。胡汉民还运用唯物史观基本原理来研究一些历史问题,众所周知,李大钊传播马克思主义的历史性文献《我的马克思主义观》是在1919年11月《新青年》上才登完的,而胡汉民则在1919年10月的《建设》第1卷第3号上发表了《中国哲学史之唯物的研究》一文"。③

诚然,国民党知识分子并没有太多地去介绍无产阶级的革命作用和无产阶级专政或是人民民主专政等观念,更多的是集中在与发展资本主义无碍的"历史唯物主义"和"经济决定论"之上,但客观上与中共早期的马列主义者们一道构建了文学革命之后的社会改造思想的话语体系,而将话语体系集中在马克思列宁主义的体系之内则为后来中共意识形态的构建以及争锋的胜出埋下了伏笔。

长期以来,李大钊、陈独秀、李达等早期中共知识分子对构建中共早期意识形态所做的工作与贡献已经成为共识。从整体来看,五四运动以后,中国知识分子树立了以历史唯物主义为基础,以经济决定论为核心,以阶级斗争为手段,以社会主义和共产主义为奋斗目标的中共意识形态;从国际角度而言,苏俄远东支部以及共产国际起到了关键作用;从国民党而言,屡次革命的失败以及对社会的深刻认识,促使孙中山急于找到一种能够唤醒中国巨大潜力的组织形式以完成革命;从中国共产党看,自身的弱小和共产国际的指挥是组织上和形式上完成合作的前提

---

① 刘利民:《戴季陶早年思想研究》,中国社会科学出版社2010年版,第317—326页。
② 周子东、傅绍昌等编:《民主革命时期马克思主义在上海的传播1898—1949》,上海社会科学院出版社1994年版,第62页。
③ 陶季邑:《早期国民党人传播社会主义学说的历史地位》,《社会科学研究》1995年第1期。

与关键;从内在意识形态角度上看,中国共产党与中国国民党拥有相同的话语体系和同样脱胎于传统意识形态的思维逻辑,这才是构成国共合作的最关键的内在因素。

1921年,经历了五四运动之后的迅猛传播,马克思列宁主义作为一种思想转变为了政党的意识形态,在共产国际的帮助之下,中国共产党诞生了。此后,1924年,中国国民党进行改组,中国共产党与中国国民党达成了第一次国共合作,在"以俄为师"的方针之下,共产党人与国民党人构建起了以"党支部"或"党分区"为单位的,涵盖包括领袖在内的党组织,将所有党员以及一切工作置于党组织的领导之下,构建起了党军、党国的"党天下"①,可以说国民党与中国共产党是"并蒂而生"。

或许国民党人也从未想到,此前20年间的个人思想宣传不仅推动了社会运动的蓬勃发展,更为自己所忠诚的政党培养了最终的掘墓人,正如罗隆基所言:"楚王爱细腰,宫中多饿死。上有好焉者,下必有甚焉。官家可以放火,百姓自可点灯。共产主义在中国的发展,共产势力在中国的蔓延,谁为为之,孰令致之?"②但为何国民党人在通过北伐取得政权并进行了反共"清党"之后却逐步走向了灭亡?如果仅将原因归结于国民党的腐败与无能,未免有些偏颇,而过多强调抗日战争所造成民心取舍则容易掩盖意识形态上的阉割给国民党自身所造成的伤害。

在中国共产党成立之后,早期意识形态经历了一次重大的转变,以往更多是从制度层面和现实政治操作层面关注这种转化,即国共分裂之后中国共产党开始了武装斗争最后走上了工农武装割据和农村包围城市的道路。而从意识形态的角度来看,笔者认为,大革命中国共两党的分裂开启了国民党意识形态混乱以至于灭亡的道路。

毛泽东的《湖南农民运动考察报告》中言,农民的大量入党和参加革命造成了"可以到地主家小姐的牙床上滚一滚"的现象,"一切权

---

① 笔者认为,之所以用"党天下"来形容此种体制,主要是缘于列宁式的党建组织不仅将个人置于组织之内,同时,政党在其执政地域之内将一切政治、经济、文化、社会等方面同归于控制之下,形成党内无派、党外无党的局面,因此成为"天下"以表示涵盖一切。
② 罗隆基:《论中国的共产》,《政治论文》(1929年),新月书店1932年版。

利归农会"在加速革命进程的同时,导致了各种小农思想和封建思想进入到中共早期的意识形态之中。大革命期间,国共两党的工作出现了极大的分层,即国民党的工作主要集中在北伐和中上层体制构建层面,而中共则集中在广大农村和中下层社会中。大革命的迅速开展打破了中国城乡二元结构的格局,将知识分子与农民结合在了一起,正如亨廷顿所说"农民是革命最关键的因素","当城市的知识分子感到不满时只会对政府造成压力,却不会形成革命的理想",但"农民寄希望改变时则会造成社会的不稳定",最后"当知识分子与农民结合在一起时,革命似乎不能避免了"。

同时要看到,国民党人并非全部都处在中下层的农民运动之外,在四一二反革命政变之后,从被屠杀的人员数量来看,共产党人的数量占总数的十分之一左右。而造成这种现象的原因则主要集中在两个方面。第一,被屠杀人员的党籍难以判断。中国共产党是以个人名义加入国民党以实现国共合作的,而中共没有将名单交给国民党,这就造成屠杀中无法通过党籍来判断人员政治立场,只能通过其行为和言论进行模糊处理的结果;第二,国民党有一定数量的党员具有社会主义的倾向,这部分党员大多热心社会改造和社会革命,在大革命中积极开展了农村的社会改造和社会革命。大屠杀不仅伤害了中共,更让大批国民党党员和民众对国民党失去了希望。

国共分裂屠杀了大批共产党人,也让国民党陷入了尴尬的处境。第一,国民党为了与共产党划清界限,形成了"共取我弃,共弃我取,逢共必反"的原则,为了配合意识形态转型,戴季陶主义迅速兴起。从此孙中山成为了"圣人",而"四维八德"则成为了国民党立国立党的根本。国民党意识形态核心的三民主义变成了"一民主义",而经济决定论、历史唯物主义构建起来的宇宙论、认识论、价值观、人生观都开始背离原有的框架,造成了国民党意识形态的大混乱;第二,大量国民党党员丧失了意识形态所赋予的理想,对党的事业失去了信心,国民党失去了内在的活力,而军队则"以武压文"没有政治理想。第三,大量封建主义在反共的过程中进入国民党内部,地主和地方武装在反共旗帜下将原有社会革命的一切成果全部推翻,打破城乡二元结构的力量不复存在,国民党失去了在中下层的根基,也丧失了对农村的动员力量。第四，迫使中共对初期意识形态做出修正，农民在革命中起到关键作用的观点取得了胜利，中共将工作的重点彻底转移到了农村，并可能通过改造意识形态获得巨大的动员能力。

其实，国共两党在大革命后胜负已分。首先，共产党在将工作重心转移到广大农村之后，获得了在沦陷区广大农村发展力量的可能，而与日本帝国主义在经济动员方面具有同构的国民党只能龟缩在为数不多的城市，并且受到日本侵略的不断挤压。其次，自身意识形态的混乱与局限，限制了国民党的自纠能力，农村革命和社会革命均不再是国民党意识形态可以包容的选择。失去了理想的国民党，其崩溃只是时间问题。所以，1927年国共的分裂，从短期来看，国民党使中共遭受了巨大的挫折，却客观上成就了中共未来的胜利，为自己的覆灭埋下了伏笔。

历史在引导中国打开思想启蒙的大门并试图走入资本主义时，却让中国人走进了马列主义和社会主义的房间。救亡的现实诉求中断了旨在推翻传统文化、传统意识形态以完成思想启蒙的新文化运动。在这次运动中，由于组织破损而游离出来的社会个体和迅速崛起的白话文、近代政治概念，造就了马克思列宁主义的话语体系和中共迅速崛起所需要的人员基础。我们认为，新文化运动没有击碎中国传统意识形态的核心，却为中共的崛起做好了准备，限制中共崛起的唯一障碍只有早期意识形态的内核了。

中共早期意识形态脱胎于马克思列宁主义，依托于其内在涵盖的与传统意识形态内核高度契合的乌托邦精神、社会组织方式和社会进化论，马克思主义为广大民众所接受。但其内核中，自马克思主义而来带有西方意识形态特点的部分始终阻碍着中国共产党在实力层面的迅速崛起，只有当中共以传统意识形态内核替代早期意识形态内核后，这种崛起才成为可能，而中共成为中国唯一执政党也就仅是时间问题了。

国民党在1927年进行的"清党"造成了自身意识形态的混乱，并将中共的生存空间限制在以农民为主体，以宗法家族为组织形式，充斥着封建思想和小农意识的农村，迫使中共开启了成员农民化和意识形态的道德理想主义化的进程。在此进程中，中共完成了意识形态的改造和人员的迅速扩张。可以说，国民党意图消灭中共时却客观上毁灭了自己，推动了中共的迅速崛起。

三 中国各党派对新意识形态的态度

五四运动之后，"三民主义"和"马列主义"完全填补了中国传统意识形态崩溃产生的真空，而自由主义与中国现实和传统意识形态内核不适应只能在两强争雄时分化并成为附庸。在道德理想主义一元论的标准之下，知识分子亦失去了新文化运动中断之前的独立地位，分别融入到三种意识形态之中，并最终为两党所吸纳、弹压和边缘化。

从此知识分子不再以独立的形式出现在舆论之中，而是站在各自的党派之中进行意识形态构建，其功能更多地体现出群体性的特征，其实际影响则可以通过更大范围内的政党进行观察与探究。对五四运动之后的意识形态研究也因此需要从政党和整体脉络进行把握。

同时，我们看到知识分子虽然融入到各党中并逐步边缘化，但依然可以在文化启蒙的角度通过抽离的视角被看成一个模糊的整体。知识分子在构建各政党意识形态的同时，也构架起了近代中国社会完成意识形态兴替所需要的普适观念。

（一）自由主义派知识分子对三民主义和马克思主义的态度

20世纪30年代，上海《民报》说："中国目前三个思想鼎足而立：(1)共产；(2)新月派；(3)三民主义。"[①] 其中，新月派代表的是自由主义，但同时企图恢复传统伦理道德的新儒家并没有放弃努力，只是声音日微。

胡适对国民革命以来的国民党做了一个总评价："民国十三年以后，……成为一个簇新的社会重心。民国十五六年之间，全国多数人心倾向中国国民党，真是六七十年来所没有的新气象。不幸这个新重心因为缺乏活的领袖，缺乏远大的政治眼光与计划，能唱高调而不能做实事，能破坏而不能建设，能钳制人民而不能收拾人心，这四五年来，又

---

① 《胡适来往书信选》中册，中华书局1979年版，第64页。

渐渐失去做社会重心的资格了。"① 造成这种政治危机的原因，表面上看是缘于"台下"尽管说漂亮话，到"台上"却又做不出什么的执政能力的低下，而造成这种现象的，却不能不归结于固化的执政党意识形态抛弃了"三民主义"的初衷，并在"清党"过程中大范围出现了"劣币驱逐良币"的现象，而驱逐者恰是具有深厚传统封建意识的旧派官僚人物。其表现则在于"根本危机……莫如政治全失信用……出诸口与笔时，绝不经心而出，绝不欲见之施为。甚至因一好名目而立一机关，召一会议则又利益许多私人或闲人"②，促使新儒家的熊十力言："吾愿当局以后勿轻有所言，打算实作一事便说一事，不打算实作者，便绝不提及。此为恢复信用，即恢复生机之第一义。"③

但是作为自由主义派的知识分子，更多的是对国民党的评价集中在国民党在施政过程中的各种腐败与低效无能。有人曾经进一步指出，国民党在推行一党专政的同时，又以民主粉饰，造成了相互矛盾的两大官僚系统在五权分立的党义之下，且效仿苏俄政党统治方式，中央如此，地方更是面临党部和政府的相互掣肘，"上级党部多下一道命令，不过是下级党部的工作报告中多添一个项目而已"④。而"政府"与"党务"都要"做主"，导致人事关系和内部斗争成为政治生活的最主要的内容。国民党整体上奉行了将民主主义的分权制同独裁主义的合权制扭曲拼接在暴力政权下"指鹿为马"的政治哲学。在"党产生政府，党运用政府，党即政府，政府即党。……党外人民不能问政。……党外的人民都失落了公民的资格"⑤ 的状态下，各界最能感受到的便是在意识形态扭曲下所产生的政治危机。

国民党成为执政党的关键在于"以俄为师"进行了自身组织结构的改造，将每一个党员固定在一级组织的某一个位置上，并且通过强大的内部协调力在党纪的规范下，通过社会动员以完成社会革命。但在意

---

① 胡适：《惨痛的回忆与反省》，《独立评论》第18号（1932年9月），第9页。
② 熊十力：《英雄造时势》，《独立评论》第104号（1934年6月），第12—13页。
③ 同上。
④ 贺岳僧：《论改良党务工作》，《独立评论》第173号（1935年10月），第5—9页。
⑤ 罗隆基：《训政时期该结束了》，《独立评论》第171号（1935年10月），第5—10页。

识形态分裂的情况下,形成了儒家化、自由主义和列宁主义三者并存的内在扭曲。"三民主义"创立的根基是西方自由主义衍生的分权政治,其关键在于权力的分散和相互制衡,而列宁主义所推行的组织形式为形成一党执政创造了条件,但与西方政治具有极大的冲突,而国民党将"三民主义"儒家化的行为,获得了民族主义的红利,却受到了封建思想的侵蚀,丧失了动员农民的可能。总而言之,国民党最终的失败是由意识形态分散、扭曲和组织形式涣散造成的。本来一党专政有利于高效推进精英政治,在短时间内完成中国的改造与崛起,但是意识形态内部的掣肘却造成一党却不能专政,徒劳陷于内耗和腐败,并最终导致人民的不满和无法对抗外部武装党争。

巴黎和会的丑态、世界经济危机的恐惧以及苏联第一个五年计划的壮美,为近代中国人指明了方向。当民国初年的"共和幻想"压倒了儒家思想重新制度化的精神支柱后,对西方文明的渴望也在战争的吼叫中破碎了,本是水上浮萍一般的对西方文明的向往在短时间内成了令人厌恶的尝试。与之形成鲜明对比的是,苏俄的成功让中国人重新找到了走出意识形态危机的救命稻草。白话文与马克思主义话语体系的结合推动了其在中国的迅速传播,"中国知识界的理想的西洋文明,……精神是爱自由的个人主义,生产方式是私人资本主义,政治组织是英国遗风的代议政治。……欧战以后,苏俄的共产革命震动了全世界人的视听;最近十年中苏俄建设的成绩更引起了全世界人的注意。于是马克思列宁一派的思想就成了世界最新鲜动人的思潮,其结果就成了'一切价值的重新估定':个人主义的光芒远不如社会主义的光耀动人了;个人财产产生的理论远不如共产及计划经济时髦了;世界企羡的英国议会政治也被诋毁为资本主义的副产制度了。凡是维多利亚时代最夸耀的西欧文明,在这种新估计里,都变成了犯罪的,带血腥的玷污了。……不上十五年,中国青年人的议论就几乎全倾向抹杀一九一七年以前的西洋文明了。……无论如何,中国人经过这十五年的思想上的大变化,文化批判上的大翻案,再也回不到新民丛报时代那样无疑义的歌颂维多利亚时代的西洋文明了。"[①]

---

① 胡适:《建国问题引论》,《独立评论》第77号(1933年11月),第3—4页。

20世纪20年代是各种社会主义思潮的年代,而到了30年代,马克思主义已经成为中国思想界的主干。对于苏俄的疑惑已经变成一种羡慕,对于个人自由的追求和国家迅速崛起的愿望让自由知识分子在苏俄和欧美之间产生了彷徨,而冲击人们底线的现实,让很多知识分子倾向于放弃自由而拥抱苏俄。在现实面前,救亡完全压倒了启蒙。

自由知识分子在失望之余,将共产党的存在归结于"是贪污苛暴的政府造成的,是内乱造成的,是政府军队'齐寇兵,资盗粮'造成的,是日日年年苛捐重税而不行一丝一毫善政的政府造成的"[①]。他们将共产党"剿而不绝"的原因归结到土地问题、工人问题始终得不到解决,而政党政治的关键就在于争夺更多的能够支持自己的民众。但中国的自由知识分子始终反对中国共产党的武装斗争,在30年代抗日战争并未全面爆发之际,自由知识分子将"攘外必先安内"看作是一种合理的选择。虽然曾经出现过"提议将东北(1932年)交给共产党做实验"的提议,但其根本上是难以接受共产党的武装革命和亲近苏俄的立场的。在涤荡之中,知识分子从政党的构建者和意识形态传播者中又一次分化出来,造成"精英知识分子和革命家相互看不起的现象,即精英知识分子看不起革命家'缺知识少训练',革命家看不起精英知识分子的书呆子气"[②]。

自由知识分子虽然分为"左"与"右"两极,其方式方法和感情立场截然不容,但作为一个整体,在反对和批评政府并且要求改变现状方面是与中共相通的。首先,自由知识分子虽然同情和赞赏中共,但始终将中共作为督促和要求政府的反面力量,立场则仍然停留在国民党所主导的民国政府和民国的框架内,视苏俄为影响中国的一个类似于帝国主义的国家,而国民党和中华民国是在西方思想影响下,不受操控的国家。其次,对于是否采取武装和阶级斗争的方式进行革命,自由知识分

[①] 丁文江、胡适:《所谓剿匪问题》,《独立评论》第6号(1932年5月26日),第2—4页。

[②] 张太原:《〈独立评论〉与20世纪30年代的政治思潮》,社会科学文献出版社2006年版,第246—266页。

子虽然厌恶现有的政治，但仍然未免存有"宋明亡国时，若干好的士人，比贪官污吏还死的快些"[1]的忧虑，甚至有人称"（共产党）本来的目的，是在掠夺财产；原来的手段是打家劫舍，今有共产主义的名义，可以利用，自是相得益彰"[2]。

自由主义知识分子面对国内党政和抗日两大问题上的态度，始终围绕着自由主义和民族主义两个核心。当面对民族主义时，自由主义认为只有国民党所领导的国家政府可以起到作用，因而不得不拥护它。在面对自由主义时，自由主义知识分子反对国共两党所推行的专政，认为"一党专政，已经把国民党的政治生命切断了。阶级专政，同样的要把共产党的政治生命断送"[3]，但当看待中共时，加入苏联的因素，则更多地倾向于国民党的政治立场，可以说，自由主义知识分子始终都在争取的是要求国民党在中国开创一个多党制的政治环境，并且切实做到履行宪法并尽早结束训政。

但自由主义始终没有能够成为中国的主要意识形态，其根源在于思想内核与中国传统意识形态内核是背道而驰的。中国传统意识形态所追求的道德理想主义，不能够允许评价标准的多元化，也就天然地排斥了自由主义的多元论，而其强调个人的价值观和组织方式更是与深入到各处的宗法制不能相容，作为两强的附庸是历史的必然。

（二）中国共产党在大革命失败后的转变

20世纪上半叶是革命的时代，由政治革命发端，进而出现文学革命和文化革命，之后是大规模的社会革命。但随意识形态的分野，各政党和派别之间对于革命的阐述产生了巨大的分歧，在这种分歧之中，所选择的道路是截然不同的。国民党认为："人类应为的工作，不单关于政治要革命，社会也要革命，科学也要革命。政治不革命，政治不能进步；社会不革命，社会不能进步；科学不革命，科学也不能进步。多一番革命，便多一番进步，便多一番改良；不革命即不能进步，不会改

---

[1] 傅斯年：《"九一八"一年了》，《独立评论》第18号（1932年9月），第2—3页。
[2] 王造时：《国民党的专政与共产党的暴动》，《新月》第3卷第11期（1931年1月）。
[3] 彭文应：《共产主义之路也不通》，《主张与批评》第3期（1932年12月1日）。

良。所以革命是一件很好的事情，各界若各做各的事情，不同向革命的路上走，那是大错而特错的。现在的潮流，已成为革命的潮流。"① 这种将"革命"泛化并等同于改良的方式，不仅对"革命"所代表的"进步"之意加以肯定，并且降低了对执政的冲击。

经过大革命洗礼的中国共产党，将"暴力"进一步丰富到"革命"的内涵之中，普遍地认为"革命是暴动，是一个阶级推翻一个阶级的暴烈的行动"②。而"枪杆子里面出政权"的论断更是加重了"革命"必然带有暴力的倾向。与国民党相比，中国共产党的革命观具有更强烈的世界革命、阶级革命和暴力革命倾向。在这种倾向之下，通过土地革命的形式，以武装斗争为手段的革命不可避免，但也因此受到自由知识分子的否定，并在中国民族主义面前必然受到挫折。

1927年之后的中国共产党，依然受到共产国际的强烈影响始终未能走出一条独立自主的道路。作为世界无产阶级革命的一环，苏联出于自身考虑所做的安排与干涉极大地阻碍了中国共产党的发展，而要走出一条成功的革命道路，中国革命非本土化不行，这就要求中国共产党将早期马克思主义思想和过渡性的意识形态进行中国化的创造，而不是一句"走俄国人的路"可以解决的了。

首先，中共彻底放弃了与国民党和民族资产阶级合作的希望，并且找寻中国革命的关键点。认为孙中山"小资"领导"大资"排斥外国资产阶级，并最终从事建设事业即中国资本主义的设想，"不特没有丝毫社会主义的臭（嗅）味，并且就是这种资本主义的前途也完全的乌托邦"。而其根本在于，"中国的资产阶级自身差不多兼着地主阶级"而"孙中山的资本主义的乌托邦理论，现在事实上只成了这些卖国阶级的金字招牌而已"，③ 而中国革命必然的是土地革命，通过"工人阶

---

① 蒋介石：《在广东第六次全省教育大会代表讲话》（1926年5月3日），《先总统蒋公思想言论总集》，第459—460页，中国国民党中央委员会党史委员会。
② 毛泽东：《湖南农民运动考察报告》（1927年3月），《毛泽东选集》第1卷，人民出版社1991年版。
③ 瞿秋白：《中国革命中无产阶级的新策略》，《布尔什维克》第一卷第十四期（1928年1月5日）。

级能够解决土地问题"①。

其次,中国共产党领导的革命需要何种方式进行组织。这对于年轻的中国共产党来讲,必须走出一条不同于俄国革命的道路。而且性质必须是"无产阶级独裁的政权",否则"苏维埃或者是失败而被解散,或者是成为变种的'苏维埃'"②,于是"工农武装割据"的思想在毛泽东的领导下成为了现实,当然这必然地要经历无产阶级成分的转化,即中国的农民如何成为无产阶级,而毛泽东思想所做出的努力则是创造性地将无产阶级道德品质提炼出来,并对农民加以教育,以促使农民成为无产阶级革命队伍中的主要组成部分。

再次,面对民族主义的崛起,中国共产党必须立足于中国国情和中国所面对的民族主义,将世界革命的理论、世界格局观以及中国国民情绪相分离,将"中国"放在首位而将"共产党"居于其次。当中国因日本侵略而爆发出巨大民族主义情绪时,自由知识分子做出了希望尽快剿灭中共的"两害相权取其轻"的政治选择。在这种境况之下,中共放弃了"武装保卫苏联"等口号,并且改正了"工农了解苏联是他们的祖国,帝国主义中国军阀来进攻苏联时,自然要起来武装保护"③的错误,更多地侧重于中国的民族主义。

最后,中国共产党与自由派知识分子所推崇的民主与自由有着本质上的不同和迥异的实现路径。在集体主义下的民主具有忽视个人价值和个人选择的倾向,强调全体人民的普遍的民主权利。这种民主在理论上是可行的,并且在小范围之内可以操作,也可能最终取得成功。但在中国仍然具有强大宗法制和封建思想残余的社会中,这种未能强调个人价值的民主极容易被实际政治操作所扭曲,变成少数职业革命家或政治精英带领下的形式的民主。

---

① 瞿秋白:《中国革命中无产阶级的新策略》,《布尔什维克》第一卷第十四期(1928年1月5日)。

② 瞿秋白:《中国苏维埃政权与社会主义》,《布尔什维克》第一卷第十四期(1928年1月10日)。

③ 王稼祥:《陈独秀主义之反革命的进化》,署名稼蔷,《共产国际月刊》第一卷第二期(1930年3月15日)。

(三) 中国近代意识形态兴替的内在动力与规律

这里，我们并不打算将重点放在中共早期意识形态构建的内容层面，即并不去分析众多知识分子在著作和言论中如何为中共构建了宇宙论、人生观、价值观、历史观和世界观，主要的用意是在于将视角放在一个更加抽离的角度，不局限于某一种观念的塑造，而是力求看到各种观念的选择和塑造的内在动力，找到各派知识分子的共同逻辑以及这种逻辑与传统意识形态可能存在的某种联系，最终看到为何中国历史会在我们打开一扇门的时候却走进了与预想不同的房间。

在传统意识形态崩溃的过程中，"帝国中心论"的崩溃使中国人被迫承认与其他国家的平等，这为接受和学习西方扫清了"关系交往"的障碍；"华夏中心主义"的崩溃则促使中国人失去了文化的优越感，使思想传入成为了可能；《天演论》所表述的符合中国人逻辑的具有人为干预的进化论，促使中国人开始在《大同书》所规定的轨道之中加速推进社会的进步；对第一次世界大战的反思，则造成了在这种前进逻辑之下超越资本主义的社会主义思潮的兴起。而这一切都通过"经济决定论"、"历史唯物主义"和"阶级斗争"三者完成了整合。

首先，中国在"优胜劣汰，物竞天择"和《大同书》所折射出的以单一条件[①]为线索的逻辑之下，经济决定论将经济发展作为评价一切的标准，结束了中国近代学习西方标准不一的时代，将中国改革与革命的方向从复杂而模糊的寻求富强与民族独立，转变成为清晰而简单的建立新的国家。

其次，我们要看到，中国知识分子在传统历史心理的作用下，接受历史唯物主义是先于经济决定论的，也就是说，中国知识分子是通过用历史唯物主义将中国历史作为案例进行分析之后，证明了经济决定论在中国同样适用，进而接受经济决定论的。这个顺序的颠倒，形成了中国共产党意识形态的特殊部分，即中国历史证明了经济基础决定上层建筑，而上层建筑如果先于现有的经济基础而进行变革，那么这种上层建筑能够塑造未来的经济基础创造富强的国家，而中共即是因代表先进而

[①] 《大同书》以人类体毛的多少为社会进步的标准之一。

具有合法性的。

最后，阶级斗争作为整合社会的关键，只是历史唯物主义和经济决定论占据霸主地位之后必然导致的政治选择。近代军事工业和军事学院的建立使迅速培养军事人才进行战争成为可能，这就导致政党须将意识形态放在更加关键的地位，以使政党获得更加强大的吸引力和凝聚力。

历史唯物主义与经济决定论使原本模糊的中国社会阶层变得清晰可分，广大农民不仅仅是历史上起义的主力，更应该是近代社会革命的主力军，但太平天国的失败证明了只有工人阶级的领导才能带领农民阶级突破局限而走向胜利。这样的论断天然地决定了中国共产党必须将工人与农民相结合，但也为中国共产党内对于工人与农民重要性的争论埋下了伏笔。更关键的是，为中国共产党日后意识形态当中长期无法剥离民粹主义和封建主义埋下了种子。

此外，新文化运动高举"德先生"与"赛先生"两面大旗，但随着五四运动爆发及其以后社会革命的需要，"自由主义"被"集体主义"所取代，"民主"从"民之主"与"民做主"发展出了新的一层"民选之主"① 的含义。对于存在强大封建传统和思维习惯的中国，一蹴而就地实现民主共和制，并且迅速实现西方式的民选制度是不现实的。随着"民之主"的君主制和君宪制的破产，"民做主"从"民选"中发展成为"民选主"是传统意识形态内核作用下的必然。在"德先生"倒下的同时，"赛先生"失去了西方原有的辩证性，变成了无可争辩的正确，正如胡适所说："这三十年来，有一个名词在国内几乎做到了无上尊严的地位；无论懂与不懂的人，无论守旧和维新的人，都不敢公然对它表示轻视或侮辱的态度。那个名词就是'科学'。"② 西方用科学来解释一切，与中国用"科学"来捍卫自己并攻击一切反对者，这种根本上的差异，实在是中国传统意识形态崩溃后留下的一元论心理的体现。"科学"取代了儒家传统的"道"，成了新文化运动前后中国的新宗教。"陈独秀将科学引进社会各领域的同时，胡适则执中国特色唯

---

① 金观涛、刘青峰：《观念史研究：中国现代重要政治术语的形成》，法律出版社2009年版。

② 胡适：《科学与人生观序》，《新青年》（季刊）第2期，1923年11月13日。

科学主义的另一头,竭力倡导和推进科学万能论。"① 在这样的倾向下,将"马克思列宁主义"与"科学"联系在一起,从而导致了"马克思列宁主义"成为"科学"的另一种表述。我们须明确,"科学"由"器"至"道"最终成为宇宙论与人生观的"唯一标准",在近代中国被赋予了实现"内圣外王"的工具性。

传统中国是典型的道德理想主义意识形态的国家,国家思想建立在制度化儒家形成的思想"大一统"的基础上,实现了国家超越行政体制的"思想整合与控制"的体系。这种体系通过"家国一体"的形式完成国家与家庭的同构设计,且在每次改朝换代之后相互参考,以进行政治体制重建。在中国长期存在广大农村时,政治体制的崩溃后,传统意识形态必然退守到宗族之中,通过伦理为其辩护。当收到外来强势意识形态冲击时,传统意识形态内核即对外来思想进行选择性的吸收,将符合中国道德理想主义的部分进行概念上的转化,成为新的道德标准和行为准则,通过符号化和神圣化将这种新思想和新标准赋予至高无上的地位。

在道德理想主义的作用之下,反对传统的"赛先生"伦理化了,变成了穿西装的中国人。以科学主义批判为开端的新文化运动最终在激进的浪潮中走上了反理性主义的道路,将"德先生"与"赛先生"变成了中国近代的"圣贤",当它们与政党的意识形态相结合,就自然导致马克思、恩格斯、列宁和孙中山成为了中国新时代的"圣贤"

国共两党领袖的个人独裁,如中共早期陈独秀和李立三等人的"书记独裁",可以从个人性格和制度设计上找到原因,而根源则更应该看到科学伦理化后新意识形态的道德理想主义倾向。在这种倾向下,马克思、恩格斯被推崇到了类似于中国孔子的地位,而继之兴起的则是将列宁上升到了类似孟子或董仲舒的地位,在这样的趋势下,当中共"农民化"逐渐加重时,中共意识形态向道德理想主义转化,而主要领袖成为新时代的"圣王"则不可避免了。

科学主义的伦理化和"集体主义"的兴起,为传统意识形态内核重塑新意识形态扫清了障碍,而国共两党组织形态和政治处境的改变加

---

① 段治文:《中国近代唯科学主义思潮新论》,《天津社会科学》1997年第2期。

速了这种趋势的进程。国民党在"清党"之后所进行的意识形态重构，形成了类似于传统意识形态并带有浓重儒家思想和话语体系的党国体制。蒋介石能够成为胜利者，不仅依靠了自身的权谋，更凭借了强大的民族主义力量，但其内部政治精英和知识分子则成为新意识形态下的新型士大夫。

与此同时，中国共产党在成员农民化的过程中，组成结构发生了根本性逆转。早期处于领导和统治地位的知识分子与工人逐步边缘化，农民干部开始占据主导地位。在此基础之上，中共意识形态受到小农思想和封建思想的影响，开始出现变化，金观涛等称此种变化为"毛泽东思想的儒家化"。[1] 但笔者认为，在中共意识形态的转变过程中，并非是可以用"儒家化"来形容。虽然中共意识形态的转变出现了某种在传统意识形态的特点，但并非是"儒家化"的表现，而是道德理想主义所形成的一元论倾向。由此才能说明新中国成立之后，中共虽然长期将儒家和封建等同看待并加以排斥，但一系列政治事件和政治运动、现象都表现出封建主义或制度化儒家的意味，而深究起来却又不是简单地制度化儒家或封建主义的复活。

国共两党在1927年之后呈现出两个方向的发展，但意识形态都转向了同一个方向，即道德理想主义的方向。在这种趋势之下，国民党进行了意识形态的"儒家化"，而中共则在道德理想主义的框架内重构了早期的意识形态。同向的意识形态转变，造成了两党在一种主义之下的两种意识形态的改造，形成了实质上的"士大夫"与"农民起义"的战争。

近代知识分子将诸多近代西方观念在传统意识形态影响下，经过"严复式"的阐发形成自由派、中共、国民党三者之间共同推崇和用以构建意识形态的普适因素，构成了三者之间相互影响和沟通的思想基础。但在道德理想主义一元论等因素的作用下，知识分子融入两党之中，相对独立的自由主义知识分子亦只能在两党争雄时存在于夹缝之间，一旦形成全国性的强势执政党，其唯有分化进入两党才能继续生存，但仍然难以避免被强势意识形态所改造。

---

[1] 金观涛：《毛泽东和儒学》，风云时代出版有限公司2006年版。

在这种边缘化的过程中，知识分子在构建各自党派的意识形态的同时，依然能够作为一个整体起到启蒙思想的作用，这种作用始终与强势意识形态的强弱程度成反比。中国国民党在"清党"之后形成的意识形态混乱为自由主义知识分子在其内部存在提供了空间，而中共则由于其在野党的地位避免了针对执政危机所遭受的非议，并通过自身意识形态与传统意识形态内核相契合的社会理想与实践形式赢得了全国范围内众多民众的支持，且使行政体系的核心与末节始终保持着"如臂使指"的高度协调，没有在其内部给予其他意识形态丝毫的生存空间。国民党为清除共产党而造成了自身意识形态的混乱，且从广大农村退出，进一步丧失了蕴藏改变国家前途的根源，在武夫专政和思想纷乱的动荡中走向败退。而中共则在一次次整党运动中，不断巩固自身意识形态的强势地位，将非中共的意识形态完全排斥在外，对受到不同意识形态影响的成员进行改造、排斥和清洗，最终形成了具有强大凝聚力和组织力的政治机器。

我们可以看到，国民党意识形态核心中除传统意识形态内核外兼具西方意识形态内核对普适价值的追求，而中共意识形态内核更具有世界主义和国家中心主义的特点。简而言之，较之三民主义，马克思主义更能与中国传统意识形态内核相协调，更能有效适应农民众多并以宗法家族组成社会基本组织的中国。当中共告别早期意识形态并形成毛泽东思想时，意识形态内核的道德理想主义化亦随之逐步完成，中国传统意识形态内核与马克思列宁主义通过创造性融合完成了新生，而这种新生的意识形态拥有了传统意识形态所不具备的突破城乡二元结构的动员能力，并第一次为中国人长期压抑而无法实现的世界主义和乌托邦理想找到了实现途径，而"内圣"与"外王"、"意识形态构建者"与"执政者"第一次完成了统一。在这种强势意识形态作用之下，强大、统一而具有高度动员力和凝聚力的政党诞生了，并带领农民超越了局限性，使"士大夫"与"农民起义军"的战争更鲜明地带有着意识形态战争的特点。

四 结语

近代以来的中国始终没有完成思想启蒙，而知识分子最终亦逐步在政治运动和社会发展之中走向了边缘，或丧失了独立地位，或丧失了公众对其的信任。当政治体制改革成为经济改革的瓶颈时，不涉及文化和意识形态核心的制度设计无法长期释放制度红利。因此意识形态的调整须以文化变革为先导，遵循其规律依次进行，如贸然行事则有可能导致经济改革的成绩荡然无存，还可能导致造成民族灾难的历史以新的形式重演，使思想启蒙和民族复兴退回到原点，无法超脱历史的循环。

（一）传统意识形态内核对中国共产党迅速崛起的影响

第一，在近代以来100余年的历史中，传统意识形态不断向宗法家族之中退守，并在民众的生活与思维习惯中得以留存。中国传统意识形态内核虽然失去了往日的光辉，但却对于近代所有党派和社会组织发挥着持续的作用。首先，中共在白话文的基础之上，通过构建马克思列宁主义的话语体系，以中国人能够接受的表达方式将马克思主义的核心内容进行"严复式"的阐述。早期意识形态的吸引力在于同传统意识形态核心高度契合，完全符合中国人对意识形态的绝大部分的诉求，在这种内在的感召之下，马克思列宁主义在中国广泛传播并成为强势意识形态是历史的必然，由此而观，中国人选择意识形态的方向早已明确，只是名称是马克思列宁主义而已。其次，在近代中国的城乡二元结构下，封建主义和传统意识形态的崩溃程度存在巨大的城乡差异。国民党据守在传统意识形态相对薄弱的城市之中，形成了以传统意识形态内核为核心，建立在儒家语言体系之上，杂糅各派思想的意识形态。在广大农村，宗法制的普遍存在，伴随日本侵华战争而高涨的民族主义和爱国主义，在列宁式的建党原则的影响下，中国共产党的队伍迅速扩大了。在成员农民化的程度亦日益加深时，中共意识形态被传统意识形态内核深刻改变了。最后，中国共产党通过毛泽东思想的建立改变了早期意识形态的内容与架构。一方面，通过意识形态的道德理想主义化，使农民不脱离生产、生活地域，以共产主义的道德教化完成了革命队伍的无产阶级化。另一方面，中国共产党意识形态从偏向于"共产党"转向偏重于"中国"，其意识形态核心在具有世界主义的同时增添了更加强烈的民族主义，而世界大同的理想不再完全依托于国际共产主义运动，而是建立在民族复兴之上。华夏中心主义和帝国中心论在崩溃之后，转化为将中国建设成为国际共产主义中心和革命圣地的理想，从此，共产主义中国成为实现传统意识形态核心的理想的新载体。

第二，中国共产党意识形态的构建完成了马列主义与传统意识形态核心部分的对接，促使马列主义得以迅速传播，结束了中国传统社会中意识形态缔造者与执政党长期分离的格局。在新政党及其制度内，意识形态的缔造者与最高领袖之间不再存在张力，大幅提升了意识形态的凝聚力，从而避免了这种张力所造成的内部紧张，由此也导致了负面影响的产生。首先，知识分子失去了传统社会"士"作为意识形态宣传者和构建者的作用，加速了知识分子的边缘化。其次，官僚体系和意识形态体系完全重合导致意识形态的修正缺乏弹性，而官僚体系的内部斗争与调整往往呈现出以意识形态为突破口的特点。再次，在道德理想主义一元论的影响下，最高领导者天然地将"内圣"与"外王"合于一身，克里斯玛型领袖的诞生成为必然。最后，在民族国家的框架之内，由于政权和意识形态之间高度统一而缺乏弹性，执政危机和意识形态危机相互作用、互为因果，强大的组织力和动员力将导致国家有可能通过战争摆脱意识形态危机。

（二）传统意识形态对中国未来的影响

在道德理想主义一元论的影响下，"科学"、"民主"等概念被赋予了道德层面无可探究的权威性，在此基础上，意识形态的可探讨性大大降低，以维护现有意识形态合法性和权威性为目的的研究与论述也受到影响，最终造成意识形态权威性和合法性的下降，造成政党进一步对研究与论述进行压制和约束，形成恶性循环。同时，知识分子的边缘地位已经造成公共知识分子群体畸形发展，知识界部分成员或融入意识形态构建体系之中，或融入利益集团之中，或始终保持舆论中立地位但碍于整体公信力的下降而受到不良影响。这种现象无疑进一步导致意识形态纠错能力和弹性的下降。

首先，要突破这种循环，重点在于通过改变社会组织结构和变革文化与思维习惯两种方式，最终更新意识形态内核。第一，由于缺乏西方基督教所赋予的宗教精神，而强调类似于人伦的等级制度，这就导致中国很难突破以血缘为纽带的"熟人社会"而进入到以法制和契约精神为基础的"陌生人社会"。那么，通过长期坚持计划生育，在相当长的时间内，通过人口的新陈代谢造成人口结构和家庭组织形式的改变，才能让个人进一步从家庭与家族之中分离出来形成"陌生人社会"。第二，在网络等新兴技术迅猛发展的时代，陌生人通过社交平台进行交流成为趋势，而信息爆炸式传播等多种因素均可以造成民族启蒙的加速。但这种启蒙同样具有不确定性，在民族主义高涨和传统意识形态内核没有深刻改变时，意识形态多元化使民族启蒙的内容与方向亦呈现出多元化和不确定性。因此，使公共知识分子成为构建新文化的主体并维护其社会公信力成为在此基础上的首要工作，进而才可能通过公共知识分子恢复意识形态的弹性与活力。但我们必须明确的是，变革文化和思维习惯必然经历漫长的阶段，其跨度之大甚至将以"世纪"作为时间单位，而所涉及的范围将涵盖社会的每一个角落，在此过程中，任何大规模的政治事件都有可能逆转这种趋势。

其次，我们也看到，传统意识形态所推崇的以"圣君贤相"为政治领袖的诉求长期存在，这种诉求并没有因思想启蒙和经济建设的成就而产生大幅度衰减。在政治制度和法制建设仍然存在完善空间时，民众在引导之下有可能推举出克里斯玛型领袖，造成中央与地方、地方彼此之间的潜在紧张。这种政治局面的产生，将对现有意识形态和政治制度造成一定程度的冲击，降低政权的公信力和凝聚力，如果发展到更大范围，则有可能造成之前论述的改革方向的逆转。

再次，回到现有的意识形态体系之中，最具可能性和可操作性的改革方式即是现有政治领袖通过解决现存问题而成为克里斯玛型领袖，进而在现有政治体制和法律制度可发挥的空间内进一步革除弊端以树立政党、政府与个人的公信力与魅力，进而通过领袖的个人威望和拥有相同政治理想的政治精英所组成的领导集体将文化改革与社会改革以法律、法规的形式确定下来。诚然，这种操作方式具有很大的不确定性，但就近代以来中国的改革与革命的成败来看，通过现有体制和实权领袖进行推动的改革与革命，其效果和影响远超过以理想为先导的各种实验。

最后，依托于现代信息技术和社交网络的迅速推广，公共知识分子崛起已经成为必然，其舆论导向、发展速度、政治立场及其影响充满不确定性，但可以推断出，其作用将不亚于 20 世纪初至新文化运动中断前的近代中国知识分子。那么，如何面对公共知识分子群体的崛起及其支持者的影响，将成为执政党和其他民主党派的主要课题。执政集团选择的方式与方法，将决定中国启蒙的进程、未来的发展进程和现实政治环境。

参考文献

一 著作

《孟子》，浙江文艺出版社 2001 年版。

《礼记》，浙江文艺出版社 2001 年版。

康有为：《大同书》，中国人民大学出版社 2007 年版。

严复：《天演论》，中国青年出版社 2009 年版。

魏源：《魏源集》，中华书局 2009 年版。

张之洞：《劝学篇》，中州古籍出版社 1998 年版。

郑振铎：《郑振铎文集》（第四卷），人民文学出版社 1985 年版。

汪原放：《东亚图书馆与陈独秀》，学林出版社 2006 年版。

张国焘：《我的回忆》（上），东方出版社 2000 年版。

陈独秀：《陈独秀著作选编》（1—6 卷），人民出版社 2008 年版。

胡适：《胡适全集》（1—44 卷），安徽教育出版社 2003 年版。

李大钊：《李大钊全集》（1—5 卷），人民出版社 2006 年版。

孙中山：《孙中山全集》，中华书局 2011 年版。

蔡尚思：《中国现代思想史资料简编》（1—5 卷），浙江人民出版社 1982 年版。

毛泽东：《毛泽东早期文稿》，湖南人民出版社 2008 年版。

瞿秋白：《瞿秋白选集》，北京出版社 1985 年版。

戴季陶：《戴季陶集》，华中师范大学出版社 1990 年版。

周子东、傅绍昌等编：《民主革命时期马克思主义在上海的传播 1898—1949》，上海社会科学院出版社 1994 年版。

《独立评论》（1—10 卷），岳麓书社 1999 年版。

中央统战部、中央档案馆：《中共中央第一次国内革命战争时期统一战线文件选编》，档案出版社1990年版。

毛泽东：《毛泽东选集》（1—5卷），人民出版社1977年版。

蒋介石：《先总统蒋公思想言论总集》，中国国民党中央委员会党史委员会。

金观涛：《毛泽东和儒学》，风云时代出版有限公司2006年版。

韦政通：《中国十九世纪思想史》，东大图书公司1991年版。

牟宗三：《中国哲学的特质》，吉林出版集团有限责任公司2010年版。

［日］福泽谕吉：《文明论概略》，商务印书馆1985年版。

金观涛、刘青峰：《中国现代思想的起源》，法律出版社2011年版。

郭廷以：《近代中国史纲》（第3版），上海人民出版社2012年版。

夏东元：《洋务运动史》，华东师范大学出版社2010年版。

牟宗三：《政道与治道》，吉林出版集团有限责任公司2010年版。

李泽厚：《中国近代思想史论》，生活·读书·新知三联书店2008年版。

唐在礼：《辛亥以后的袁世凯》，《文史资料选辑》（第五十三辑），文史资料出版社1964年版。

李国环：《清末士绅阶层与辛亥革命》，《安徽史学》2008年第6期。

许纪霖：《近代中国知识分子的公共交往（1895—1949）》，上海人民出版社2008年版。

王奇生：《革命与反革命》，社会科学文献出版社2010年版。

张灏：《幽暗意识与民主传统》，新星出版社2006年版。

［法］米歇尔·博德：《资本主义史》，吴艾美、杨慧玫等译，东方出版社1986年版。

金观涛、刘青峰：《观念史研究》，法律出版社2009年版。

杨奎松、董士伟：《海市蜃楼与大漠绿洲》，上海人民出版社1991年版。

刘利民：《戴季陶早年思想研究》，中国社会科学出版社2010年版。

钱穆：《国史大纲》，商务印书馆1996年版。

梁启超：《中国历史研究法》，中华书局2006年版。

梁启超：《中国历史研究法续编》，中华书局2006年版。

茅海建：《天朝的崩溃》，生活·读书·新知三联书店1995年版。

陈旭麓:《近代中国社会的新陈代谢》,中国人民大学出版社 2012 年版。

陈旭麓:《中国近代史十五讲》,中华书局 2008 年版。

二　期刊

陈晓峰:《〈中华民国临时约法〉的文化透视》,《武汉大学学报》(人文科学版) 1996 年第 6 期。

张华腾:《袁世凯与〈临时约法〉》,《安阳师专学报》1999 年第 1 期。

张灏:《中国近代思想史的转型时代》,《二十一世纪》1999 年 4 月号(总第 52 期)。

郭圣福:《五四时期国民党人对社会主义学说的介绍和研究》,《社会主义研究》1988 年第 1 期。

陶季邑:《早期国民党人传播社会主义学说的历史地位》,《社会科学研究》1995 年第 1 期。

段治文:《中国近代唯科学主义思潮新论》,《天津社会科学》1997 年第 2 期。

何干之的鲁迅研究

杨友鹏

摘　要　何干之的《鲁迅思想研究》是最早的马克思主义史学人物研究专著之一，何干之在文中运用马克思主义史学的研究手法，对鲁迅从社会思想、文艺思想与文学作品三个层面进行了系统的分析，并对鲁迅做出了许多精辟的论断。本文试图从这三个方面入手，对何干之的鲁迅研究进行深入的探究。

何干之从两个维度分析鲁迅一生的转变，一是鲁迅身份的转换，鲁迅由小资产阶级的革命家，变为工人阶级的革命战士；二是鲁迅思想的嬗变，鲁迅从最初的信奉进化论逐步转变为阶级论和辩证唯物主义。何干之并不认为鲁迅的转变是一蹴而就的，恰恰相反，鲁迅是经历了艰辛的探索，从自己跌宕的人生经历中体悟出马克思主义才是真正的道路。换言之，何干之的目的并不止于求鲁迅的个人特质，而是试图证明以鲁迅为代表的资产阶级文人必然与无产阶级革命结合的趋势。

同时，何干之借鲁迅的作品来表述他对中国文学之见解，他将鲁迅的文学作品划分为三部分：一是小说，尤其是鲁迅的乡土小说，创造了中国文学的典型；二是杂文，鲁迅的杂文，在深刻地揭露中国社会弊病的同时，也反映了鲁迅全体论等一系列的思想；三是古文献整理，鲁迅不仅在古文献整理上成绩斐然，而且在整理的基础上创作的《故事新编》，对历史故事赋予时代特色，为中国的历史小说打开了新视野。

何干之将鲁迅的文学创作的整体风格，归结为现实主义文学，现实主义的文学风格恰恰适合了当时革命形势的发展，达到了革命所需要的宣传效果。因此，何干之总结了当时文学的两个使命：现实主义只有与革命的需要相结合，才能更好地发挥它的功用；文学家只有与革命发展相结合，才是中国新文学的方向。

何干之并未将鲁迅作为一个个案研究，而是视鲁迅为中国近代知识分子群体的一部分的代表，他并不试图仅仅局限于梳理鲁迅一生的遭际，而是为了从鲁迅的人生历程中，发现近代知识分子的共性，以及历史在他们身上所留下的印辙。究竟这些知识分子怎样一步步促使马克思主义的接受。或者说，明线是鲁迅的个人史，暗线则是马克思主义在近代中国的接受史。

所以，何干之的鲁迅研究，不仅在鲁迅研究史上具有重要价值，而且对于中国马克思主义史学中的人物研究，也起到了奠基作用，同时也扩大了中共的意识形态的宣传效果，并且凸显了何干之扎实的理论功底与丰富的学养，以及他对于中国的强烈现实关怀。

关键词 马克思主义史学；进化论；唯物史观；鲁迅；何干之

20世纪中国史学的显著变化是中国传统史学的式微和现代史学的兴起，尤其以马克思主义史学的异军突起最为明显。马克思主义史学在近代中国经历了一个五四新文化期间的译介输入与初步宣传、30年代的学术论争与学者著述、40年代后的广泛传播与全面接受的三个过程。作为1949年之后的官方史学，马克思主义史学中的阶级斗争和社会形态理论形塑了中华人民共和国成立后国人的历史观，因此对于马克思主义史学的相关问题进行针对性的研究，具有重要的学术价值与现实意义。

尽管马克思主义史学的研究近年来成为新的学术热点，但主要集中于一些宏观与理论的层面，或者是一些系统性的梳理工作，诸如马克思主义史学的方法论研究、各个时期的马克思主义史学的论述，或者将马克思主义史学放在古今对比、中西对比的维度进行审视。① 与此形成鲜明对比的是，对于马克思主义史学发展中的一些细节性的探究与个案性的研究，以及马克思主义史学的研究与中国共产党的意识形态工作的相应关系方面乏善可陈，当代的史学工作者并没有集中过多的关注度与研究热度，也没有取得可观的学术成绩。

在马克思主义史学从20世纪30年代的学术论争与学者著述阶段转向40年代之后的广泛传播与全面接受阶段中，何干之是承前启后的关键人物之一。何干之原名谭秀峰，是中国现当代史上重要的马克思主义史学家，五四时期他受新文化的洗礼而成为革命青年，在国民大革命中开始接触到马克思主义，此后开始了他的马克思主义研究工作。他先后著有《中国经济读本》《中国的过去现在和未来》《中国社会性质问题论战》《中国社会史问题论战》《近代中国启蒙运动史》《中国社会经济结构》《三民主义研究》《鲁迅思想研究》《中国现代革命史》和《中国民主革命时期的资产阶级》等②，学术研究涉及中国历史和中国革命的各个阶段与各个层面，并以近代社会史研究见长。在1936年何干之始用"干之"为名，其妻也改名"唯文"，何干之曾说"干之"的意思是，"为马克思主义的党做文化斗争的工作，我的妻子叫唯文，就是这个问号的答案。"③

何干之于20世纪30年代后期在中国学术上崭露头角，凭借的是

---

① 可参见"马克思主义专题研究文丛"，中国社会科学出版社2011年版；陈峰：《民国史学的转折——中国社会史论战研究（1927—1937）》，山东大学出版社2010年版；张正光：《延安知识分子与马克思主义中国化研究》，博士学位论文，华东理工大学，2011年；[美]德里克：《革命与历史——中国马克思主义史学的起源，1919—1937》，江苏人民出版社2005年版；史华慈：《一场马克思主义的争论》，参见《民国史学的转折——中国社会史论战研究（1927—1937）》，山东大学出版社2010年版，第11页；陈前：《论抗日战争时期马克思主义史学的迅速发展》，《中共党史研究》2005年第3期；张正光：《论延安史学工作者对马克思主义史学中国话的探索与贡献》，《中共党史研究》2010年第7期；吴原元：《美国的中国马克思主义史学研究述略》，《哈尔滨师范大学社会科学学报》2012年第3期；王东、王兴斌：《二十世纪上半期的中国马克思主义史学》，《历史教学问题》2005年第5期；李根蟠：《关于马克思主义史学研究方法与路径的思考》，《史学史研究》2011年第3期；孙旭红：《抗战时期马克思主义史学中国化进程述论》，《辽宁省社会主义学院学报》2013年第2期。

② 参见何干之《何干之文集》，北京出版社1993年版。

③ 何干之：《何干之自传》（1943年6月10日），《何干之纪念文集》，北京出版社2006年版，第9页。

他对于30年代的社会史论战做了一系列的总结性工作,《中国社会性质问题论战》《中国社会史问题论战》两部著作即是此时期何干之的代表作。此后在延安期间,何干之深受毛泽东等中央领导的器重,毛泽东一度欲任用何干之为秘书,被何干之婉拒。中华人民共和国成立后,何干之参与创办了中国人民大学中共党史专业,成为中共党史学科的开创者之一。①

以往对于何干之的研究,主要分为以下四类:第一类研究针对的是何干之生平的梳理,较早的是胡华和刘炼的《何干之传》,此文详细记述了何干之革命的一生。② 近来又有耿华敏著《何干之传》,此文借对何干之一生经历的追溯,诠释了"20世纪先进知识分子选择马克思主义和中国共产党的历史进程"③。

第二类研究针对的是何干之的社会史研究,侧重于何干之在20世纪30年代中国社会史论战中的总结者的角色,如温乐群、黄冬娅认为通过研读何干之的《中国社会性质问题论战》和《中国社会史问题论战》可以"得到一些现今已经越来越模糊的许多问题的起源和知识背景"④。陈峰注意到了何干之社会史著作中的"国际性"背景,尤其是苏联和日本的学术界状况论述极其详尽。⑤ 康桂英则侧重于何干之在社会史论战中著作的具体研究与成就的分析。⑥

第三类研究针对的是何干之作为中国近现代革命史研究的开拓者的身份,如杨舒眉、崔中华以何干之对于新民主主义革命的理论探究为研究着眼点,认为何干之的《中国现代革命史》和《中国民主革命时期的资产阶级》中,以中国为半殖民地半封建的社会性质和各阶级的抗争

---

① 参见耿化敏《何干之传》,中共党史出版社2012年版。
② 胡华、刘炼:《何干之文集·序言》(一),北京出版社1993年版,第1—28页。
③ 杨凤城:《何干之传·序言》,中共党史出版社2012年版,第1—3页。
④ 温乐群、黄冬娅:《二三十年代中国社会性质和社会史论战》,百花洲文艺出版社2004年版,第6页。
⑤ 陈峰:《民国史学的转折——中国社会史论战研究(1927—1937)》,山东大学出版社2010年版,第2页。
⑥ 康桂英:《何干之〈中国社会性质问题论战〉的著述特点》,《长春工业大学学报》(社会科学版)2011年第2期;康桂英:《何干之参与"中国社会性质问题论战"的学术成就及影响》,《湖南人文科技学院学报》2012年第2期。

的失败为背景，以突出中共在革命中的核心地位。[1] 耿化敏从何干之与左联关系的角度，来肯定何干之的学术成就。[2] 梁栋则从革命史编纂的总体视角，审视何干之革命著作的价值。[3]

第四类研究针对的是何干之生平的评定，大部分属于何干之昔日同事与学生的半研究半回忆性文章，文中多是对何干之人品与学风的赞扬，较少涉及具体的学术。如张仲实称他"在中国革命运动中发挥了积极的作用"[4]，成仿吾称他"注意研究现实生活中提出来的理论问题"[5]，胡华称他是"对党的思想理论工作"有深远影响的史学家[6]，高放称他"具有前瞻性、洞彻性的远见卓识"[7]，德里克称他是"在阶级问题上最为强硬的"中共理论家之一。[8] 杨树标回顾了20世纪60年代他做何干之助手时，何干之对他的提携，以及"去伪存真""由表及里"八个字的教诲。[9]

而在所有针对何干之的研究中，针对其著作中的历史人物研究部分，则鲜有著述。[10] 在何干之的所有学术著作中，历史人物研究的著述虽然不多，但却有着极其重要的学术意义。这主要有三方面原因：一是何干之在研究的历史人物选取上，往往针对中国近现代史上起重要作用的人物，如孙中山、鲁迅；二是何干之是近代最早采用马克思主义进行历史人物研究的学者之一，透过何干之的相关著作，可以进一步了解20世纪三四十年代马克思主义史家对于马克思主义理论运用的早期

---

[1] 杨舒眉、崔中华：《20世纪30年代何干之关于新民主主义革命问题的理论探究》，《桂海丛刊》2009年第6期。

[2] 耿化敏：《何干之与二十世纪三十年代的左翼文化运动》，《中共党史研究》2012年第12期。

[3] 梁栋：《何干之与中国现代革命史著作的编撰》，《党史研究与教学》2010年第4期。

[4] 张仲实：《何干之文集·序言》（一），北京出版社1993年版，第1—3页。

[5] 成仿吾：《何干之文集·序言》（二），北京出版社1993年版，第1—2页。

[6] 胡华：《何干之文集·序言》（三），北京出版社1993年版，第1—4页。

[7] 高放：《何干之传·序言》，中共党史出版社2012年版，第1—3页。

[8] ［美］德里克：《革命与历史——中国马克思主义历史学的起源，1919—1937》，翁贺凯译，江苏人民出版社2010年版，第205页。

[9] 杨树标：《何干之教我们如何研究历史人物》，《北京日报理论周刊》2008年11月3日，第018版。

[10] 参见耿化敏、张立艳《何干之研究述评》，《济南大学学报》（社会科学版）2004年第14卷第2期。

状况；三是何干之几乎参与了20世纪三四十年代马克思主义史学的所有重要议题的研究与论争，针对何干之著作以及他的思想的深入研究，对于进一步了解三四十年代马克思主义史学的概貌与三四十年代的马克思主义史家的思想架构有重要的意义，也体现了早期马克思主义史家试图将唯物史观的人物研究在中国史学界取得相应的地位的努力，以及在此基础上，更好地配合了中国共产党的意识形态建构模式，扩大了中共的意识形态在思想界和知识界的影响范围，为此后40年代后期进一步从中国历史的整体视角应用马克思主义史学，撰述同一时期的关于中国通史与断代史的马克思主义史学著作，具有重要的学术价值。

一　何干之对鲁迅社会思想的研究

（一）何干之研究鲁迅思想的原因

何干之之所以选择鲁迅作为研究对象，主要有以下四方面原因：一是考虑到鲁迅在近代文学思想界的影响力，鲁迅既是五四新文学的奠基人之一，又是20世纪二三十年代上海文坛的巨擘；鲁迅文学著作，在当时的青年学生中广为传播；鲁迅在描写传统社会阴暗面的深度上，在何干之看来，也是同时代其他作家所不能比的。

二是何干之与鲁迅相似的经历。二者都是破败家庭出身，鲁迅曾以"乞食者"自嘲，何干之也曾回忆："我父亲在美国中部组织了一个小公司，但当时油业的竞争是很厉害的，大资本家的工厂要收买他的地产，因洽价与计价相离过远不成交，因此竞争起来。但小资本是敌不过大资本的，加以是一个外侨，经营上也有缺点，结果全盘倒闭了。"以致他在20世纪40年代"没有动产，有楼房三所，水田、旱田二三亩"[①]。因而按照他的说法，他的写作方式之一就是，"用现在的时事和自己的经验来写"，其效果便为感同身受，"可以使读者容易接近

---

① 何干之：《何干之自传》（1943年6月10日），刘炼编《何干之纪念文集》，北京出版社2006年版，第3页。

鲁迅"。①

三是当时学术界对于鲁迅的评价，令何干之大为不快。即便是当时运用唯物史观较成功者，如李长之《鲁迅批判》，也难逃本末倒置之嫌，即以唯物史观切入鲁迅的研究，而未借鲁迅的研究阐述革命的道理。②

更为重要的是第四点，何干之希冀借鲁迅的研究宣传马克思主义史学观念，作为用唯物史观重新梳理中国历史人物的初步尝试。他认为鲁迅代表的是中国近代知识分子群体的一部分，他并不试图仅仅局限于梳理鲁迅一生的遭际，而是为了从鲁迅的人生历程中，发现近代知识分子的共性，以及历史在他们身上所留下的印辙。究竟这些知识分子是怎样一步步接受马克思主义的，或者说，明线是鲁迅的个人史，暗线则是马克思主义在近代中国的接受史。何干之在总结他的鲁迅研究时说："学习鲁迅，首先是学习鲁迅怎样走上马克思列宁主义的道路，鲁迅走上这一条路，是经过很曲折的过程，从实际革命斗争中体验出来的。他经过很深刻的自我批评，然后用马克思列宁主义武装自己，而成为中国工人阶级的杰出的文学家、思想家与革命家。"③ 以上四点便是何干之着手鲁迅研究的出发点。

依据马克思主义史学"思想与价值不是超历史的永恒存在，而是特定的社会经济存在的产物"④ 的观点，何干之认为"一个人的境遇决定他对于阶级斗争所采取的态度"，鲁迅之所以摆脱传统社会的羁绊，成为"勇猛的闯将，旧社会的贰臣"，原因便在于"生于旧世纪末新世纪初的衰败了的中国和破落了的家庭"的双重影响。⑤ 在此，值得注意的是，他没有局限于后来马克思主义史学程式化的阶级分析，即根据一个人的阶级身份便对一生的行止盖棺论定。

在何干之看来，鲁迅身份的转换，俨然就是近代思想的演化史，当

---

① 何干之：《何干之文集》（二），北京出版社 1993 年版，第 386 页。
② 参见李长之《鲁迅批判》，北京出版社 2009 年版。
③ 何干之：《何干之文集》（二），北京出版社 1993 年版，第 542 页。
④ ［美］德里克：《革命与历史——中国马克思主义历史学的起源，1919—1937》，翁贺凯译，江苏人民出版社 2010 年版，第 229 页。
⑤ 何干之：《何干之文集》（二），北京出版社 1993 年版，第 391 页。

然何将其身份的更迁定性为"由小资产阶级的革命家,变为工人阶级的革命战士",其思想的嬗变为"由进化论发展到阶级论,发展到辩证唯物主义"①。总而言之,何力求做到将鲁迅思想嬗变的轨迹塑造为,鲁迅是从自己跌宕的人生经历中体悟出马克思主义"才是真正的道路"。当然,他的目的并不止于求鲁迅的个人特质,而是试图证明以鲁迅为代表的"小资产阶级的文士,必须与工人阶级携手并进,才有他将来的光明"②。

(二) 何干之对信奉进化论思想时期的鲁迅的研究

何干之将鲁迅的思想演进脉络大致分为进化论和阶级论两个前后衔接的阶段,"鲁迅的思想,由进化论发展到阶级论"③,两者的界格为国民大革命。在大革命之前,鲁迅与同时代的大多数人一样,都是进化论的笃信者;在大革命之后,鲁迅逐渐确立了阶级论的观念,以新的视角审视他和他的时代。

1. 鲁迅早年确立进化论的原因

何干之从鲁迅人生经历的角度解析他的思想背景,他称鲁迅确立进化论思想的渊薮与他早年的经历不无关联。

首先,何干之认为幼年的鲁迅在家道中落后的遭际中产生了对传统的反叛意识。在《呐喊·自序》和《朝花夕拾》中,鲁迅历数他幼年时的种种遭际,他早年是养尊处优的富家少爷,可不幸的是家族衰败,经长辈的安排而寄宿于舅舅家,却又被人视为"乞食者"④,身份的陡然逆转予鲁迅的自尊心以极大的受挫;他在私塾中学习,并不专注于"四书五经",而留心于景色与图画,他视传统私塾教育为可悲与可怜的,"要使孩子的世界中,没有一丝乐趣"⑤,何对于鲁迅的早年经历,

---

① 何干之:《何干之文集》(二),北京出版社1993年版,第387页。
② 同上。
③ 同上。
④ 鲁迅:《呐喊·自序》,《鲁迅全集》第一卷,人民文学出版社1973年版,第269页。
⑤ 鲁迅:《朝花夕拾·二十四孝图》,《鲁迅全集》第二卷,人民文学出版社1973年版,第360页。

总结为早年的寄人篱下与"中国的儿教使鲁迅从小就种下反叛的意志了"①。

当然仅仅是反叛还不足以造成鲁迅对传统的深恶痛绝,导致鲁迅对他人眼中的国粹的急激的批判,与其父被中医诊治却最终故去,他称其为"庸医"的误诊密不可分。如中医的药引是"经霜三年的甘蔗,蟋蟀要原对的",更予以鲁迅如是的印象,中医"原是有意无意的骗子"②。

其次,何干之称鲁迅因为幼年时给父亲抓药的经历,令他转向了向西学求真知。鲁迅受这刺激,在留学日本之初,曾一度学习西医,希冀以此来改进国人的体质与促进维新运动。何干之认为,鲁迅对传统的决绝的态度,与此并非无干。

再次,何干之称正是在学习西学的过程中,鲁迅接触并信奉了进化论思想。在清季时代,冲决传统的网罗与接受进化论思想是同一硬币的两面。鲁迅接受进化论思想,是在他从南京到东京的求学过程中,在南京学习路矿时,他已经接触到《天演论》。③

最后,何干之认为接受了进化论洗礼的鲁迅,开始初步确立他终生对青年与未来充满希望的信念,并大胆地揭露中国的现实,目的正是促进中国的新生。④ 到日本后,鲁迅更是受到明治维新的刺激,认为腐朽的旧事物最终会演变为美好的前景,因此他对光明的未来有别样的信念。⑤ 因此之故,鲁迅在他后来的文章中一再暴露中国社会的病态,何干之称其目的为"要引起我们的觉悟,促成中国的改革"⑥。

鲁迅求学之中,一直所受的是理工思想,这说明其一度寄希望于科学救国,可鲁迅最终走上文学道路,与他的"医学救国"思想的破产

---

① 何干之:《何干之文集》(二),北京出版社1993年版,第392页。
② 鲁迅:《朝花夕拾·父亲的病》,《鲁迅全集》第二卷,人民文学出版社1973年版,第391页。
③ 鲁迅:《朝花夕拾·琐记》,《鲁迅全集》第二卷,人民文学出版社1973年版,第399页。
④ 何干之:《何干之文集》(二),北京出版社1993年版,第399页。
⑤ 鲁迅:《华盖集续编·记谈话》,《鲁迅全集》第三卷,人民文学出版社1973年版,第339页。
⑥ 何干之:《何干之文集》(二),北京出版社1993年版,第387页。

有关。他在日本仙台医专求学时所见的幻灯片,不过是促使鲁迅放弃学医的最后稻草。因为留学生在日本的所作所为不过是何所说的"舞学救国"①。何干之借用庄子"哀莫大于心死,而身死次之"来概述鲁迅此时思想的转变,"治中国人的根,不是先医身,而是先医心"②。

当然鲁迅所学的医学知识并非全无用处,何干之认为鲁迅的医学,成为他日后深刻分析民族性的基础之一。鲁迅也说他的小说创作"大约所仰仗的全在先前看过的百来篇外国作品和一点医学上的知识,此外的准备一点也没有"。

2. 鲁迅在进化论影响下的早年文艺思想

何干之视鲁迅早年的文艺思想为多元的:第一是进化论思想,这是鲁迅思想的基石,鲁迅文学创作的目的,便是借助文学的力量达到"改良中国的企图"③。

第二,西方的个性主义使鲁迅在革命呐喊时摆脱了传统的枷锁。鲁迅在清季的文学创作中,深受革命思潮的影响,而提倡以尼采、拜伦为代表的个性主义,何干之称此为"当时鲁迅的思想的根本"。因为"他们叫喊复仇与反抗,容易引起感应,……便有助于抗清的斗争"④。

第三,何干之称,鲁迅思想具有了初步的辩证色彩,他对科学的价值的功用是持保留态度的。鲁迅渐渐不满于清季立宪救国、实业救国、坚船利炮救国的种种主张,他称这不过是官僚、绅商借以干禄谋利的手段。当然与此相关的,是鲁迅不同于时人的一点。鲁迅越发觉得他的所学无所用,不论是水师、路矿还是西医学,便越发对科学的功用质疑。⑤

第四,鲁迅的文艺视角以普罗大众的弊病为出发点。鲁迅主张的救国依靠文学与艺术,以及人内在之真诚。⑥ 换言之,在鲁迅的救国策略

---

① 参见鲁迅《朝花夕拾·藤野先生》,《鲁迅全集》第二卷,人民文学出版社1973年版,第409页。
② 何干之:《何干之文集》(二),北京出版社1993年版,第394页。
③ 同上书,第397页。
④ 同上。
⑤ 鲁迅:《坟·科学史教篇》,《鲁迅全集》第一卷,人民文学出版社1973年版,第24页。
⑥ 何干之:《何干之文集》(二),北京出版社1993年版,第396—397页。

中，既然人的重要性要远超过物质，那么"第一要著，是在改变他们的精神，而善于改变精神的是，我那时以为当然要推文艺，于是想提倡文艺运动了"①。何干之称，这是鲁迅走上文艺道路的开始。

3. 鲁迅在进化论影响下的早期文艺创作风格

在何干之看来，从事文艺创作之后的鲁迅的经历，令鲁迅的文风日渐具有孤独感与讽刺的风格。

一方面，何干之认为，鲁迅在日本时期筹建《新生》杂志的流产使鲁迅的笔触中充满了孤独感。确立了文学救国的理念后，鲁迅着手《新生》杂志的编纂。鲁迅曾对《新生》满怀期望，希冀能予中国"新的生命"，从新生的内涵也可看出鲁迅对进化论之虔诚，然而现实的失败却令鲁迅心寒。②

另一方面，何干之认为当时鲁迅的挫败感，使鲁迅形成了嘲讽社会阴暗面的文笔。鲁迅的失落感，不在于无人赞同与反对，而是无人理会，使鲁迅感到"如置身毫无边际的荒原，无可措手的了，这是怎样的悲哀呵，我于是以我所感到者为寂寞"③。此后的数年间，鲁迅在悲哀和寂寞之中，闲愁度日。他此后悲慨之极时，何干之称，鲁迅也喜欢用自嘲的手法，如明明是凛冽的话语，他偏偏称作《热风》。④ 这与鲁迅早期所形成的孤独感是一脉相承的。

何干之分析到，孤独感与嘲讽的结合，使鲁迅进入到了人生的沉沦期。从辛亥到《狂人日记》的发表，鲁迅目睹了辛亥革命时旧官僚摇身一变成为新政客的丑恶嘴脸，"知县大老爷还是原官，……带兵的也还是先前的老把总"⑤，以及牺牲的革命者的渐被忘却，而国势较之清季的更加陵夷，"临民者由一独夫变为千万无赖，小民只有苦上加苦"⑥。鲁迅满怀期待的政体革新，并未起到疗沉疴之功效，他顿感力

---

① 鲁迅：《呐喊·自序》，《鲁迅全集》第一卷，人民文学出版社1973年版，第269页。
② 同上。
③ 同上。
④ 何干之：《何干之文集》（二），北京出版社1993年版，第400页。
⑤ 鲁迅：《呐喊·阿Q正传》，《鲁迅全集》第一卷，人民文学出版社1973年版，第359页。
⑥ 何干之：《何干之文集》（二），北京出版社1993年版，第398—399页。

不从心，陷入了迷茫。鲁迅借抄古碑等闲暇度日，何干之比拟其为"一个抱着寂寞的心境的人，在沙漠上走来走去"①。鲁迅故意住在无人肯住的死过人的房子中，不与人交接，希望借此遁世的方式，以度过余生。

何干之认为，此时的鲁迅虽然对现实悲观，却并不干涉别人的抗争，他自己已心灰意冷。他意识到自己势单力薄，"我决不是一个振臂一呼应者云集的英雄"。他仍确信毁坏传统铁屋的牢笼并非不可能，然而这力量不独源于己身。他与钱玄同即化名金心异者的对话正说明此点。金心异的一番话，令鲁迅重新燃起了希望，他称"希望是在于将来，决不能以我之必无的证明，来折服他之所谓可有"，于是他决定加入《新青年》呐喊的阵营。②何干之称，鲁迅视自己为身后呐喊者，为冠绝群伦的领袖助威。

4. 鲁迅在进化论影响下的思想阶段

在何干之看来，鲁迅在进化论观念的驱使下，一共经历了以下几个阶段：

一是，鲁迅对未来与青年充满了期待。鲁迅的笔调，一直是绝望的现在与希望的未来对立。③而这促使他对于未来与青年抱有极大的期望。④鲁迅之所以保持"创造中国历史新时代的……是中国青年们的责任"的这种观念，是因他所受进化论的影响⑤，并且他的经历也在时时警醒他，遗老是不足与谋的。老者对新世界昏聩无知，鲁迅希望借同人之力，以对民族存亡绝续，然而，他人对科学的笃信与其对科学存疑的分歧愈演愈烈，因而《新青年》诸将最后还是因为问题与主义的歧异而分道扬镳，而时代也早已不是思想启蒙的时代，鲁迅又回到孤身一人的处境。

---

① 何干之：《何干之文集》（二），北京出版社1993年版，第398页。
② 鲁迅：《呐喊·自序》，《鲁迅全集》第一卷，人民文学出版社1973年版，第273页。
③ 鲁迅：《野草·希望》，《鲁迅全集》第一卷，人民文学出版社1973年版，第274页。
④ 鲁迅：《呐喊·狂人日记》，《鲁迅全集》第一卷，人民文学出版社1973年版，第269页。
⑤ 何干之：《何干之文集》（二），北京出版社1993年版，第401页。

何干之称鲁迅此时,"在沙漠上只剩下他一个游勇,……彷徨于无地"①。鲁迅又回到了单人独骑同传统抗争的身份。他的多疑,曾被他人所讥讽,然而纵观其此后的经历,鲁迅不能不如是多生疑窦。此时的鲁迅,只愿意活在眼下,他对他所秉信的理念产生怀疑,他不敢再相信进化论所指向的黄金时代或天堂,而情愿活在现实的当下,去努力自己所愿努力的。②何干之认为此时的鲁迅在《野草》的诗化散文中寻求麻痹与解脱,以排遣内心的挣扎。③

二是,鲁迅在现实与理想截然相反的逼仄下开始质疑进化论的价值。鲁迅甚至有时对自己也产生怀疑,对自己于中国的价值也不再肯定。他认为自己的反抗只是在于破除旧物,而他已多少为时代所抛弃,在国民大革命的时代,鲁迅的人道主义已然微不足道,他遭受着创造社和太阳社的指责,鲁迅的作品被青年视为对被压迫者的"空洞同情",却"无力描绘历史的巨变"④,鲁迅也曾有描写新时代的打算,他自己承认他力不从心。何干之在文中强调,在没有接受马克思主义文艺思想时期的鲁迅,其实《彷徨》中的《伤逝》等文章,早已注定了他的文笔不能融通地运用于现代都市,他只适合于逝去的旧时代。此时鲁迅面对青年的非议,对青年也不再抱有太大的期望。倘若他人不理解,只是因为他人的"年龄、经历、环境"与鲁迅不同而已,所以鲁迅深觉自己是在"人道主义与个人主义者两种思想的消长起伏"中徘徊,而喜怒的阴晴不定、爱憎的前后有差、希冀的乍有还无,都与此有甚深的关切。⑤

何干之认为,依照五四时期的想法,鲁迅等人曾试图借助新文学的作用,达到改良思想的目的,他们深信"文学的变革有益于更广阔的社会和文化问题"的解决,最终的结果,新文学非但没能扩大读者的

---

① 何干之:《何干之文集》(二),北京出版社1993年版,第438页。
② 参见鲁迅《野草·影的告别》,《鲁迅全集》第一卷,人民文学出版社1973年版,第468页。
③ 何干之:《何干之文集》(二),北京出版社1993年版,第439页。
④ 安敏成:《现实主义的限制——革命时代的中国小说》,江苏人民出版社2011年版,第44页。
⑤ 鲁迅:《两地书·二十四》,《鲁迅全集》第一卷,人民文学出版社1973年版,第123页。

群体，反而将其束缚于"中等阶层阅读"，其他的民众宁愿阅读诸如张恨水等人写作的旧式的文白章回小说。鲁迅发觉他被新时代的青年所遗弃，以白话文撰述的通俗文学，"在形式上、思想上都受了高等文化的毒"，无法再称其为"真正的平民文学"。[1] 何干之视鲁迅作品中的人道主义与个人主义，转瞬间成了他沉重的包袱，象征了旧时代的末路人。

第三，由于对进化论的质疑，与鲁迅思想中进化论一脉相承的人道主义与个人主义也开始崩塌。虽然何干之否认人道主义的功用，"对穷人只是可怜同情，这是一种人道主义，但是人道主义不能根本拯救穷人，只有推翻旧制度，穷苦大众才能真正得到解放"[2]。然而，不同于同时代的马克思主义文艺观，何干之从另外的角度观察鲁迅的人道主义与个人主义。他称鲁迅的人道主义是"对旧社会的反抗"，代表鲁迅的奋进一面；而他的个人主义，则是"麻痹与消沉"，代表鲁迅的消极一面。这两者的矛盾，"正是那时矛盾生活的具体表现"。鲁迅不过是时代中的个人的一个缩影，任何深处动荡时局的人的内心，都会有奋进与消极两种极端的杂糅。

何干之巧妙地处理了鲁迅在大革命时期的消沉情绪，鲁迅仍不失其为一个伟大的作家，只是世人对其期望太高，才对其苛责。可回归到鲁迅本身，他对于旧中国的悲观，是显而易见的，然而他并不确知未来"新起的社会是什么"，因而他感到痛苦万分。[3] 此前，令鲁迅彷徨于无地的是现实，此时，鲁迅也对未来彷徨了起来。

第四，在冷静地审视进化论与个性主义后，鲁迅开始期待新思想的出现，即何干之所称的无产阶级文艺思想。鲁迅在忆及《语丝》的文字里，透露出他此时无所适从的心境与期待新事物的产生。[4] 何干之称，此时的鲁迅知道新时代的产生再难避免，却不知如何去接受它，他已有的世界观不足以令他对新世界充满狐疑，他憎恶丑恶的旧时代，充

---

[1] 安敏成：《现实主义的限制——革命时代的中国小说》，江苏人民出版社2011年版，第51、61页。
[2] 胡华、刘炼：《何干之文集·序言》（一），北京出版社1993年版。
[3] 何干之：《何干之文集》（二），北京出版社1993年版，第439页。
[4] 鲁迅：《三闲集·我和语丝的始终》，《鲁迅全集》第一卷，人民文学出版社1973年版，第168页。

满了像《祝福》中鲁四老爷般的旧时代,所以他选择了逃离北京,南下革命中心广州,去拥抱革命,然而鲁迅在革命中心讲的仍是旧社会的一切,他会讲魏晋风度,然而他讲不了革命文学,他需要新的思维来改造这一切,结束自己的彷徨。①

何干之认为此期鲁迅的苦恼为小资产阶级进化论思想的破产。鲁迅所信奉的"将来必胜于过去,青年必胜于老人"的进化论,将社会的进步寄托于今日的青年在未来的创造。而在革命中心广州的所见所闻,使鲁迅再也无法坚持进化论了,他又成为"一个困顿的老人,在无边际的荒原上,独自徘徊,没有感应,只剩下一个孤单的身影"②。

何干之认为此时文艺界的问题已不是抨击旧社会的种种病态,传统早已无人问津,思想启蒙已失去号召力,而打击革命阵营中的投机者与引介先进国即苏联的革命经验才是当务之急,这皆非鲁迅所擅长。鲁迅需要改变自己的文学路径,以适应新社会的要求。

(三) 何干之对鲁迅思想转变的时代背景的分析

何干之所认为的鲁迅思想的转变,即"从进化论到阶级论"的变化,正在鲁迅于"三一八"惨案后出走北京,南下厦门、广州,最后落脚于上海租界的时期,③此亦是中国的国民大革命时期。对于鲁迅思想转变的时代背景,何干之称可以分为以下几点。

第一,时代主题的转换,国民革命将"阶级冲突在中国由一个抽象的概念变为一个现实的具体问题"④。随着群众运动的高涨,社会问题已经取代了政治问题与文化问题,成为必须要考虑的首要问题。⑤

何干之认为,此时的人道主义与思想启蒙已没有了容身之地。⑥ 针对1925年后流行的是马克思主义的阶级斗争,同时代的瞿秋白便留心

---

① 何干之:《何干之文集》(二),北京出版社1993年版,第405页。
② 同上书,第406页。
③ 同上书,第405—409页。
④ [美]德里克:《革命与历史——中国马克思主义历史学的起源,1919—1937》,翁贺凯译,江苏人民出版社2010年版,第18页。
⑤ 同上书,第3页。
⑥ 何干之:《何干之文集》(二),北京出版社1993年版,第407页。

到,"在五四运动期间人人谈论社会主义,1925年之后他们都谈论阶级"①。罗隆基也说:"共产主义在目前的中国,俨然轰动一时,有许多人觉得他是万验灵丹。"②

何干之称,经过北伐的洗礼,革命的斗争矛头已经从笼统的帝国主义与封建主义转移到具体的反革命阶级之上,③"已经从中国人民的政治压迫者扩展到了与工农利益相矛盾,从而阻碍革命进程的其他阶层"。德里克也称1925年社会的凸显将前后革命的性质两分,"1925年以前的革命被认为主要是政治性的,而五卅运动之后的革命越来越呈现一种社会性的向度——阶级斗争"④。即1925年前的革命,主要是政治人物的"你方唱罢我登场",与普通民众无涉,而1925年后的革命,民众成了革命者,而社会上层成为被革命者。

何干之认为,不论是进化论、实证主义、三民主义,抑或是近代流行的其他思想流派,预设的一个共同前提是,先进文人,即"先知先觉者",通过思想的启蒙,来训导普通愚弱的国民,成为具备民主与科学素养的现代公民。五四运动也继承了清末以来的这一传统,孙中山的三民主义中在宪政之前还有军政、训政的过程,无非认为民众不称职,而需要长期之教育。而鲁迅当初弃医从文的初衷也是如此。

而唯物史观却将素被视为低能的普通民众,尤其是工人,置于"先进阶级"的地位,他们无须被教化,反而需要教化的是包括知识分子在内的社会其他阶层,知识分子的宣传作用降为工人阶级的附庸,他们需要去迎合工人阶级的需要,否则就是反动文人。依此,五四新文化的预设前提根本被倒转,也无怪乎,在问题与主义之争后,新文化的领导者们分道扬镳。⑤

第二,唯物史观经过五四之后的宣传已经颇具影响力,开始与革命

---

① [美]德里克:《革命与历史——中国马克思主义历史学的起源,1919—1937》,翁贺凯译,江苏人民出版社2010年版,第51页。
② 转引自李红岩《中国近代史学史》,中国社会科学出版社2011年版,第10页。
③ 何干之:《何干之文集》(二),北京出版社1993年版,第405页。
④ [美]德里克:《革命与历史——中国马克思主义历史学的起源,1919—1937》,翁贺凯译,江苏人民出版社2010年版,第52页。
⑤ 何干之:《何干之文集》(二),北京出版社1993年版,第408页。

汇流，成为解决中国问题的方案之一。在五四后期，李大钊的诸多论点，已经含蓄地挑战了新文化运动所认为的通过大众启蒙可以达到社会变革的信念。①

而此时，何干之称，知识分子被定性为小资产阶级，在大革命之前的主流是自由主义者，他们反对暴力革命的一系列陈词，使得他们自动与保守者为伍。② 五四知识分子预想的启蒙民众的路径非但没有实现，反而被新起的知识分子取而代之，他们对于社会变革之浓厚兴趣与对思想启蒙的不感兴趣，直接导致了五四一代成了保守的代名词，只有其中转向唯物史观的五四知识分子能幸免于难，李怀印总结道："中国近现代史学政治化背后一个可能的原因，跟20世纪早期中国知识分子全神贯注于民族生存，从而失去对中国启蒙运动的原有热情有关。"③ 早年五四知识分子曾经责难旧式文人的泥古不化，如今轮到他们承受新生代的非议。

第三，阶级斗争的愈演愈烈，进一步佐证了马克思主义适用于中国的合理性。不仅知识分子在大革命中处身艰难，素来凌驾于社会之上的政客与资本家，在1927年国共合作破裂后，似乎更加佐证了不同的社会阶级之间有不可调和的矛盾，何干之称："自这次政治大转变以后，对于民族革命的战略与战术问题，我们必须有一番严格的检阅。"④ 因为这种对挫折的检阅，有助于未来革命的再出发，"在大革命失败之后，对社会性质的问题，加以充分的分析研究，作为决定未来抗争的传略战术的前途，作为再出发的基础，那并非是多余的事"⑤。

在阶级矛盾从一种假设变为赤裸裸的具体现实时，原先李大钊等早期马克思主义的提倡者所不甚注目的阶级斗争，因时代需要"一套因果解释去揭示历史的进程"⑥，而变得至关重要。

---

① ［美］迈斯纳：《李大钊和中国马克思主义的起源》，参见［美］德里克《革命与历史——中国马克思主义历史学的起源，1919—1937》，翁贺凯译，江苏人民出版社2010年版，第32页。

② 何干之：《何干之文集》（二），北京出版社1993年版，第409页。

③ 李怀印：《重构近代中国》，中华书局2013年版，第7页。

④ 何干之：《中国社会性质问题论战》，《何干之文集》（二），北京出版社1993年版。

⑤ 何干之：《中国社会史问题论战》，《何干之文集》（二），北京出版社1993年版。

⑥ ［美］德里克：《革命与历史——中国马克思主义历史学的起源，1919—1937》，翁贺凯译，江苏人民出版社，第10页。

如果说五四时期的唯物史观只是为先进中国人提供了观察中国更多的一个视角，那么在大革命后，它已与其他思想流派有了本质的区别。其他的主义，似乎正在与大革命后的中国现实渐行渐远而渐渐格格不入，而马克思主义从五四以来却已日渐符合中国的社会变革。无怪乎当时甚多的革命者与知识分子视马克思主义为真理、为科学，而其他主义只是一种学术观点而已。正如德里克所言，在国民大革命后，"马克思主义对于中国知识分子的感召力主要并不在于它舒缓了列文森所谓的'历史'与'价值'之间的张力，而在于它对中国革命的问题提供了答案"①。

第四，社会史论战更加巩固了唯物史观在学术界的主流地位。何干之在分析社会史论战时说："中国社会性质问题的论战，是在中国民族解放暂时停顿后才出现的。革命的时间，引起了革命的论争，论争所得的结果，又纠正了民族集团中的偏向，帮助了实践的开展。"② 只有"认识了中国社会，才配谈改造中国社会"③。

何干之抛弃了五四时代的人道主义诉求，开始从社会制度层面分析中国的弊病。他认为通过梳理经济的相关问题，可以更深入地了解一国的政治与社会实质，以及寻求其社会弊病的解答方法。"要把握中国社会的性质，必须有正确的方法。我们可以说，只有正确地应用新方法论，以分析中国经济现象，然后晓得中国是一个什么社会。"这对于革命的进程大有裨益，它能从根本上帮助革命者分清敌我利害，而不必再纠结于琐碎的细节，"根据中国社会性质的认识，来估量各社会层对革命所抱的态度，中国现阶段的社会变革的主要动力是什么？同盟力量是什么？革命的主要对象是什么？"④

何干之社会史研究的目的很明确，他借助马克思主义探究过去和现在的中国问题背后的深层次规律，目的在于对未来的革命以更大的助

---

① [美]德里克：《革命与历史——中国马克思主义历史学的起源，1919—1937》，翁贺凯译，江苏人民出版社2010年版，第10页。
② 何干之：《何干之文集》（一），北京出版社1993年版，第183页。
③ 同上书，第187页。
④ 何干之：《怎样研究中国经济》，《何干之纪念文集》，北京出版社2006年版，第80—81页。

力。"这一论争所关涉的问题是非常复杂的——由目前的中国起,说到帝国主义入侵前的中国,再说到中国封建制的历史,又由封建制说到奴隶制,再说到亚细亚生产方法。所有这一切,都是为了决定未来方向而生出彻底清算过去和现在的要求。"①

(四) 何干之对转向阶级论后的鲁迅思想之分析

何干之论述到,目睹了众阶级的颓废,鲁迅认为在新形势下的革命中,商人、军人、学者、农民都不足为凭,只有工人能"明白旧的,看到新的,了解过去,推断将来"②。而无产阶级革命时代亟须解决的新问题便是"革命文学政策的辩论"③。何干之视鲁迅《三闲集》《二心集》中的文章,与他投身左翼文学战线,正是转向阶级论的显证。④

其实在何干之看来,鲁迅转向阶级论后并非尽弃进化论,进化论仍像此前一般给予鲁迅以"战斗的意志"⑤。

鲁迅此前的动摇,是对单纯依靠进化论的社会的未来充满疑惑,然而根深蒂固的进化论信仰,似乎潜意识中仍在发挥作用,史书美就曾说:"就鲁迅转向马克思主义来说,他却从未过远地偏离过自身特定的进化论思想模式。"⑥然而,阶级论给鲁迅营造了一个新的未来设想,不是进化论所导致的弱肉强食,而是一个平等自由的苏联式的新政权,使鲁迅在新的时代不致手足无措。此前,鲁迅既然会为了青年和未来而俯首、而奋进,在他能对苏联的新景象——"一个簇新的,真正空前的社会制度从地狱底里涌现出来,几万万的群众自己做了支配自己命运的人"⑦充满期待时,他觉得现在的牺牲,"左翼文学现在在和无产者

---

① 何干之:《何干之文集》(二),北京出版社1993年版,第35页。
② 鲁迅:《二心集·上海文艺之一瞥》,《鲁迅全集》第一卷,人民文学出版社1973年版,第276页。
③ 何干之:《何干之文集》(二),北京出版社1993年版,第408页。
④ 同上书,第409页。
⑤ 同上书,第440页。
⑥ 史书美:《现代的诱惑——书写半殖民地中国的现代主义(1917—1937)》,江苏人民出版社2012年版,第84页。
⑦ 鲁迅:《南腔北调集·林克多〈苏联闻见录〉序》,《鲁迅全集·第五卷》,人民文学出版社1973年版,第24页。

一同受难",将来定然有光明的成就,"也将和无产者一同起来"。①

鲁迅在运用阶级论的观点时就如此毫无隔碍吗?要解答此问题,需要先了解三个前提条件:

其一,唯物史观在当时的诸多知识分子看来,是进化论的进一步深化,它具体化了进化论的程序以及解答了进化论所不能解答的一系列深层次问题。进化论以"物竞天择,适者生存"为根本内涵,然而如何成为适者,达尔文、赫胥黎乃至严复均未曾给予明示;反而唯物史观以经济为基础察鉴历史与现实的方方面面,知识分子可以按图索骥地找寻到较为信服的答案。

其二,鲁迅丰厚的人生阅历的驱使,城市中工人与资本家之矛盾的凸显,与鲁迅早年所观察到的农村地主对佃农之压榨,加之政治形势的云波诡谲与国共两党的攘夺政权,这一切现实问题的症结,似乎都在说明阶级矛盾之不可调和与阶级斗争之必要,而马克思主义所宣扬的阶级斗争,有了活生生的现实依托。鲁迅本来对工农所抱持的人道主义,似乎找到了宣泄的通道,他倾向于左翼文学,早已是顺理成章之事。

其三,鲁迅对中国历史的见解与马克思主义的阶级理论相似,虽然绝大多数人并不认同鲁迅是一个史论家和政论家,但何干之认为,在此方面,鲁迅比世人所料想的要"杰出"得多。鲁迅认为,中国的历史就是一个不断循环的过程:鲁迅认为的循环,更加具象,鲁迅亦曾在文章中提及他的这种历史观,被何干之总结为两点,一是"一治一乱",治即"暂时做稳了奴隶的时代",乱即"想做奴隶而不得的时期"。②二是阶级斗争,这种解释如何,鲁迅笔下对于中国治乱循环更多的是无奈与感伤,因为他寻不出中国走不出这个传统怪圈的因由。而唯物史观能够以治乱循环实乃农业社会或是封建经济的基础所决定的政治常态,或"社会经济的根本要素,始终不曾受到政治风云的袭来所影

---

① 鲁迅:《二心集·黑暗中国的文艺界的现状》,《鲁迅全集》第三卷,人民文学出版社1973年版,第270页。
② 鲁迅:《坟·灯下漫笔》,《鲁迅全集》第一卷,人民文学出版社1973年版,第193页。

响"① 一语就道破其中玄机。这种解释较之当时的其他理论，自然要明澈得多，也有更大的说服力。何干之认为这促使鲁迅一步步走向了马克思主义。②

马克思主义在解释历史现象上具有其他理论鲜能相比的说服力。而且它程式化的简易步骤也易于为民众所接受。例如与之前李大钊对封建思想之论述相似，何干之也从唯物史观的角度对治乱循环进行了解答，"历史上的所谓革命，只是朝代的兴废，政治上的风云，未曾摧毁过社会经济的基础"。农民何以心甘情愿地投身帝王将相的麾下，何的解释是农民在革命中被"利用"和"镇压"了。③

上文已提到，鲁迅走向马克思主义，与他早年的农村经历有相当大的关联。何干之在解释中国历史时，既然帝王将相压迫农民，农民何以尤其是在改朝换代时支持他们呢？何设想的根据是农民"被欺骗"，传统社会中，农民运动成功后，"野心家"多少会予农民以轻徭薄赋的政策来换取他们对政权的支持，这也就是鲁迅所说的"暂时做稳了奴隶的时代"。其实在何干之眼中，历代的条规尽管在内容上千差万别，但实质上"依然是同类性质的东西"。④

鲁迅并不认同农民被野心家所欺骗，他认为农民根本没有被欺骗的必要，只有被杀戮和被奴役的价值。⑤

当然鲁迅会赞成何干之说是农民的"盲目性"，这种中国农民运动的特色，鲁迅曾用极俭省的笔墨，勾勒出农民在投身革命时的滑稽场景，而古今兵器的混杂，似乎也更加强了农民思想上的混乱性。而阿Q在革命后的被砍头，似乎预示着鲁迅对农民在革命胜利后的境地的另一种反思。

尽管鲁迅没有明说，但何干之还是引申了鲁迅的观点，他认为鲁迅

---

① 何干之：《中国社会史问题论战》，转引自罗新慧《二十世纪中国古史分期问题论辩》，百花洲文艺出版社2004年版，第120页。
② 何干之：《何干之文集》（二），北京出版社1993年版，第388页。
③ 同上书，第441页。
④ 同上书，第443页。
⑤ 鲁迅：《且介亭杂文·病后杂谈之余》，《鲁迅全集》第六卷，人民文学出版社1973年版，第180页。

虽然视过去的历史为周而复始的循环,但仍觉得未来的路和历史不同。中国人在接受进化论之初,是西方达尔文论者笔下的弱肉强食,然而后来的中国人却给它加上了一个美好的图景,适应了进化论,中国的未来不会似今日的凄惨,而是类似于儒家思想中的大同世界。鲁迅之前也曾对进化论思想强加以美好的图景,他对现实的绝望于对未来的期望之间的鸿沟,于今在唯物史观中找到了依托,"中国将来必然地要走到共产主义的理想境地",那里没有"贫富贵贱主奴尊卑"之分,而促使共产主义在中国实现的可能性的是"由于近代中国出现了工人阶级,工人阶级有政治的远见,有热烈的爱憎,能够解剖过去、掌握现在、推断未来"①。

鲁迅并没有提到未来社会的实现途径,何干之却不愿放弃这个阐述共产主义的好契机,"人类创造自己的历史,……为当时的社会经济形态所制约",中国亦不能不受唯物史观这条定律的制约,所以"中国革命和中国社会经济形态互相适应,并且为它所制约",因此革命的根本问题是"社会制度的改革"。②

鲁迅心中的革命是对旧社会破坏之后的建设,"破坏是革命建设的起点","无破坏,也无建设,破坏不彻底,建设也不成功"。③辛亥革命时,鲁迅目睹了绍兴革命领袖王金发因为参与维新的关系,放过杀害秋瑾的谋主,而二次革命时,他却被谋主害死。鲁迅认为多数人将革命的失败归根于袁世凯,其实袁世凯没有错,他本来便是这般人,是革命党对于袁寄予厚望,"看错了人"。所以针对林语堂鼓吹费厄泼赖,希望对反革命者手下留情,鲁迅曾针锋相对地提出要痛打落水狗,不能因为落水狗的可怜就放过它,等到它爬上岸来,还是会咬人。④因为反革命者的反动本质是由他的阶级出身决定的,是不会更改的,只是暂时地隐藏,以伺机死灰复燃。

这也促使鲁迅进一步去揭露国民党政客的丑恶嘴脸,他称,当权者对国人当然是痛打,对外人却是礼遇再三。九一八事变后,群情激愤,

---

① 何干之:《何干之文集》(二),北京出版社1993年版,第444页。
② 同上书,第444—445页。
③ 同上书,第451—449页。
④ 鲁迅:《论费厄泼赖应该缓行》,《莽原》半月刊第一期,1926年1月。

国民政府一面对国民宣誓，要抗争到底；一面又不断和日本、国联交涉，寄希望于日本的幡然悔悟。同时又训诫国民，攘外必先安内。鲁迅讥讽道，这种"似战似和，又战又和，不降不守，亦降亦守"的策略，真像极了"大观园的人才"。①

政府要求百姓顺从压迫，以它的意志为意志，满足政府所谓的以礼治国的虚荣心，其实政府要求百姓驯服的德政，实际上是不德的，中国人视政府不会如西人对基督般虔诚。② 阶级压迫在鲁迅看来是不合理的社会现象，不但是恶的，还是不道德的。

何干之坚持，虽然政府是不抵抗，国人却会抗争到底，抗击外寇，不能倚仗政府，唯有"小百姓"才是"真正的抵抗侵略者的脊梁"③。何干之秉持这样一种历史观，"中国所要求的是革命的破坏，即把所有阻止社会进步的障碍物扫荡以后，再在这废墟上自造新例。……不是在瓦砾中修补老例，而是在废墟上建设新世界。这是战斗之后而出现的新景象，也就是进化的路"④。其实说到底，何干之并不认为破坏对中国而言是坏事，他曾寄希望于借助抗战中的尽管民族危亡，实现民主革命的任务。西方在何看来，解决不了社会问题，"我们不仅要高举我们的铁锤，粉碎了敌骑，……并且要在这一伟大的运动中解决社会问题，使中国不再走着西方资本主义的老路"⑤，"在解放的过程中，我们连带地完成了反帝反封建的任务，至少把这任务的基础工作，同时完成了"⑥。而鲁迅的一生经历，似乎就在印证何干之的此观点，不论是鲁迅早期的小说还是后期的杂文，都在寻求辛亥革命之荡涤后的新生之路。

前文曾引述何干之的话，他称尽管在时代的变动中，鲁迅思想的改易，"是经过很曲折的过程"，然而这是鲁迅"从实际革命斗争中体验出来的。他经过很深刻的自我批评，然后用马克思列宁主义武装自

---

① 鲁迅：《伪自由书·大观园的人才》，《鲁迅全集》第四卷，人民文学出版社1973年版，第540页。
② 鲁迅：《且介亭杂文二集·陀思妥夫斯基的事》，《鲁迅全集》第六卷，人民文学出版社1973年版，第405页。
③ 何干之：《何干之文集》（二），北京出版社1993年版，第455页。
④ 同上书，第401页。
⑤ 同上书，第8—9页。
⑥ 同上书，第178页。

己",最终"成为中国工人阶级的杰出的文学家、思想家与革命家"。何干之在此处,已经完成了他关于鲁迅思想脉络演变的梳理,鲁迅最终走上了"鲁迅怎样走上马克思列宁主义的道路",这便是何干之想要的答案。①

(五) 何干之对鲁迅社会思想特点的分析

何干之认为鲁迅的社会思想,即"全体论",主要包括"认真"和"韧战"两部分,因为要认真和韧战,所以鲁迅"竭力反对骑墙的超然的态度,抨击对于反动势力的屈服,……暴露和揭发黑暗社会的病根,……反抗和战斗"②。

1. 鲁迅对传统封建社会的批判

鲁迅所反对的社会制度,主要是封建礼教,而他的矛头所向,又主要集中在"女子和儿子"这两个"最卑下"的社会身份身上。封建礼教要求女子要做节妇、做烈女,而要求青年要"三年无改于父之道","父在观其志,父殁观其行"。何认为合理的教育应该能予人以更好的生活,而封建礼教"不教人活着,而教人死掉",女子要成为节妇、烈女,就得"祈祷着丈夫死了",青年要"父在观其志,父殁观其行",其结果"牺牲了身外的青春,绝灭了进化的过程",这种思想在民国依旧延续了下来。③ 而推翻它的革命虽然也造成死亡,但是为了"教人活的",革命者也是在旧社会中"死里求生",因为"大凡排斥异端的人们对于生命和青春,也一定是毫不顾惜的"④,革命是以更少人的死去挽救更多未来生命的存活,因此革命有其必要性。

何干之认为鲁迅并未泛泛地谈中国社会的弊病,鲁迅剖析"中国社会的根本问题"的途径,为借助妇女和青年问题,以此来论定"封建主义和帝国主义是革命的对象",欲图革命成功,必须"首先扫荡这两个对象,中国才能够……开辟一条新的道路,才能够走上没有贫富、

---

① 何干之:《何干之文集》(二),北京出版社1993年版,第542页。
② 同上书,第388页。
③ 同上书,第445—446、448页。
④ 同上书,第448页。

贵贱、上下、尊卑的共产主义境界"①。主要可分为以下几点：

其一，鲁迅对传统妇女问题的批判。鲁迅认为之所以产生节妇、烈女的现象，其原因有二：一是教育上的坚壁清野主义，使女子只得生存于深闺大院；二是寡妇主义，就是传统的所谓贤妻良母的教育的影响。鲁迅感慨道："女人的替自己和男人伏罪，真是太长远了。"②何认为妇女被逼迫成为贤妻良母的代价是，"失去了活泼的朝气，非人模样地活下去了"③。

寡妇主义，在鲁迅的小说中随处可见，如祥林嫂和爱姑，都因为死了丈夫却不守节，而成为"败坏风俗的谬种"④。祥林嫂在回到鲁四老爷家后的待遇，与她先前守寡时全然两样，他人的冷嘲热讽倒也罢了，即使是主人也剥夺了她劳动的权利，"不干不净，祖宗是不吃的"，"你放着吧，祥林嫂"。因为祥林嫂没有遵照大家的期望做一个节妇，"为何没有撞死呢？"⑤

五四时代，经由胡适之手翻译的《玩偶之家》，在社会上掀起了不小的轰动，许多女子选择了娜拉似的离家出走与旧社会相抗争。鲁迅当然不赞成女子顺从封建礼教，但是他思考的较之胡适诸人更远。何干之认为鲁迅的独到之处在于发现，要娜拉做出走的决定，是极其容易之事，然而胡适忽略了"妇女问题的根本，不在于娜拉走了，却在走了以后怎样"⑥。娜拉出走后的命运，是鲁迅所关心的问题，因为步出深闺之后，便已不是个人而是社会问题。鲁迅依据他的经验而非理论，在此处多少是靠近了唯物史观，从经济上来诠释此问题，经济是最亟须解决的事，在自由和金钱的关系上，鲁迅看得很分明，"自由固然不是钱所能买到的，但能够为钱而卖掉"。出走后的娜拉只有三条路可以选

---

① 何干之：《何干之文集》（二），北京出版社1993年版，第388页。
② 鲁迅：《花边文学·女人未必多说谎》，《鲁迅全集》第五卷，人民文学出版社1973年版，第485页。
③ 何干之：《何干之文集》（二），北京出版社1993年版，第446页。
④ 同上。
⑤ 鲁迅：《彷徨·祝福》，《鲁迅全集》第二卷，人民文学出版社1973年版，第139页。
⑥ 何干之：《何干之文集》（二），北京出版社1993年版，第447页。

择：死了、回来或是堕落。①

鲁迅并非只在演讲中表述他对于娜拉主义的悲惨结局，而且在小说《伤逝》中，选择离家私奔的子君，虽然她口口声称："我是我自己的，你们谁也没有干涉我的权利。"这种话说出时，何等的伟岸与勇敢，却因为没有经济权的独立，她只能"不附丽于父亲"，就得"附丽于丈夫"，况且她在婚后，和涓生过着沉闷、无聊、压抑的生活，最后她选择了离开丈夫回到父亲的道路，正标示着娜拉主义的破产。②所以鲁迅说："经济权不革命，女子解放就没有可靠的保障。"③

在十几年后观想此问题，何干之注意到鲁迅更细微之处，因为20世纪30年代的女子，已经具备了经济权的独立了，她们"有各种的职业：女工、女医生、女教员、女职员、女招待"，然后何质疑道，"到了社会，就算解放了吗？"在何看来，实情远非这么简单，民国时期女子的职业，"依然是男子社会所摆布的新花样，……其实被戏弄的本质，是先后一样"，因为经济权的背后是社会制度在作梗，经济权和社会制度是一体的，它并不能"单独解决"。④所以归根结底，娜拉要出走成功，不只需要一份工作，还需要推翻旧社会制度的革命。

其二，鲁迅对传统社会青年问题的分析。至于青年问题，何干之称，在鲁迅的观念里，"儿子的受难，也并不减于女子的献身"⑤。鲁迅少时也接受郭巨埋儿这类孝子故事，他并不感觉亲切，却忧惧万分，"怕我父亲去做孝子"⑥，因为"为着保存身中的迟暮，而牺牲了身外的青春"⑦。

鲁迅一直关照青年，用何干之的话说是"中国青年的辩护人"⑧，

---

① 鲁迅：《坟·娜拉走后怎样》，《鲁迅全集》第一卷，人民文学出版社1973年版，第143页。
② 鲁迅：《彷徨·伤逝》，《鲁迅全集》第二卷，人民文学出版社1973年版，第276页。
③ 鲁迅：《坟·娜拉走后怎样》，《鲁迅全集》第一卷，人民文学出版社1973年版，第143页。
④ 何干之：《何干之文集》（二），北京出版社1993年版，第447页。
⑤ 同上书，第448页。
⑥ 鲁迅：《朝花夕拾·二十四孝图》，《鲁迅全集》第一卷，人民文学出版社1973年版，第360页。
⑦ 何干之：《何干之文集》（二），北京出版社1993年版，第448页。
⑧ 同上书，第448页。

他因为自己少时教育的苦痛与社会的黑暗，而不愿意青年再遭受那般的折磨，他要为青年开辟新生的道路。①

其三，封建压迫是中国所有问题的核心。何干之从此时的鲁迅的笔锋中，注意到鲁迅视"封建压迫是中国问题的核心"，鲁迅的文笔中未曾向鞭挞传统社会一般抨击帝国主义，即帝国主义对于中国的阻碍不如封建主义残酷。这是鲁迅进化论思想的一贯脉络，民族受欺凌的根源在于民族的不振，倘或民族强大，西方何能肆意扰攘中国？

尽管有主次之分，何干之在此处更加拓展了此问题的广度，不仅一国的经济社会不可疏离，即便是世界经济，也是"有机的统一体"，因而封建主义和帝国主义是一丘之貉，"封建压迫和民族压迫是相应的，帝国主义保存着落后国家的封建关系，而封建残余的存在，反过来又支持着殖民地政策的推行"。所以晚年的鲁迅将封建主义与帝国主义归结到一起，"把反对帝国主义和封建势力者两种运动统一着来看，认为中国革命的根本问题，也是中国到达社会主义所必经的道路"②。

既然封建主义与帝国主义是阻隔中国进步的渊薮，鲁迅自然主张对二者实施革命的策略。何认为革命是对旧社会破坏之后的建设，"革命的目的是除旧布新，即破坏旧物，建设新制"，"破坏是革命建设的起点"，"无破坏，也无建设，破坏不彻底，建设也不成功"③。

2. 马克思主义的阶级论坚定了鲁迅反传统社会的信念

社会常态下，一个人的思想，是他的本阶级意志的体现，即何干之所说的"某阶级的任何分子，都受着本阶级的意识的影响"。"一个作者断然不能超出他本阶级的生活和意志之外"，但是在旧社会崩溃的时代，人的世界观有其特殊性的一面，随着社会的变动而更易，并非与他的阶级本质亦步亦趋。如小资产阶级的作家，就"背叛了自己的阶级，而加入到工人阶级的阵营里"，从而形成新的不同的世界观。④

但偏偏有人闭塞于这种特殊形态下的现状，将其视为社会的定则，

---

① 鲁迅：《坟·我们现在怎样做父亲》，《鲁迅全集》第一卷，人民文学出版社1973年版，第116页。
② 何干之：《何干之文集》（二），北京出版社1993年版，第449页。
③ 同上书，第449—451页。
④ 同上书，第482—486页。

何干之解释道，这并不意味着有超越阶级的"为艺术而艺术"的作家的存在。在何干之看来，提出这种主张的人，只是国民政府的帮闲文人，他们只是借此来反对"无产阶级艺术"，阻拦"新兴文艺的路"。尽管国民政府的查禁与帮闲文人的起哄看似可以"肃正思想统一文坛"，其实革命文艺正如"在石头底下被压着的植物弯弯曲曲的生长着一样"，终有破石而出的一日。①

　　阶级性是亘久存在的，何干之解释道，不管反对者怎样声嘶力竭地抗议阶级性的存在，"阶级与作品始终是有关系的"。他以《红楼梦》与《水浒传》为例，来说明阶级性的问题。依据何干之的解读，《红楼梦》的主题是"暴露儒教与家族制度的弊害"，因此曹雪芹是"写实"的高手，他能如实地写作出来，但他的阶级性，又决定了他只能"从佛教出世的立场来否定人家的豪华"，从而走入了"以色代空，以无代有"的"另一个极端"。② 而《水浒传》正是传统社会统治下，百姓"二元论"的绝佳表现，施耐庵"揭发了官僚政府的暴政"，但他的阶级性却导致他"故意避开不写皇帝也是官僚的一伙"，所以替天行道，在何看来，却成了"替王行道"，最后施耐庵令水浒诸人走上招安之路也就顺理成章了。因此何总结道曹与施，"在脱贫上提出了礼教和农民革命的问题，又因了阶级的观点使问题的解释很受了刺激"。虽然上述作品的作者"因了阶级的观点使问题的解释很受了限制"，但并不能说"政治与文学是矛盾的东西"③，倘若出离阶级论，便无法对此作品进行透彻的解析。

　　阶级论使鲁迅从文人的本质审视文人的主张。即便是同一阶级内的互相驳斥，也不妨害他们是一丘之貉的本质。鲁迅曾在评论京派与海派文人的分合时，认为二者的分歧，不过是因为所处地域之别，而施加于思想观念所导致；这种歧异并非是根本性的，他们俱是政府的"帮闲之流"，等到政府内外交困时，他们会不约而同地"提倡求神拜佛，读经尊孔，宣传儿童年、妇女年，点古书，讲幽默"的伎俩来帮闲。何

---

　　① 何干之：《何干之文集》（二），北京出版社1993年版，第482—484页。
　　② 同上书，第484页。
　　③ 同上。

干之认为鲁迅在此处的分析应用了唯物辩证法,透过现象看到了其"合乎现实的发展"的另一面。①

所以何干之论述道,鲁迅因对其他社会阶层的绝望才相信"阶级斗争的学说"②,使其发现社会的其他阶层都无法像"新兴的无产者才有将来"。其他阶层不能为了"将来的生存",去"现在战斗着",只有"工人阶级有历史的远见",这历史的远见,就是先下对旧社会的抗争,而无产阶级的新文艺,无论"所描写的是什么事情,所采用的是什么题材,只要写成的是艺术作品,都有战斗的意义"。因其有战斗的意义,所以"对于现在和将来,也都有好处"③。

3. 唯物史观促使鲁迅重新审视古今中西问题

何干之称,随着时代主题的转换,鲁迅在20世纪20年代初,转向了德文和日文的书籍,如德文本的俄国著作《工人绥惠略夫》,那时革命狂潮暂时退去,矢志革新的知识分子重新陷入迷茫之中,挫败感不言而喻。鲁迅在此时翻译此书,按照他自己的说法,"大概,觉得民国以前、以后,我们也有许多改革者,境遇和绥惠略夫很相像,所以借他人的酒杯吧。……其中的改革者的被迫,代表者的吃苦,……还要有许多改革者的境遇和他相像的"④。何干之深究这种挫败感的原因是,"'五四'之前,工人阶级尚未成为政治的领导阶级,而乡村农民又未觉醒的时候,革命并没有深厚的基础",失败自不必言。⑤

其一,鲁迅对于西方文化主张拿来主义。何干之认为中国并非从古以来就是闭关自守的国家,中外交流的显例,就是"魏晋以后佛教的输入",而且佛教对中国的影响至深且巨,尤其是"在哲学史和文学史上"。只是因为中西远隔,加之邻国仿效中国,使中国沾染上了"自尊自大的精神"。对于没落的古文化,何干之称,有两条道路来拯救:一是"批判传统的思想",其中难免"过于贬低它的价值"之处;二是

---

① 何干之:《何干之文集》(二),北京出版社1993年版,第485页。
② 同上。
③ 同上。
④ 鲁迅:《华盖集续编·记谈话》,《鲁迅全集》第三卷,人民文学出版社1973年版,第339页。
⑤ 何干之:《何干之文集》(二),北京出版社1993年版,第514页。

"吸收外国的文明",即革故鼎新的过程。①

何干之对于中外问题与鲁迅不谋而合,鲁迅主张拿来主义,何干之也主张不能拘束于传统的束缚,而亦不能全盘西化,"我们对于外来事物,首先要拿过来,占为己有,然后用明辨的眼光,挑选有用的东西,据为己有"。而在古今方面,何干之称鲁迅研究中国古代文学便是"用历史观点来处理问题"。鲁迅并未将传统文化一棒打死,而是在批判其中的消极因素的同时,注意其积极成分,"尤其是野史笔记杂说中,有极高价值的故实"②。

不管怎样,在鲁迅开出的药方中,西药所占的比重要明显高于中药。依照何干之的说法,鲁迅是"'五四'以后提倡吸收新文化取法欧美的一个最勇猛的先觉者"。鲁迅号召国人"取法西洋,完全斩断一向的恶根性,要我们知道今不如古,……并非今不仿古,而是不能……取异国的情调的缘故"。换言之,中国的落后不在于数典忘祖,而在于夜郎自大、故步自封。鲁迅针对时弊,提倡欧洲的"叫喊和反抗"的文学,那些破坏偶像的人物,如拜伦、雪莱、果戈里、显克维支、易卜生、达尔文,中国面临着粉碎旧社会的责任,所以鲁迅将这些曾在欧洲冲击旧社会的急先锋介绍入中国,"正是那时中国所缺少的、所必需的"③。

其二,拿来主义使鲁迅更加重视对外国作品的翻译引介。何干之称鲁迅的翻译,在于寻找解救中国积弊的"药方"。他显然是不赞成部分人借民族具有独特性的一面,而阻隔中国与外界的互通。依照何看来,中国和世界其他国家并没有特别不同之处,一种药方,"是没有国界的,学会了医术,可以用来医治外国人,也可以用来医治中国人。一切病菌、传染病,外国人要提防,中国人同样也要提防的"④。这种观点,是中国的无产阶级革命者的共性,中国太过于束缚于内在的探究,而忽视了向外借鉴的必要。

20世纪30年代前后,鲁迅再次调整目光,转向苏联文学,经他手

---

① 何干之:《何干之文集》(二),北京出版社1993年版,第512页。
② 同上书,第389页。
③ 同上书,第512—513页。
④ 同上书,第514页。

翻译的苏联著作有《艺术论》《文艺政策》《毁灭》《死魂灵》等，值得注意的是，鲁迅对苏联作品的翻译中，不只包括小说，还有文艺理论。鲁迅的初衷是"为了我自己，和几个以无产阶级批评家自居的人，和一部分不图爽快，不怕艰难，多少要明白一些这理论的读者"①。即借此明了无产阶级文学的前因后果。鲁迅其实觉得，中国和俄国的革命道路之间，具有某种共性，都是在旧社会的没落中备受折磨，在革命的挫折的道路上走向成功。② 苏联的经验对中国有极其重要的借鉴价值。

何干之并不认为鲁迅对外国文化一体兜收，通过其对引介外国文化的整理，可以得知，鲁迅对于外来文化的态度，是"文化批判论"的；与之相对应的是提倡"全盘西化"和"充分世界化"的胡适，何认为对于外国文化，"无批判的去接受，……其实是没有意义的，"只是"盲目的抄袭"，正反映了胡适本人的无"目的"。③

因为中国文化已经朽烂不堪、不合时宜，所以必须借鉴外国文化。鲁迅认为可以经过对外国文化的"批判的取舍"，来达到"用新的形式写出为本国所必须的内容"④ 的目的，培育出"中国新文化"，而这新文化，"其中仍有中国向来的魂灵……民族性"⑤。

何干之回顾了整个近代中国的思想历程评述道，近代中国的进步在很大程度上是翻译的促动，翻译在近代中国思想启蒙运动中曾起到至关重要的作用，它是"文化交流的重要媒介"⑥。

然而事关翻译问题，也有诸多的派别，鲁迅在其间与其他流派展开了论争，以求正确的翻译和引介，开启国人心智。20世纪30年代，关于翻译主要有两种不同的主张：一派以赵景深为代表，主张"与其信而不顺，不如顺而不信"，如将"做马戏的戏子们的故事"翻译成"马

---

① 鲁迅：《二心集·硬译与文学的阶级性》，《鲁迅全集》第四卷，人民文学出版社1973年版，第202页。
② 鲁迅：《南腔北调集·祝中俄文字之交》，《鲁迅全集》第五卷，人民文学出版社1973年版，第53页。
③ 何干之：《何干之文集》（二），北京出版社1993年版，第515页。
④ 同上。
⑤ 鲁迅：《而已集·当陶元庆君的绘画展览时》，《鲁迅全集》第三卷，人民文学出版社1973年版，第529页。
⑥ 何干之：《何干之文集》（二），北京出版社1993年版，第516—517页。

戏的图画故事",将"银河"翻译为"牛奶河",经此衍生出造谣翻译一派来;另一派以鲁迅为代表,主张"宁信而不顺"的硬译。① 鲁迅曾详细地介绍过他的硬译观,并认为硬译不但有输入新思想的功效,更冀图以新形式来改良中国文化,他说,"这样的译本,不但在输入新的内容,也在输入新的表现法"。汉语较之西方语言,存在不少弊病,西方语法正好可以弥补这种短处。②

在何干之看来,对于外来文明,鲁迅主张"拿来主义";对于本国固有文化,鲁迅也采取辩证看待,并不主张一棍子打死,而是择善而从。鲁迅晚年将孔子与儒学两分正体现了此点。

其三,唯物史观使鲁迅辩证地看待中国传统文化。何干之称,因为儒学"在中国思想界支配了两千多年",所以"关于中国文化史的批判","儒学是一个主题"。他从唯物史观的角度来看待五四的反孔问题,他认为五四的学者否定孔子,"并非用历史的观点来评孔子,而只着重于评论孔子的思想和现代生活的关系,把孔子完全否定了"。其实深究起来,"儒学的起源和儒学在封建社会中的发展"其间还是"有历史的必然性的",只是五四的学者尚不晓得用唯物史观来分析儒学,未免令人有隔靴搔痒之感。③

鲁迅也是到了晚年才开始"用历史的观点来看孔子的",他认为孔子最可悲的是"民众对于他的疏远",孔子得不到平民的亲近,"民众虽然称孔子为圣人,却不尊他为圣人;对于孔子,是恭顺的,却不亲近",孔子只沦为封建统治者的"敲门砖的工具"。所以当近代封建统治土崩瓦解时,"还连累了孔子也陷入了悲惨的境地"④。

鲁迅从历史上追溯孔子在不同时代的"遇与不遇"的遭际,被何干之以唯物史观加以更加系统的转述,何干之认为孔子的思想代表封建主义的主张,所以"孔子的争论为地主们所接受,也为奴主们所排

---

① 鲁迅:《二心集·再来一条"顺"的翻译》,《鲁迅全集》第四卷,人民文学出版社1973年版,第339页。
② 鲁迅:《二心集·关于翻译的通信》,《鲁迅全集》第四卷,人民文学出版社1973年版,第360页。
③ 何干之:《何干之文集》(二),北京出版社1993年版,第520页。
④ 同上书,第521—522页。

斥"，换言之，孔子的思想在封建时代成为正统思想，因其使封建时期的统治阶级"找到了有利于他们的言论"；但是近代中国社会结构的新变化，产生了"新的社会关系，新的思想道德，新的生活习惯"，孔子的思想变得不合时宜，所以"为革命者们所批判"。①

何干之认为，后来的儒家思想中背离了孔子的原意，而又最不能通行于今日的为封建的"孝道"和中庸思想。本来孝和仁是两分的，一个家庭内，一个家庭外，可是孔子的门徒将孝囊括了天地间的一切，因而"行孝即所以行仁"，导致许多愚蠢的甚至引人反感的孝道故事的出现，最极端者为郭巨埋儿，何称这样不近人情的孝道，这予鲁迅以极大的反感，"不但使幼者绝望于做孝子，并且教他们觉得与老者势不两立，培育了他们仇长的心理"②。

再者，中庸的思想本来是求"适合而止"，求《大学》之"正"与《中庸》之"和"。但后来演变为为人处世的"折中、调和、投机、取巧"，何干之列举了当时的数种中庸的表现，"明明是现代人，却又崇奉陈腐的思想；既是民国的人，又骂创造民国的革命者为乱党；学了外国的时务，来保存中国的国粹；想做仁人志士，但自己却又不拔一毫；要享革命者的名声，又不肯忍受革命者所难免的牺牲"③。这些在多重思想间游移的人，便是中庸思想的尊奉者。鲁迅也认为，经此中庸思想衍生的这种人，处处只求投机取巧，最终导致了中国社会的迟滞。④

二 何干之对鲁迅文学思想的研究

（一）何干之对鲁迅的传统中国文学思想批判的特点分析

何干之将鲁迅作品中对传统中国文学的思想批判细分为以下几项：

其一，传统社会里的治乱循环的怪圈，根因在"排斥异端"。何干之以儒家"三年无改于父之道，可谓孝矣"来佐证，本来"新陈代谢

---

① 何干之：《何干之文集》（二），北京出版社1993年版，第522页。
② 同上书，第522—523页。
③ 同上书，第523页。
④ 鲁迅：《伪自由书·最艺术的国家》，《鲁迅全集》第四卷，人民文学出版社1973年版，第503页。

是生物进化的路,……希望是在将来,……老者应当顺应着自然的规律,欢天喜地的让开路,并且催促着、奖励着,使幼者走上前去"。然而中国的情形却是不同,"中华古国的前辈先生,……反而使儿子学着老子,或者比老子还不如",循此下去,"中国永远在翻筋斗,对于新的或外来的事物,都指为异端、有害,所以要不得,也学不得"①。

对国人此特质的嘲讽,在鲁迅的小说中随处可见。阿Q对进城所见,如"用木板做的三尺长三寸宽的凳子,未庄的人叫长凳,而城里叫条凳;未庄的人油煎大头鱼,用半寸长的葱叶,而城里却用切细的葱丝。……并且城里的女人走路也扭得不很好",视为异端,大呼"不对,不对"。② 九斤老太开口闭口就是一代不如一代,以前的豆子没有这般硬,钉碗也没有费如是的钱,剪辫子后成了僧不僧、道不道。③ 何称中国的因循守旧使中国自绝于进步,成为"人之外的类猿人",④ 鲁迅亦曾假设若斯惠夫德似目睹20世纪的中国,再创作一部《格列佛游记》,那他所见的种种奇闻,如"一群人在烧香拜龙,作法求雨,鉴赏胖女,禁杀乌龟;又有一群人在正正经经的研究古代舞法,主张男女分途,以及女人的腿应该不许其露出"是对中国自称文明国度的辛辣的讽刺。⑤

国人的夜郎自大,或者说精神胜利法,使国人自觉满足,无复进取。鲁迅称其为"中国精神文明冠于全球的一个佐证"。如阿Q和人口角时便说"我先前比你阔的多啦,你算是什么东西",被人嘲笑癞头疮时,便道"你还不配"。⑥ 在针对部分学者借用精神高于物质来界定东西文明的优劣,"中国地大物博,开化最早,道德天下第一;外国物质文明虽高,中国精神文明更好;外国的东西,中国都已有过;某种科

---

① 何干之:《何干之文集》(二),北京出版社1993年版,第411—412页。
② 鲁迅:《呐喊·阿Q正传》,《鲁迅全集》第一卷,人民文学出版社1973年版,第359页。
③ 鲁迅:《呐喊·风波》,《鲁迅全集》第一卷,人民文学出版社1973年版,第332页。
④ 何干之:《何干之文集》(二),北京出版社1993年版,第413页。
⑤ 鲁迅:《花边文学·奇怪》,《鲁迅全集》第五卷,人民文学出版社1973年版,第599页。
⑥ 鲁迅:《呐喊·阿Q正传》,《鲁迅全集》第一卷,人民文学出版社1973年版,第369页。

学,即某子所说的云云"①。

然而这种精神胜利法却又与自轻自贱相表里。阿Q被王胡打时不肯承认自己是畜生,反而再降一等,自称"虫豸"。画押时怎么也画不圆,却坦然道"孙子才画得很圆的圈呢"②。虽然小说以阿Q的砍头为结局,何说:"阿Q杀不完,他要和中国精神文明永存于这天地之间。"③

其二,传统文学著作中,国人心口不一,"无特操者"。何干之举用了鲁迅写公孙高与墨子辩论的情结,即言必称孔孟,而行事若猪狗。此外"孟子的远庖厨说,也是骗人的。……装着慈悲,而又吃牛排"④。而四铭以道学家自居,却对一个女乞丐心存不良,对他人说:"你去买两块肥皂来咯支咯支地遍身洗她一下,好得很呢!"⑤ 国人的无特操,鲁迅讥讽为"做戏的虚无党"与"体面的虚无党",其所作所为"言行不符,名实不副,前后矛盾,撒谎造谣,蝇营狗苟",最酷似者便为道士,所以鲁迅又说:"人往往憎和尚,憎尼姑,憎回教徒,憎耶教徒,而不憎道士。懂得此理者,懂得中国大半。"⑥

其三,与无特操的秉性相表里者为上谄下骄,何干之形容国人上谄下骄的特质为主子与奴才的相合。受欺压做奴才时,"各人自扫门前雪,莫管他家瓦上霜";得势欺压人时,又"个人不扫门前雪,却管他家瓦上霜"。⑦鲁迅也曾说:"骄和谄相纠结的,是没落的古国人民的精神的特色。"⑧

何干之引申上谄下骄的特质而将古代侠客的所为也归属于内,因侠

---

① 鲁迅:《热风·随感录三十八》,《鲁迅全集》第一卷,人民文学出版社1973年版,第116页。
② 鲁迅:《呐喊·阿Q正传》,《鲁迅全集》第一卷,人民文学出版社1973年版,第370页。
③ 何干之:《何干之文集》(二),北京出版社1993年版,第416页。
④ 同上书,第418页。
⑤ 鲁迅:《彷徨·肥皂》,《鲁迅全集》第一卷,人民文学出版社1973年版,第189页。
⑥ 鲁迅:《而已集·小杂感》,《鲁迅全集》第一卷,人民文学出版社1973年版,第508页。
⑦ 何干之:《何干之文集》(二),北京出版社1993年版,第420页。
⑧ 鲁迅:《二心集·现代电影与有产阶级》,《鲁迅全集》第一卷,人民文学出版社1973年版,第383页。

客们在朝廷的淫威之下不能恪守威武不屈的品行，反去欺侮弱者。"他们所反抗的是奸臣，不是天子，所打劫的是平民，不是将相。到后来还受着圣主的宣抚，去替天行道。"更有甚者，成为官员的私属随扈，如"《施公案》《彭公案》里的所谓侠客也者，哪一个不是为某一好官员做保驾的打手与抬驾的轿夫"。这便是另一层面的"做奴才的品格"，而"阿Q及其邻人也显出这可怜相来"。①

鲁迅不但在小说创作中讽刺上谄下骄者，便在后来的杂文中也极力抨击。鲁迅则视上海的西崽为同等的奴才相，他们在洋人面前极尽谄媚，在华人面前又颐指气使。②而在《阿Q正传》中对此有更加鲜明的写照。阿Q在调戏吴妈后被赶出赵家，从此酒店不肯赊账，管土谷祠的老头也不允许其居住，未庄的女人唯恐避之不及，也没有人叫他再去做长工。对于品行不良者，这本无足非议。可从城里归来后的阔绰的阿Q却成为未庄受人尊敬的人。最后阿Q偷窃的行径被发现后，众人又对他敬而远之。未庄人前后的反应，十足地诠释了上谄下骄，而调戏他人的阿Q反倒引起读者之同情。③

其四，何干之称，对于弱者的冷漠旁观，在鲁迅的笔下素来是被大书特书的。据鲁迅自己的回忆，他早年弃医从文，便是受了这刺激。在仙台医专观看电影时，目睹国人因做侦探被杀而脸上毫无半点表情。④阿Q被游街时万人空巷的盛况，却不被观赏者满足，因为"墙壁并无杀头这般好看，而且那时怎样的一个可笑的死囚啊，游了那么久的街，竟没有唱一句戏，他们白跟了一趟了"⑤。何干之称，阿Q与其说是死于残忍的官府之手，毋宁说是死于国人的麻木冷漠的眼神里。

在何干之看来，国人所需要的，只是看到他人受苦受虐时的惨状，

---

① 何干之：《何干之文集》（二），北京出版社1993年版，第420—421页。
② 鲁迅：《且介亭杂文二集·题未定草》，《鲁迅全集》第六卷，人民文学出版社1973年版，第345页。
③ 鲁迅：《呐喊·阿Q正传》，《鲁迅全集》第一卷，人民文学出版社1973年版，第363页。
④ 鲁迅：《朝花夕拾·藤野先生》，《鲁迅全集》第二卷，人民文学出版社1973年版，第409页。
⑤ 鲁迅：《呐喊·阿Q正传》，《鲁迅全集》第一卷，人民文学出版社1973年版，第366页。

对于政党、主张、执政者，倒是丝毫不在意。"我们中国现在民众，其实还不很管什么党，只要看'头'和'女尸'。只要有，无论谁的都有人看，拳匪之乱，清末党狱，民二，去年和今年，在这短短的二十年中，我已经目睹或耳闻好几次了。"①

何干之对鲁迅的主张深有同感，他视冷漠旁观的国人为机会主义者，《阿Q正传》中本该被革命的官绅反而成了参与维新的革命同党，秀才和假洋鬼子革去了静修庵的龙牌，也有了柿油党的党徽，把总还是先前的把总，举人老爷也做了官。这些人的行径，同国民党大肆杀戮共产党时的机会主义者一般无二。他们无非是将所信奉的主义改头换面罢了，而"革命场中的阔人还不变其阔，主义变了，而骁将还不失其骁的机会主义者，又经历了这一回大团圆"②。

其五，传统文学中，与机会主义相关联的是在审视问题时的无是非观。何干之认为老庄哲学是国人无是非观的渊薮。鲁迅在《起死》中也曾借庄周之口而道出这种圆通哲学。③

何干之深究这种圆通的观念，并非只局限于道家思想，在儒家的《论语》《孝经》，佛教的《维摩诘经》，乃至民间的《西游记》《封神榜》和《西游补》都渗透其中，影响及平民。④而鲁迅笔下的吕纬甫和魏连殳也承袭了此点。在革命年代如何指点江山，革命浪潮退却后又悲观、消极、绝望，或是成为"一个无聊的人"，或是抑郁而终。⑤

何干之发挥此点，将遗少们"写篆字、填词，劝人读《庄子》和《文选》刻古式信封，写方块新诗"也归入其中。使年轻人几成为桐城派的传人。却对于人生"麻木冷漠，随遇而安"，对于现实"无爱无憎，不冷不热"。此外革命阵营里，"有的所谓革命者其实是吃革命饭者，批评家其实是上天梯者。有的还是一时讲革命，一时讲忠孝，一时

---

① 鲁迅：《三闲集·铲共大观》，《鲁迅全集》第四卷，人民文学出版社1973年版，第115页。
② 何干之：《何干之文集》（二），北京出版社1993年版，第425页。
③ 鲁迅：《故事新编·起死》，《鲁迅全集》第二卷，人民文学出版社1973年版，第593页。
④ 何干之：《何干之文集》（二），北京出版社1993年版，第426页。
⑤ 鲁迅：《彷徨·在酒楼上》，《鲁迅全集》第二卷，人民文学出版社1973年版，第163页。

蜡烛大喇嘛，一时造塔藏主义"①。

何干之称当时的学者对于主义、学说，也尽是追求圆融而语无伦次者。"批评或辩论的时候，……用互助说来驳诘生存说，又用生存说来驳诘互助说；用和平论来反对阶级斗争说，又用斗争说来反对互助说；用唯物论来非难唯心论，又用唯心论来非难唯物论。"这些学者，无非是为了使自己面面俱到，无瑕疵留给他人。然而这样一来，反倒失去了革新的勇气和对未来的信念，成为旧社会的维护者，非但只"求维持现状，或想把现在拉回太古的时代去"，如是才是他们的"最高理想"。②

（二）何干之对鲁迅文学技巧的分析

鲁迅在文学创作过程中，采用了多种多样的文学技巧，以更好地表现他对于中国问题的思考，具体如下：

第一，"画眼睛"的文学基调。何干之借鲁迅来表述他对中国文学之见解，"革命文学家要接触实际的斗争，文学家要用文学来助成革命，不要利用革命来助成他的名声"。"鲁迅的道路，就是中国新文化的道路。"何干之如是分析鲁迅文中的人物形象，鲁迅刻画中国传统社会的丑态，意图引起他人的反省，"促成中国的改革"③。换言之，何主张借用现实主义的手法，来达到促成社会革新的目的。

在《呐喊》与《彷徨》中，鲁迅笔下的人物"十九都是有病态的"，他暴露旧社会的弊病，在于"和黑暗战斗"。何干之认为遇到光明，必须充分认识"此岸的黑暗现象是什么"，方才能够"寻着从此到彼的道路"④。所以鲁迅的文笔，在方家看来，非但不会"使人颓唐丧气"，反而可以"唤起人心，与黑暗抗战"。

何干之认为，鲁迅的文艺观点与他的创作密不可分。"鲁迅对于民间文学，非常之重视，以为民间文学是刚健清新的"，所以鲁迅曾创作《故事新编》，也就不足为奇。

---

① 何干之：《何干之文集》（二），北京出版社1993年版，第427页。
② 同上书，第427—428页。
③ 同上书，第387—388页。
④ 同上书，第399—400页。

何干之赞赏鲁迅所说的"画眼睛"的文学创作,"要极省俭画出一个人的特点,最好是画他的眼睛"①。他称唯有如此才能"神似",才是"高明的画手",此"画眼睛"的传神的写法,实际上是对现实社会的摹写,因而体现了何所强调的现实主义文学的需要。②

何干之提及,在《阿Q正传》发表不久,关于阿Q式的革命,很多人表示反对,因为鲁迅笔下的现实写得太刻骨,"像阿Q这样的人,根本是不应该去做革命党的,但既已做了,而阿Q的团圆,又不该写的如此悲凉,只成了示众的材料"③。因此之故,鲁迅才较他同时代的小说家,更具体地反映了现实,而不是空口地高喊革命的口号,去憧憬革命的虚假的迷蒙。

因为"画眼睛"的现实主义需求,所以鲁迅的文学作品常常予人以"黑暗与虚无"④。何干之认为此是反照现实的文学作品做必需的。既然鲁迅作品的主题是"暴露现实",他所矢志的又是"民族精神的改造",因而鲁迅所从事的是为政治革命做先导的思想革命之路。⑤ 何干之又引用恩格斯不非议哈克纳斯的没有写出一部纯粹的社会主义性质的小说的论述,⑥ 此外,大革命后的中国,已出现了众多"只要有益于社会人群的事,自己就担当起来的这样的革命者"⑦。鲁迅的创作,也是思想革命之路仍然不失其为社会主义的性质。例如何干之举例,鲁迅笔下的不畏强权而牺牲的刘和珍所体现的民族精神,"也是新兴工人阶级的先进思想。有了这种思想感情和人物,又引导着革命向前发展"⑧。

第二,鲁迅的作品一反传统团圆主义的格调,给国人以警示。鲁迅反对"团圆主义"的作品,譬如明初铁铉因抵抗朱棣,而在靖难之役

---

① 鲁迅:《南腔北调集·我怎么做起小说来》,《鲁迅全集》第五卷,人民文学出版社1973年版,第106页。
② 何干之:《何干之文集》(二),北京出版社1993年版,第411页。
③ 同上。
④ 鲁迅:《两地书(1925年3月18日)》,《鲁迅全集》第七卷,人民文学出版社1973年版,第23页。
⑤ 何干之:《何干之文集》(二),北京出版社1993年版,第428—429页。
⑥ 马克思、恩格斯:《马克思恩格斯选集》第四卷,人民出版社1972年版,第426页。
⑦ 何干之:《何干之文集》(二),北京出版社1993年版,第429页。
⑧ 同上。

后被处磔刑，尸体又抛入油锅中，儿女也被交付教坊。而后人偏不满意善人恶报的结局，于是杜撰出"儿女献诗于原问管，为皇帝所闻，赦出来嫁给士人"的结局，① 这虽然予忠臣义士以完善的结尾，却违背了现实，令人忽视了社会矛盾之尖锐。何干之又以《说岳全书》与《续红楼梦》为例，来印证国人喜欢"团圆的梦"，宁愿改易史实的愚昧心理。②

何干之继续论述道，新文学也免不了此病的作祟。"写娼妓，就使她上场说：我再不怕黑暗了。写偷儿又要他说道：我要反抗去。"均背离事实去编造一个"突变的英雄"，而这种背离社会现实的文学创作，即使为着革命的目的，也并不能成为革命文学。这也正是鲁迅在故纸堆中极力搜寻的缘由。因此之故，中国古文献中最有价值的史实，反而是正史之外的"野史杂说和好的文学作品"，何干之肯定鲁迅也花大力气研究古代的笔记小说的举动，并认为"读历史要从宋、明人或今人的野史笔记里用功"③。

第三，文学作品依照现实，而又要超脱于现实，是对现实的再创作。文学要有历史和现实作为根基，但这并不要求文学作品是现实的流水账，鲁迅在小说创作时，也有超脱现实的技法运用，何干之称鲁迅在《呐喊自序》中记述，因为新文化运动的同人"不主张消极"，加之他不愿将自己失意消极的情绪传染给"也如我那年青时候似的正做着好梦的青年"，所以他"不恤用了曲笔，在《药》的瑜儿的坟上平空添上一个花环，在《明天》里也不叙单四嫂子竟没有做到看见儿子的梦"④。何干之概括此为"人和镜并不完全相同"⑤。革命文学要依据现实，并不是简单对现实的模照。

鲁迅说："和革命共同着生命，或深切地感受着革命的脉搏。"⑥ 文

---

① 鲁迅：《且介亭杂文·病后杂谈之余》，《鲁迅全集》第五卷，人民文学出版社1973年版，第180页。
② 何干之：《何干之文集》（二），北京出版社1993年版，第472页。
③ 同上。
④ 鲁迅：《呐喊·自序》，《鲁迅全集》第一卷，人民文学出版社1973年版，第269页。
⑤ 何干之：《何干之文集》（二），北京出版社1993年版，第477页。
⑥ 鲁迅：《二心集·上海文艺之一瞥》，《鲁迅全集》第四卷，人民文学出版社1973年版，第276页。

学的素材来源于现实，但文学不是对现实的简单摹写，素材需要经过"思维"的发酵，才能创作出优秀的作品。何干之称，倘或"没有经过思维的作用，凡所写的即使都是见闻过的，结果，不是只限于外形，就是流于观照"①。

第四，用科学的理论来诠释现实，以求其本质。鲁迅要求用科学公式来解释现实，"具体地切实地运用科学所求得的公式，去解释每天的新的事实，新的现象"②，何干之称唯运用"科学的方法"，才能透过"复杂的现象"，寻出"事物的本质"。③

所以鲁迅小说中的人物与情节，大都是他将生活经验"编排""概括"处理后创作出来的，因此不能说毫无现实根据，却也不能将其一一对照，"所写的事迹，大抵有一点见过或听到过的缘由，但决不全用这事实，只是采取一端，加以改造，或生发开去，到足以几乎完全发表我的意思为止。人物的模特儿也一样，没有专用过一个人，往往嘴在浙江，脸在北京，衣服在山西，是一个拼凑起来的脚色"④。何干之认为这种将"生活经验"与处理"方法"的结合，正体现了"唯物论和辩证法"的统一。⑤

因此在何干之看来，鲁迅的小说创作，大致还是体现了"唯物论的观点"。如他所写的人物与题材，均是自己所熟识或所见闻的，他也劝告欲写小说者，要多留心现实，素材足够丰厚时才动笔。⑥

第五，文学创作中的模特儿要杂糅各种特质，不能照本宣科。至于小说中人物的创作，鲁迅认为，小说创作中选取模特儿有两法："一种是专用一个人；又一种是杂取种种人，合成一个。"他的小说，采用的是后者，留心诸人的特质，"静观默察，烂熟于心，然后凝神结想，一挥而就"。

---

① 何干之：《何干之文集》（二），北京出版社1993年版，第479页。
② 鲁迅：《伪自由书·透底》，《鲁迅全集》第四卷，人民文学出版社1973年版，第522页。
③ 何干之：《何干之文集》（二），北京出版社1993年版，第480页。
④ 鲁迅：《南腔北调集·我怎样做起小说来》，《鲁迅全集》第五卷，人民文学出版社1973年版，第106页。
⑤ 何干之：《何干之文集》（二），北京出版社1993年版，第482页。
⑥ 同上书，第477页。

在政客攻击鲁迅的《阿Q正传》影射政治时,鲁迅答道:"殊不知阿Q的模特儿,却在别的小城市里,而他也是正在给人家捣米。"① 文学作品中的模特儿,当然都是现实中有所本的,但高明的作者,却可以根据创作的需要融合数人之特征以为以新人物,所以既非只摹写一人,也非凭空捏造。正如阿Q,读者读后,"只知道阿Q等如何如何,至于他所取为模特儿的事的人和我们已不相干"②。

何干之认为,非要将书中主人公与模特儿事事寻踪觅迹,"对于小说里的事物,……必得着实物对照然后心快,读到大观园,就想找随园来对照",倘若不想符合,便怨作者没有如实写作,这就是根本不明了艺术的永恒性。③

然而,鲁迅的文章毕竟是为了暴露旧社会的黑暗腐朽,所以他的作品,未免会引起他人的猜疑。因此鲁迅采取了一些特殊的处理手段,如小说中"人物的姓氏,也大抵取自《百家姓》里最普通的字眼,有的甚至于连名姓也没有了"。而杂文里,纵谈历史的旁征博引,貌似与当下无牵连,只是白头宫女说玄宗的无稽,实则"不但并非过去,而正是现在,或竟是几十年之后"④。

(三) 何干之对鲁迅全体论观点的分析

何干之认为要从全体论的角度来把握鲁迅关于人生问题的论述,全体论也是鲁迅论人和文章的重要见解,同时也是鲁迅"知人论世的根本观点"。全体论可以避免"以偏障其全""只见其大而忘其小",这要求"评价一个人在社会上的意义,不仅要评论他一时的功罪,更要顾及他生平的一切事迹,不但要考察他有无战斗的意志,更要估量他所用的战法是否正确"。⑤ 鲁迅曾用工作与休息、花果和枝叶的关系来诠

---

① 鲁迅:《且介亭杂文末编·"出关"的"关"》,《鲁迅全集》第六卷,人民文学出版社1973年版,第520页。
② 何干之:《何干之文集》(二),北京出版社1993年版,第539页。
③ 同上书,第539—540页。
④ 同上书,第411页。
⑤ 同上书,第430—431页。

释全体论。只有全体论，才能了解到真实的人与事物。①

依照全体论，便要"求实的精神"。何干之驳斥那些不根据实际或不认真的人生观，"把泰戈尔当作活神仙，把袁中郎当作性灵的作手，……把革命马前卒邹容当作落伍者，把真正的革命者当作匪徒，……既尊孔又拜佛，憎方巾气，但又赞赏《野叟曝言》，做着军人，又不肯为国捐躯"②。只是乱骂或乱捧，而毫无真实性可言。

何干之认为，秉持上述主张者为林语堂诸人，他们先前也是新文化运动时期的健将，十几年后，成为传统思想的护佑者。这些都说明了旧社会的顽固性与不妥协性，即鲁迅主张的革命文学非"有更大的力不能动摇它什么"，既然"旧社会的根底是坟场坚硬的……，并且旧社会还有它使新势力妥协的好办法，但它自己是决不妥协的"③，因而鲁迅强调要以子路和许褚为戒，子路信奉"君子死冠不免"的圣训而亡，许褚因赤膊上阵而中箭，鲁迅借二者的失败告诫革命文学者，要稳扎稳打。④

何干之认为倘若不用全体论来考量一个人，便会受到吴稚晖一类人的消极影响，吴尽管在清末民初是一个"彻底的革命英雄"，然而后来却变得"颓废的有害于革命的个人主义者"⑤，所以不能不从鲁迅主张的全体论来考察一个人。

不但是"知人论事"，便是"衡文评诗"，也要"顾及全篇，并且顾及作者的全人，以及他所处的社会状态"，⑥这在何干之看来，是鲁迅"文学评论的精华"⑦。何干之以鲁迅批评朱光潜的事例为证，鲁迅批评朱光潜对于古诗歌的断章取义，朱曾称钱起的"曲终人不见，江

---

① 鲁迅：《且介亭杂文·这也是生活》，《鲁迅全集》第六卷，人民文学出版社1973年版，第106页。

② 何干之：《何干之文集》（二），北京出版社1993年版，第431页。

③ 鲁迅：《二心集·对左翼作家联盟的意见》，《鲁迅全集》第四卷，人民文学出版社1973年版，第226页。

④ 鲁迅：《伪自由书·不负责任的坦克车》，《鲁迅全集》第四卷，人民文学出版社1973年版，第550页。

⑤ 何干之：《何干之文集》（二），北京出版社1993年版，第433页。

⑥ 鲁迅：《且介亭杂文二集·题未定草》，《鲁迅全集》第六卷，人民文学出版社1973年版，第413页。

⑦ 何干之：《何干之文集》（二），北京出版社1993年版，第469页。

上数峰青"为诗美的极致①,鲁迅驳斥道:"古代诗人之所以伟大,因为他们没有一个'浑身是静穆'的,陶潜正因为并非'浑身是静穆,所以他伟大',现在之所以往往被尊为'静穆',是因为他被选文家和摘句家所缩小、凌迟了。"何干之接续鲁迅的话说,唯有"正反两面的议论都收辑印行,后世评人论使,就能分辨明暗,识别人鬼,也能衡量轻重,鉴别是非了"②。

何干之认为既然"真实"和"韧战"是鲁迅人生论的"核心",便要同"世故"进行抗争,③世故的根源是所处的社会。在黑暗社会里,既会使人养成"超然的处世法",如为人贺喜与听人诉苦;也会养成伶俐的处世法,如穿着新夹袄的阿Q回到未庄时众人的敬意。④

何干之称,世故能使人"不为前驱,不为闯将……没有反抗性,只有适应性",并且极易成为统治者所乐于教化的"驯顺如牛、如犬、如豕、如羊"的人。⑤ 遗老、阔人与武夫如张宗昌、何健之流也提倡读"四书五经",不过是附和所谓的世故,倒非其府上"就藏有'四书五经',即使有了,也未必去读,读了又未必懂,懂了更未必行"⑥。世故的个人,过得是无聊的生活;世故的社会,是停滞不前的,要打破这世故的黑暗社会,唯有倚仗暴露者来"仗义执言,为民请命,捐身殉节,舍生成仁"⑦。鲁迅便是黑暗社会暴露者中的佼佼者。

(四) 何干之对鲁迅现实主义文学主张的分析

何干之将鲁迅的文学创作的整体风格归结为现实主义文学,并称其现实主义的文学风格恰恰适合了当时革命形势的发展,达到了革命所需要的宣传效果。

---

① 朱光潜:《说"曲终人不见,江上数峰青"》,《中学生》1935年12月号。
② 何干之:《何干之文集》(二),北京出版社1993年版,第469页。
③ 同上书,第433页。
④ 鲁迅:《呐喊·阿Q正传》,《鲁迅全集》第一卷,人民文学出版社1973年版,第373页。
⑤ 何干之:《何干之文集》(二),北京出版社1993年版,第436页。
⑥ 鲁迅:《华盖集·十四年的读经》,《鲁迅全集》第三卷,人民文学出版社1973年版,第127页。
⑦ 何干之:《何干之文集》(二),北京出版社1993年版,第436页。

何干之一再在文中推崇现实主义文学，他认为"文艺是现实的反映"。评判一个文学家优劣的标准便是他是否为现实主义者。他视巴尔扎克和托尔斯泰为大文豪，因为巴尔扎克"写出了法国的历史——比历史家、经济学家所写的合拢起来还更丰富、更现实的历史"。托尔斯泰亦在作品中，"刻画了俄国农民的弱点——懦怯、愚昧、守旧等，他是以俄国农民社会的镜子而出现的了"①。换言之，二者均对自己国度的现实予以深入的刻画。

何干之对鲁迅现实主义的分析，主要可以概括为以下几点：

第一，不论是在小说还是杂文领域，鲁迅都是中国现实主义的巨匠，他在中国所起的作用同于巴氏与托氏。鲁迅前期的小说曾经起到如是的作用，"把中国和中国人的嘴脸惟肖惟妙地写了出来"，如他的《呐喊》《彷徨》《朝花夕拾》和《野草》等。鲁迅亦认为自己的小说是"遵命文学"，是服从"革命的前驱者的命令"而创作的。② 何称鲁迅文章中最精彩之处，在于"暴露现实"③。

至于鲁迅为何从小说转而从事杂文创作，何干之的解释是，国民大革命后，社会的巨变与革命的急迫，不容许鲁迅用过多的时间进行文艺创作，即何所言"中国社会的激变，使文艺家不能即刻把自己的思想感情，化为文艺的创作"。而此时的鲁迅又得"对于社会的坏处，必须立刻反应和抗争"④。因而鲁迅选择了诉诸杂文的途径，从另一角度刻画中国社会。鲁迅反驳那些要求他"发奋多写几部比《阿Q正传》更伟大的作品"时也说："中国大众的灵魂，现在是反映在我的杂文里了。"⑤ 显然，鲁迅视他此时的杂文是他此前小说的延续。

何干之将鲁迅前期小说归结为"为人生的启蒙主义文学"。价值即是"在小说里揭发了社会的病根，……引起注意，催促战斗，助成革

---

① 何干之：《何干之文集》（二），北京出版社1993年版，第406页。
② 鲁迅：《南腔北调集·自选集自序》，《鲁迅全集》第五卷，人民文学出版社1973年版，第49页。
③ 何干之：《何干之文集》（二），北京出版社1993年版，第409—410页。
④ 同上书，第410页。
⑤ 鲁迅：《准风月谈·后记》，《鲁迅全集》第五卷，人民文学出版社1973年版，第435页。

命"①。这是无产阶级革命之前的文学诉求。而无产阶级革命中的文学，为鲁迅的杂文。两者为承前启后的相互关系，并不是后者否定了前者，抑或是前者优胜于后者。

第二，何干之认为鲁迅的现实主义与其他文人主义的冲突，正好反映了文学领域的阶级斗争。鲁迅创作的现实主义方向，即为人生的艺术，与当时部分文人为艺术而艺术的思路产生歧异。针对有些文人"憎恶有倾向的文艺"，主张为艺术而艺术的自由创作，何干之认为那不过是"一种逍遥于事物之外的本事"②。鲁迅则以画鬼的故事来反驳，他说："画家的画鬼，大概是可以发挥自由创作的本事罢，但可惜所写的鬼相，又不出于三只眼长颈子之类的在人体上所有的东西。"依然不能脱离现实之外。鲁迅借用《斩木诚》中二丑的故事，来折射现实中的艺术总是"一面得到蔑视、冷遇、迫害，而一面得到同情、拥护、支持"③。

何干之称此两种相反之倾向，恰恰印证了中国文坛上"阶级斗争的必然性"，如"《民报》和《新民丛报》，一面提倡革命，一面鼓吹保皇，新青年派和复古派，一面输入新潮，一面保存国粹"④。因此何赞同鲁迅的观点，反对将文艺"一手包办""格杀勿论"的政策。当时国民政府正在用尽重重伎俩绞杀左联，"谩骂、造谣，……禁止书刊，使书店老板只好出童话出教科书；或捕杀作家"，鲁迅称此为"更好的艺术"，而何干之也讥讽这适足以说明国民政府的"一无所有"。⑤

但是国民政府毕竟有它的所谓文人，何干之将其类比于阿Q之不能配姓赵和指鹿为马的典故。既然要写政府的应景文章，鲁迅认为只有两条路可以走，"头等聪明人不谈这些，就成了为艺术的艺术家；次等聪明人竭力用种种方法，来粉饰这不通，就成了'民族主义文学'

---

① 何干之：《何干之文集》（二），北京出版社1993年版，第410页。
② 同上书，第455页。
③ 鲁迅：《二心集·一八艺社习作展览会小引》，《鲁迅全集》第四卷，人民文学出版社1973年版，第293页。
④ 何干之：《何干之文集》（二），北京出版社1993年版，第456页。
⑤ 同上书，第458页。

者"①。

对于为艺术而艺术者,何干之认为虽然其声称要创作独立于"阶级之外的为将来的永久的文艺",但因为没有人能脱离阶级性,所以"这样的文艺世纪上是没有的"。因此何干之说:"没有第三种笔,……也写不成第三种文学。"②

针对20世纪30年代初,林语堂在《论语》《人间世》提倡幽默文学,何干之认为本来幽默不必刻意提倡,如鲁迅的作品"就很富于幽默的因素"。林语堂却硬要自己同时扮演四个"角色",既要演生,又要做丑,结果反而"难以幽默"。更何况政府的不允许笑,所以他欲作有幽默的小品文,只能用"匕首和投枪"反击政府的同时,又要"嬉笑怒骂皆成文章",才能"使人愉快和休息"。③

第三,现实主义只有与革命的需要相结合,才能更好地发挥它的功用。由于工农阶级的不能识字,所以中国的新文艺,在何干之看来,必须先"由知识青年觉悟到自己的先驱者的使命"来创作。而文人属于小资产阶级,他们"投身革命文艺运动"的真伪问题,他认为大可不必过虑。因为处于日渐崩溃的旧社会的文人,受着"爱真理爱光明"之心的驱动,自然会投身革命运动。但又因小资产阶级文人的根病,所以他们容易"无原则的转向",即鲁迅所说的"退伍……落荒……颓唐……叛变"④。所以何说,小资产阶级激进时,会要求"革命家每次上毛厕,必用《呐喊》去揩屁股",而消沉时,又放弃革命,主张"为人类的艺术"。⑤

极"左"与极右具有相通性,因而资产阶级文人是"最反动的",可他们又是新文艺的开路者。要想克服其根性,据何的整理,鲁迅提出了三条途径,"必须和阶级斗争相接触,必须了解实际的革命","必须

---

① 何干之:《何干之文集》(二),北京出版社1993年版,第459页。
② 同上书,第459—460页。
③ 同上书,第462页。
④ 鲁迅:《二心集·非革命的急进革命者》,《鲁迅全集》第四卷,人民文学出版社1973年版,第230页。
⑤ 何干之:《何干之文集》(二),北京出版社1993年版,第462—464页。

知道他们并非'高于一切人'","必须专,更须韧"。①

何干之认为"文字革命是中国文学革命的根本任务"②,鲁迅曾从实用的角度提倡白话文,反对文言文,他嘲讽文人雅士总觉得酒保也要说"酒要一壶乎?两壶乎?菜要一碟乎?两碟乎?"才肯罢休,但那样做变成了现代人说古人话,不仅"屠杀"了现在,还"屠杀"了将来。③ 国人必须要在"抱着古文而死掉"和"舍掉古文而生存"二者间做出抉择。④

之后,何干之又从文化教育的角度,即实用的另一侧面,来论证白话文的必要。"连识字教育的机会也得不到的工农不必说,普通读书人要学会运用汉字,尤其已死的文言,非下十年苦功不可。"因此文化为统治者所垄断,造成社会的"隔离"。⑤

其实,鲁迅对于文字的改革,并不止于白话文,他认为文字的书写,应该拉丁化才行,因为方块字很不利于表情达意,鲁迅甚至将汉字放在了与民族生存敌对的角度,"为汉字而牺牲我们,还是为我们而牺牲汉字"⑥。

三 何干之对鲁迅作品的研究

(一)何干之对鲁迅小说的分析

其一,鲁迅小说的阶级性与真实性使其具有普遍性与永恒性。何干之借助"阶级性和真实性"的关系来评价文学创作者,认为作品都是作者阶级属性的反映,否定了超越阶级的文艺作品的存在,而视无产阶级的抗争的文学才是唯一的出路。⑦ 因之,何干之将作者与作品两分,

---

① 何干之:《何干之文集》(二),北京出版社1993年版,第464—465页。
② 同上书,第473页。
③ 鲁迅:《热风·现在的屠杀者》,《鲁迅全集》第二卷,人民文学出版社1973年版,第69页。
④ 参见鲁迅《三闲集》,《鲁迅全集》第四卷,人民文学出版社1973年版。
⑤ 何干之:《何干之文集》(二),北京出版社1993年版,第473—474页。
⑥ 鲁迅:《花边文学·汉字和拉丁化》,《鲁迅全集》第五卷,人民文学出版社1973年版,第525页。
⑦ 何干之:《何干之文集》(二),北京出版社1993年版,第482—486页。

作者的阶级性是"被决定的",所以不能苛责作者立场之有无,而应寻求其立场之"正确与否"。① 而这种立场,便反映在作者的作品之中。

何干之借用鲁迅曾用过的两个词汇——"普遍性与永恒性"来分析作品的价值。鲁迅曾说:"文学有普遍性,但有界限;也有较为永久的,但因读者的社会体验而发生变化。"② 而文学的普遍性,鲁迅则较之于人生来做比较,"人生有限,而艺术却较为永久"③。在何干之看来,鉴赏文学,是"生命的共鸣"的过程,"以作者和读者的经验为基调而起的感应"。④

鲁迅认为文学作品的首要性是真实,即"这件事本身是真的",如果是凭空编造,即使所写毫无破绽,"入情入理",也还是假的;倘若是据实改编,便是"叙述上有时不大合乎情理,那作品也有真实"⑤。因此鲁迅说,"幻灭之来,多不在假中见真,而在真中见假"⑥。何干之解释道,此处的真指事实上的真,而假是叙述上的假。如在读《镜花缘》时,林之洋被女国王看中而被强迫穿耳、缠足、封娘娘,这情节是虚构的,但它却是据传统社会的现实所写,从中可以看出作者的"对于儒教的反抗心理"却是真的。⑦ 鲁迅在分析李慈铭的《越缦堂日记》时便说过类似的话,整部日记,看似只是摘抄,毫无李内心思想的吐露,实则这些"做作",反映出李"受了欺骗"的现实。⑧

与鲁迅形成对比的是胡适的整理国故运动,何干之在此处批评胡适的《红楼梦》研究是走入了文学鉴赏的歧途。他"只求叙事的无破绽",却忽略了"所写的是否合于清初社会的实际情状",因而"读了

---

① 何干之:《何干之文集》(二),北京出版社1993年版,第486页。
② 鲁迅:《花边文学·看书琐记》,《鲁迅全集》第五卷,人民文学出版社1973年版,第587页。
③ 鲁迅:《南腔北调集·听说梦》,《鲁迅全集》第五卷,人民文学出版社1973年版,第60页。
④ 何干之:《何干之文集》(二),北京出版社1993年版,第486页。
⑤ 同上书,第488页。
⑥ 鲁迅:《三闲集·怎么写》,《鲁迅全集》第四卷,人民文学出版社1973年版,第29页。
⑦ 何干之:《何干之文集》(二),北京出版社1993年版,第488页。
⑧ 鲁迅:《南腔北调集·听说梦》,《鲁迅全集》第五卷,人民文学出版社1973年版,第60页。

大观园就去查它和随园的渊源",钻研"贾府在北京还是在金陵"。这些在何看来,即便是将小说当史料处理,"也不必如此琐碎"。如此一来,小说的鉴赏便毫无意义可言。①

即使是不认为鲁迅作品属于无产阶级文学者,也不否认鲁迅作品真实性的一面,甘人说:"鲁迅从来不说他要革命,也不要写无产阶级的文学,也不劝人家写,然而他曾诚实地发表过我们人民的痛苦,为他们呼冤,他作的是泪里面有着血的文学,所以他是我们时代的作者。"②而何干之认为鲁迅作品中的真实性,背后隐伏的恰恰是革命性的一面。

其二,鲁迅在其小说中,创造了中国文学的典型。何干之认为文学家的使命,在于"创造文学的典型",因为"反映现实生活"的文学典型可以给人以"思想上感情上"的"刺激和感动",因而"典型写得越逼真,感人的力量也就越大",何干之在此处的立论,还是就文学的现实功用而言。③

而鲁迅作品中人物的鲜活,便是因其人物是如实地反映了"现实的中国人"。何干之称:"他所处理的人物,没有一个不是中国人,不是他那个时代中习闻常见的中国人……没有一个模特儿是虚构的、硬造的,没有一个是西洋小说里的人物的复制品,没有一个不是中国人的画像。"④

其三,鲁迅的小说是融合中西文学作品和他对中国社会的深刻观察。以鲁迅《狂人日记》为例,据鲁迅的自述"大约所仰仗的全在先前看过的百来篇外国作品和一点医学上的知识"⑤,何干之补充道,还有鲁迅未曾提及的"对于中国的旧小说的心得"和他"对于中国社会的深刻的观察和经验"。因为鲁迅受了外国小说的熏陶,所以他的《狂人日记》能"用了新的体裁、新的风格、新的笔法来表达新的思想";

---

① 何干之:《何干之文集》(二),北京出版社1993年版,第489页。
② 甘人:《中国新文艺的将来与自己的认识》,《北新半月刊》第二卷第1期(1927年11月1日)。
③ 何干之:《何干之文集》(二),北京出版社1993年版,第489页。
④ 同上书,第490页。
⑤ 鲁迅:《南腔北调集·我怎样做起小说来》,《鲁迅全集》第五卷,人民文学出版社1973年版,第106页。

而又因为鲁迅在医学上的积淀,所以他能够"惟妙惟肖地写出了患着'迫害狂'之类的病者的形象来"。因为鲁迅"熟读过明清白话小说"并"摄取其精神",所以《狂人日记》中"所用的字汇造句",能达到相当的"成熟"。因为鲁迅对于"中国社会的观察和体验,"所以他小说中的人物才栩栩如生。①

其四,鲁迅的小说具有鲜明的乡土文学特色,真实地反映了传统中国农村社会。何干之称鲁迅是"中国乡土文学的代表",并认为鲁迅小说中,"最特出的是乡土小说"。鲁迅小说的背景,不论是鲁镇,还是S城、咸亨酒店,"总在浙东的绍兴",其中的人物,如孔乙己、闰土、祥林嫂、爱姑,也都是"中国社会的某种典型",是"中国农民社会的写生"。

周扬也曾有类似何干之的说法,他说:"阿Q的性格就辛亥革命前后以及现在落后的农民而言是普遍的。"② 矛盾更进一层将鲁迅乡土作品的意义延伸,"我以为阿Q可以说是代表农民意识,然而绝不是仅仅代表农民意识……我以为'阿Q相'是几千年的封建的儒教的环境所造成的中国'民族性'的提要。……把阿Q视为代表农民意识,是把阿Q缩小了,把《阿Q正传》的讽刺的意义缩小了"③。

其五,鲁迅在其作品中,对于封建制度,予以了深刻的鞭挞。如何干之所说,《故乡》中闰土的前后两种情状,正十足地折射出"中国农村里的阶级制度离开人们的思维而独立运行着。非打破这一层障壁,佃主和佃户,主人和雇工,……永远都隔离起来"。再如《祝福》中的祥林嫂,在她孤孀时期和再嫁之后别人对她的两种迥别的态度,皆是因其违背了封建礼教,而成为"伤风败俗的女人",甚至脏到连她拿过的东西"祖宗是不吃的"的程度。④ 这些都反映了鲁迅对封建制度的挞伐。

(二)何干之对鲁迅杂文的分析

第一,何干之认为,鲁迅的杂文成就高于他的小说。鲁迅的小说,

---

① 何干之:《何干之文集》(二),北京出版社1993年版,第490—491页。
② 周扬:《现实主义试论》,《文学》第六卷第1期(1936年1月1日)。
③ 周扬:《"阿Q相"》,《申报·自由谈》(1933年3月1日)。
④ 何干之:《何干之文集》(二),北京出版社1993年版,第492—493页。

在反映传统社会弊病上固然有其历史功绩,但远不如他的杂文,更予人以革命的奋进精神,为青年革命者指明前途与道路。

第二,鲁迅因为中国革命形势的变化才转而从事杂文创作的。鲁迅在1926年后不再创作小说,据何干之的分析,因为国民大革命时期中国社会剧烈的变动,"发生了新的关系、新的事物、新的观念",鲁迅当时"既不能到各处去考察,也不在革命的漩涡之中",而无产阶级文艺的新思想的输入,要求"用新的方法来概括新的社会现象",这种时间和精力,是鲁迅当时所没有的,而当时的鲁迅正处于思想的真空期,一边是进化论思想的破产,一边的新的信仰的未树立,因而鲁迅也说他当时"写新的不能,写旧的不会",至此搁置小说了。[①]

在小说的创作被搁置后,鲁迅转而开辟了杂文的写作生涯。何干之说鲁迅在小说上的贡献,是他创造了"文学的典型";在杂文上的贡献,是他"理论的形象化"的处理。尽管鲁迅的杂文相当的庞杂,但何干之说,深究起来,"其实是围绕着几个重要思想问题",鲁迅就是以这几个问题为中心,加以"纵面和横面的解剖"。[②]

第三,鲁迅的杂文重在透过对现实事件的剖析讲明其背后的道理。虽然重在说理,但并非"抽象的笼统的说理",他的文字,令人读后,也不会"只留下些条文公式在脑子里",何干之称其缘由便在于,鲁迅"有丰富的生活经验和广博的学艺知识"。何干之在此处运用唯物论的方法,称因为鲁迅在他的时代,是"阅历最丰富的人",所以鲁迅"对于人生的认识最为透彻"。鲁迅经历了中国最为跌宕的时期,并且他具有"自然科学知识","博览过东欧和日本文学","通晓革命后俄国文学思潮",同时又是"中国古文学的专门家",简直可以称鲁迅是"中国文化和欧美文化的综合者和沟通者"。[③]

何干之以鲁迅《阿金》为例,阿金的姘头被人追赶的场景,"这一场巷战很神速,又在早晨,所以观战者也不多,胜败两军,各自走散,世界又从此暂时和平了。然而我仍然不放心,因为我曾经听人说过,所

[①] 何干之:《何干之文集》(二),北京出版社1993年版,第493页。
[②] 同上。
[③] 同上书,第494页。

谓'和平',不过是两次战争之间的时日"①。鲁迅透过此情节,便深入浅出地说明了战争与和平关系的理论。

第四,鲁迅的杂文擅长用"例证和比喻"的手法,使道理深入浅出地表达出来。如何将鲁迅与吴虞作比较,同样是为了说明"家庭为中国之基本",吴引用了大量的古文献来佐证;而鲁迅则采用举例的方式,"中国能酿酒先于种鸦片,但许多人却躺着吞云吐雾。唐宋有踢球,但中国人的娱乐是躺在家里叉麻雀。……学生闹学潮,依然交家长管束。人死了变了鬼,活人又烧纸房子,请他进去。火药只做爆竹,指南针只看山坟"。鲁迅在杂文中,喜欢"古人古事"与"今人今事"并提,或用后者解释前者,来"说明理论的本身"。②

第五,鲁迅的杂文在遣词造句上,具有"精确、美丽、新颖、生动"的特点。何干之推测其原因有三:一是因鲁迅"精通古字古语",所以能令古字成为"活词汇";二是鲁迅"熟悉俗字俗语",讲引车卖浆者流的话,也变成了"活的文学词汇";三是鲁迅"通晓外国语文",因为鲁迅谙熟日语、德语、英语,所以他能熟练应用"归化了的外国字眼"。③

第六,鲁迅的杂文在文章结构上,"含蓄、深藏",有"回味的价值"。虽然这样会导致主题常常被读者忽略的情状,但这也是鲁迅针对国民党审查的无奈之举。何干之举例道,鲁迅曾针对1934年国民党宣传机广播《颜氏家训》一事写道:"这种教训,是从当时的事实推断出来的,但施之于金、元而准,按之于明、清之际而准。现在忽由播音,以'训'听众,莫非选讲者已大有感于方来,遂绸缪于未雨么?"④鲁迅此文,看似深诣古史,实则按照何干之的说法其主题在于"由金、元、清的儒者的事迹来推断当时的尊孔宠儒的后果"⑤。

---

① 鲁迅:《且介亭杂文·阿金》,《鲁迅全集》第六卷,人民文学出版社1973年版,第199页。
② 何干之:《何干之文集》(二),北京出版社1993年版,第495页。
③ 同上书,第496—497页。
④ 鲁迅:《且介亭杂文·儒术》,《鲁迅全集》第六卷,人民文学出版社1973年版,第36页。
⑤ 何干之:《何干之文集》(二),北京出版社1993年版,第497—498页。

第七，鲁迅的杂文常用讽刺与反语。讽刺在鲁迅的杂文中，俯拾即是，何干之也称此是鲁迅在中国文学里创造的"新的风格"，但当时却对鲁迅的讽刺文笔有数种错误的解读，何列举如下：最常见的是认为讽刺是"恶德"，是"造谣、诬蔑"，何干之称鲁迅"讽刺的根底是事实"，是为了对于"社会上的病态现象的暴露"，并非鲁迅子虚乌有的捏造；另外的一种误解是称鲁迅的讽刺只是笑话，并未有深意存焉。但何干之称鲁迅的使人笑，是"健康的笑"，是"批评和抗争"，是"战斗者的匕首"，有微言大义存在其中。①

何干之认为鲁迅的讽刺，同油腔滑调者的区别在于，"在讽刺之中，总有严肃的问题"②。他举用鲁迅讽刺京派文人的例子来说明，"虫蛆也许是不干净的，但它们并没有自鸣清高；鸷禽猛兽以较弱的动物为饵，不妨说是凶残的吧，但它们从来就没有竖过'公理''正义'的旗子，使牺牲者直到被吃的时候为止，还是一味佩服赞叹它们"③。鲁迅显然是在讽刺京派文人"连虫豸也还不如"。④

反语如鲁迅说共产主义者的牺牲，"是死者的错误，他们又用自己的血，为自己的权力者的错误洗刷了"。何干之称此处须"从反面立意"，方能了解鲁迅的深意。⑤

第八，鲁迅的杂文，在论辩的时候，常"引对方的文字"，来反驳对方，达到以子之矛攻子之盾的目的。

何干之以鲁迅评施蛰存推荐青年读《庄子》与《文选》为例，鲁迅大量引证施蛰存的原文来反驳，"现在看了施先生自己的解释，才知道他当时的情形，是因为稿纸太小了，'倘再宽阔一点的话'，他'是想多写几部书进去的'；才知道他先前的履历，是'从国文教员转到编杂志'，觉得'青年人的文章太拙直，字汇太少'了，所以推荐了这两部古书，使他们去学文法，寻字汇，'虽然其中有许多字是已死了的'，

---

① 何干之：《何干之文集》（二），北京出版社1993年版，第502—503页。
② 同上书，第503页。
③ 鲁迅：《朝花夕拾·狗猫鼠》，《鲁迅全集》第二卷，人民文学出版社1973年版，第241页。
④ 何干之：《何干之文集》（二），北京出版社1993年版，第503—504页。
⑤ 同上书，第498页。

然而也只好去寻觅"①。何干之称，经鲁迅之后的剪裁，"推荐者的立场也就立刻被暴露了"②。

第九，鲁迅的杂文是热情与沉默的统一。鲁迅在同时代人看来，多是"孤独"和"冷静"的，何干之称其实一个人的热情和沉默是"统一"的，只是鲁迅热情于内，而沉默在外而已。他说其实鲁迅正体现了"最高的热情是沉默，而且连瞅也不瞅一下"③的为人原则。如当时流行给青年荐举必读书目，鲁迅再被问询时，却以"从来没有留心过，所以现在说不出"为由拒绝了。何说鲁迅看似"冷然"，实际上是"最热烈的最真挚的声音"。何又引用鲁迅《朝花夕拾》上的三段文字，来说明鲁迅文笔"含着缠绵悱恻的情调"④。尽管长妈妈是一个爱搬弄是非的长舌妇，但她却用心给鲁迅买《山海经》，鲁迅也并未忘记她，为她祷告，"仁厚黑暗的地母呵，愿在你的怀里永安她的魂灵！"⑤ 范爱农是和鲁迅有意气之争的人，鲁迅在他死后，担忧道："现在不知他唯一的女儿景况如何？倘在上学，中学已该毕业了吧。"⑥ 藤野严九郎对鲁迅的将现代科学传入中国的殷殷期望，也鞭策着沉沦时期的鲁迅，"每到夜晚疲倦，正想偷懒时，仰面在灯光中瞥见他黑瘦的面貌，似乎正要说出抑扬顿挫的话来，便使我忽又良心发现，而且增加了勇气，于是点上一支烟，再继续写些为'正人君子'之流所深恶痛疾的文字"⑦。何感慨道，上述三人都看不见鲁迅的文字，但鲁迅并未忘记他们的对于他的恩惠，正体现了鲁迅的"博大的无国界的爱"⑧。

第十，鲁迅的文章，展现了鲁迅革命者的骨气。鲁迅曾说过，文章

---

① 鲁迅：《准风月谈·感旧以后》，《鲁迅全集》第五卷，人民文学出版社1973年版，第375页。
② 何干之：《何干之文集》（二），北京出版社1993年版，第499页。
③ 同上书，第500页。
④ 同上书，第501—502页。
⑤ 鲁迅：《朝花夕拾·阿长与山海经》，《鲁迅全集》第二卷，人民文学出版社1973年版，第352页。
⑥ 鲁迅：《朝花夕拾·范爱农》，《鲁迅全集》第二卷，人民文学出版社1973年版，第418页。
⑦ 鲁迅：《朝花夕拾·藤野先生》，《鲁迅全集》第二卷，人民文学出版社1973年版，第409页。
⑧ 何干之：《何干之文集》（二），北京出版社1993年版，第502页。

的骨气分为两种：一是"官准的有骨气的文章"，这文章里到处是"打、杀、血"，看似武勇，但其实是"对于失败者的革命"；另一种是"没有骨气的文章"，主要是指不让国民党的书报检查机关看出"有骨气"。① 鲁迅想出了"钻网的法子"来对付书报检查。②

何干之用鲁迅《出关》中老子和其徒庚桑楚的对话加以印证，"'您看，我牙齿还有吗？'他问。'没有了。'庚桑楚回答说。'舌头还在吗？''在的。''懂了没有？''先生的意思是说，硬的早掉，软的却在吗？''你说得对。'"③ 正因为此，从对于革命的助益来看，何干之认为鲁迅堪称"最有民族气节的战士"。④

（三）何干之对鲁迅古文献整理的分析

依何干之看来，鲁迅对于中国文学的贡献，不只在于小说与杂文，还有他对古文学研究。

鲁迅始终对中国古代小说抱有浓厚之兴趣，在《从百草园到三味书屋》中，年幼的鲁迅便背着私塾先生看《荡寇志》《水浒传》《三国演义》之类的书，此后又因教学的缘故，他先后整理出版了《中国小说史略》《小说旧闻抄》《唐宋传奇集》《古小说钩沉》等著作。正如何说鲁迅"对于古小说有深湛的修养"⑤。

第一，鲁迅在《中国小说史略》中展示了研究中国古代小说的具体方法。"一是小说的作者和版本，二是小说故事的演变，三是小说的社会价值的评判，四是文学价值的评判。"⑥ 这为此后的中国古代小说研究指明了道路。

第二，鲁迅肯定古代白话文的价值。鲁迅认为虽然官府提倡文言文，但白话文学依然在民间流行，即便是论及整个中国文学史，最有价

---

① 鲁迅：《花边文学·序言》，《鲁迅全集》第五卷，人民文学出版社1973年版，第479页。
② 鲁迅：《两地书·十》，《鲁迅全集》第七卷，人民文学出版社1973年版，第149页。
③ 鲁迅：《故事新编·出关》，《鲁迅全集》第二卷，人民文学出版社1973年版，第561页。
④ 何干之：《何干之文集》（二），北京出版社1993年版，第507—508页。
⑤ 同上书，第537页。
⑥ 同上书，第525页。

值者,"也不是唐宋八家的摹仿者的古文,而是白话小说"①。白话小说非刻意之作,只是一些"或由于应试不中,或由于官位低微,或由于身世萧条",来借小说的写作"消遣愁闷",不一定是为了提倡白话文。

第三,鲁迅用历史的方法审视古代小说。鲁迅在研究历史小说的这个角度,甚为何干之所推崇,如他在谈到《水浒传》时,也参照《大宋宣和遗事》和《宋江三十六人赞》和元杂剧中的水浒故事,"用这种历史方法来研究小说故事",何干之称有两种益处:"第一,可以看出结集者的人的文学才能、社会眼光;第二,可以由故事的流传而看出社会人心的向背。"② 如水浒故事流行于宋元之际,反映了当时民间"期望有草泽英雄,出来推翻本族和异族的反动政府"的呼声。③

第四,鲁迅将小说的价值具体化为社会价值和文学价值两类。依据唯物史观,"一切文艺作品都是作者的世界观的表现"④,如清初的《后水浒传》,鲁迅认为其间有民族大义存焉,"清初,流寇悉平,遗民未忘旧君,逐渐念草泽英雄之为明宣力者,故陈忱作《后水浒传》,则使李俊去国而王于暹罗"。而康乾之际,民安国泰,人心归清,当时的《结水浒传》便反对落草为寇者,"康熙至乾隆百三十余年,威力广被,人民慑服,即士人亦无二心,故道光时俞万春作《结水浒传》,则使一百八人无一幸免"⑤。何干之称,两本《水浒传》的续书的不同情节,适足以"代表两种不同的世界观"⑥。

至于小说的文学价值,并不是单独存在的,何干之称"社会价值是文学的内容,文学价值是文学的形式",因而内容与形式是表里相依的关系。⑦

何干之罗列了四种鲁迅论述内容与形式的关系的三段文字,《儒林外史》为社会价值与文学价值俱佳者,因其内容"秉持公心,指摘时

---

① 何干之:《何干之文集》(二),北京出版社1993年版,第525页。
② 同上书,第536页。
③ 同上书,第527页。
④ 同上。
⑤ 鲁迅:《中国小说史略·十五篇》,《鲁迅全集》第九卷,人民文学出版社1973年版,第281页。
⑥ 何干之:《何干之文集》(二),北京出版社1993年版,第527页。
⑦ 同上书,第528页。

弊",而形式又"蘸而能谐,婉而多讽"。清末的四大谴责小说《官场现形记》《二十年目睹之怪现状》《老残游记》《孽海花》是社会价值高于文学价值者,因其"文词浮露,笔无锋毫,甚而在描写上言过其甚"。《聊斋》为文学价值高于社会价值者,因其"只记着神仙狐鬼精魅的故事,但……用文言也能有委曲的描写,井然的层次"。为林语堂所推崇的《野叟曝言》则是社会价值与文学价值俱劣者,因其"立意既已怪诞,而文笔又觉无味"①。

从中可以看出,何干之对鲁迅小说研究的整理,仍从社会价值来切入,一部优秀的小说,必定是写实主义的。怪诞者,倘若再无社会的折射,则一无足取。

第五,即便是古代小说,鲁迅也视现实为文学创作的源泉,"我们想研究某一时代的文学,至少要知道作者的环境、经历和著作"②。人只在对现实有所感兴时,才能创作,即鲁迅所说的"寂寞"与"爱","人感到寂寞时,会创作;一感到干净时,即无创作,他已经一无所爱。杨朱无书。创作虽说抒写自己的心,但总愿意有人看。创作是有社会性的"③。

何干之称鲁迅对魏晋文学研究的原则为"文学是生活的反映"④。换言之,文学不能独立于现实而存在,抑或可以说,从文学中,可以读出那个时代的政治情状和作者对时局的关怀。如曹氏父子"对于文学主题,力主清峻、通脱"。因为汉末大乱以后,大家都想做皇帝,为纠正这风气,必须清峻,即简约严明;又因为当时大家都讲清流,成了固执,也必须通脱,即随随便便。⑤

鲁迅跳出文学看文学,从魏晋时期"社会的扰攘,野蛮民族的侵

---

① 鲁迅:《中国小说史略·二十二篇》,《鲁迅全集》第九卷,人民文学出版社1973年版,第354页。
② 鲁迅:《而已集·魏晋风度及文学与药及酒之关系》,鲁迅《中国小说史略·十五篇》,《鲁迅全集》第九卷,人民文学出版社1973年版,第281页。
③ 鲁迅:《而已集·小杂感》,《鲁迅全集》第三卷,人民文学出版社1973年版,第508页。
④ 何干之:《何干之文集》(二),北京出版社1993年版,第530页。
⑤ 鲁迅:《而已集·魏晋风度及文章与药及酒之关系》,《鲁迅全集》第三卷,人民文学出版社1973年版,第486页。

入，佛学的输入"来详加考究，① 梳理出了整个时代的脉络。真是道他人所不能道，言他人所不能言。

何干之将鲁迅此文与胡适的《白话文学史》两相比较，鲁迅侧重与现实的关联，胡适仅以文学论文学。胡适重视"文学形式的变迁"，认为民歌改造了中国的问题，"在几百年的时期内竟规定了中古诗歌的形式体裁"，曹氏父子所为近乎旧瓶装新酒，"文人用古乐府的旧曲改作新词"。顺此推衍下去，文人自发的仿作民歌导致了"文学的民众化"和"民歌的文人化"两个结果。② 何干之并不赞同胡适的这种仅从表面看文学的研究途径，按胡适的论述，其实他混淆了文人文学和民间文人的概念，魏晋时期的文人只是"窃取了民间文学形式而灌注他们的思想，这和民间文学"风马牛不相及。③ 胡适只是从文体形式角度，便将二者混为一谈。

第六，鲁迅主张全面地研究古代文学，反对断章取义。鲁迅的文学研究，不只重视与现实的关联，还有另一个显著的特征，就是"全体论"，即"评论诗文，必须顾及全篇及作者的全体"④。

何干之援引了几段当时文人对古代诗文断章取义的显例，如朱光潜"屈原、阮籍、李白、杜甫都不免有些像金刚怒目，愤愤不平的样子。陶潜浑身是'静穆'，所以他伟大"。另者林语堂，"老庄是上流，泼妇骂街之类是下流，他都要看，只有中流，瓢上窃下，最无足观"⑤。

第七，鲁迅对于古代的俗文学甚为推崇。如《诗经》中的《国风》《子夜歌》《竹枝词》，虽然幼稚，但刚健清新，尤其是对"末世的文学"的纠弊，常能有异乎寻常的助益。⑥

鲁迅不仅于他的小说和杂文中，时常提及对民间戏剧的喜爱，而厌恶官方化的京剧，他在《社戏》的开头，便表示他对京剧表演的无可奈何的嘲讽。他认为民间戏剧充满了生机，而士大夫却老是攘夺去，使

---

① 何干之：《何干之文集》（二），北京出版社1993年版，第531页。
② 参见胡适《白话文学史》，上海古籍出版社1999年版。
③ 何干之：《何干之文集》（二），北京出版社1993年版，第531页。
④ 同上书，第532页。
⑤ 转引自何干之《何干之文集》（二），北京出版社1993年版，第503页。
⑥ 何干之：《何干之文集》（二），北京出版社1993年版，第532页。

其成为僵死的所在。鲁迅反对士大夫文人和梅兰芳剧本倒置戏剧的做法,"雅是雅了,但多数人看不懂,不要看,还觉得自己不配看"①。换言之,如此的戏剧编排,已脱离民众的欣赏,毫无用处。

何干之从鲁迅对民间文学的研究中总结道,不将民间文学变为"庙堂的清品",供士大夫消遣娱乐;而是"吸取俗文学的精华",以保持它刚健清新的风骨,才能"创造中国新文学"。②

第八,鲁迅在对古文献整理的基础上,创作的《故事新编》,为中国的历史小说打开了新视野。鲁迅共有八篇历史小说,俱收录在《故事新编》中。前四篇的创作,间隔都有若干年,在病逝前一年,鲁迅接连创作了后四篇。在何看来,后五篇写得最为出彩,"立意深广,技术精炼",而前三篇中的《奔月》"寄意最好,文字也最美丽",《补天》何坦诚,"有些似乎看不懂",《铸剑》的后半部分,何干之也觉得大有"不可理解"之处。③

鲁迅将历史小说分为两类:"博考文献,言必有据者",是为教授小说;"只取一点因由,随意点染"的,是为历史小说。④ 但他的历史小说,因为对于古人的不尊敬,所以写得并非暮气沉沉,他说:"自己的对于古人,不及对于今人的诚敬,所以仍不免时有油滑之处。过了十三年,亦然并无长进,看起来真也是'无非不周山之流';不过并没有将古人写得更死,却也许暂时还有存在的余地吧。"⑤

何干之特别推赞鲁迅"并没有将古人写得更死"这一点,这样的古人不似他人的"毫无生气",而被鲁迅赋予了"时代的精神",显得"更活泼、更生动"。并且他认为不可将鲁迅的历史小说当作纯粹历史故事阅读,看似是"漫画化的作品",而主题是"极严肃的",鲁迅在其中"有许多对于人生问题的启示"。⑥

---

① 鲁迅:《花边文学·略论梅兰芳及其他》,《鲁迅全集》第三卷,人民文学出版社1973年版,第637页。
② 何干之:《何干之文集》(二),北京出版社1993年版,第533页。
③ 同上书,第534页。
④ 鲁迅:《故事新编·序言》,《鲁迅全集》第二卷,人民文学出版社1973年版,第449页。
⑤ 同上。
⑥ 何干之:《何干之文集》(二),北京出版社1993年版,第534—535页。

《故事新编》中的人物均为先秦时代，大都是反映不同的"思想家的侧面"①，将文言的原本转化为白话的滑稽的语言，不能不说是鲁迅的一大创举。

从内容上分析，《故事新编》的另一特点为，"古人古事和今人今事相提并论，即用古人的骸骨来衬托今日的世界，使人感着同样的愤激、感慨、欢喜、忧愁"②。

鲁迅对历史小说的开山之功，何干之称，影响及两种历史小说之写作：一是"事无大小、言必有据"的历史小说，将翔实的史料，用"文学体裁写出来"，能引发青年对于历史之趣味，代表者为宋云彬《玄武门之变》；二是"不离古书上的根据，而多少加上作者的意想"，此种历史小说"非文学高手"不能写出令人允首之作，代表者如郭沫若《秦始皇将死》《楚霸王自杀》《孟夫子出妻》《孔夫子吃饭》，当然对于后者最紧要的，还是要将古今结合的讽刺，在何干之看来，才是最紧要的。③

第九，鲁迅对于古文化遗产的运用，最有价值的，是他的借古喻今，即"取了古文学作者的人生观，来批评现代的某种中国人"④。

鲁迅化用古文学，主要体现在三个方面，一是上谄下骄的奴才相，鲁迅不但创作了上谄下骄的典型，而且寻根究底地找出了历史上的渊薮，即儒家和墨家学派借君行道的思维，以及唐宋之后的侠客，"他们所反对的是奸臣，不是天子，所打劫的为平民不是将相，作证的有一部《水浒传》；清代，侠客们只随着一个大官员，为他去维持秩序，证据有《三侠五义》《施公案》《彭公案》等"。这种时而主子、时而奴才的丑恶嘴脸，便是"中国伦理学的根本问题"。⑤ 二是"三教同源说，又名无特操说"。《西游记》是此种思维的典型，而且古代的不论是隐士还是名流，都喜读三种书，儒家的《论语》《孝经》，道家的《老子》和

---

① 何干之：《何干之文集》（二），北京出版社1993年版，第535页。
② 同上。
③ 同上书，第537页。
④ 同上书，第540页。
⑤ 鲁迅：《三闲集·流氓的变迁》，《鲁迅全集》第四卷，人民文学出版社1973年版，第160页。

佛教的《维摩诘经》。与此对应的是国人的无信仰与无原则，所以每逢"有宜于专吃的时代，则指归应定于一尊，有宜于合吃的时代，则诸教亦本非异致"。三是"夸大、造谣、欺瞒、欺骗"，《诗经》中的歌功颂德，春秋战国是纵横捭阖的策士，李贺歆慕刺客，陆游志在边塞，甚而"说愁容，写三千丈，戏台上走出几个瘦戏子，就是十万精兵"，均为中国文学的积弊。夸张本是文学手法之一，但必须在"有事实的根据之下"才可应用。鲁迅更认为现实中，造谣污蔑的杂志，偏偏要刊登"如含攻击个人或团体性质者，恕不登载"；扬言"坐不改名，行不改姓"，而又改口称"有时用其他笔名"；"翻些外国文坛消息，就成为世界文学史家，凑一本文学家辞典，连自己也塞在里面"，不胜枚举。[①]

结 论

作为早期马克思主义史学人物研究的代表作之一，何干之的《鲁迅思想研究》，具有极其重要的学术和思想价值。何干之的鲁迅研究，既是在同时代史家人物研究基础上的继承，更是在同时代史家人物研究基础上的突破，具体而言有以下几点价值：

第一，何干之对鲁迅生平用唯物史观予以鲜明的勾勒，并从马克思主义的角度对鲁迅进行了细致的研究，这对当时的鲁迅研究来说是一个大胆的突破。在何干之看来，鲁迅是近代中国文学巨擘的地位及其影响，更多地折射出那个时代在同时代人身上的印辙，从这个角度看待何的文章，可见何干之有着极其明显的用意。

与此同时，何干之与其他人定义鲁迅仅仅有特定时代的特定价值不同，何干之将鲁迅的价值视为超越时代的。针对不少同时代人认为鲁迅时代已经过去的论调，[②]何干之并不认同。即便是在20世纪50年代此文再版时，何干之也仍然承认鲁迅思想对新中国的"极大的意义"。[③]

此外，何干之将鲁迅超脱于他所处的特定时代，而将其价值视为一

[①] 鲁迅：《伪自由书·文人无文》，《鲁迅全集》第四卷，人民文学出版社1973年版，第495页。
[②] 钱杏邨：《死去了的阿Q时代》，《太阳月刊》第3期（1928年3月）。
[③] 何干之：《何干之文集》（二），北京出版社1993年版，第542页。

个阶级整体的转变。换言之，他更关心的是鲁迅身份的价值，鲁迅并不是一个单纯独立的个体，他代表"小资产阶级的文士"，从鲁迅的身份来看，鲁迅只是他的阶层里的佼佼者而已。鲁迅与其他的小资产阶级文士，皆尽心于"暴露中国社会的病态"，意在因其国人的"觉醒"，"促成中国的改革"。因而"鲁迅从实际的体验中认识了马克思列宁主义的道路，才是真正的道路"，可以成为小资产阶级文士思想转换的共同导向，所以何干之说："小资产阶级的文士，必须与工人阶级携手并进，才有他将来的光明。"[①]

然而，鲁迅毕竟有他不同于其他资产阶级文士的一面，何干之总结的鲁迅的全体论，即"认真和韧战"，使鲁迅超越了同阶级的"骑墙的超然的态度"。鲁迅的文章，尤其是他后期的杂文，敢于抨击封建主义和帝国主义，要求中国从传统的因循怪圈中走出，"开辟一条新的道路"，也就是何所说的"共产主义境界"。[②]

第二，何干之在此著作中指出了现实主义文学在中国的价值，他强调中国文学的希望在于革命的现实主义文学，这种现实主义不是描述资产阶级腐朽奢靡生活的现实主义，而是表现普通劳动者的现实主义；这种文学出路要在吸收中西文化长处的基础上再创造，绝非照抄照搬的因袭之作，也不是天马行空的虚幻想象。

何干之将现实主义的文学观点作为品评一个文学家文学水平的基线，因之他将鲁迅比拟为托尔斯泰与巴尔扎克。鲁迅在与其他文学观点辩难之时，驳斥了买办文人"遵命文学"的真面目，揭露了买办文人与反动政权与虎谋皮"垄断文化"的别有用心，鲁迅借此来阐述"文艺界的阶级斗争"，何干之认为因此要倡导革命文学，"文学家要用文学来助成革命"，这才是"革命文学家爱的最正确的指示"。[③]

在文化观上，鲁迅对西方文化"拿来主义"的见解，对古文化中民间文学的重视，恰恰符合唯物史观辩证批判的观点。这些正彰显了鲁迅思想批判力的"博大和精微"，以及鲁迅文艺与学养的为其同时代人

---

① 何干之：《何干之文集》（二），北京出版社1993年版，第387页。
② 同上书，第388页。
③ 同上。

所不及的"广度和深度"。因此何干之才说:"鲁迅是中国最伟大的文学家、思想家和革命家","鲁迅是近代史上的民族杰作"。①

何干之认为,鲁迅正是在这样艰辛的时代环境之下,在文化领域的斗争之中,思想越发走向马克思主义;他称:"鲁迅走上这一条路,是经过很曲折的过程,从实际的革命斗争中体验出来的。"② 换言之,何干之不认同对马克思主义的追求是可以一蹴而就的,或者是纸上得来的,而是要经过对己身不断的反省,以及时代因素的杂糅,才能恰到好处地收到马克思主义的裨益,即思想上转变到唯物史观是要经过极其艰辛的历练,这也正是何干之此文的初衷。而新文化也在与反动政权和反动文人的斗争之中逐渐壮大,只有继续沿着这条路前行,何干之称才能"一步一步的筑成一个崭新的世界"③。

第三,作为三四十年代优秀的马克思主义史学家,何干之通过对鲁迅思想的阐释,进一步揭示了在针对中国历史人物研究的具体领域里,应用唯物史观时所应采取的研究手法及解释模式。即透过人物纷繁复杂的经历,从中抽取出合情合理的材料,同时结合唯物史观的基本观点与模式,做出条理性的梳理与总括性的结论。

何干之的研究,从当时的意义上说,是驳斥国民党文人的错误解说,宣传马克思主义者对于中国历史和人物的自己的见解。

何干之在文中,将鲁迅后期的思想与杂文视为对前期的小说与思想的突破,以及他后期投身无产阶级文学阵营的伟大之处,都事无巨细地罗列于内,以作为对国民党文人的回击,还鲁迅一个本来的面目。

与同时代其他马克思主义史学的人物研究不同,何干之更强调材料的重要性。当时马克思主义史学的人物评价,有着极其规整的程式化步骤,依据他的阶级身份,判定他一生行止的出发点与动机,参照的式样便是毛泽东的《中国社会各阶层分析》中的样板。④ 这种评定模式虽然在20世纪20年代的国民革命时代具有一定的进步性,但久而久之,极易令人有生搬硬套、削足适履的印象,既不能得出令人信服的结论,也

---

① 何干之:《何干之文集》(二),北京出版社1993年版,第389页。
② 同上书,第542页。
③ 同上书,第389页。
④ 毛泽东:《毛泽东选集》(一),人民出版社2008年版,第11页。

不利于马克思主义史学的深入研究。

因而,何干之的著作拓宽了唯物史观人物研究的广度,针对鲁迅的唯物史观研究著作,何干之并非第一本,先前有李长之的《鲁迅批判》,可是李长之的著作太过于机械,让何干之有隔靴搔痒之感。李长之甚至在文中暗示,倘若换作他人,与鲁迅有相似的经历,也能成就鲁迅一般的人物。这种解释不能令何干之信服。

至于同时期其他能够运用马克思主义分析鲁迅的学者,文章却过于笼统,如艾思奇论述鲁迅时,便过于泛泛,没有何干之的详细论证过程。①

第四,何干之的鲁迅研究,有力地配合了中国共产党的意识形态工作。早期马克思主义史学认为没有超阶级的情感,所以在历史叙述中,一个人的阶级身份与他一生的作为之间有甚深的关联,这种方法演进到极端时,简直可以说,一个人出生时的阶级身份就已经决定了他的人生:地主或资本家尽是十恶不赦之徒,知识分子与小资产阶级多为革命性不坚定之辈,而工人阶级和农民才是革命的主体。这种研究方式尽管契合了阶级斗争的理论,但它却甚为后人所诟病,德里克便说它"简化了中国的历史"。②

何干之的人物研究,虽先有相应的理论为依托,然后才展开的叙述,③ 却摆脱了早期马克思主义史学人物研究的呆板说教。但并不是说何干之就完全就材料说材料,他又与近代的史料学派不同,何干之强调史观与史料的结合,"史的物本论指示我们,历史上各种社会的内容,它们互相转变的规律性是怎样;历史指示我们,历史的规律性,怎样在现实生活表现出来,所以史的物本论是历史的方法,历史是史的物本论的应用"④。

何干之此文恰如其分地做到了史论结合,他既有唯物史观理论的积

---

① 艾思奇:《民族的思想上的战士——鲁迅先生》,转引自袁良骏《鲁迅研究史》(上),陕西人民出版社1986年版,第233页。
② [美]德里克:《革命与历史——中国马克思主义历史学的起源,1919—1937》,翁贺凯译,江苏人民出版社2010年版,第212页。
③ 同上书,第10页。
④ 何干之:《研究中国社会史的基本知识》,《何干之纪念文集》,北京出版社2006年版,第74页。

淀，又结合充分的材料运用，并且依照鲁迅的生平，摆脱了对鲁迅以程式化的生搬硬套，而是与理论进行相应的契合，使材料与理论相得益彰。与此同时，何干之又并非简单地对鲁迅以流水账的梳理，将整篇文章提到了理论的高度概括层面，摆脱了其他史学流派对鲁迅简单化地以鲁迅的个性否定鲁迅成绩的评定框架，因而显得更加有理有据。

因而，何干之的鲁迅研究，不但将对鲁迅的研究超越了既有的研究层面，也将马克思主义史学中的人物研究推向了一个更高的高度，推动了马克思主义理论与中国史学研究的结合，同时也对中国共产党在意识形态领域的宣传起到了很好的引领作用。

可以说，何干之此文在很大程度上是为了宣扬马克思主义史学评定价值体系与马克思主义，如他所言："我们现在要学习鲁迅，首先是学习鲁迅怎样走上马克思列宁主义的道路。"① 何干之希冀使唯物史观的人物研究在中国史学界取得了一席之地，同时也相应地拓展中国史学界对历史人物研究的深度。以期在此基础上，更好地配合中国共产党的意识形态建构模式，扩大中共的意识形态在思想界和知识界的影响范围。何干之在人物研究领域的开拓性进展，为此后40年代后期范文澜、吕振羽等马克思主义史学家，进一步从中国历史的整体视角应用马克思主义史学，撰述关于中国通史与断代史的马克思主义史学著作，起了重要的奠基作用。

参考文献

一　著作

鲁迅：《鲁迅全集》，人民文学出版社1973年版。
何干之：《何干之文集》，北京出版社1993年版。
刘炼：《何干之纪念文集》，北京出版社2006年版。
耿化敏：《何干之传》，中共党史出版社2012年版。
袁良骏：《鲁迅研究史》（上），陕西人民出版社1986年版。
侯惠勤主编："马克思主义专题研究文丛"，中国社会科学出版社2011

---

① 何干之：《何干之文集》（二），北京出版社1993年版，第542页。

年版。

陈峰：《民国史学的转折——中国社会史论战研究（1927—1937）》，山东大学出版社 2010 年版。

［美］德里克：《革命与历史——中国马克思主义历史学的起源，1919—1937》，翁贺凯译，江苏人民出版社 2010 年版。

温乐群、黄冬娅：《二三十年代中国社会性质和社会史论战》，百花洲文艺出版社 2004 年版。

安敏成：《现实主义的限制——革命时代的中国小说》，江苏人民出版社 2011 年版。

李长之：《鲁迅批判》，北京出版社 2009 年版。

李泽厚：《中国现代思想史论》，生活·读书·新知三联书店 2008 年版。

李红岩：《中国近代史学史》，中国社会科学出版社 2011 年版。

郑超麟：《郑超麟回忆录》，东方出版社 1996 年版。

陈独秀：《陈独秀文集》，人民出版社 2013 年版。

李怀印：《重构近代中国》，中华书局 2013 年版。

李大钊：《李大钊全集》，人民出版社 2006 年版。

谢保成：《民国史学述论稿（1912—1949）》，上海人民出版社 2011 年版。

罗梅君：《政治与科学之间的历史编纂》，山东教育出版社 1997 年版。

史书美：《现代的诱惑——书写半殖民地中国的现代主义（1917—1937）》，江苏人民出版社 2012 年版。

罗志田：《裂变中的传承——20 世纪前期的中国文化与学术》，中华书局 2009 年版。

罗志田：《激变时代的文化与政治——从新文化运动到北伐》，北京大学出版社 2006 年版。

许纪霖：《启蒙如何起死回生——现代中国知识分子的思想困境》，北京大学出版社 2011 年版。

周一平：《中共党史史学史》，甘肃人民出版社 2001 年版。

罗新慧：《二十世纪中国古史分期问题论辩》，百花洲文艺出版社 2004 年版。

马克思、恩格斯：《马克思恩格斯选集》第四卷，人民出版社 1972 年版。

高华：《红太阳是怎样升起的》，香港中文大学出版社 2000 年版。

胡适：《白话文学史》，上海古籍出版社 1999 年版。
毛泽东：《毛泽东选集》（一），人民出版社 2008 年版。
王学典、陈峰：《二十世纪中国历史学》，北京大学出版社 2009 年版。
郭湛波：《近五十年中国思想史》，上海古籍出版社 2006 年版。

二　期刊

钱杏邨：《死去了的阿 Q 时代》，《太阳月刊》1928 年第 3 期。
毕树棠：《鲁迅的散文》，《宇宙风》1937 年第 34 期。
叶公超：《鲁迅》，《北京晨报》1937 年 1 月 25 日。
曹聚仁：《谈鲁迅》，《新语林》1934 年第 5 期。
周扬：《"阿 Q 相"》，《申报·自由谈》1933 年 3 月 1 日。
周扬：《现实主义试论》，《文学》1936 年第 1 期。
甘人：《中国新文艺的将来与自己的认识》，《北新半月刊》1927 年第 1 期。
朱光潜：《说"曲终人不见，江上数峰青"》，《中学生》1935 年 12 月号。
鲁迅：《论费厄泼赖应该缓行》，《莽原》1926 年第 1 期。
蒋光慈：《关于革命文学》，《太阳月刊》1928 年第 3 期。
一声：《第三样世界的创造——我们所应当欢迎的鲁迅》，《少年先锋旬刊》1927 年第 15 期。
冯乃超：《艺术与社会生活》，《文化批判》1928 年第 1 期。
巴人：《鲁迅先生的"转变"》，《中流》1936 年第 1 期。
成仿吾：《从文学革命到革命文学》，《创造月刊》1928 年第 9 期。
刘炼：《何干之的革命一生和史学思想》，《史学史研究》1981 年第 3 期。
刘炼：《何干之传略》，《晋阳学刊》1981 年第 4 期。
刘炼：《何干之的革命一生和史学思想》，《史学史研究》1982 年第 1 期。
胡华：《何干之同志十年祭》，《中国人民大学（校报）》1979 年第 11 期。
刘炼：《用笔和舌战斗的一生——怀念何干之同志》，《教学与研究》1979 年第 6 期。
范家进：《20 世纪鲁迅研究述略》，《浙江师范大学学报》（社会科学版）2000 年第 2 期。

张静如：《何干之对中共历史学科建设的贡献》，《北京党史》2006 年第 5 期。

张正光：《延安知识分子与马克思主义中国化研究》，博士学位论文，华东理工大学，2011 年。

杨舒眉、崔中华：《20 世纪 30 年代何干之关于新民主主义革命问题的理论探究》，《桂海丛刊》2009 年第 6 期。

杨树标：《何干之教我们如何研究历史人物》，《北京日报理论周刊》2008 年 11 月 3 日。

吴志军：《1930 年代何干之的新启蒙思想述论》，《党史研究与教学》2010 年第 3 期。

王东、王兴斌：《二十世纪上半期的中国马克思主义史学》，《历史教学问题》2005 年第 5 期。

李根蟠：《关于马克思主义史学研究方法与路径的思考》，《史学史研究》2011 年第 3 期。

李根蟠：《唯物史观与中国经济史学的形成》，《河北学刊》2002 年第 3 期。

康桂英：《何干之〈中国社会性质问题论战〉的著述特点》，《长春工业大学学报》（社会科学版）2011 年第 2 期。

康桂英：《何干之参与"中国社会性质问题论战"的学术成就及影响》，《湖南人文科技学院学报》2012 年第 2 期。

康桂英、卢光山：《何干之史学研究的回顾与展望》，《五邑大学学报》（社会科学版）2014 年第 1 期。

康桂英：《论何干之〈中国的过去现在和未来〉对中国社会的认识》，《延安大学学报》（社会科学版）2013 年第 1 期。

康桂英：《论何干之〈中国经济读本〉的学术成就》，《湖州师范学院学报》2012 年第 5 期。

洪认清：《何干之对近代中国社会经济性质的探讨》，《合肥师范学院学报》2002 年第 1 期。

耿化敏、张立艳：《何干之研究述评》，《济南大学学报》（社会科学版）2004 年第 14 卷第 2 期。

耿化敏：《何干之与二十世纪三十年代的左翼文化运动》，《中共党史研究》2012 年第 12 期。

梁栋：《何干之与中国现代革命史著作的编撰》，《党史研究与教学》2010 年第 4 期。

孙旭红：《抗战时期马克思主义史学中国化进程述论》，《辽宁省社会主义学院学报》2013 年第 2 期。

王晓初：《回顾与反思：鲁迅研究的前沿与趋势》，《西南民族大学学报》（人文社科版）2009 年第 3 期。

李伯重：《回顾与展望：中国社会经济史学百年沧桑》，《文史哲》2008 年第 1 期。

陈前：《论抗日战争时期马克思主义史学的迅速发展》，《中共党史研究》2005 年第 3 期。

张正光：《论延安史学工作者对马克思主义史学中国话的探索与贡献》，《中共党史研究》2010 年第 7 期。

瞿林东：《论中国马克思主义史学的史学观》，《上海大学学报》（社会科学版）2006 年第 13 期。

吴原元：《美国的中国马克思主义史学研究述略》，《哈尔滨师范大学社会科学学报》2012 年第 3 期。

李勇：《中国社会史论战对于唯物史观的传播》，《史学月刊》2004 年第 12 期。

陈其泰：《"革命性与科学性相结合"——谈中国马克思主义史学的思想遗产》，《史学理论研究》2011 年第 4 期。

何刚：《革命与学术的双重变奏——中国社会史论战研究 80 年》，《党史研究与教学》2011 年第 2 期。

袁连生：《我国义务教育财政不公平探讨》，《教育与经济》2001 年第 4 期。

中国国民党中央宣传部组织管理研究
（1924—1927）

童翔宇

摘　要　西方政党是近代社会转型进入资本主义阶段的产物，近代中国政党则是中西冲突的产物，是政治思潮与实践相结合的产物。民初的政党政治探索的失败，也使得原本致力于议会政党的国民党改变自身的政党思路，开始了新的政党管理模式的探索。恰在此时，俄国"十月革命"的胜利震惊世界，自然也引起了已经改组数次的并已经更名为中国国民党的注意，一个"以俄为师"的改组开始了。

中国国民党中央宣传部不是伴随着中国国民党（含前身）同时产生的，而是应中国国民党不断革命和党务实践之需而产生的。中国国民党对这个部门是给予很高的期望的，希望其设立能为国民党的革命事业做出贡献。不可否认，成立之初的中央宣传部借助国共两党第一次合作的春风，确实做出了很大贡献，在宣传革命、动员群众上，成绩斐然。然而，这个部门自设立之初，在管理和制度上就是带着缺陷和诸多隐患的。这些缺陷和隐患在后来的部门运转中，不但没有得到有效的解决，反而愈演愈烈，成为后期宣传部运作失灵、部务不畅，进而影响整个国民党宣传效果，成为导致国民党宣传不力的一个重要原因。这些管理和制度上的缺陷，主要体现在宣传部门部长人员的选任和规范上，相关的宣传管理和人才培养控制也是这个部门前后期宣传反差较大的一个重要原因。

将中国国民党中央宣传部组织作为单个职能部门个体进行研究。通过梳理资料发现了这样一个基本的现象：大而全的中国国民党党史研究与具体化下的中国国民党职能部门研究的脱节。之前的学者大多从总体上把握中国国民党党史或是以细微具体化的事件反映一个大的中国国民党党政文化，较少从一个职能部门的组织视角去审视整个政党的组织框架。总体上的制度史研究里对国民党职能部门涉及多包含在国民政府体制政制、民国政制的研究中。20世纪80年代后开始有对国民党政权的一些重要机构的研究，但多为政府行政立法机构或中国国民党中央党部研究，没有具体化的中央党部下属职能部门研究专著。90年代后，开始有从一个小的事件探究当时整个中国国民党政治文化、政权组成的论著，但少有具体细微化地探究一个国民党职能部门的论述。从一个政党职能部门与整个政党组织的互动关系的研究入手，对一个组织的机构设置、人员管理的层面评估，是之前关注较少的领域，因而可以认为本文试图在研究对象上做出突破。

关键词 中央宣传部；宣传动员；组织规范；部务运转

政党现象是现代政治的基本特征之一，政党政治的发展是政治现代化的重要标志之一。在中国，政党是社会危机的产物，是现代化的领导者和推动者。民国时期的政党政治模式历经了从民初多党竞争型政党政治模式到国民党一党专政模式的演变。国民党一党专政模式由于种种原因最终失败，但也是政党政治在中国的一种尝试。众所周知，政党政治模式的演变历程极为曲折复杂，但无论是在各政党政治模式自身的兴衰过程中还是在模式之间的演变过程中，党际、党内派系斗争复杂异常，并始终贯穿着民主对独裁的抗争。

在近代中国，政党政治发展及其模式演变的过程中，外力渗透其中，外来因素的影响举足轻重。这一时期政党政治的发展及其模式演变对中国的政治格局产生了重大影响，加速了中国传统的"家国同构"政治格局的解构，推动政治结构向"政党政治"转变并最终走向"党治国家"。中国国民党政党政治模式的管理研究有助于我们从一个新的视角加以审视这个转变过程。本篇论文即是对中国国民党中央下属的职能部门——中央宣传部的管理机制进行研究，对其管理机制的优缺点进行分析，来窥测整个国民党中央的管理模式，并对这种模式于中国国民党发展的影响进行探索。

本文将着重从管理的角度审视中国国民党的职能部门——中央宣传部的部门变迁、机构设置、人员配置的历史，以及这样的机构管理模式在当时的历史环境下对于整个中国国民党，特别是其思想宣传发挥的作用。1921年成立的中国共产党和1924年改组后的中国国民党，两者均是"以俄为师"。对中国国民党中央宣传部历史的研究也是对中共党史的另一侧面比较研究，并为当下职能部门机构管理提供借鉴意义。

一 中国国民党中央宣传部形成历程

中国国民党是中国的资产阶级政党，其前身历经孙中山创立的兴中会，到后来的同盟会、国民党、中华革命党这样一个发展过程。而其内在组织——中央宣传部也是在此过程中逐渐形成并发展起来的。值得注意的是，宣传部门的形成并非是在国民党政党形成摸索中有远见地规划出来的，甚至成立之后宣传部也没有一个正规化的发展思路，党务的最高决策人出于自己的个人理念和情感考量对宣传部的人员任命进行了过多非制度性安排，这就为宣传部的长久健康规范运作制造了隐忧。

（一）中国国民党中央宣传部先天不足

早在同盟会成立之时，《中国同盟会总章》中就规定中国同盟会下设的干事部分为总务部、交际部、政事部、理财部、文事部，其中文事部负责掌理一切文件和出版事项。其宣传职能并没有被单独突出强调，对比中国共产党成立之初就设立专门的宣传部门，也就可以看出当时的同盟会还没有将宣传职能的重要性进行总部职能一级的考虑和规划。

1914年，改称"中华革命党"之后，其本部的组织分为总务部、党务部、财政部、军事部和政治部，"传布宗旨"的宣传工作成为党务部的一项重要职责。1919年，改为中国国民党之后，《中国国民党规约》中仍将"传布主义"作为党务部的职责明文规定下来。

换言之，中国国民党的宣传职能是一直存在的，作为一个成立肇始并在其后的一段相当长的时间内从事革命的资产阶级政党，宣传革命思想是其必有之义，然而也应当看出，当时的领导层并没有完全意识到宣传工作统筹的重要性，因此宣传职能并没有作为一个独立的一级职能部门存在，自然也就更不会有专门的负责人来负责宣传部门的管理统筹。正是因为缺乏管理，以致在很长的一段时间里国民党的宣传收效甚微，事倍功半。乃至于孙中山认为，"国民党作为革命党，革命胜利旋得旋失，革命主义不能实现"，最大的原因是国民党"专靠兵力，宣传不力"。"自辛亥革命至国民党改组之时，宣传事业几乎停顿。即革命未成功以前，吾等非不从事于宣传，党当时宣传方法，皆是个人的宣传，既无组织，又无系统，故收效仍小，故可谓之'人自为战'的宣传。"[①]

中国国民党第一次全国代表大会中国民党人对过往的舆论宣传自我评估："吾党对于宣传事业，向无组织，从事宣传者仅为个人之自由活动，于全党无与也。"[②] 国民党人在党的发展中逐渐认识到宣传的重要性，也渐渐看到缺乏一个中央层级的宣传管理机构给政党发展带来的弊端。对于一个已经有着很长成立时间的老派政党来说，此时才认识到宣传的重要性，其实已经很难像成立之初就设置有宣传部的共产党一样，中央有着很大的宣传管理权威性了。因为早期的不重视和缺乏规划，早期的党员到了中国国民党"一大"时大多已成为高层或是有威望的老资格党员，他们还是依靠着惯性，宣传部的威慑力并不是很大，以致后期出现像西山会议派那样公然抵制中央宣传部宣传思想，甚至于相抗衡的行为。

（二）中国国民党中央宣传部的设立及缺陷

基于以上宣传不力造成的不良影响，到了1921年，在新修改的《中国国民党总章》中明确规定要成立中央一级的宣传职能管理部门——中央宣传部。

1920年修正后发布的《中国国民党总章》中，明确党组织本部下设四个部门——总务部、党务部、财政部和宣传部。宣传工作不再由党务部代行，而是将宣传部作为一个独立的部门专事宣传。在其后的《国民党规约》中详细罗列了宣传部之职务：一是书报编纂及译述事

[①] 广东省社会科学院历史研究所、中国社会科学院近代史研究所中华民国研究室、中山大学历史系孙中山研究室：《孙中山全集》（第八卷），中华书局2006年版，第36页。

[②] 向芬：《国民党新闻传播制度研究》，中国社会科学出版社2012年版，第47页。

项；二是演讲事项；三是教育事项。1923年1月，根据公布的《中国国民党总章》，扩大国民党本部组织机构，总理之下设参赞、参议若干名；本部机构扩为总务、党务、财务、宣传、交际五部，同年1月21日，孙中山任命五部正副部长，其中宣传部正副部长分别为叶楚伧、茅祖权。

至此，中国国民党中央宣传部作为一个中央一级职能部门一直在中国国民党的中央机构中存在发展。历经多次变革，中国国民党中央宣传部的部门机构的领导人几经变更，中央宣传部的组织管理也日渐规范。

1924年1月24日中国国民党在广州召开第一次全国代表大会，决定设立中央宣传部，负责党内宣传、文宣及对外发言的工作。会议推选戴季陶为宣传部部长，规定戴季陶、胡汉民、叶楚伧、李守常、冯自由、黄咏台、黄右公、刘成禺、白云梯九人为出版及宣传问题审验员。宣传部设有周刊，日报则有《上海民国日报》《广州民国日报》，由党出资办的为北京的《新民国》，上海的《新建设》。北京的《民生周刊》，为党员所办，受党津贴资助，并随时随事负责演说传单的印刷和发放。除各地原有的宣传机构及各党报致力宣传外，当时宣传部之工作，包括下列各事：（一）调查及检查党内外日报期刊；（二）办中央通讯社；（三）著述各种宣传文字；（四）印刷事项；（五）汇集《广东公报》《广州市政公报》《警政周刊》《民报》《民国杂志》《建设》，以便择集印成革命丛书；（六）编纂本党及国外革命史；（七）演讲；（八）办理国民党讲习所。自此，中国国民党的宣传及公关手法逐渐向制度化迈进。

这一阶段，国民党宣传部名义上是负责检查和纠正党内的出版物，但该部发出的大部分命令都是服从孙中山个人意见，"承认宣传管制的必要性，与意识形态倾向甚至党内干部宗派联系都没有什么关系。革命纪律的诉求，只是确保孙中山个人不受轻慢"[①]。这在一定程度上体现出，以求努力实现宣传和意见的统一。不得不说宣传部制度化的构想并没有完全得以实现，宣传部的设置本该是一个进步规范化的进程，然而很不幸，这一进程被一心设置宣传部并想有所作为的孙中山本人破

---

① 向芬：《国民党新闻传播制度研究》，中国社会科学出版社2012年版，第36页。

坏了。

对比1921年成立的中国共产党和1924年改组后的中国国民党，两者均是"以俄为师"。1924年中国国民党其组织模式，主要也是"借鉴俄共布尔什维克的组织模式"。

1921年成立的中国共产党，在中央层面的组织机构如下：1921年，中共一大时中央领导机构——中央局，设书记一人、组织宣传各一人；1922年，中共二大时中央领导机构——中央执行委员会委员，下设中央组织部长、中央宣传部长、中央妇女部长；1923年，中共三大时中央领导机构是中央执行委员会。中央执行委员会的常设机构是中央局，下设组织、宣传、妇女等部门。

而1924年，中国国民党改组后的中央机构设置，是以苏联共产党为组织标杆而设置的，具体如下：中央领导机构中央执行委员会，下设秘书处、组织、宣传、工人、农民、青年、妇女、军事、调查各部，后又设置有《民国日报》编辑委员会、海外、实业、商人、联络各部及预算、对外、商务调查、农务调查、农民运动各委员会。

两党均是以全国代表大会为依据，选举产生中央领导机构，并常设组织和宣传机构。但不同之处是孙中山的总理地位被直接写入《总章》，凌驾于中央执行委员会之上，所以国民党在中央宣传部设置之初就已经留下了人治不规范的缺陷。

（三）中国国民党中央宣传部的重要性与实际的被轻视

早在孙中山在与苏俄的接触过程中，苏俄就提醒孙中山不要醉心于单纯的武装革命，而应该注意及健全党的组织和重视思想政治宣传工作。1923年，孙中山《在上海中国国民党改进大会上的演说》中认为国民党党务不振的原因，主要是宣传不力，"党的进行，当以宣传为重。宣传的结果，便是招致许多好人来和本党做事。宣传的效力，大抵比军队还大"。而"俄国五六年来，革命成功，也就是宣传得力"。"我们能够宣传，是中国四万万人的心倾向我党，那便是大成功了。……我们要晓得宣传这种武器，服一人便算得了一人，传入一地便算有了一地。不比军队夺了城池，取了土地，还是可被人推翻的，还是很靠不住的，所以我们要对宣传切实来下番功夫。不如此，这目的就难以达到。"①

1924年国民党第一次全国代表大会的召开，是国民党历史上的一个重大转折点。这主要表现在两个方面：一是列宁主义政党的组织模式之引入，二是"以党建国"、"以党治国"的"党治"理论成为定制。1924年以后，国民党由一个区域性的执政党逐渐发展成为一个全国性的执政党。

孙中山在《宣传造成群力》中强调："这次国民党改组，变更奋斗的方法，注重宣传，不注重军事。""革命成功极快的方法，宣传要用九成，武力只可用一成。我们国民党这几年武力的奋斗太多，宣传的奋斗太少，此次改组，注重宣传的奋斗，便是挽救从前的弊端。"②

宣传就是劝人，宣传功夫就是以党治国的第一步，采用的方式就是自上而下的灌输机制。孙中山认为宣传党义就是为了壮大党的实力和影响力。宣传工作是国民党极为重要的工作项目。从建党到建国的过程中，透过不同报刊的创设达到建立与联系组织、宣传意识形态的目的。对该党而言，宣传工作是主义的实施，是一切社会活动的先导。

第一次全国代表大会是国民党宣传工作的转折点，国民党人对过往的舆论宣传自我评估："吾党对于宣传事业，向无组织，从事宣传者仅为个人之自由活动，于全党无与也。此次改组以后，应全力作有系统之宣传组织，使凡属于吾党之宣传机构，在这一指导之下，指导群众。"③

1926年，中国国民党第二次代表大会在其关于宣传决议案中曾重点强调：第二次全国代表大会为贯彻本党唤醒民众的政策，并于最短期间实现先总理的遗志起见，视宣传工作为现在最切要的企图。④ 由此可见宣传的重要性。

---

① 广东省社会科学院历史研究所、中国社会科学院近代史研究所中华民国研究室、中山大学历史系孙中山研究室：《孙中山全集》（第七卷），中华书局2006年版，第6—7页。

② 广东省社会科学院历史研究所、中国社会科学院近代史研究所中华民国研究室、中山大学历史系孙中山研究室：《孙中山全集》（第八卷），中华书局2006年版，第566—572页。

③ 向芬：《国民党新闻传播制度研究》，中国社会科学出版社2012年版，第47页。

④ 荣孟源、孙彩霞：《中国国民党历次代表大会及中央全会资料》，光明日报出版社1985年版，第141页。

而事实上，无论是孙中山本人还是被委任领导宣传部门的历任部长，并没有因为宣传部的重要性而对宣传部的规范性加以践行。即使屡战屡败，即使认识到宣传之重要性，但长期的革命惯性仍然使孙中山将自己的主要精力放置于武力的培养上。黄埔军校的成立和高规格人员配置就是一大例证。成立之初部长们的不重视，既有公务上的不能兼顾，如汪精卫本人在国民党中央有其他职务；也有自身属事务性代理无心任上，如陈扬煊；但无论是他们还是其他历任部长，更多原因在于其本人有很强的宣传才华，但管理能力欠佳，没有认识到宣传部门的作用不仅在于一时宣传的好坏，更在于长期的制度化延续，没有这样的意识，自然就少了规范化的践行。

自国民党"一大"改组，国民党中央宣传部此时期的领导人任职更迭频繁，具体的任职时间分别是：戴季陶和彭素民（约5个月），刘芦隐（6个星期），陈扬煊（代表汪精卫6个月），汪精卫（分为几个时期的8个月），毛泽东（代理8个月）。历任部长中很多长期不到部视事，甚至自己身为宣传部部长对宣传思想阳奉阴违，乃至公开抵制。孙中山在选择戴季陶任宣传部部长时，既有希望发挥他个人宣传才能的一面；也有考虑到国民党内一批老同志因革命资历长、功劳大往往居功自傲、不思进取甚至公开组织派别与孙中山对抗后，孙中山寻求改变国民党领导层的格局的思量，虽然戴季陶对当时的党的最高思想——三大政策有着诸多不同意见，孙中山仍然努力说服并让其担任负责宣传三大政策的宣传部的部长。孙中山其带有个人理念的考量而选任出的宣传部长后期并没有在任上做出孙中山所期待的工作成效，实际工作中宣传部的被轻视，其产生的消极影响也在随后显现。

二 中国国民党中央宣传部部长对部门运作影响

中国国民党"一大"的改组是"以俄为师"，其具体到中央宣传部就是希望它能发挥无穷的宣传效用。中央宣传部组织机构就是用来实现整个国民党组织目标，而宣传部部长作为部门的实际管理者在这个过程中的作用十分巨大。改组后的国民党中央宣传部部长对宣传部的正规化建设有着深远的影响。然而，很遗憾的是，由于种种原因，成立之初的宣传部部长人选更换频繁，领导人的思想路线也未能始终与中央保持一致，深深影响了早期国民党宣传部门的运转。

（一）中国国民党中央宣传部历任部长的频繁更迭

自1920年11月，孙中山在上海颁布《中国国民党总章》及《中国国民党规约》，扩大党本部组织，于总务、党务、财政三部外，增设宣传部，其职权为"书报编纂及译述事项；讲演事项；教育事项"。到1922年6月，陈炯明叛变后，孙中山决定再度展开党务改进，于1923年1月2日宣布《中国国民党党纲》及《中国国民党总章》，依据《总章》规定，宣传部的职责再次扩展为："办理本党出版、演讲集教育事项，并检定本党国内外一切出版物"①，是属于改组前的国民党中央宣传部的一个历史演变，因为创立时间到国民党"一大"改组时间不远，这里直接从改组后的国民党"一大"历任宣传部部长说起。

1924年1月20日，第一届中央执行委员会任命的第一届中央宣传部部长为戴季陶，由于戴季陶的心理抵触，离粤返沪后在1924年6月的中央执委会第三十九次会议，通过其驻沪，并同意由刘芦隐在广州代理部长一职。

同年8月14日的第五十一次会议上通过由汪精卫任中央宣传部部长一职，但其本人由于在中央另有更重要的职位，在1925年10月5日第一次会议通过由中国共产党员毛泽东代理。

1926年1月的第二届中央执行委员会选任中央宣传部部长时，仍然坚持选择了事务繁忙不能到任的汪精卫，使得其在当年2月5日第二次会议就以本人不能常到部办事为由，请毛泽东代理。毛泽东代理部长一职一直到1926年的5月第二十九次会议，随后辞职再由顾孟余代理。

事实上，除去根据中央执委会会议通过的文字决议，在实际执行过程中，国民党中央宣传部此时期的领导人任职更为碎片化，具体的任职时间分别是：戴季陶和彭素民（约5个月），刘芦隐（6个星期），陈扬煊（代表汪精卫6个月），汪精卫（分为几个时期的8个月），毛泽

---

① 罗家伦：《革命文献》（第八辑），中国国民党中央委员会党史史料编纂委员会1984年版，第41—43页。

东（代理8个月）。

组织机构的稳定对于一个成立初期的组织的重要性是不言而喻的，但事实上改组初期的国民党中央宣传部是没有做到这一点的，无论是部长人选的更迭频次还是任职时间的长短，都是不利于宣传部部门工作的稳定和连贯的。

部长更迭的频繁，主要在于当时党的领导人考虑得更多的是部长人选的个人文笔宣传才能，而极易忽视他们本人的工作意愿以及用人的稳定性。像戴季陶本人是极不情愿担任宣传部部长的，甚至于数度离粤返沪，而这样的结果却不是更换部长，仅是任命代理。任命汪精卫担任宣传部部长时，汪本人坦承很难兼顾，不得不由他人代理部务，实际上主持部务的人反而没有获得相应的任命，自然就少了几分权限威望。部门领导管理一时混乱在所难免。可以说，对宣传部部长的任命少了任期方面的考量，没有考虑其在任部长时间上长短的可能性，是造成这一切的重要原因。

（二）戴季陶宣传部部长任上作为及负面影响

1. 戴季陶的心理抵触

从历任领导人的变更中可以看出，就任职的次序上看，戴季陶是改组后第一位部长，对于新生的国民党宣传部，他有着先天的塑造优势——首因效应[①]。而很遗憾的是，无论是对于当时的国民党中央最高方针路线——联俄联共，还是个人对于宣传部门的部门态度，戴季陶都是消极抵制的。

其实早在1923年1月时，当孙中山发表国民党改组宣言之时，戴季陶还远在四川。当年12月，他由四川回到上海，才得知国民党改组之事，他自己还被任为临时中央执行委员。孙中山希望通过联俄联共，振兴壮大国民党，使国民党摆脱困境，并利用共产党的力量，使其在中国资产阶级的领导下完成民族民主革命，建立资产阶级共和国。当戴季

[①] 首因效应是保持和复现，在很大程度上依赖于有关的心理活动第一次出现时注意和兴趣的强度，并且这种先入为主的第一印象是人的普遍的主观性倾向，会直接影响到以后的一系列行为。

陶了解了国民党改组的动机和方法后，他立即对国共合作表示反对，他向广东发电要求辞去临时中央执行委员之职。孙中山为此事特地派廖仲恺从广东去上海说服戴季陶到广东就职。戴季陶见到廖仲恺后，说其人与此政策是不相容的。要他去做他不愿意做的事，是万分困难的。

即使到了广州参加了国民党"一大"，甚至是戴季陶被选为中央执行委员，并在第一次中央执监委委员会议上，他和廖仲恺、谭平山被推举为常务委员，并被委任为宣传部部长时，他心中还是抵触国共合作的。当时的孙中山对他极为器重，除了以上任命外，还指派其为政治委员会委员。此外，还任命其为黄埔军校政治部主任，大本营法制委员会委员长。可即使给予了极高的职位和荣誉，戴季陶却当面向孙中山表示，决不能当党政之中枢，仍愿任出版或教育机构的职务。大会结束之日，戴季陶即离粤归沪，其本愿是"不欲负不能负之责任"①，这也是之后不得不在有关会议通过其"驻沪"的一个原因，从这点看，戴季陶并没有很好地履行中央宣传部部长一职应尽的职责。

对于任命戴季陶为宣传部部长一职，有将其作为一个理论高手而人尽其才的任职考虑，但事实上，当时戴季陶对三大政策和国民党改组的态度是具有双重性的，一方面生怕实行三大政策后受苏联和共产党的控制，在组织上出现双重纪律的危险，宣传上又出现双重理论的困难，从而造成一种含混不清的局面，搞乱了国民党；另一方面又想希望取得苏联的支援和利用共产党的力量，甚至合并共产党。此时期，他对实行三大政策疑虑重重，与孙中山保持了一种若即若离的关系。有时候他待在广州，协助孙中山做点事，表面上也说些赞成社会主义、共产主义及拥护国民党"一大"的话，有时候他又突然提出辞职，返回上海、湖州搞自己的事去了。当时，他说了许多相互矛盾的言论，做了许多相互矛盾的事。其自身思想出现了混乱，很难想象其能有大的思想理论宣传作为；同时其长期频繁地不到宣传部任职，也很难有效地进行宣传部部门管理领导工作。

2. 戴季陶行动上的破坏

何香凝女士曾说，在第一次国共合作时期，"在国民党中，也有一

---

① 黎洁华、虞苇：《戴季陶传》，广东人民出版社2003年版，第150页。

些企图在孙中山已经改组国民党，已经公布施行三大政策之后，仍然想把中国革命扭向右转的人。戴季陶就是这类人的典型"①。可见，戴季陶不仅有负国民党中央以及孙中山对于他的期望，反而在实际活动中起到了消极作用。1924年1月，孙中山促其赴粤参加国民党第一次全国代表大会，廖仲恺又再度来沪劝行，只好一同赴粤。会上当选为国民党中央执行委员、常务委员、宣传部部长、政治委员会委员。向孙中山要求不担任党政之中枢职务，大会终了之日，即离粤返沪。2月中旬，才赴粤就职，给当时的合作气氛制造了阴影。3月29日，更是劝说谭平山等共产党人放弃共产党党籍，做一纯粹的国民党党员，遭谭拒绝。

五六月间，又兼任黄埔陆军军官学校政治教官、政治部主任。后因对党事前途悲观，再次辞去一切职务，第二次离粤。不久又响应孙中山主张，召集扩大委员会。到粤之日，第三次离粤返沪、湖州隐居数月。半年之间数度往返，部务自然不能处理，只能由刘芦隐在广州代理。可以说其对中央宣传部的贡献是有限的，然而作为第一任宣传部部长，其起到的消极作用则是不可估量的。

其实戴季陶在五四时期曾发表许多宣传社会主义、批判资本主义的言论，以研究社会主义、宣传马克思主义而著称。但总的来看，他始终站在资产阶级的立场上，对马克思主义采取实用主义的态度，在一些根本问题上同马克思主义始终存在着根本分歧。戴季陶的思想与马克思主义的种种重要分歧，决定了他与马克思主义的分道扬镳。

戴季陶本是一个思想敏锐的人。在五四时期，他与胡汉民、朱执信、廖仲恺等是国民党中首先研究与宣传马克思主义的突出人物，还曾参加上海共产主义小组筹建的某些工作。然而，由于受阶级立场和世界观诸方面的局限，他渐渐与马克思主义分道扬镳，落后于时代潮流，后来连孙中山的三大政策也不能接受了。

戴季陶对孙中山实行三大政策忧心忡忡，他在给蒋介石的一封信中所说："今日改组，又不事独立之规划，而乃以外力为动机，一切纠纷，必有今起。"②最后，在孙中山的再三劝导下，戴季陶有条件地勉强

---

① 尚明轩、余炎光：《双清文集》（下卷），人民出版社1985年版，第940页。
② 黎洁华、虞苇：《戴季陶传》，广东人民出版社2003年版，第148页。

同意实行联俄联共的政策，这些条件就是他在上海向廖仲恺提出的三点主张："联俄"只能限于学习俄国进步的组织方法，"采良法而去其不适应于己国情形之点"，使国民党未有训练有组织的战斗团体。在与俄国的交往中，决不能受俄国控制。"容共"则是要共产党人退出共产党，成为完全忠诚依附于国民党，为国民党效命的工具。然而很显然，会议结果并未如他所设想的那样。在国民党"一大"期间，上海代表要求在党章上禁止国民党员同时隶属于他党。有人又提出，共产党员若加入国民党，则必须脱离共产党，其目的就是在于反对共产党加入国民党，这种意见是与戴季陶一致的。但他们的意见遭到共产党人李大钊驳斥，国民党人中大多数人也不支持这种意见，所以此意见未被大会采纳。大量共产党人得以加入国民党，其中有些人，如瞿秋白、恽代英等人，还担任了一些重要的职务。戴季陶对这样的结果自然是不满意的。

正是基于对国民党"一大"改组后，整个国民党最高的思想——联俄联共的不认同，使得他对"一大"后任命的宣传部部长职务并没有多大的认同度，更谈不上工作投入。获得任命后，他并没有在广州安心就职，而是三度离粤返沪，最终不得不又由汪精卫取代其宣传部部长的职务。作为国民党中央宣传部部长的戴季陶不仅没有安心地在宣传部部长任上做好本职工作，宣传国民党的三大政策，为国民党宣传事业做贡献。相反，他反过来参与右派组织的反对国民党中央的活动，并提供理论的支持。1925年3月12日，孙中山在北京逝世，这使得国民党失去了实行三大政策的核心领导人。孙中山在世时，国民党右派不能不有所顾忌。在他逝世后，随着工农革命运动的高潮，马克思主义的影响迅速扩大，国民党右派反共活动逐渐活跃，越来越无所顾忌了。戴季陶的反共活动也逐渐从暗地转为公开。1925年夏，戴季陶以阐述孙中山的思想为名先后在上海撰写了《孙文主义之哲学基础》和《国民革命与中国国民党》。这两本小册子，连同他当年5月在广州发表的《民生哲学系统表》，构成了较为完整的理论体系，标志着戴季陶主义的形成。戴季陶在国民党中，是素以理论家著称的人，戴季陶主义的产生，使他成为国民党中有系统的反共理论的第一人。因此，孙科、于右任等人称其为"反共先锋"，"反共最早、决心最大"、"办法亦最彻底"。在国民党中，它具有反共理论指导者的地位，周恩来说蒋介石"变为新右派，其灵魂便是戴季陶"①。

3. 思想上的消极影响

孙中山逝世后几个月内，戴季陶积极发表一系列的专著与论文，反对三大政策，反对国共合作。为了给反共理论提供理论支持，戴季陶从"求生的冲动"、"生存的欲望"的观点出发，强调："就欲望的性质上说，无论是哪一种欲望，都具有统一性和支配性"②，主义和团体体现的是多数人的欲望，于是他们"必定具有独占性和排他性，同时也可具有一定的统一性和支配性"，所以他断定，国民党要图生存，一定要充分发挥这些特性。国民党和共产党，三民主义和共产主义只能势不两立，绝对无合作的余地。戴季陶的根本方针就是要排斥共产党和马克思主义，坚持旧的三民主义，确立和巩固国民党的绝对领导地位。

而当时国内民主革命正处于高潮时期，在五卅运动中，面对帝国主义与中华民族的尖锐矛盾，有识之士对这种制造分裂的理论十分反感。但不可否认，这种理论，使得国民党宣传不得不花费一定的人力物力精力来应付党内的这种思想，从而使得国民党的宣传并没有像组织之初设想的那样全力应付在宣传党的思想，反对帝国主义和军阀的事务上。

戴季陶主义传播之后，在国民党内产生了重要的政治影响。其反共理论传播开后，进一步引发了国民党的政治分裂，其直接效果便是促动了各地"孙文主义学会"的不断出现。

可见，戴季陶从政治理念上制造了三民主义与共产主义的对立，为国民党内析出分裂组织——孙文主义学会，提供了"法理"依据，对国民党内政治与组织分化产生了巨大影响。这显然不是一个改组后国民党中央宣传部首任部长应该做的事情。这样的宣传部部长的存在很难想象当时国民党的党政思想能达到整个国民党中央所期望的水平。

（三）毛泽东代理宣传部部长任上作为及探究

从任职时间长短来看，无疑是连贯任职并长达8个月的毛泽东对宣

---

① 中共中央文献研究室：《周恩来选集》（上卷），人民出版社1980年版，第165—166页。

② 黎洁华、虞苇：《戴季陶传》，广东人民出版社2003年版，第160页。

传部具有很大的影响,而事实上正是同为理论大家的戴季陶和毛泽东对宣传部产生了深远的影响。1925年10月毛泽东受命代表汪精卫管理中央宣传部,国民党宣传工作进入最积极的阶段,他领导该部长达8个月。毛泽东上任后进行了很多创新性的工作,规范宣传程序、邀请共产党人和国民党人共同监督宣传工作,以便使各级国民党的宣传服从命令和纪律。1926年5月,为了服从二届二中全会关于将共产党员逐出中央机构高级职位的决议,毛泽东辞去宣传部的职务。虽然他在25日提出辞职,并在28日获得批准离开宣传部,但他所创立的一系列举措被保留了下来。

1. 毛泽东任上积极作为

1925年10月5日,国民政府主席汪精卫以政府事繁,不能兼任宣传部部长职务为由,向国民党中央党部常务会议推荐毛泽东代理宣传部部长。常务会议通过,并请毛泽东即日到部任事。10月7日到国民党中央宣传部就职,召开宣传部第一次部务会议。会议讨论了宣传计划和编纂事宜。会议决定,先组织专人对国内外已经出版的各种中外文报刊和工农商学兵各界"知识之发达次第程序"不同的情况,进行调查,然后作出宣传、编纂计划。会议还决定,请中央执委会通告各地,以后凡散发各种宣传单和出版各种报刊有关当译者,均要先交宣传部审查。10月13日,毛泽东出席国民党中央执行委员会第一百一十三次会议。会议决定,对戴季陶七月擅自出版《国民革命与中国国民党》一书,通告各党员,指出该书只是"个人意思,并未经中央鉴定",今后"凡关于党之主义与政策知根本原则知言论,非先经党部决议,不能发表"[①]。会议通过毛泽东关于调戴季陶来广州工作的提议。11月14日毛泽东主持召开中央宣传部第二次部务会议。会议决定,党的各种宣传品,先发各高级党部、团体,再转发下级党部及党员,以资普遍。同时决定,调查海外、国内、省内、市内党员人数及各地方学校、工团、军队、图书馆、阅报社及公司,以便分发宣传品。11月以宣传部名义向国民党中央建议在上海设立交通局,作为沟通中央与全国各地的机关。

---

① 逄先知:《毛泽东年谱 一八九三——一九四九》(上卷),人民出版社1993年版,第138页。

国民党中央同意,并决定将建立上海交通局的工作交宣传部管理。12月5日毛泽东主编的《政治周报》① 在广州创刊。

1926年1月8日,毛泽东向大会作宣传报告。报告总结两年来在板报、图画及口头宣传、重要事件宣传等方面取得的很大成绩。为"打破北方及长江的反革命宣传",中央宣传部创办了《政治周报》,每期发行达四万份之多。报告指出,群众对改组后的国民党宣言和政纲有了新的认识。"帝国主义"、"开国民会议"、"废除不平等条约"等口号已深入人心。两年来在革命宣传和反革命宣传的对抗之中,革命宣传取攻势,反革命宣传取守势,"这种对抗攻守的现象,乃中国革命日益团结进取,而反革命势力日益动摇崩溃的结果"。

1月16日,同汪精卫、陈孚木起草的《关于宣传决议案》在国民党第二次全国代表大会上通过。决议案说:"一个政党,只宣传有利于群众的理论和主义,断不能是群众与政党在行动上采取一致的态度。所以抽象的宣传,不能造成一个群众的党。唯有从事实上表示某党对民众的工作,才能造成一个群众的党。""要使民众相信本党确能为他们在实际上谋利益。"宣传部应当明白指出,"凡是赞同中国农民的解放运动的,就是忠实的革命党员,不然就是反革命派"。决议案提出,"宣传部应当是本党最活泼、最敏捷的机关","是汇集本党精神劳力,运用本党精神劳力,指导本党精神劳力,来实现本党政策的总机关"。②

1月18日,代表宣传报告审查委员会向大会作审查报告。大会通过《宣传报告决议案》。决议案同意毛泽东1月8日所作的《宣传报告》,同时指出,"两年来,尚未能将本党革命目标及方法,深入占全国人口最大数之工农小商群众中",宣传工作中的缺点。"欲是本党只注意政策深入民众,惟有在关系民众本身利害之地方的或全国的大小事变之中,努力进行其宣传,始有实现之可能。"要向民众宣传:"欲求

---

① 关于主编《政治周报》,1963年毛泽东同斯诺谈话时回忆说:我在广州担任《政治周报》的主编,这是国民党宣传部出版的一个刊物。后来他在抨击和揭露以戴季陶为首的国民党右派时,起了非常积极的作用。
② 荣孟源、孙彩霞:《中国国民党历次代表大会及中央全会资料》,光明日报出版社1985年版,第141—143页。

革命之成功，则国内国外之革命的联合阵线，必须扩大而巩固之。"①

2月5日，国民党中常会第二次会议根据汪精卫提议，批准毛泽东为中央宣传部代理部长。2月8日，毛泽东列席国民党中常会第三次会议，以宣传部名义提出，宣传部拟任沈雁冰为秘书，顾谷宜为指导干事，吴求哲、陈署风为编辑干事，萧楚女、朱则、赖特才、朱雅零为检阅干事，为会议通过。2月中旬毛泽东到宣传部对宣传工作作出三项指示：（一）起草一个以中央名义下发的宣传大纲，向全国宣传国民党"二大"的精神。（二）将原来的检阅干事组成检阅会议。检阅会议对党内外出版物中的谬误言论，应拟出或驳斥之大纲。（三）设立宣传材料储藏机关，订阅海内外报刊、外文杂志及图书。

4月13日，毛泽东列席国民党中常会第二十次会议。提出在上海拟开办党报的议案，拟任张静江为经理，张廷灏为副经理，柳亚子为编辑部主笔，沈雁冰为副主笔，侯少裘、杨贤江、顾谷宜为编辑委员，为会议通过②。4月23日，国民党中常会第二十二次会议，会议批准赖特才为宣传部代理秘书。4月27日，毛泽东出席国民党中常会第二十三次会议，在宣传部之下设宣传委员会，以讨论、计划全国宣传事项，并请指派汪精卫、陈公博、甘乃光、彭泽民、陈其瑗、林伯渠、毛泽东七人为宣传委员会委员。会议照准。5月4日，他出席国民党中常会第二十五次会议。会议根据宣传部提议，通过编辑国民运动丛书办法，任沈雁冰为驻沪编纂国民丛书干事，增补胡汉民、顾孟余、邵力子为宣传委员。5月13日，他主持召开国民党中央宣传部所属宣传委员会第一次会议。陈公博、陈其瑗、邵力子、彭泽民等出席。会议通过宣传部所拟国民运动丛书书目（分五辑，共六十种），决定再增加中国农民问题、中国职工问题、国际联盟等四种。5月20日，毛泽东以宣传部代理部长名义向国民党二届二中全会报告三个多月以来宣传部的工作。5月25日，国民党中常会第二十八次会议，谭平山提出辞去组织部部长和常务

---

① 荣孟源、孙彩霞：《中国国民党历次代表大会及中央全会资料》，光明日报出版社1985年版，第140—141页。

② 自上海的《民国日报》变为拥护西山会议派的报纸后，上海已无由广州国民党中央宣传部直接领导的党报。毛泽东曾委托沈雁冰到上海筹办《国民日报》，后因蒋介石、张静江阻挠，未能办成。

委员会秘书两职,毛泽东辞去宣传部代理宣传部部长职务,林伯渠辞去农民部部长、常务委员会秘书及中央财政委员三职。会议决定,以上三案留待下次会议讨论。5月28日,国民党中常会第二十九次会议通过关于谭平山、毛泽东、林伯渠辞职问题案,任命蒋介石为组织部部长,顾孟余为代理宣传部部长,甘乃光为农民部部长。6月22日国民党中央宣传委员会改组,毛泽东及其他共产党人被免去委员职务。

2. 毛泽东相关活动的效果探析

毛泽东在国民党中央宣传部部长任上是积极有作为的,正因为他的积极作为,使得国民党中央宣传部在内部组织上日益广泛化、制度化,在其对外重要性上也是权力日益集中,管辖的事务日渐拓展,权威日渐提高。也正因为如此,才有了改组后中国国民党显著加强了政治渗透与内部沟通,政治宣传与组织建设受到高度重视。各级组织强化党纲与党义宣传,对国民党发展壮大产生了深远影响。正如吴玉章在第二次全国代表大会作党务工作报告时指出:"据吾人此次接受各地党部之报告,实在报无限之乐观","即各地党部,亦以本党努力宣传之故,已取得民众相当之了解与信仰"。"凡此事件,均足以使本党之宣传,多一重事实之确证,而民众对于本党亦自然发生热烈的倾向。"[1]

然而不可否认的是,以共产党身份任职宣传部部长的毛泽东在宣传国民党三大政策的思想的同时,也积极地推行共产党的主张。在任职宣传部部长期间,他多次参与农村调查,宣传农民运动,对于反对国共合作的国民党右派采取了过多的文章谴责讨伐,而没有考虑到以国民党宣传部部长对这部分国民党右派的宣传团结。以至于在共产党的强势宣导下,使得本来就信仰意志模糊的国民党青年莫衷一是,甚至改宗转党。国民党无法抵抗共产党的意识形态的影响和渗透,不得不慨叹"本党(国民党)宣传功夫不如共产党,(是)很可虑的"[2]。

总体来说,毛泽东代理宣传部部长这一时期,国民党的宣传在政治上受到国民党中央政治思想的影响,宣传工作并不是该党工作的重心;

---

[1] 荣孟源、孙彩霞:《中国国民党历次代表大会及中央全会资料》,光明日报出版社1985年版,第218页。

[2] 向芬:《国民党新闻传播制度研究》,中国社会科学出版社2012年版,第50页。

在组织上，宣传部前期职能的不完善和不成熟，致使对国民党的报刊管理不力；加之国民党内派系的矛盾和国共之争的影响，宣传内容受到部门负责人的个人思想影响甚大，宣传往往呈现出随意性和不确定性的倾向。

更甚至于在后来的"清党"运动中"敌我难分"，一些国民党青年党员或被误判为共产党员而惨遭杀害，或因为对"清党"后国民党思想变化的反应一时无法接受，而脱离了国民党。

由此可见，作为个人，毛泽东的宣传管理能力无可厚非，他大大地扩展了国民党员的基础。但大量的国民党员开始倾向于共产党的思想，或是大量的民众因为共产党的主张而加入国民党，并随着"国共分裂"而离开国民党，这显然不是国民党中央所乐见的。实际上，共产党的宣传工作在很大程度上是在国民党宣传部内开展并实现的。国民党宣传部的机关刊物《政治周报》，由毛泽东任主编。到了后期，宣传部的秘书（相当于副部长）经毛泽东举荐由沈雁冰担任。投身革命的知识分子中，除了党派清晰的，还有很多投入革命的人思想介乎两党之间。这样的状况给国民党中央宣传部后期工作带来了不利的影响。

三　中国国民党中央宣传部宣传得失

（一）中国国民党中央宣传部大革命时期宣传成果

作为革命政党的国民党，宣传革命思想，使广大人民群众投入到革命运动中来，是国民党实现其政治目标的重要手段。宣传政策的制定实施及其调整都至关重要。1924年国民党第一次全国代表大会实行改组，同时确立了以扶助农工为核心的政策，以期实现反帝反军阀的国民革命目标。期间国民党开展宣传工作，取得了良好的动员效果。在宣传过程中，国民党国民革命目标的设定，三民主义理论体系的建构，以及国共两党党内合作的模式，与国民党的动员政策的实施与转变，都有着莫大的联系。从1924年到1927年这三年间，国民党由偏安广东一隅的革命党，跃而成为执掌国民政府问鼎全国政权的执政党，其政治影响力及自身发展壮大都有目共睹。

随着国民党宣传政策的广泛开展，尤其是在人民群众中大量宣传动员工作的深入进行，民众被动员组织起来，形成各自的团体组织，自身的阶级意识与政治参与意识都大大提高。在宣传思想过程中，国民党一直将国民革命的思想灌输其中，并动员民众参与革命行动，逐渐形成了以广东为基础的国民革命中心。

国民革命时期，国民党开展的思想宣传，极大地促进了国民党自身的发展。从党员人数及组织上来看，1923年前后，"国民党共有党员20余万，其中国内党员不到5万；组织机构共计400余处，亦绝大多数设于海外；国内除广州、湖南设有分部外，其他省区既无正式的组织机构，亦无显著的活动成绩可言"[①]。而到1926年10月，"国民党在一国约90%的省区和25%的县份分别建立了省级和县级党组织；国民党员人数增至54.4万余人，其中国内党员约占82%，海外党员约占18%"[②]。到1927年初，国民党员人数已号称100万以上。这里当然与国民党"一大"改组以后国民党的宣传是密不可分的。

在民众动员问题上，一个政党的宣传能力并不完全依赖于党员人数的多寡以及基层组织机构的建设程度。"评价国家政权建设成功与否的一种方法，就是度量国家政权深入地方社会的效力。但这种成功主要依赖于国家政权回应地方社会对其实行渗透进行抵抗的能力。""正如乔尔·米格代尔（Joel Migdal）所言，国家政权建设成功与否应当由国家整合社会关系和使民众按照它所要求做的行事的能力衡定。"[③] 同样，考察一个政党的宣传能力，还应考虑民众的回应，即该政党是否具备使民众或民众团体按照它的要求来行事的能力，或者说政党能够宣传动员民众的程度。从国民党的民众宣传动员情况来看，其动员能力稍显不足，其中一个重要的表现就是民众团体在行动中并未完全遵从国民党的意志，反而经常有无政府主义的行径。

---

① 王奇生：《党员、党权与党争——1924—1927年中国国民党的组织形态》，上海书店出版社2003年版，第39页。
② 同上。
③ [美]张信：《二十世纪初期中国社会之演变：国家与河南地方精英（1900—1937）》，岳谦厚、张玮译，中华书局2000年版，第235页。

（二）中国国民党中央宣传部宣传建设缺失

国民党自"一大"以来开展的宣传活动，与此时实行的国共合作有着密切的关系。国民党"一大"确立联俄联共、扶助农工政策，同时容纳共产党员以个人身份加入国民党，实行党内合作。国共合作推动了宣传工作，两党积极参与宣传，尤其是作为跨党党员的共产党成员，涌现出了一批如毛泽东、沈雁冰这样的宣传能手。国民革命时期，国民党进行的宣传思潮符合当时的社会历史发展趋势，唤醒了不少有志之士投身革命中，首先是知识分子群体，继而是商人、工人、农民群体。对于革命政党来说，宣传号召民众成为其变革政治所依恃的重要力量，民心向背成为政党能否获得胜利的关键因素，也使得宣传民众具有了必然性与必要性。尤其自五四运动以来，有组织的宣传，影响深远。

但大革命时期，国民党宣传虽然有着很大的进步，但这种进步在很大程度上是依赖于中共的宣传助力的。由于中共集中了一大批理论精英投入宣传工作，国民党则缺乏优秀的理论人才和刊物，以至于不得不在很大程度上依靠中共的宣传；甚至于在小到口号的问题上，国民党提出的能鼓舞人心的政治口号也是乏善可陈，与中共一系列响亮且契合民心的口号形成鲜明对比。

在大革命时期，国共合作期间，两党宣传机构密切协作，共同形成了强大的宣传攻势，推动了国民党党务的顺利开展。但与此同时，一旦脱离共产党的帮助，国民党的宣传就出现了大问题。乃至于国民党中央宣传部曾坦承："本党在各地的宣传不是极其微小，就是完全没有。"①

国共合作时期，国民党推行的宣传政策，极大地壮大了国民党的自身力量。国民党的党员人数以及基层党部建设都得到了很快的发展，国民党也逐渐成为执政党。然而国民党在宣传过程中，也暴露出自身党员宣传能力不足的问题，其重要表现便是宣传主导权交出。"四一二"与"七一五"政变以后，国民党宣传部中中共党员撤离，宣传政策发生全面转变，国民党推行其新的宣传政策，马上就暴露出了诸多问题。

在中央宣传部大量地任用优秀的共产党的宣传能手后，整个国民党

---

① 卢毅：《大革命时期国共两党宣传工作比较》，《党的文献》2014年第4期。

的宣传工作在一时之间以一种近乎宣传"外包"的形式完全交到了共产党手中,不仅相关的主义精神的解释权不在自己,连党员的发展都难以分辨其真实理念。在后来的国民党"清党"中,大批国民党本党党员被错杀、大批青年退党,一个不可忽视的因素是,他们加入国民党时,所信奉的那些所谓的国民党的主义思想是由共产党人主持的宣传部宣传出来的,大批被错杀的国民党员是由于已经很难分辨出所谓的纯正"中国国民党党员"了,大批退党的国民党员则是由于他们发现现在党的最高思想和入党时候的党的宣传理论已然有了很大区别,这样的政党已经不再是他们所能认同的政党了。

以第一次全国代表大会为标志的改组,使国民党党务系统开始自成体系,党权日渐抬升。中国国民党显著加强了政治渗透与内部沟通,政治宣传与组织建设受到了高度重视。但这种成绩是建立在孙中山个人魅力与宣传部无数优秀共产党人的努力之上的,在孙中山逝世、整理党务案出炉,共产党人退出宣传部后,蒋介石开始了其军权蹂躏党权的行动,宣传部就鲜有成果了。胡汉民开始负责理论宣传,当时的重点已经不是宣传党义,而是在清除共产党的思想。宣传工作再难有成绩。

(三) 国民党宣传部宣传工作不利表现与原因

1. 宣传人才缺乏,党内干部不重视

中国国民党曾提出:"宣传部应当是本党最活泼、最敏捷的机关,故凡本党能纂述书籍、小册子、编辑论说、拟就宣言和口号的党员,都应参与宣传部的工作。"[①] 但实际情况并非如此。"大多数国民党高层人士热衷于权力之争,除戴季陶之外,很难找出潜心研究、勤于著述的理论人才。"[②] 如毛泽东刚代理国民党中宣部部长一职时,"中宣部的状况是恶劣的。部长汪精卫因为公事忙的缘故,很少到部。部中的事务,都交给汪先生的内弟陈春圃办理,他是宣传部的秘书。此外还有五六个职员,但都是像北京那些上衙门的老爷。部中既没有一定的工作计划,而

---

① 荣孟源、孙彩霞:《中国国民党历次代表大会及中央全会资料》,光明日报出版社1985年版,第143页。
② 卢毅:《大革命时期国共两党宣传工作比较》,《党的文献》2014年第4期。

职员精神又如此散漫，以致宣传部的工作毫无表现，不仅没有出版什么刊物什么书籍，连传单也不曾有过一张。所以中宣部在中央党部中，完全成了一种点缀品"①。由于缺乏优秀的理论人才，国民党的党报刊物在引导党员群众的功能上作用甚少，舆论导向作用甚弱。

国民党宣传机构直接交由中共党员负责管理运作，国民党人员甚少用心。以致出现，1925年中共中央即曾宣称："在国民党中我们是占着大多数势力，全省学生联合会完全受我们党的指挥，我们的出版物也推销的很广，在军队中的政治宣传工作我们不仅在几个地方有俱乐部的组织并能影响的政策。"②

1926年，蒋介石在解释"中山舰事件"发生的原因时也提到："本党所有的宣传机关和言论机关，可以讲到统统都属诸中国共产党同志，就是我们的党报——《民国日报》《国民新闻》，这样的机关报，也完全是交中国共产党同志来办。"③北伐开始后，因为中共擅长宣传，所以军队政治工作人员大部分由共产党员充任，政治部几乎成了"共产份子活动之大本营"。截至1926年11月，中共"在军中工作同志有一千五百人左右"。其中，李富春、朱克靖、廖乾吾、林伯渠分别担任第2、3、4、6军的副党代表兼政治部主任，郭沫若任总政治部副主任，胡公冕任总政治部宣传大队长。各军新招募的政工人员也大多是共产党员。④

相比之下，国民党由于缺乏政工人才，其宣传工作则要逊色得多，无法与中共对垒，甚至不得不在很大程度上依靠中共。⑤中国国民党受制先天宣传人才的匮乏，加之相关人员的不重视，没注意到自身宣传的人才培养，缺乏一个长期的发展规划，乃至后来唯中国共产党宣传话语是从。国民党宣传部已徒具其名了。

---

① 雨铭：《毛泽东在中宣部》，《社会新闻》1933年第2期。
② 中央档案馆：《中共中央文件选集（第1册）》，中共中央党校出版社1989年版，第501页。
③ 蒋介石：《谨告全国国民党同志书》，《时事新报》1927年第5期。
④ 卢毅：《大革命时期国共两党宣传工作比较》，《党的文献》2014年第4期。
⑤ 陈佑慎：《持驳壳枪的传教者——邓演达与国民革命军政工制度》，时英出版社2009年版，第174页。

2. 丧失宣传主导权

早在1923年,国民党就已经承认"宣传工作做得不够",并表示"目前最重要的任务是为我们的宣传工作寻找政治口号"①。但事实上这一时期的主要政治理念口号的提出基本上是由共产党的宣传人员或者是在国民党中央宣传部工作的共产党员提出。

1927年,蒋介石发动"清党"时曾说:"年来共产党分化我党政策,无所不用其极,造作'左派'、'右派'、'西山会议派'、'新右派'等等名词,任意加于本党同志之上。"同年5月,他与胡汉民、吴稚晖等人提出所谓"统一口号案",其中也说:"大抵此种口号之来源,多半为共产党所制造。共产党不顾本党党纲,违反三民主义,其所用利器,首在造作口号,……国民党人忽焉不察,随声呼唱。"② 这不啻承认国民党在发明口号上的能力缺失。

而此时的共产党则恰恰相反。中共特别重视宣传,同时又因了解大众心理而善于引导。如中共最早提出的"打倒军阀"和"打倒帝国主义"的口号,就引发了他们的强烈共鸣。1924年5月,中共中央曾总结:"我们政治的宣传,自1923年起,即是打倒国际帝国主义及国内军阀两个口号。在1922年与1923年间'反对军阀'已成了全国普遍的呼声;到1923年与1924年间,列强对华进攻日急,全国知识阶级中进步分子,已采用'反抗帝国主义'的口号。"③

中国国民党的宣传不作为,使得戴季陶也不得不承认:"今日最能奋斗之青年,大多数皆为共产党,而国民党旧同志之腐败退婴,已无可讳。"④ 即使是在孙中山亲手创办的黄埔军校,"左"派力量也占据了上风,"多数学生最近一个月来都聚集在国民党左派和共产党人的周围","现时黄埔中左派分子几占百分之八十以上,右派的势力渐渐打落下去"。对此,时任黄埔军校教授部主任的国民党右翼分子王柏龄不免担

---

① 卢毅:《大革命时期国共两党宣传工作比较》,《党的文献》2014年第4期。
② 蒋永敬:《民国胡展堂先生汉民年谱》,台北商务印书馆1981年版,第395页。
③ 中央档案馆:《中共中央文件选集》(第1册),中共中央党校出版社1989年版,第253—254页。
④ 王奇生:《党员、党权与党争——1924—1927年中国国民党的组织形态》,上海书店出版社2003年版,第62页。

忧:"如任此以往,不必一二年,共产党就可以偷天换日的,替代国民党了。"① 国共两党在宣传上的主导权之争高下立见。

国民党宣传主导权的丧失原因是多方面的。一方面,国民党作为一个革命政党,其历史的经验使他们形成了重视军权、行政权,大量本党的优秀人才致力于对军权和行政领导的关注和争夺,对宣传主导权放任自流。另一方面,有一部分党内人士如戴季陶认识到了主导权的问题,但出于种种原因,其大多是选择自己个人著书立说的宣传,而放弃了借助中央宣传部这个国民党最高宣传平台的力量,使自己的影响没有发挥到最大的优势。最后,相比外部的共产党对宣传的重视和有赖于大革命时期共产党对国民党中央宣传部的平台的借助,这种对比竞争就更加明显。国民党这一时期宣传主导权的丧失也就正常不过了。

四 中国国民党中央宣传部组织管理问题浅析

(一)中国国民党中央宣传部领导人选任问题

1. 宣传部部长对宣传工作的重要性

中国国民党中央宣传部这样一个组织的设立与安排,是为了实现整个中国国民党组织目标的。宣传是一个重要的过程,宣传部门的管理者在这个过程中可以设计组织的结构。组织结构是一个组织内正式的工作安排。这个结构可以直观地展现在一个组织结构中,能够服务于许多细化的宣传目的。当宣传部管理者创建或者改变宣传组织结构时,整个部门宣传职能的发挥都是会受到影响的。组织的工作专门化、部门化如何掌控,集权和分权的尺度;正规化的章程,都取决于部门的管理者——宣传部部长的作为。在领导部门管理中,魅力型、愿景型领导往往能很好地构建宣传部门。而魅力型、愿景型领导往往都有一个愿景;能够清晰、生动地描绘该愿景;为实现该愿景而勇于冒险,能够敏锐地察觉环境限制因素以及下属需求;往往以超乎常规的方式行事。从这一点上说,戴季陶和毛泽东都无疑是令人敬佩的魅力型、愿景型领导。借助于宣传部部长这个职位,他们自身的理论理念有了一个很好的布告平台,

---

① 王柏龄:《孙文主义学会的成立》,广东人民出版社1982年版,第337页。

然而部长个人的理论理念与整个政党的政策思想是否相匹配却是有待考量的。

2. 戴季陶与毛泽东宣传部部长任上得失启示

戴季陶和毛泽东都是有着非常强的宣传理论和组织能力的人，二人有着自己明确的信仰，可以使自己的主张得到人们的认同，并使人们加入追随自己的队伍中。就宣传部部长对任职者个人素质能力的要求来说，很显然，他们无疑是合格的。然而就任职者个人取向与组织的匹配度来说，显然是不合适的。他们各自所主张的思想理念与当时国民党最高中央的思想理念未必一致，但他们也没有因为职务身份限制而克制改变自己的思想主张去主动适应国民党中央的三大政策。部长对于自己与中央不一致的思想主张的坚持，就造成了宣传部宣传效果的折扣。

国民党"一大"后，国民党中央的思想无疑是"新三民主义"、"三大政策"，而戴季陶本人是反对"三大政策"的，并且明确地表示过不认同。然而就是在这样一种状态下，戴季陶被任命为改组后的第一任宣传部部长，使得戴季陶得以借助这个平台推行他与中央不一致的思想主张，并没有受到过重的惩处。"孙文主义"这一与"三大政策"相左的理论思想之所以能传播得如此快速广泛，虽然没有明确直接的证据表明戴季陶利用宣传部进行了推广，但无疑宣传部部长的头衔是有助于戴季陶推广自己的思想理论的，并让基层党员大众误判为这就是国民党中央的思想主张。也正是宣传部部长这个平台，使得"孙文主义"的理论出台之初没有太多的宣传桎梏，能够在国民党内部宣传无阻。戴季陶囿于自身的利益和需要，死抱着过时的旧三民主义不放，不但是自己站在了历史潮流的对立面，更是削弱了宣传部部门职能正面效应的发挥。

毛泽东以中国共产党党员的身份，在宣传部部长任上自然并没有采取反对"三大政策"的组织宣传活动，其利用宣传部部长的身份，多次与反对"三大政策"的国民党右派作斗争，并取得了很好的成绩。然而，作为一个当时定义为代表民族资产阶级、小资产阶级、工人阶级和农民阶级联合的政党组织，其上层的主要领导人以及党部的主要主导力量是属于资产阶级的。中央宣传部部长毛泽东对工农运动毫不掩饰地支持与对国民党右派毫不客气的批判，实在让国民党中央感到不安心。

事实上的结果也是，在此期间一些共产党的主张借着"三大政策"的宣传得以推广。其在国民党中央看来，显然是不想见到的。因为无论是戴季陶这样的反共分子，乃至于孙中山本人，他们的愿望都是建立资产阶级民主共和国。他们都是主张保持国民党的领导权的。当时的国民党人数、影响力远远超过共产党，他们不可能认识到资产阶级无法承担起民主革命的领导重任，也不会自愿放弃国民党的领导权。因此，国民党内心的主张都是合作必须是"以我为主"，以国民党为领导核心。故称之为"容共"。正是因为有着这样的想法，戴季陶劝说谭平山等，才提出："然今日中国之需要，则又为一有力之国民党，共产党人亦即承认之矣，若于此日，共产党之同志，能牺牲其党籍，而完全作为一纯粹之国民党，是国民党中，不致同时又两中心，然后一切纠纷，乃可尽除，而组织工作，乃不至受此无形之障碍。"① 即使孙中山对于国共关系的多次演说，也是主要为消泯国民党内"老同志"对接纳共产党员所产生的疑虑。"一大"的开会词和闭会词他都未提及两党关系，有意淡化这个问题，可见毛泽东在宣传部任上所做的被认为一些正面的效果，并不是符合整个国民党政党利益和思路的。

3. 中央宣传部规范化的必要

如上所述，我们可以知道，在中国国民党宣传部成立初期，特别是改组后宣传部组织管理不尽完善的时候，部门领导人的个人素质与思想信仰及对当时整个国民党政党组织思想的态度、个人的投入度是不尽相同的，也因此会产生不同的组织效应。正是不同的态度、不同的投入度给这个新生的宣传组织机构造成了不可磨灭的影响。

本文重点比较戴季陶和毛泽东两位，一来是他们同为理论家，他们的理论思想对国民党的宣传的确造成了一正一反的效果。更在于戴季陶和毛泽东"一左一右"的思想，一个消极与一个积极的工作态度，不同量的工作投入度，对组织管理重视的不同程度，给国民党宣传部造成了很深远的影响。这种影响具体表现在宣传动员效果前后的巨大反差上，特别是使得国民党在后来的第一次国共合作分裂后，国民党组织整体的管理不畅、思想宣传混乱。宣传部的规范化没有成功，部门还处在

---

① 黎洁华、虞苇：《戴季陶传》，广东人民出版社2003年版，第153页。

一个人治的状态。

宣传部在此期间名称、设置几经更改。1926年提出宣传部改组为宣传委员会，1931年，中央宣传部改组为中央宣传委员会，1935年中国国民党第五次代表大会改中央宣传委员会为宣传部，都是其寻求职能完善的一种探索。

特别是1928年，国民党中央常务委员会制定了《中央宣传部组织条例》，可以说这是国民党中央结合之前国民党宣传部组织宣传管理上的利弊得失制定出来的。条例明确了宣传部的工作章程。作为一个当时的全国执政党（名义上），组织的规范化、正规化、制度化是其不得不进行和完成的，而规范化、正规化、制度化也是衡量一个政党组织管理成熟的重要标志。但很遗憾的是，组织条例的出台还是有其不尽完美的方面：一是缺乏科学化的选人用人制度；二是已有的组织管理条例也没有很好地执行。不得不说这是国民党的一个遗憾，这样的遗憾也成为了国民党最终失败的原因之一。

（二）中国国民党中央宣传部宣传人才管理

1. 革命宣传人才的重要性

宣传是一项系统工程，在宣传过程中，贯穿着一系列战略、战术和方法问题。它的战略制定取决于人才，因此相应的专业人才是必不可少的。20世纪20年代的中国社会，在帝国主义和封建主义的双重剥削和压迫下，广大人民群众的生活痛苦不堪。革命的思想，需要知识分子宣传来唤醒人民大众，从而动员起了所有反帝反封建的革命势力，推动国民革命运动走向高潮。但国共两党在宣传动员民众问题上的分歧越来越大，直至发展为争夺统一战线中的领导权问题，最终导致国共合作的破裂、国民革命的失败。中共早期的宣传工作之所以能取得很好的成效，国民党在宣传中对共产党的依赖，除了因为中共在宣传工作中因势利导和宣传在内容和形式上贴近实际、贴近生活、贴近群众之外，更在于中共有一大批宣传的人才，提高了宣传的可信度和公信力。

早在1921年底，马林开始和孙中山、国民党进行接触，他在第一次同孙中山会见时就讨论到了革命宣传的意义。1923年6月马林再一次"向孙谈了改组国民党和政治宣传的必要性问题，在革命中所发挥的重要作用"。马林主要从以下两个方面指出政治宣传工作对国民党的重要性：第一，不注重政治宣传工作，就不会有一个强大的政党和一支真正革命的军队。马林认为没有革命的政治宣传工作，就不会有真正意义上的革命政党，而一个革命的政党需把政治宣传工作作为一件要事来抓："中国国民党要成为一个强大的党，势必要大大地注意于有力量的和有系统的宣传事业。""只有国民运动的领袖能够了解宣传的结果，可以组织一个布满全国而有纪律的国民党。要点就在这里！我们要问问：倘若没有一个党，就是最能干的国民运动的领袖，能够做出什么事业？"①

而完成宣传使命的关键就在于人才，改组后初期的中国国民党中央宣传部是不乏这样的人才的，像毛泽东、沈雁冰（茅盾）、萧楚女这样的人才，在他们的工作和努力下，北伐时期耳熟口顺的口号——"三大政策"、"国民革命"、"打倒帝国主义"、"打倒军阀"相继被提出并流行。但在"清党"之后，这些人都离开了中央宣传部，他们的宣传才能也没有得到传承。这些主导管理过中国国民党中央宣传部工作的人的陡然离去，以及相应后继工作人员的匮乏必然导致宣传部门运转失灵。

2. 中国国民党宣传人才缺失的危害

由于缺乏大批优秀的理论人才，国民党的中央宣传部不得不借助擅长文宣的中国共产党。中共党员毛泽东在一段关键时期代理宣传部部长一职，一批优秀的中共党员在国民党的宣传机关发挥着作用。群众基础有了很大的提高，但也正如1925年中共中央宣称的："在国民党中我们是占着大多数势力，全省学生联合会完全受我们党的指挥，我们的出版物也推销的很广，在军队中的政治宣传工作我们不仅在几个地方有俱乐部的组织并能影响政策。"② 这不啻是对国民党宣传部自身宣传又不力的一个巨大的印证。

国共两党合作时期自然应该亲密无间，充分利用共产党的这份资

---

① 中共中央党史研究室第一研究部：《共产国际、联共（布）与中国革命档案资料丛书》（第2卷），北京图书馆出版社1997年版，第339页。
② 中央档案馆：《中共中央文件选集》（第1册），中共中央党校出版社1989年版，第501页。

源，达到宣传党的思想的目的。然而过分地依赖，忘记向对方学习，不重视注重自身人才培养的行为是断不可取的。由于宣传部门对共产党员的依赖，在宣传上自身的放弃、不重视，宣传思想为共产党所主导，导致在"清党"时出现要从号称百万党员中分辨出谁是共产党员，谁是"纯粹"的国民党员的难题。"清党"前夕，国民党员总数号称100万，"清党"后，据1929年10月统计，减至65万，减少了30多万党员，可见国民党宣传思想的不清晰对党员的危害，已很难从思想上辨别党员了。更在于国共合作分裂后，大批共产党员的离开，宣传部门的运转出现问题。蒋介石在"清党"后，面临一个很大的难题："党权付托不到相当的人"，因为国民党内"明了党义而能专心于党务者极少"，党员"犹之乌合之众"。[①]

国民党终止联俄联共政策后，因"违教"而导致全党意识形态大混乱，使党的继承人之争与党的路线之争相互纠缠不清。为了与共产党划清界限，国民党从政纲政策到组织路线，均改弦更张，将三民主义意识形态中原有的"左"和一切稍带急进和社会改革色彩的东西，统统当作"共党"余毒抛弃掉。三民主义意识形态的社会魅力荡然无存，党民关系由动员体制转变为控制体制。国民党从而由一个有着广泛群众参与的动员型革命党变为一个以政治控制为主的执政党。国民党一度开展得如火如荼的民众运动也在此时停止了。

结　语

中国国民党宣传部创立的本意，是旨在加强本党之宣传。然而事与愿违，国民党中央宣传部的设立不仅没有达到预期目的，甚至有为他人作嫁衣的效果。总结原因，整个中国国民党主义思想的偏离自然是其宣传失败的根本原因。但就负责宣传职能的宣传部来说，其本身职能失位在整个宣传失败中扮演的历史角色也是不可忽略的。

在国民党"一大"后，国民党中央明确"联俄联共，扶助农工"的政策后，中央宣传部没有迅速统一党内思想，虽然革命思想得到广泛

[①] 蒋介石：《整理党务案》，《中央日报》1928年2月12日。

宣传，但反对中央思想的活动和团体还是层出不穷，甚至愈演愈烈、做大做强，终于到最后出现"整理党务案"、国共合作破裂。在第一次国共合作出现嫌隙到最后破裂期间，中央宣传部没有尽到作为宣传部思想宣传反馈的职责，没有对整个国民党中央的思想右倾化进行有效的纠偏，近乎失语。国共合作破裂后，大批共产党人一时间陡然退出国民党中央相关职能部门，一直对共产党人有相当依赖的中央宣传部深受其害，由于部务长期交由共产党人打理，缺少自身人才培养，使得部务难以顺利交接，更在于宣传话语权也随着共产党人的撤离转移到共产党的手里，而不再是国共合作的那个国民党，宣传功能已然失效。

究其宣传部门的失效，不同角度有着不同角度的解读。从管理制度上看，早期国民党的宣传部成立缺乏明确的规章制度，更遑论制度执行了，自由散漫之风盛行，难有效率。在部长的选任上，更看重的是其个人宣传才能，甚至是与最高党务负责人的亲疏喜好，并无就其个人管理才能进行具体考量，造就的是"强势部长弱势部门"的格局，宣传部的宣传好坏寄希望于部长一人的态度，随意性太强；再加上部长的频繁更迭和历任部长思想倾向的对立，宣传部自身一直处在一个相对混乱矛盾的状态，就不能指望其达到如臂使指的宣传境界了。国民党最初引入共产党人来中央宣传部，不得不说有借助共产党宣传方面优势的想法，这本是无可厚非的。但由于政党间最终的理论还是有区别的，在借助共产党人宣传时，宣传部门更多的应该是学习、培养自己的宣传人才，可实际上是国民党中央宣传部不但自己的人没有培养出来，甚至有将整个的宣传部外包给共产党人的嫌疑，最终在"整理党务案"、国共合作破裂后，吞下了宣传部人才断档的苦果。

中国国民党作为中国近现代史上第一个资产阶级革命政党，不能苛求其在党务运作上有着十全十美的制度性规划，但如中国国民党中央宣传部部门运作失灵对整个的党务运作破坏作用如此之巨大的，是有必要研究借鉴的。整体的发挥有赖于部分的合力，政党的党务运作也是通过其各个职能部门来达到的，而各个职能部门的运作好坏是有着其内在的管理规律的，科学、有效、长远的管理规划对一个政党特别是力求有大作为的政党是必要且必须引起重视的，党务运作的好坏取决于这些制度规划的设置合理与否与执行的到位程度。

参考文献

一 著作

王奇生：《党员、党权与党争——1924—1927年中国国民党的组织形态》，上海书店出版社2003年版。

崔之清：《国民党政治与社会结构之演变》，社会科学文献出版社2007年版。

向芬：《国民党新闻传播制度研究》，中国社会科学出版社2012年版。

王兆刚：《国民党训政体制研究》，中国社会科学出版社2004年版。

蔡德金、王升：《汪精卫生平纪事》，中国文史出版社1993年版。

黎洁华、虞苇：《戴季陶传》，广东人民出版社2003年版。

陈佑慎：《持驳壳枪的传教者——邓演达与国民革命军政工制度》，时英出版社2009年版。

王柏龄：《孙文主义学会的成立》，广东人民出版社1982年版。

钱端升等：《民国政制史》，上海人民出版社2008年版。

杨奎松：《国民党的"联共"与"反共"》，社会科学文献出版社2008年版。

刘利民：《戴季陶早年思想研究》，中国社会科学出版社2010年版。

范小方等：《国民党理论家戴季陶》，河南人民出版社1992年版。

杨幼炯：《中国政党史》，上海书店出版社1984年版。

［澳］费约翰：《唤醒中国：国民革命中的政治、文化与阶级》，李恭忠、李里峰等译，生活·读书·新知三联书店出版社2004年版。

［美］张信：《二十世纪初期中国社会之演变：国家与河南地方精英（1900—1937）》，岳谦厚、张玮译，中华书局2000年版。

［美］费正清：《剑桥中华民国史（1912—1949年）》（上），杨品泉等译，中国社会科学出版社1994年版。

［美］易劳逸（Lloyd, E. Eastman）：《1927—1937年国民党统治下的中国流产的革命》，陈红民等译，中国青年出版社1992年版。

［美］郑宪：《同盟会：其组织、领导与财务》，陈孟坚译，近代中国出版社1985年版。

［美］伊斯顿（Easton, D.）：《政治生活的系统分析》，王浦劬等译，

华夏出版社 1989 年版。

二 史料

荣孟源、孙彩霞：《中国国民党历次代表大会及中央全会资料》，光明日报出版社 1985 年版。

李云汉：《中国国民党党务发展史料——组织工作（上）》，中国国民党中央委员会 1993 年版。

逄先知：《毛泽东年谱 一八九三——一九四九》（上卷），人民出版社 1993 年版。

尚明轩、余炎光：《双清文集》（下卷），人民出版社 1985 年版。

中共中央文献研究室：《周恩来选集》（上卷），人民出版社 1980 年版。

罗家伦：《革命文献》（第八辑），中国国民党中央委员会党史史料编纂委员会 1984 年版。

广东省社会科学院历史研究所、中国社会科学院近代史研究所中华民国研究室、中山大学历史系孙中山研究室：《孙中山全集》（第八卷），中华书局 2006 年版。

陈佑慎：《持驳壳枪的传教者——邓演达与国民革命军政工制度》，时英出版社 2009 年版。

蒋永敬：《民国胡展堂先生汉民年谱》，台北商务印书馆 1981 年版。

中央档案馆：《中共中央文件选集》（第 1 册），中共中央党校出版社 1989 年版。

陈天锡：《戴季陶先生文存》（第三卷），中央文物供应社 1959 年版。

中共中央党史研究室第一研究部：《共产国际、联共（布）与中国革命档案资料丛书》（第 2 卷），北京图书馆出版社 1997 年版。

陈锡祺：《孙中山年谱长编》，中华书局 1991 年版。

中国第二历史档案馆：《国民党政府政治制度档案史料选编》，安徽教育出版社 1994 年版。

中国第二历史档案馆：《中华民国史档案资料汇编》，凤凰出版社 2010 年版。

邹鲁：《中国国民党史稿》，上海书店出版社 1989 年版。

中国国民党中央委员会党史委员会：《中国国民党职名录》，中国国民党中央委员会党史委员会 1994 年版。

中央统计处编：《中央党部职员录》，中央统计处 1929 年版。

刘燡元等：《民国法规集刊》，《中央宣传部组织条例》，民智书局 1929 年版。

三 学位论文

徐晓飞：《国民党的民众动员政策及其转变（1924—1927）》，博士学位论文，吉林大学，2012 年。

滕峰丽：《戴季陶的前期思想与三民主义（1909—1928）》，博士学位论文，华中师范大学，2007 年。

葛传根：《中共早期宣传工作研究（1921—1927）》，博士学位论文，中共中央党校，2012 年。

商晓燕：《北伐前后商民运动及其失败原因分析》，硕士学位论文，东北师范大学，2008 年。

贾海宁：《南京国民政府时期青年运动研究（1927—1937）》，硕士学位论文，山东师范大学，2004 年。

四 期刊

卢毅：《大革命时期国共两党宣传工作比较》，《党的文献》2014 年第 4 期。

余育国：《担任国民党中宣部代理部长的毛泽东》，《纵横》2007 年第 9 期。

路海江：《推动国民革命的宣传家——毛泽东出任国民党中央代理宣传部长》，《党史纵横》1991 年第 6 期。

黄兰兰：《毛泽东缘何当上国民党宣传部长》，《晚报文萃》2013 年第 15 期。

蔡丽：《马林与国民党的政治宣传工作》，《华中师范大学学报》（人文社会科学版）2003 年第 3 期。

唐宝林：《马林、孙中山、陈独秀与国民党的改组》，《中共党史资料》2008 年第 4 期。

王彦民：《国民党理论宣传家戴季陶》，《历史教学》1999 年第 7 期。

乔兆红：《大革命初期的商民协会与商民运动》，《文史哲》2005 年第 6 期。

乔兆红：《大革命时期的湖南商民运动》，《求索》2005 年第 9 期。

朱英：《国民党推行商民运动的方略》，《江汉论坛》2004 年第 7 期。

周兴旺：《北伐战争时期农民运动探析》，《首都师范大学学报》（社会科学版）1991 年第 5 期。

陈卫民：《孙中山与广州早期工人运动》，《史林》1995 年第 3 期。

周宏府：《1921—1927 年我国工人运动发展的原因》，《求索》1985 年第 4 期。

聂月岩：《论第一次国共合作时期的妇女运动》，《信阳师范学院学报》（哲学社会科学版）1991 年第 2 期。

五 报刊

《时事新报》

《中国党务月刊》

《中央党务公报》

《中央日报》

《社会新闻》

宪政视野下国民党党国体制形成研究

——以1911—1928年为中心的考察

张 会

摘 要 近年，党治问题研究逐渐成为近代史研究的一个热点，比较有代表性的是王奇生教授，他的《革命与反革命——社会文化视野下的民国政治》从宏观着眼把近代以来政治道路选择的"革命"与"改良"之争解读为"革命"与"反革命"之争，又从微观着手分析国民党组织结构，得出军政泛滥、基层薄弱的结论，这给笔者以很大的启迪，开始从宪政的角度对国民党党国体制形成进行系统性的梳理。

19世纪40年代中国在鸦片战争中战败，被迫打开封闭的国门。自此，中国陷入空前的危急中，遭受来自世界各国的直接冲击。它所引发的危机不是旧式的改朝换代，而是关乎以儒家传统政治为基准的帝制是否能继续延续的政治变革。在这场危机中，中国人逐渐认识到独立于世界之林以外的中国已不再具有它自以为是的优越性，器物、思想、体制层面都落后于世界的中国，如何度过这场危机成为当时中国社会士大夫阶层最为关切的话题。在这一空前的民族危机形势下，围绕救亡与自强两大历史使命，中国开始有意识地以学习西方先进器物、思想、制度作为救亡图存的主要方式。如此背景下，中国开始进行宪政道路的探索。

正如高全喜在《立宪时刻》中所言，中国的立宪不同于英美诸国，"面临着一次又一次的立宪时刻"，有着长期性与复杂性的特点。维新运动的兴起不啻是效仿西方立宪体制的初次尝试。然而，毕竟不同于嘤嘤学步的婴儿，中国有着数千年的文明，政治思想与政治制度也历经上千年的演化形成了固有的体系，无法直接套用西方现成的立宪体制，虽然清政府相继颁布了《定国是诏》《钦定宪法大纲》等一系列文件，试图表明自己有决心来推行宪政。然而，清政府内部围绕权力争斗的加剧使得温和的改良道路在当时的中国举步维艰，1911年辛亥革命的爆发使得政治的话语权由改良转为革命，急切登上历史舞台的革命党人自此开始了革命建国之路，党国体制也随之产生。

革命党领袖孙中山的革命建国纲领仍然是围绕立宪进行的，他对中国的宪政道路进行了具体的规划。军政、训政、宪政三阶段理论的提出，标志着中国政治家开始对西方的宪政思想进行适应于本土化的改造，这一改造也成为此后国民党30余年的政治体制初步形态。然而，孙中山早期所规划的党治制度在他逝世后遭受了极大的破坏，1928年随着国民政府统一全国，以蒋介石为首的军人力量开始兴起，1937年抗日战争爆发后更一度借国防最高委员会把持着国民党最高权力中枢。蒋介石的个人声望的不断提高又使他开始游离于党权与军权之中，成为了党、政、军实质上的领袖，在此背景下，国民党党国体制不可避免地带上了军治、人治色彩，成为一个专制体制。

关键词 国民党；宪政；党治；专制

自19世纪末宪政运动在中国轰轰烈烈地展开以来，宪政就成为中国人心中的治病良方，对宪政的追求就仿佛是对现代化富强国家的追求。但宪政终究是根植于西方学理，在中国没有根基和土壤，加之中国的宪政道路是同近代中华民族的独立与国家自强道路相结合的，所以在一定程度上只能走适应中国本土特色的宪政道路，而党国体制也就是在这种背景下形成的。国民党党国体制的形成一直是党治史研究的重点方向，关于党国体制的研究从机制运行的角度出发的通论性著作不少，但对党国体制形成进行讨论的理论研究不多。有鉴于此，本文从宪政在中国的本土化历程的角度，基于党治史研究前沿理论，以1911年至1928年这一时期为研究重点，以探究近代政党政治向党国体制转化为切入点，对国民党党国体制的形成进行探讨，系统探索国民党党国体制出现的历史动因，以期推动国民党党治史的研究。

一 宪政思想同"三民主义"的有机结合

宪政思想作为"舶来品",最早是作为君宪政体的参照由梁启超引入中国,然而随着中国国情的变化,在改良与革命两种力量不断冲击下逐步同中国国情相结合,先有《钦定宪法大纲》里的"皇族内阁",后有孙中山的三阶段理论。虽然最终革命压倒改良,但"反革命"的力量开始涌现,孙中山失去对民国制度规划的权力,责任内阁制、总统制伴随政党政治登上民国舞台。

(一)近代以来宪政思想的传入

"宪政"这个词语最早并不是由中国人创造的,而是近代日本学者翻译欧洲词汇时所创①。近代第一个对它下定义的学者是梁启超,梁在1899年流亡日本时所作的《各国宪法异同论》中首次提出,"宪政之始祖者,英国是也"。众所周知,梁启超一直是宣传新式思想的吹号手,早在1896年他发表的《论不变法之害》一文中就用犀利的言辞讥笑国人面对危局或"酣嬉鼾卧,蓦然无所闻见",或"束手待毙,不思拯救",而统治上层也不过是"苟安时日,以觊有功",其最后结局必是"同归死亡"。在挽救危局的口号指引下,号召人们去旧除弊,改弦更张,以图自强。但彼时的梁启超仍然抱有很浓烈的尊君思想,虽然他主张效法西方进行变法,但所传播的宪政仍是在尊君的框架内。

梁启超流亡日本几年后,在广泛阅读外国书籍的基础上,于1901年发表《立宪法议》一文,他提出宪法必须为君主、官吏和人民所共同遵守,更进一步认识到"立宪政体,亦名为有限权之政体",并且提出立宪制度并不局限于君主立宪,打破了维新时期对君权的鼓吹,从而把对宪政的理解推到了更广阔的空间。正是基于梁启超对"宪政"一词的使用与推广,"宪政"在清末成为一个流行词汇。

如果说梁启超对宪政是功在推广的话,对其内涵进行丰富的则首推

---

① 林来梵、褚宸舸:《中国式"宪政"的概念发展史》,《政法论坛:中国政法大学学报》2009年第27期。

严复，他用撰写政论文和出版翻译西方学术的形式来充分地表达自己的见解，强烈要求师法西方，废除封建君主专政制度，提高国民素质，宣传西方近代以来形成的科学文化知识和民主政治制度，倡导君主立宪制度。严复在1905年夏天以"立宪"为主题进行了多次演讲，具体阐述了他对立宪问题的一些基本看法，在这几次演讲中他谈到，立宪就是"众治"，以众议制为纽带把宪政与民主制度有机地结合起来。严格意义上说，严复提出的众治并不是西方的民主的个体的概念，而是带有东方特色的虚化了的"群"的概念，但这一概念的提出在立宪问题上深深地打上了东方式的民主烙印，为宪政中东方元素的发展埋下了伏笔。

宪政思想在梁启超、严复等人的传播下一步步深入中国社会，即使是在国家发展和建设规划上有着巨大的理念分歧的清政府和革命党人也都把实施宪政看成是中国摆脱民族危机、自立于世界强国之林的唯一路径。如果说19世纪末期围绕是否施行立宪，对于清政府的统治者来说还是属于派系斗争的层面的话，那么到了20世纪初期"庚子之变"之后慈禧为应对日益严峻的统治危机，在西安发布变法上谕则宣示实施立宪政治已经成为关乎社稷"安危强弱"的大事，这促使清政府不得不走向"更张"。1904年日俄战争中日本的胜利使国人惊醒，"日俄之胜负，立宪专制之胜负也"。自此，国人要求立宪的呼声越来越高，于是在1905年清政府效仿日本明治维新故事，派五大臣出国考察。五大臣先后奔赴日本、德国、美国、英国、法国、比利时等国，在考察完毕归国后，他们向清政府提出对德日"急于师仿不容刻缓"的呼吁。五大臣考察是清政府第一次积极主动地走出国门，向欧洲列国学习宪政制度，他们向政府提供的这些建议无疑对慈禧产生了重大影响，甚至可以说给清末制宪拟定了基本思路和框架①。清政府推行宪政的动机是巩固自身统治地位，虽属于不得已而为之，但它是近代中国上层统治者矢志改良政治，学习西方先进政治制度的一次有益尝试，为宪政思想在全国范围内传播开来做出了巨大贡献。

---

① 夏新华：《近代中国宪政历程史料荟萃》，中国政法大学出版社2004年版，第37页。

(二) 三民主义的提出，三阶段理论的形成

在梁启超等立宪派宣传立宪的同时，革命党人也接受了西方宪政的思想。孙中山把这种思想进一步提炼升华，提出了三民主义的革命精神，并就中国实际情况提出了实施宪政的三阶段理论，为革命的发展提供了道路，指明了方向。

早在同盟会建立之初，孙中山就欧美政治社会之演变提出了"民族、民权、民生"三大主义。其中民权主义是为解中国"千年专制之毒"，民族主义是为应对"异种之残"、"外邦之逼"，孙中山其实从这时起就已经有了对西方制度的改良思想，他认为欧美国家虽然看起来很富裕、强大，但人民的贫困定然会引发震荡强烈的第二次革命。因此他阐发出民生思想，希望能"举政治革命、社会革命毕其功于一役"，避免中国重蹈覆辙。孙中山早期的"三民主义"理论体系体现了很强烈的共和精神，是在他对中国革命深入、具体理解后得出的认为可以超越欧美的革命理念，而这一革命理念也成为日后国民党所信奉的教义源泉。按照孙中山所倡导的革命理念，他所推行的革命性质则可以称得上"精英革命"，他把人民的认知程度进行了区分，即"先知先觉"、"后知后觉"、"不知不觉"。先知先觉之人"理能策其群而进之，使最适宜之法适应于吾群"[1]。孙中山当然自任为先知先觉之人，他认为民国的根本不在于制定一部什么样的法律，而是在于"我国民循序以进，养成自由平等之资格"[2]，只有群众养成自由平等之意识，宪法才能奠民国之基。如果民众"闻有毁法者不加怒，闻有护法者亦不加喜"[3]，那么无论你制定怎样合乎国家的法律，宪法本身都无法发挥应有的效应，共和也就无从谈起。

在孙中山的指导下，革命党人创造性地把革命进程划分为"军法之治"、"约法之治"、"宪法之治"三个阶段，它规定了革命取得胜利的条件，以及实现宪政所必然要经历的顺序。孙中山阐述的三阶段理

---

[1] 孙中山：《孙中山全集》第1卷，中华书局2011年版，第288—289页。
[2] 同上书，第298页。
[3] 孙中山：《建国方略》，中国长安出版社2011年版，第321页。

论，无疑是在结合中国本土文化观的基础上对西方宪政道路的一种学习，他也把中国未来发展的目标归结到"宪法之治"上，在这一点上，他与呼吁政府立宪的立宪派保持一致。但是孙中山搞了多年的"精英革命"，他认为国人现在根本没有行宪的基础，大多处于"不知不觉"的愚昧状态，缺乏所谓"自由平等之资格"。这种资格不是颁布一部宪法，呼喊几个口号就能解决的，它的养成需要的是一个稳定的环境，而这环境的得来则必须要经历这三个阶段。在强烈的反满反专制制度思想的影响下，"军治"阶段的主要任务就是推翻满清贵族的统治，而后进入"约法之治"阶段。这一阶段主要任务是给地方人民以自治，政府与民众之间签订约法，培养人民参与政治的能力。最后一阶段就是"宪法之治"，此时，政府不再拥有绝对的权力，"一国之事依于宪法以行之"[1]。可以看到，同盟会革命方略里对三个阶段的划分，实质上"是一种建设未来共和政治的设计方案"[2]，即在军法之治时期，也就是革命时期就应当以县为单位对人民进行改造，完成改造之后才能够施行约法，并且在天下平定后仍以六年为限始可施行宪政。

可以说这一时期，清政府、革命党人、立宪派的区别在于，清政府是希望效仿日、俄立宪的道路强大国家，维护政府统治，以保大清"万世一系，永永尊戴"[3]；立宪派则是希望清政府模仿日俄的形式，希望在保留君主的前提下以改良的方式走宪政道路；而革命党人是以革命建国，推翻君主制，在革命完成后再走上宪政道路。1908年光绪皇帝、慈禧太后相继离世后，摄政王载沣参照德国皇帝建议，加紧收权，重用满族亲贵出任政府、军队要职，加之管制改革中满族官员地位上升，汉族官员遭到排挤，造成满汉不和，更为重要的是以足疾的名义，把北洋系首领、汉族重臣袁世凯开缺回籍。而在立宪派不断请愿下所出现的皇族内阁，更是把他们对政府寄予的期望彻底打破。反观之，革命党人与立宪派虽然在革命道路的理念上有很大差异，但在目标上却殊途同归，

---

[1] 孙中山：《孙中山全集》第1卷，中华书局2011年版，第298页。
[2] 崔之清：《国民党政治与社会结构之演变（1905—1949）》（上编），社会科学文献出版社2007年版，第33页。
[3] 夏新华：《近代中国宪政历程 史料荟萃》，中国政法大学出版社2004年版，第123页。

在走向宪政道路的理念上能达成一致。1911年10月10日武昌新军率先发动起义,革命党人推翻了满清政府的统治,中国历史翻开了新的一页。在此基础上,中国开始宪政建设的尝试。

(三) 政党政治乱象,宪政思想的本土化历程

章太炎曾经说过,"革命军起,革命党消",而革命党之代表同盟会在辛亥后的路程似乎也印证着这句话,即所谓"宪法出场,革命退场,民国宪法之创制意味着革命的终结"①,这一番经典论述可谓"反革命"思想对革命思想的终结。孙中山所创造的革命建国理论,由于革命的迅速实现而被淹没在民国初年日益高涨的立宪思潮里。但封建思想僵而未死,共和体制草创未就,国家很快陷入混乱中。以袁世凯为首的北洋集团对《临时约法》颇有微辞,认为它规定的内阁制不利于袁世凯的统治,而以宋教仁为首的国民党人则誓以上台组阁以限总统之权为己任。在此背景下,民国第一次行宪之争正式拉开帷幕。

辛亥革命后,各省派全权委员云集汉口,以谭人凤为议长制定了《中华民国临时政府组织大纲》,由于《大纲》自起草到通过时间不超过两天,加之各省代表都是督军所派之人,在程序上没有太强烈的民主色彩,但它的功绩在于"所表现的民治几乎纯以采取共和国体一事为限"②,在民国确立了共和体制。西方对共和制的定义为"凡是按法律治理的国家,不论它的政府是什么形式的政府,我都称它为'共和国'"③。虽然从《秦律》到《大清律》,几千年间中国从不缺乏自己的法律,但从曹魏开始就有所谓"八议"之说,在这种情况下君权是高于法律的,所以不能把中国称为法制共和国。既然民国已经宣称建设一个共和国,那么制定法律,尤其是制定被称为"法之法"的宪法就成为建国之初的首要职责。《临时约法》共计七章五十六条,明文规定"宪法未实施以前,本约法之力与宪法等",革命党人试图通过此提高

---

① 高全喜:《立宪时刻:论〈清帝逊位诏书〉》,广西师范大学出版社2011年版,第39页。
② 王世杰、钱端升:《比较宪法》,中国政法大学出版社1997年版,第355页。
③ [法]让·雅克·卢梭:《社会契约论》,李平沤译,商务印书馆2011年版,第43页。

约法的地位来保护共和果实。当然，约法的直接效用还是在于限制总统的权力，在规定临时大总统权力第四章的十四条条文中，有六条与参议院相关，从中可以看出革命党人希望借参议院来钳制袁世凯，"以奠民国之基"①。这样，参议院就成为法理上的核心机关，于是，各政党间围绕第一届政府组阁之争空前激烈起来。

早在清代，中国社会就有很多秘密结社之旧会党，"最初见称于世者，曰白莲会，亦称白莲教……三合会、哥老会后先续兴，……此即所谓清代三大秘密结社（皆属旧会党）是也"②。旧会党虽同有推翻清政府统治的理想，且在实际革命中大有裨益，但其政治纲领较为陈旧，且带有一定的宗教色彩，在后期革命浪潮中逐渐让步于新会党。中国最早的新会党首推孙中山于1894年创建的兴中会，而后为了革命的需要，兴中会同黄兴创建的华兴会及章炳麟创建之光复会合而为中国同盟会。待共和体制确立后，"种种政团相继产生，宗其数目，殆达三百有余"，由于在推翻清政府统治过程中居功至伟，加之同盟会支部遍及各地，同盟会也就成为革命成功后最有威望之组织。

临时参议院成立后，为获取更多议席，增强政党话语权，各政党展开激烈角逐。1912年5月，由统一党与民社、国民党（前）、国民协进会、民国公会合并为共和党，以黎元洪为理事长。一时间，共和党在临时参议院与同盟会各占四十余议席，成分庭抗礼之势。为了在临时参议院占据优势，1912年8月在宋教仁的策划下由同盟会、统一共和党、国民共进会、共和实进会、国民公党五个政团合组为国民党，而后"其党员议席，在临时参议院一百三十四人中，约占六十余人"③，在临时参议院握有绝对的话语权。依照临时约法应在十个月内由临时大总统召集国会，实质上到1913年4月8日国会才开始集会，比预期晚了近四个月。到国会召开之初，"中国同盟会之后身之国民党，遂与民社、统一党为中心之共和党，以共和建设讨论会为主脑之民主党，章炳麟一派之统一党，四党对峙于国中"④。待正式国会复选统计完毕后，国民

---

① 孙中山：《建国方略》，中国长安出版社2011年版，第321页。
② 谢彬：《民国政党史》，中华书局2007年版，第14页。
③ 同上书，第51页。
④ 同上书，第8页。

党取得参众两院共三百九十二个席位,共和、统一、民主三党总席位仅为二百二十三席,不足国民党的三分之二,不出意外的话,国民党即将上台组阁。袁世凯为阻止大选的果实被国民党占有而受其掣肘,一方面,授意梁启超进行合党运动,意欲把共和党、民主党、统一党三党合并为进步党,就政治理念来说,进步党主张中央集权,倾向于扩大总统权力,以此同国民党进行正面竞争;另一方面,试图以重金拉拢宋教仁,却以失败告终。正在此时,发生了震惊中外的"宋案",国民党代理事长宋教仁于1913年3月20日被刺于上海火车站。"宋案"的发生无疑是对共和制的一种极大破坏,而后袁世凯更是解散国会,阻隔了议会政治的发声。自此革命代替党争,专制压倒共和,对西方制度的机械移植的宪政道路被证明在当时的中国很难走得通。

孙中山对于革命建国道路的构想最初是建立在推翻清政府统治,完成国内统一,依序建成中华民国的基础之上的。然而辛亥革命在几个月内就推倒了清政府,没有任何执政经验的革命党人被推到政治前台,在君宪主义者的影响下,制定宪法、组织内阁成为稳定国家发展大局的大事,革命派被"反革命"派压制。但如上所述,《临时约法》的制定没有发挥理想中的效应,内阁制又在袁世凯的不断打压下失去应有的制衡功能。共和制度的被破坏,使孙中山在操心实业数年后,以"二次革命"的形式重回政治舞台。对此,孙中山在后来的《建国大纲》里提到,民国早期的失败在于"破坏之后,初未尝依预定之程序以为建设也"[①]。虽然当时看孙中山有事后诸葛之嫌,但他当时提出的这一番言论无疑是对民国初期发生的宪政尝试的一次重新梳理,把"反革命"语境下的制宪模式以巧妙的方式重又转化为革命话语,重回到最初他提出的"三民主义"与三阶段理论中去。

二 国民党改组,从"宪治"偏向"党治"

早在同盟会时期,党治理论就开始萌芽,但是这一理论的最终成型却经历了一段长期的过程。1906年孙中山所作革命方略中提及的三阶

---

① 孙中山:《建国方略》,中国长安出版社2011年版,第322页。

段理论可以作为党治理论在中国开始形成的标志，到1914年中华革命党的《总章》继承了同盟会的三阶段理论，并有所发展。同时，在这一阶段确立了"领袖集权的形式"，并按照党员入党时间的先后把党员划分为首义党员、协助党员和普通党员三类，并强调这三类党员在革命成功后所享有的不同权利与地位，这样就把整个革命党同国家人为地捆绑在一起。在中华革命党内部所设立之协赞会，下设立法院、司法院、监督院、考试院，虽然在当时没有组织形成，但在某种程度上已经具有"总体党"的特征。尤其是在1917年俄国十月革命的成功与"一党专政"理念的成型，为革命党提供了一个贯彻党治理念的模型，中国革命党系统地学习了苏联的组织结构与党军制度。到1924年已形成一个由中央到地方的"层级组织"，由各级执委会统辖于中央执委会的"垂直权力结构"。这样一个权力结构理论的构建完成也标志着党治理论"在体系建设上的最终完成"[①]。

（一）中华革命党的成立，"总体党"的初步实践

1913年"宋案"发生后，孙中山从日本回到国内，主张立即以武力讨袁，但在国民党内部意见不统一，黄兴等部分领导人主张以法律的方式同袁世凯进行抗争。到袁世凯罢免四都督，不得不以武力对抗之时，国民党人推举前清官僚出身的岑春煊为各省讨袁大元帅，"未几元帅不赴任，将军不守城"[②]，袁世凯借助大借款充足的资金支持对革命强势镇压，"二次革命"土崩瓦解。

"二次革命"失败后，黄兴等人东渡日本，就革命失败之原因及善后问题进行讨论。这时孙中山提出了改组国民党，组建为中华革命党的建议。其实早在1905年在确立各革命党合并后之新党名称之时，孙中山就建议把新成立的革命团体确立为"中国革命党"，后因黄兴等人反对才定为"中国同盟会"，而后在1910年，孙中山将美国"少年学社"改组为同盟会的分会时，将其名称定为"中华革命党"。有鉴于宋教仁改组国民党时期为取得国会选举的胜利吸纳了大量晚清官僚政客和不少

---

① 付春扬：《民国时期政体研究》，法律出版社2007年版，第64页。
② 罗福惠：《居正文集》（上册），华中师范大学出版社1989年版，第250页。

投机分子，使得国民党"质体既为变化"① 为一参政党，而没有继承同盟会的革命精神，以致拥有几十万党员的国民党在讨袁斗争中，仅支撑数月就败亡。可见新改组的政党沿用"中华革命党"这一称谓是孙中山对旧革命时期革命理念的一种重新发掘与继承，也是对国内封建之风渐起、共和之风渐衰的局势做出的最直接的反应，他期望自己以革命者而不是改良者的姿态重回政治舞台。

孙中山在反思"二次革命"失败的原因时，认为"若兄当日饱听弟言……上海也，九江也，犹未落袁氏之手"，把失败之责归咎为黄兴等国民党员不听他的话贻误讨伐袁世凯的最佳战机，加之早期国民党鱼龙混杂带来的革命党革命性的大幅度消退，于是他建议严格中华革命党党员的招入标准，并规定党员入党时必须宣誓并按指印，"以表明愿意牺牲一切，服从孙先生的命令"②。无论早期的兴中会、同盟会也好，还是后来的国民党也罢，都无非是一个由志同道合的革命党人集结之组织，以革命纲领为指导，以推翻或取得政权为目的，在形式上是符合民主与自由思想的。孙中山要求党员必须宣誓服从他个人的命令，在这一点上是中华革命党与之前三个党在根本上的不同。此时的孙中山是想对辛亥以来，在袁世凯的破坏下，国家共和精神的不断丧失，而国民党又无法对这种丧失做任何有意义的补救的状况作一种反思。作为"先知先觉之人"，孙中山认为："欲建设一完善民国，非有弟（孙中山）之志，非行弟之法不可。"③ 有感于"已往弊害，全坐不服从、无统一两大端"④，于是他试图去构建的是一种个人在党内的绝对权威，"要如身之使臂，臂之使指"，并把这种权威在某种程度上转化为党内的公意。把誓言与按指印相结合，无疑是期望构建起一个确保他"对自己的成员拥有一种绝对的支配的权力"⑤。

---

① 邹鲁：《中国国民党史稿》，商务印书馆1947年版，第159页。
② 中国人民政治协商会议全国委员会文史资料研究委员会编：《辛亥革命回忆录》第1集，中华书局1961年版，第212页。
③ 孙中山：《孙中山全集》第3卷，中华书局2011版，第91页。
④ 同上书，第128页。
⑤ [法]让·雅克·卢梭：《社会契约论》，李平沤译，商务印书馆2011年版，第34页。

在民初政治话语体系中，个人自由与平等的权利是很难在公开的场合被挑战的，对靠革命起家的国民党人更是如此，因此，孙中山试图去构建绝对权威的过程并不是一帆风顺的。国民党很多元老对此就持有不同意见，他们认为一切服从党魁是对个人自由的一种严重破坏。黄兴更是抱以明确的反对态度，他认为孙中山所指责之"二次革命"的失败"乃正义为金钱、权力一时所摧毁，非真正之失败"。对于孙中山想搞的这种以个人为中心的党组织也持一种批判的态度，他认为这种组织模式是"慕袁氏之所为"①，且与孙中山早期提倡的平等、自由主义相悖。此时，党内调和派提出折中方案：原属同盟会会员可免填誓约以加入中华革命党；入党誓词中的"服从孙先生"改为"服从总理"，但孙中山对这种调和行动予以极大的反对。对于前一点，他认为加盖指模是为了加强党员的身份认同，能够培育出党员们重牺牲、重团结的精神氛围，革命成功后也可作为明晰党员身份之依据。对于后一点，孙中山曾在回应朱执信时提到，"我这三民主义、五权宪法，也可以叫做孙文革命；所以服从我，就是服从我所主张的革命；服从我的革命，自然应该服从我"。由于孙中山极力坚持这两项原则，结果不少持有意见的国民党元老拒绝加入中华革命党，在一定程度上造成了革命党内部的分化，而这显然是与孙中山意欲"正本清源"迸斥官僚，淘汰伪革命党的初衷是有所出入的。

虽然有一批革命党元老因种种原因没有加入中华革命党，但孙中山凭借个人的威望，让不少对时政不满的革命志士集聚在孙中山的革命大旗之下，陈其美、林森等元老级人物更是极力支持。1913年9月27日，以孙中山为介绍人兼主盟人，首批五人在东京宣誓加入中华革命党。其誓曰，"愿牺牲一己之身命自由权利，服从孙先生，再举革命"②。而后，入党之人不断加多，到次年四月份"先后已得四五百人，均最诚信可靠之同志"③。至此，初步达成了孙中山对中华革命党员之要求。1914年5月14日，中华革命党筹备委员会成立，推举孙中山为

---

① 湖南社会科学院编：《黄兴集》，中华书局2011年版，第357—358页。
② 陈锡祺：《孙中山年谱长编》（上），中华书局1991年版，第852页。
③ 孙中山：《孙中山全集》第3卷，中华书局2011年版，第81页。

总理，开始建党之各项准备工作。到7月8日，中华革命党成立大会在东京召开，会上公布了《中华革命党总章》，它规定了中华革命党以"实行民权、民生两主义为宗旨"，"以扫除专制政治，建设完全民国为目的"。该章程更进一步把同盟会时期革命方略的三阶段理论重新概括为"军政"、"训政"、"宪政"三时期。这是在新的历史时期孙中山去除了不合时宜的内容，对革命之进行程序做的重新规划，其中最主要的就是对军政阶段的重新定义，把过去同盟会倡导的反满族的清政府更改为反袁世凯的北洋政府，这样，中华革命党就在某种程度上绕开国民党，直接继承了同盟会的革命理念与革命精神。当然，按照孙中山思想进行改组的革命党在革命理念与组织结构上也发生了一定程度的变化，这种变化使得革命党无形中具备了总体党的一些特征。

首先，注重正本清源，明晰党员的身份，入党的同志必须填写誓约，加盖指模，这就让党员加强了对组织的身份认同。其次，强调党员的责任与义务，总章中规定，"凡进本党者，必须以牺牲一己之生命、自由、权利，而图革命之成功为条件"，并将党员分为"首义党员"、"协助党员"和"普通党员"，不同身份对应着革命成功后不同的权利。这样一来，培养了党员一种"近似宗教的情绪，令参与者超出自我的界限，不由自主的产生一种超验的情感"[①]。最后，强调服从总理。孙中山以革命导师自居，认为"此次重组革命党，首以服从命令为唯一之要件"[②]，并在党员入党誓约中明确加上"服从孙先生"语，以控制党员精神生活。可惜的是，由于中华革命党始终是以一个秘密团体的身份存在，加之旧国民党员没有对中华革命党产生身份认同，党的规模始终在有限度的范围内扩张。虽然无法对革命党党员进行一个全面的统计，但大致上该党国内党员"在二、三千人以上"[③]，"海外中华革命党总人数至少亦有数万人"[④]。就其规模与影响而言，仍不能与同盟会、

---

① 付春扬：《民国时期政体研究》，法律出版社2007年版，第31页。
② 孙中山：《孙中山全集》第3卷，中华书局2011年版，第92页。
③ 湖南省历史学会编：《纪念辛亥革命七十周年青年学术讨论会论文选》（下），中华书局1983年版，第661页。
④ 崔之清：《国民党政治与社会结构之演变（1905—1949）》（上编），社会科学文献出版社2007年版，第214页。

国民党相比。

孙中山在中华革命党组织结构与精神理念上所做的这种尝试无疑是想破除同盟会、国民党时期党员身份混杂,没有强有力的政党作为革命支撑的弊端。为此试图建立起一个垂直管理,强调身份认同与个人服从的政党,有意无意之间却把中华革命党的改革引向了总体党建设道路上。但袁世凯于1916年6月6日突然暴毙,黎元洪依法继任大总统位,"今约法规复,国会定期召集。破坏集中建设方始"[①],孙中山的政党理念也随之从三次革命,再造共和转向建设共和国,中华革命党自此进入"收束"期。

(二)革命理论再发展,孙中山领袖地位的确立

法统重光不久,黎元洪与段祺瑞"府院之争"爆发,而后更夹杂张勋复辟,段祺瑞解散国会、破坏约法。孙中山依靠南方军阀奋而发起护法运动,但"南北皆一丘之貉"[②],护法运动很快失败。这次失败使孙中山进行了深刻的反思,"夫去一满洲之专制,转生出无数强盗之专制,其为毒之烈,较前尤甚",原因在于辛亥后革命党"以予所主张建设民国之计划为理想太高"[③]。于是他一边对旧有的革命理念进行梳理,一边着手关注革命党组织建设。为此,孙中山开始了理论建设与组织建设的道路,并借此巩固了自身权力,确立了个人在党内的绝对领袖地位。

早在同盟会时期孙中山就认识到国人之不知,那时他提供的解决思路是以先知先觉唤醒后知后觉,从而带动不知不觉之人。但他当时所提出的只是简单的思路,而没有具体的实践。辛亥革命的胜利让他以为革命理念已经取得成功,剩下的工作应当放在发展实业上。但民国以来的共和制度的起起落落让他认识到他有必要去向后知后觉乃至不知不觉之人传授他革命的道理,这也与他一直自居的"革命导师"身份相符合。于是从1918年至1919年,孙中山在上海潜心著书,并于1919年6月

---

① 孙中山:《孙中山全集》第3卷,中华书局2011年版,第400页。
② 孙中山:《孙中山全集》第4卷,中华书局2011年版,第471页。
③ 孙中山:《孙中山全集》第6卷,中华书局2011年版,第214页。

公开发表《建国方略》一书，书分三部分，分别是《孙文学说》《实业计划》《民权初步》。其中《孙文学说》中提出的"知难行易"观，他认为古人"行之维艰"之说，"深中于中国之人心，已成牢不可破矣"①，于是他重新论述了知与行的关系，以改造国人旧有的"知之非艰，行之惟艰"理念。孙中山认为正是国人一直保有这一理念，固步不前，对革命事业产生了极大破坏。孙中山希望国民"当万众一心，急起直追，……建设政治最修明、人民最安乐之国家"②。孙中山提出这一学说，"旨在推动党员和国民既认识和信仰主义，又抛掉不敢开展革命斗争、贯彻主义的畏难心理"③。《实业计划》介绍了孙中山的经济思想，也描绘了孙中山对于民国工业发展的宏伟蓝图。《民权初步》叙述了公民应当享有的集会、结社的自由，是对《中华民国临时约法》中公民所享有权利的一次再认定，孙中山花了大量篇幅来解释这些权利的行使过程，希望通过它来培养出具有参政议政能力的国民，这对宣传民主制度，提高人民的民主意识起到了一定的积极作用。到1919年巴黎和会上中国外交的失败，导致工人、商人、学生群情激愤，纷纷积极参与政治中，国人爱国热情空前提高。有感于此，孙中山进一步提到，"方今国事颠跻，根本之图自以鼓吹民气、唤醒社会最为切要"④，以期真正民权之实现。

在护法运动中丧失主导权的孙中山深知没有一个强有力的组织作为依靠，仅凭个人威望和对革命理念的掌控是很难实现他所期望的彻底的民国共和制的。在"归沪而后，益感救亡之策，必先事吾党之扩张，故丞重订党章，以促党务之发达"⑤。有鉴于此，中华革命党迈出了改组的第一步，于1919年10月10日颁布《通告》声明："从前所有中华革命党总章及各支部通则一律废止……改用中国国民党名义"⑥，这

---

① 孙中山：《孙中山全集》第6卷，中华书局2011年版，第158页。
② 同上。
③ 崔之清：《国民党政治与社会结构之演变（1905—1949）》（上编），社会科学文献出版社2007年版，第231页。
④ 孙中山：《孙中山全集》第5卷，中华书局2011年版，第91页。
⑤ 孙中山：《孙中山全集》第4卷，中华书局2011年版，第499—500页。
⑥ 孙中山：《孙中山全集》第6卷，中华书局2011年版，第127页。

标志着孙中山领导的革命党正式转变为中国国民党。革命党改名中国国民党并不是回到民初的国民党,而是在保持原有的革命党性质与组织的前提下,为了便于党的扩张,吸纳原有国民党分子加入进来。正如汪精卫所说,"名称虽改,实质还是一样"①。也就是说,中国国民党更多的是继承原革命党的精神理念,而这一精神理念实质上是来源于孙中山对革命的理解。

  在扩大组织的同时,中国国民党更加注重组织建设与党内意识形态的构建。与《通告》同日颁布的《中国国民党规约》规定了党的组织结构,即总理领导下的三部制,三部为总务、党务、财政三部。规约规定总理由大会选举,而各部主任及成员由总理任命,这样,孙中山就取得了最高人事任免权。而后总务部长居正向各支部通告称,"顾念民国成立,于今八年……回溯总理提倡之三民主义,不克实行……此吾同志不能不引咎自责",把民国以来之种种祸象解释为不遵从总理之三民主义的结果,号召党人齐心协力,"扫除三民主义之障碍"②,以建设彻底之民国。同时,为了打消党人顾虑,把国民党更好地团结在一起,以同行破坏、建设两大创举,孙中山发表演说驳斥民初章太炎之"革命军起,革命党消"的思想。他认为要建设成一个真正的中华民国,日后必定会有一场大革命,而革命之任无可避免地落到革命党身上,为保革命真正的完成,我们不应当取消革命党,而应当"使全国的人都化为革命党,然后始有真中华民国"。在演讲中孙中山还提到,"革命未成功时要以党为生命,成功后仍绝对用党来维持"③,也就是说,现今的革命党不仅要通过革命的方式去建立民国,以后也要通过执政的方式去建设民国,在党的未来规划中加入执政要求,思路上开始革命党到执政党的转化。这样,孙中山把党的核心组织形态和核心理念牢牢掌控在自己手中,并以革命成功后之执政远景鼓励党员们不惧牺牲,齐心协力,力图避免同盟会改组为国民党时因人员混杂、思想不统一而失去对党的控制力。

---

  ① 汪精卫:《我们怎样实行三民主义》,《汪精卫集》卷三,光明书局1930年版,第125页,今收入上海书店影印版《民国丛书》,列第4编第97号。
  ② 罗福惠、萧怡编:《居正文集》,华中师范大学出版社1989年版,第333页。
  ③ 孙中山:《孙中山全集》第1卷,中华书局2011年版,第262—263页。

1920年，粤军击败桂系军阀占据广州，中国国民党获得一块根据地，党务发展进入一个新的阶段。在孙中山的指导下，党的章程进行了一定程度的修改，其中《中国国民党总章》和《中国国民党规约》都把国内党务建设放在了重要位置，规定在重要地区可设置总支部，而支部、分部建设扩展到国内各省区各县。在三部外新设一宣传部，以加强党的理论宣传与教育工作。同时，新的《党章》与《规约》赋予了总理一职近乎绝对的权力，它规定各部部长、副部长等成员都由总理委任，且总理有权召集党员大会和临时会议，并任会议主席。这一时期，党的主要领导人皆在广州任职，因此广州短时间内就成为国民党开展党务工作与宣传工作的中心，孙中山等党内领导人积极宣传三民主义与五权宪法，希望把"本党底精神，从此由广东发扬传播到全国"[①]。孙中山在积极发展党务的同时也在谋划领导北伐事业，他希望以广东为革命基地，兴师北上统一全国，建设人们心目中真正的中华民国。然而心偏广东一隅的陈炯明在思想上同孙中山产生了分歧，他兵围总统府，迫使孙中山离开广东，奔赴上海。

（三）以俄为师，对国民党的全面改造

陈炯明的叛变是自护法运动以来对孙中山的又一次严重打击，孙中山自认为他"率同志为民国奋斗垂三十年，中间出死入生，失败之数不可偻指，顾失败之惨酷未有甚于此役者"[②]。现今他所能依托的仅有他一手组建起来的中国国民党，本着孙中山个人在国内的威望及中国国民党在广东时期的革命宣传工作饶有成效，北方部分实力派人物有"服从吾党主义之表示"[③]。此时恰逢亚洲革命进入高潮，在苏联帮助下暹罗和土耳其等国走向独立，使得苏俄的革命理念在亚洲广泛传播开来。更为重要的是，乐于传播反帝理念，且急于在中国寻求革命伙伴的苏俄开始主动接触孙中山，表达出帮助国民党发展党务之意。孙中山所领导的广东政权因"关余"问题引发的同欧美列强矛盾加剧，使得孙

---

① 孙中山：《孙中山全集》第5卷，中华书局2011年版，第481页。
② 孙中山：《孙中山全集》第6卷，中华书局2011年版，第555页。
③ 同上书，第567页。

中山下定决心效仿苏俄,加强党务建设,对国民党进行再次整顿。

1922年的孙中山实处于内外交困的局面,在国内,他寻求张作霖、段祺瑞等北方实力派的支持;在国外,他寻求英、美、德及苏俄的帮助,但只有苏俄给予支持。俄国十月革命作为民族主义革命胜利的代表,对亚洲民族解放运动有很强的鼓舞作用,这是因为相较于欧美这种发达国家走向革命道路的经验,"苏联的经验对于落后的东方国家革命者所具有的吸引力……要强烈得多"[1]。在革命浪潮的影响下,孙中山对苏俄革命也一直很关注,在回复苏俄外交人民委员齐契林的文书中,他说道,"我非常注意你们的事业,特别是你们苏维埃的组织、你们军队和教育的组织"[2]。1921年12月,在驻跸桂林期间,孙中山与共产国际代表马林进行会晤,也正是这次会晤使得孙中山"得知其国政况,心焉向往,联俄之议以起"[3]。此时,新生的中国共产党也加紧了同中国国民党合作的步伐。1922年陈炯明叛变时,中国共产党立即声讨陈炯明支持孙中山,使得国民党与共产党的关系紧密起来。8月,共产党召开西湖特别会议,通过了允许共产党员加入中国国民党的决定,紧接着,马林在会见孙中山时提出,"共产国际已经通知中国共产党人参加国民党"[4]。中共党员加盟国民党对国民党党务发展起到了很大的推动作用,到"1922年下半年,是国民党改组、国共合作以及联俄三个新动向同时并进的酝酿发展时期"[5],而"这次党务整顿过程即国民党官方史书中所称作的'改进'"[6]。

1923年1月1日,中国国民党于上海发表了《中国国民党宣言》,并于次日公布了《中国国民党党纲》和《中国国民党总章》,此次改进

---

[1] 杨奎松:《"中间地带"的革命——国际大背景下看中共成功之道》,山西人民出版社2010年版,第60页。

[2] 孙中山:《孙中山全集》第5卷,中华书局2011年版,第593页。

[3] 万仁元、方庆秋主编,中国第二历史档案馆编:《蒋介石年谱初稿》,档案出版社1992年版,第77页。

[4] 陈旭麓、郝盛潮、王耿雄等编:《孙中山集外集》,上海人民出版社1990年版,第278—279页。

[5] 张国焘:《我的回忆》第一册,东方出版社1998年版,第251页。

[6] 王奇生:《党员、党权与党争——1924—1949年中国国民党的组织形态》,上海书店出版社2009年版,第4页。

的主要目标仍为改变以往党结构的涣散状况,在原来基础上新增了交际部,并设置了法制、政治、军事、农工、妇女五个委员会,另设立中央干部会议,中央干部会议与党员代表大会皆由总理召集。总理仍然掌握最高人事任免权和决定权,这说明,虽然此次改进工作由专门的委员会集体进行起草,但"孙中山在党内的集权地位的制度保障,不仅没有动摇,甚至有所强化"[1]。与国民党改进进行的同时,中国国民党同苏俄的关系取得突破性进展,俄共赞同越飞关于全力支持国民党的建议,但直到此时,孙中山所希望的仍是苏俄方面向他提供"军事和物质援助","对苏俄的政治制度抱持排拒态度"[2],并在1月26日与越飞共同发表《孙文越飞联合宣言》中声明了"共产组织,甚至苏维埃制度,事实均不能引用于中国"。

本着同苏俄发展友好关系的考虑,1923年孙中山派以蒋介石为首的考察团考察苏俄党政军情况。虽然考察团的主要目的仍是讨论"关于我的部队在北京的西北及其以外地区采取军事行动的建议"[3],但苏俄方面显然不会放过这个宣传苏俄革命理念的大好机会。苏俄方面向蒋介石建议国民党应当把分支机构扩展到全国,这样党的主义才能为群众所理解。对于宣传方面,有鉴于革命党人以往更加注重武装斗争,"于宣传事业,遂少注意"[4]。苏俄代表提到苏俄革命的胜利既是十月革命的结果,也同俄国共产党长期不懈做宣传动员工作的努力分不开,他们建议国民党应该集中力量在中国做好政治宣传工作。与孙中山派遣代表团去苏俄的同时,苏俄也派遣鲍罗廷去广州充当政治顾问。鲍罗廷抵达广州后不久,孙中山便电令国民党本部准备改组。"由此观之,此次国民党改组,与鲍罗廷的到来有着直接关联。"[5] 当然能迫使孙中山这么

---

[1] 崔之清:《国民党政治与社会结构之演变(1905—1949)》(上编),社会科学文献出版社2007年版,第333页。

[2] 王奇生:《党员、党权与党争——1924—1949年中国国民党的组织形态》,上海书店出版社2009年版,第7页。

[3] 《联共(布)、共产国际与中国国民革命运动(1920—1925)》,北京图书馆出版社1997年版,第273页,转引自王奇生《党员、党权与党争——1924—1949年中国国民党的组织形态》,上海书店出版社2009年版,第8页。

[4] 孙中山:《孙中山全集》第6卷,中华书局2011年版,第572页。

[5] 王奇生:《党员、党权与党争——1924—1949年中国国民党的组织形态》,上海书店出版社2009年版,第9页。

快转变立场的"一个很重要的主观原因就是其政党软弱"①，之前他就一直把英美的历史作为参考的材料，他所希望的是能超越欧美革命的范式，却苦于不能成功。看到自己历次组建的政党都无法真正完成革命，而苏俄在革命与党的组织结构方面都大有成就，这不得不使孙中山对以往革命进行反思。这次同苏俄的联系给了中国国民党系统学习苏俄经验的机会，以至于孙中山一再表示，"今日革命，非学苏俄不可"②，正式确立"以俄为师"的政策。

此次改组借鉴苏俄经验很多，"国民党的党章，除了总理一职保留了传统形式外，各方面规定都受到苏共党章的影响"③，以至于苏俄大使都觉得从没有国家像中国一样如此"驯服"地接受苏俄的指导。孙中山甚至重新解释了三民主义的内涵，强调了"反帝国主义"理念。不过，也并非全部照搬苏俄模式，"孙通过鲍罗廷多借鉴的主要是苏俄的办党建军经验"④。鲍罗廷所提出的改组建议主要是修改党纲、制定党章、加强在人民群众中的宣传力度、依托广州和上海，在全国范围内建立国民党基层组织、召开全国党代会。这些建议基本上为国民党人接受，也成为了国民党改组进程中主要遵循的原则。1923年10月19日，孙中山正式委任廖仲恺等5人为国民党改组委员以进行国民党本部改组。24日设立中国国民党临时中央执行委员会，孙中山指派廖仲恺等8人为临时执行委员，后又增补冯自由等5人为候补委员，以鲍罗廷为顾问。到中国国民党第一次代表大会召开前，临时执委会共召开几十次会议，大致完成了中国国民党改组的各项准备工作。11月25日，临时执委会发表《中国国民党改组宣言》，并公布《中国国民党党纲草案》和《中国国民党章程草案》。《宣言》中提到，中国国民党是为三民主义而奋斗，虽然党名时有变更，但主义却一贯坚持。而革命之所以未能成功

---

① 田湘波：《中国国民党党政体制剖析（1927—1937）》，湖南人民出版社2006年版，第57页。

② 孙中山：《孙中山全集》第5卷，中华书局2011年版，第145页。

③ 杨奎松：《"中间地带"的革命——国际大背景下看中共成功之道》，山西人民出版社2010年版，第62页。

④ 王奇生：《党员、党权与党争——1924—1949年中国国民党的组织形态》，上海书店出版社2009年版，第11页。

实则在于党的"组织未备、训练未周",改组之目的则在于"上下互通,有指臂之用;分子淘汰,去恶留良"①。关于军队建设,在派遣蒋介石去苏俄时,考察红军建军经验就是主要任务,此时,孙中山提到"用党员协同军队来奋斗"②,已经开始显现他组织训练"党军"的构想。

苏俄对国民党的指导加速了国民党的改组进程,也为中国国民党的未来革命进程提供了理论支撑与经验借鉴。正是在苏俄的理论熏陶下,孙中山逐渐放弃了他早年坚持的英美式政党政治理念,转而以苏俄为模范,加强了"对'以党建国'、'以党治国'和一党独掌政权的信念"③。加之这一时期党刊与党人的大力宣传,"党国"、"党军"开始成型,党治理念一时间成为当时的热点词汇,而这一切都与苏俄的帮助密不可分。当然我们也不能过分强调苏俄在这一过程中的作用,弱国无外交,夹杂在"中间地带"的弱势中国必然会从欧美和苏俄中选择一条适合自己的道路。国民党此时所取得的成就主因还是在于孙中山30多年的革命实践所形成的三民主义、五权宪法的治国理念,苏俄的帮助在更大意义上只是为中国国民党提供一个组织理念与精神理念的支撑,明晰了国民党的发展方向与前进道路。

(四)"一大"召开,党国体制的初步形成

经过几个月的筹备,1924年1月20日,国民党"一大"在广州正式开幕,与会代表共196人,大会通过了《党章》与《党纲》。此次大会可以说是中国国民党成立以来组织结构改造的验收会,是对改组以来国民党成果的巩固。如果说中国革命党的成立标志着革命党党治理论的萌芽,这次大会的召开则标志着革命党党治理念逐渐走向成熟。正是在党治理论不断成熟、不断丰富的前提下,国民党党国体制才有了其思想源流与理论基础。

1924年全国代表大会制定的《中国国民党总章》作为日后国民党

---

① 孙中山:《孙中山全集》第8卷,中华书局2011年版,第429页。
② 同上书,第501页。
③ 王奇生:《党员、党权与党争——1924—1949年中国国民党的组织形态》,上海书店出版社2009年版,第21页。

所遵循的基本文献，在进行文本考察后，"发现其最初的蓝本是1919年12月俄共（布）第8次全国代表会议颁发的《俄国共产党（布尔什维克）章程》"，"其基本结构非常相似，大部分条文基本雷同"[1]。这样可以说中国国民党仿行苏俄组织结构进行了本党的党国体制的构建，而这种构建则形成了一套从中央党部到地方党部的层级组织与各级执委会服从中央执委会的垂直统属的组织形态。当然相比于苏俄早期的党章，国民党党章还是保留了革命党十几年来进行制度摸索的成果——三民主义、五权宪法的精神指导与领袖制。党章的引言部分称"中国国民党第一次全国代表大会为促进三民主义之实现，五权宪法之创立，特制定中国国民党党章如左"，而这一引言的使用显然是为表明中国国民党视三民主义为理念指导的特色。革命党自兴中会以来一直是采用领袖制，虽然名称不时改变，但都以孙中山为党首。苏俄的组织在形式上采取的是委员制，孙中山怕他去世后国民党内没有人有足够的威望与能力把他的职位继承下去，以致党的事业发生中断，为了预防此情况的发生，故在国民党党章草案中也推行委员制。但国民党审查委员会综合考虑孙中山在党内的威望与实际地位，特在党章中增加第四章"总理"一章，其中第一条就规定以"创行三民主义、五权宪法之孙先生为总理"，在继承了中华革命党以来的若干规定的基础上也增添了新的内容，如"党员须服从总理之指导"、"总理为全国代表大会之主席"、"总理为中央执行委员会之主席"，且总理对于"全国代表大会之议决，有交复议之权"，"对中央执行委员会之议决，有最后决定之权"[2]，随后，通过的纪律问题案中提到"大会以为国民党之组织原则，当为民主主义的集权制度"明确了一旦决议已下，党员只有执行之义务，这样基本确立了孙中山在党内的个人独裁地位。

总理在党中央占据绝对统治地位的情况下，中国国民党党章第五章规定"党的最高机关为全国代表大会"，全国代表大会闭会期间则为中央执行委员会，也就是说，中央执行委员会是最高党务执行机关，但在

---

[1] 王奇生：《党员、党权与党争——1924—1949年中国国民党的组织形态》，上海书店出版社2009年版，第14页。

[2] 荣孟源主编：《中国国民党历次代表大会及中央全会资料》，光明日报出版社1985年版，第25页。

实际执行过程中是由在广州的中央执行委员与监察委员及各部部长组成的联席会议发挥其作用的。联席会议主要讨论国民党党务、政治、军务各方面事宜，并督促相关部门执行，这样，中执会实质上成为国民党中央进行党内决策的关键所在。与中执会相对应的中央机构还有在孙中山提议下设立的中央政治委员会，中央政治委员会由孙中山任主席，在孙中山指定下由胡汉民、汪精卫等6人为委员，鲍罗廷担任顾问。中央政治委员会受孙中山直接领导并为其提供咨询、建议。该会也对中执会负责，通过制定重大的政治与外交决策提请中执会讨论。虽然在原则上对中执会负责，但作为孙中山的幕僚机构，中央政治委员会的实际地位与中执会不相上下。尤其是在1925年孙中山逝世后，中央政治委员会的地位越来越崇高，甚至国民政府委员人选都是由中央政治委员会提请中执会讨论通过，在某种程度上似乎可以说是党中央重大事务是中央政治委员会决策，而中执会只是在法理上予以追认而已。

  1924年国民党改组前，国民党的主要活动基地和党员都在海外，在1923年前后，国民党党员数为20万，但国内人数不足5万，国内的组织机构只有广州、湖南设有分支部[①]。可以说此时国民党在国内的基础组织建设十分薄弱，于是，鲍罗廷在给孙中山的改组建议中就提到在全国建立国民党的地方组织。中国国民党改组后仿照苏联建立基层组织就被列为主要任务。孙中山在"一大"后的《致全党同志书》提到，此次组织办法的意义就在于是从下层开始构造。就横向来说，可以把党员团结起来，以共担责而同奋斗；就纵向来说，基层组织建立在全体党员之上，便于各级机关集中力量指挥，不像以前那样成为一盘散沙。而基层党组织不仅要在可自由办党之地建设，在不可以有办党之地也许想办法进行活动。鉴于中国国土面积十分辽阔，加之当时交通不够便利，于是国民党中央决定在北京、上海、汉口、四川、哈尔滨五处设立执行部，以促进各地区的党务发展。但实际上只在北京、上海、汉口三处成立，四川与哈尔滨两地未能成立。同时，中央委向山东等十五个省份派遣244名临时执行委员会筹备人员，进行各省党部的筹建工作。国民党

---

  ① 王奇生：《党员、党权与党争——1924—1949年中国国民党的组织形态》，上海书店出版社2009年版，第41页。

对民众运动也给予了很大的重视，不仅在中央先后设立青年部、工人部、农民部、妇女部等部门，并且设立农民运动委员会以及农务调查委员会作为领导民众运动和调研民众情况的机构。在共产党员的组织与协助下，国民党对民众运动的动员能力大大提高，这也为日后国民党北伐的顺利进行打下了群众基础。

如同孙中山在"一大"会议上宣称要"将党放在国上"那样，经过国民党"一大"的部署与后期组织结构的完善，国民党党国体制的雏形基本建立起来，但孙中山的过早逝世，使得国民党内部围绕最高领导权发生纷争，在对领导权的争夺中，党的组织形态和结构也发生着不同的变化。与领导权争斗伴随的是国民党在获取全国统治权的过程中取得的节节胜利，革命果实的迅速到来也为党国体制的最终形成打下了坚实的基础。

三　国民党以党训政培植宪政之基

国民党在全国胜利快速到来的同时也加紧对国家政权进行党化改造，以广州国民政府为原型构建全国性政权对国民党是一个极大的考验。是党内理论大家同时又是国民党元老的胡汉民考察西方政治关于政党是国家"守夜人"的理论后，结合孙中山的宪政理论，抛出"训政保姆论"，把党与国民通过母与子的关系进行连接，使国民党取得改造国家的最高话语权，开始了以党建国的政治目标。"党在法上"、"党在国上"成为这一时期国民党党治的着力点，五权政府的构建更是为国民党以党训政打下坚实基础。

（一）以党建国，国民党统治地位的确立

1924年孙中山接受冯玉祥的邀请北上，安排胡汉民留守后方，并暂代大元帅一职。在孙中山离开广东大本营期间，由于汪精卫陪同北上，广东的实际军政事务控制在胡汉民、许崇智、廖仲恺、蒋介石的手中。而后，经过一番权力争斗，加之蒋介石通过北伐的胜利一步步问鼎最高权力，以蒋介石为中心的国民党在夺取全国胜利后，完成了以党建国的目标，顺利地确立了在中国的统治地位。

孙中山逝世之后，胡汉民以其崇高的威望与深厚的资历俨然成为继孙中山后的国民党党魁。1925年，中央政治委员会决议，正式取消大元帅府，代之以国民政府。不过，早在前文提到，孙中山顾及他死后怕很难有人能够有他那样的能力来统管全党，于是比较倾许于苏联的委员制，在他的人事布局中虽然赋予胡汉民很高的荣誉头衔，但并没有给予与之相匹配的权力，具体事务分由许、廖等一众元老集体负责。孙中山此种担忧与安排也并非没有道理，国民政府在汪精卫等人打着遵守总理遗教的旗帜下"改合议制"①，不久之后，生性温和无力的胡汉民在国民党高层的第一次权力斗争中就被汪精卫联合各派清退出局。

1925年7月1日，中华民国国民政府正式成立，国民政府委员也宣誓就职，在当日举行的选举会议上，汪精卫全票当选为政府主席，胡汉民仅为常务委员。在随后成立的军事委员会上，胡汉民也仅当选为委员，而汪精卫则成为主席。这样，本来顺理成章由胡汉民掌控的国民党最高权力，在汪、许、蒋等人的运作下落入汪精卫之手，胡汉民本人之后也因牵涉"廖案"被迫出国。这一次的权力斗争以比较平缓的形式完成了过渡，在某种程度上来讲是有利于巩固国民党统治的，而国民党上层所达成的这种政治默契也为北伐的顺利进行打下了一定的基础。不过，从国民政府委员的构成来看，共产党党员没有一人，清一色为国民党的资深元老与实权人物，可以说国民政府实为国民党政府。在孙中山逝世引发的国民党上层的权力调整说明在各派的妥协下，共产党被完全排挤出政务核心，国共合作裂痕已经开始显现。加上中政会在此次国民政府的成立过程中发挥的巨大作用，在一定程度上引起了中执会成员的不满，也为日后国民党上层埋下了分裂的种子。

1925年8月廖仲恺被刺杀，汪精卫等人借口胡汉民有重大嫌疑，强迫他出国，他们三人因调查"廖案"所成立的特别委员会在当时实际上控制了广州政府，这样，在国民党上层形成了汪、许、蒋三头政治之势态。由于汪精卫的主要精力在于处理党务与政务，随着由蒋介石担任校长的黄埔系军事实力的不断增强，他与同为军队的粤军首领许崇智

---

① 李云汉：《中国国民党史述》第2编，中国国民党中央委员会党史委员会1994年版，第630页。

之间的矛盾日益凸显出来。终于在9月中下旬，蒋介石通过强力手段迫使许崇智离开广东，顺理成章地获取了统管粤军的权力，进而掌握广州国民政府的最高军事权力，形成了汪、蒋二人一人管党、一人管军的共治局面。但是，汪、蒋共治并没有维持多久，1926年借口"中山舰事件"汪精卫被逼主动隐退，蒋介石开始担任军事委员会主席，并于当年6月担任国民革命军总司令，以军带政通过总司令部逐步掌握国民党最高权力。当然，这样权力的高度集中也有利于集中人力、物力以推动北伐的顺利进行。

1926年4月奉系军阀张作霖占据北京，与直系军阀吴佩孚、皖系孙传芳控制了全国大部分省份地区。为完成孙中山未竟之事业，7月国民党通过《国民革命军北伐宣言》，并以蒋介石为国民革命军总司令誓师北伐。北伐军推进很快，不久就占领了湖南、湖北等地，并于1927年3月相继占领南京、上海。北伐军的顺利进军使得蒋介石个人的权力欲膨胀起来，4月蒋介石发动四一二反革命政变厉行"清党"，并在南京另立中央，导致宁汉分裂。随后，由于北伐战争出现失利，宁汉合流，蒋介石下野。12月复任总司令，继续领导北伐。1928年底，张学良宣布东北易帜，北伐取得成功，中国再次回归一统。

1925年孙中山的过早逝世使得国民党上层在一定时期内陷入了混乱状态，围绕最高权力的斗争此起彼伏，众多国民党元老在斗争中纷纷下台也在某种程度上削弱了国民党的统治力量。以蒋介石为首的新型政治力量是这次权力斗争最大的赢家，他依靠军事力量起家，逐渐在党内高层的争斗中取得主导地位，在成功逼退汪精卫后，蒋介石慢慢获取了最高统治权力。也正是在他的领导与指挥下，在共产党和共产国际的帮助下，国民革命军才能够在短期内完成北伐，统一全国。可以说蒋介石是孙中山理论的实践者，他完成了孙中山关于以党建国的理论构想。不过，很遗憾的是，孙中山所试图构建的政治模式并没有被蒋介石完全接收，"三民主义"与"五权宪法"的精神理念也逐渐流失掉了。虽然蒋介石打着遵从"三民主义"与总理遗教的口号去实施统治，但他强调一个党与一个主义，实质上把党国体制的发展带向了一个极端。走向权力巅峰的蒋介石所开启的独裁统治偏离了民主发展的轨道，对共产党员的残酷迫害也把国民党推到了人民的对立面。

(二) 胡汉民、孙科"训政保姆论"的提出

按照孙中山对中国革命与建设的三阶段理论，在军政期结束后，应当进入训政时期。在夺取全国胜利之后，以遵从总理遗教为己任的国民党人自然把实施孙中山的构想作为掌握最高权力话语权的重要标志。在南京国民政府成立之后，国民党宣布进入训政时期，并于1928年10月3日颁布《训政纲领》，声称要"追认中国国民党实施总理三民主义……训练国民使用政权，至宪政开始弼成全民政治"[①]。

1925年被汪精卫排挤去苏联的胡汉民在1927年支持蒋介石"清党"运动而复出，担任了南京国民政府委员会的常务委员。前文提到，胡汉民作为国民党内元老，同时也是党内的理论大家，对孙中山先生的党治理念有着很深的了解。1928年初，随着北伐军的顺利进军，国民政府派出以胡汉民、孙科为首的考察团奔赴欧洲，意欲学习西方的政治、经济制度。当年6月，北伐军接收平津地区，南京政府正式宣告完成了中国统一。正在法国考察政治的胡汉民、孙科提出"训政大纲案"，首次提出了实施训政的思想纲领。归国后，蒋介石登门拜访胡汉民，希望利用胡汉民在党内的理论权威地位来加强自身统治的合法性，于是胡汉民开始了与蒋介石的二次合作，并担任南京政府的立法院院长一职。

孙中山对未来实施宪政的制度规划概括起来主要包含三点：第一是以三民主义为指导、党在国上的以党治国、以党治军高度集权体制；第二是享有直接民权的县基层自治制度；第三是政在人民、治在政府思想指导下权能分离的五院制。胡汉民作为党内仅次于孙中山的理论家，由他来负责解释孙中山的训政思想在某种意义上更具有权威性。胡汉民对训政的理解是建立在对孙中山宪政思想全盘梳理的基础上的，这里面不光有继承，还有他为了维护国民党独裁统治地位而做的引申与发展。首先，明确国民党角色定位，在达成国内一统的大背景下，宣扬以党建国的国民党如何完成革命党向执政党的转换就需要一个强有力的理论支

[①] 夏新华：《近代中国宪政历程 史料荟萃》，中国政法大学出版社2004年版，第803页。

撑，胡汉民在孙中山早期的训政思想中找到了答案。孙中山曾提出，革命完成后之国民在政治的知识与经验上如同初生之婴幼儿，对自己所应当享有的权利是一无所知的。胡汉民依据此理论，在遍考欧洲政治后提出"训政保姆论"，即在训政时期"一切权力皆由党集中，由党发施政府，由党员任保姆之责"[①]，这样就以极其巧妙的方式把国民党凌驾于国家之上的政治诉求进行合乎"遗教"的解释；其次，继承孙中山的以党治国理念，胡提出在训政时期要以国民党的中政会为最高指导机构，政府则采取孙中山构想的完美政府的形制五院制。孙中山关于五院制的构想是以宪政实施为基础的，胡汉民则把这种构想实现的时间大大提前了，他认为早日建立五权政府有两个好处：一是可以为日后五权政府的正式建立做好准备，二是可以满足随着全国统一，新的政府组织形式亟待完善的需求。胡进一步解释道，由于训政期内的五权政府只是预备而设，那么此时的五院不相互独立，而是合而为一，组成国民政府，这个国民政府的权力则来自于党的授予，这样在形制上就完成了以党统政的规划。当然，胡汉民没有把党的权力无限扩大，他所设想的政治架构是党、政分工协作，党负责教化人民，政府则负责处理日常行政事务；最后，也是最为重要的是对县治的推崇。胡汉民认为训政的首要工作就是完成对人民的训练，而这一目的的达成则依托于地方自治制度的发展与完善。推行地方自治在胡看来也是需要党政合作的，即党负责教化与宣传，政府负责政策的执行。

  胡汉民对于训政的理解与构想在很大程度上成为了训政时期指导思想的基础，但此时国民党的实际控制人是蒋介石，《训政纲领》在实际执行过程中掺杂更多的是蒋介石的个人意志。蒋介石把孙中山的"三民主义"、"以党治国"理念曲解为一个党、一个主义，在全国范围内营造出"党外无党"的统治环境，把国民党提到一个更加超然的地位。更为极端的是，他认为对国民的训练应当引进到党内，这样就为他的个人独裁创造了理论依据。这一时期，国民党内外对于训政都提出了很多指导性的意见，但在蒋胡合作的前提下都没有对训政纲领产生较大的

[①] 中国国民党中央委员会党史委员会：《胡汉民先生文集》第3册，中国国民党中央委员会党史委员会1978年版，第412页。

影响。

总的来说,《训政纲领》的制定完成了国民党由革命党向执政党的转换,它以"总理遗教"为合法外衣逐步树立起了国民党在国内的绝对权威,也逐步实现了党治理念在中国的初步实践。当然,更为重要的是,孙中山的宪政思想在这一时期就发生了重大的变化,他所设想的三阶段构想在这一时期就陷入停滞,以蒋介石为首的国民党在夺取全国政权后没有按照孙中山的设计逐步过渡到宪政,而是以训政的名义推行独裁统治。无限强化的国民党深入到政治、经济、社会、法律各个领域,最终构建起一个无比庞大的党国体制。

(三)以党督政,"五权政府"的建立

孙中山先生关于民国政府形制的构想是建立在宪政开始实施的基础上的,他以五权宪法为指导思想,试图构建一个比西方三权分立更加完美的政治形制——五权政府。然而,随着蒋介石在国内最高统治地位的确立,国家改制迫在眉睫。更为重要的是,党国体制的形成与发展最终依托点仍然是对国家行政权力的控制,于是,五权政府从建立之初就被打上了国民党的烙印。

按照孙中山所述,早在革命之初他就研究西方各国宪法后所独创的适应于中国的五权宪法,这一理念也一直被他同三民主义一样尊奉为党的指导思想。不过这一构想具有太大的超前性,且革命之时革命者的重心都在取得政权这一目标上,对此就不甚关注。到1927年南京国民政府成立之时,围绕政权组织形式的讨论在遵从总理遗教的基础上自然而然地提出建立五院制政府,但是南京国民政府所实行的五院制与孙中山先生关于五院制的规划有着根本的不同。第一,孙中山认为宪政实施后才可推行五院制,五权政府的构想是建立在县自治已经成型,国民具有普遍的政治素养来行使自身权利的前提之上,彼时国家只是完成形式上的一统,按照孙中山的阶段划分应属于军政向训政过渡时期,且军队在政治中的决定作用过大,并没有建立五权政府的基础。第二,五权政府应该是按照权能划分,行使国家治理权力的相互独立的五个机关,彼时的国民政府虽然能在较大程度上保留独立行使治权的能力,但其权统揽于国民政府,而政府主席林森虽然德高望重却没有实际的权力,蒋介石得以肆意安插亲信。1931年国府改制后国民政府主席不再承担任何实际政治责任，五院政府只能唯蒋介石马首是瞻，蜕变成了他的"橡皮图章"机构。第三，孙中山对五权政府是持一种开放态度的，并没有把"一党"理念夹杂其中，但彼时国民党借训政之名在建立国民政府时是以国民党人为主体的，这就导致国民政府逐渐演变成了执行党的意志的党政府。

正是基于以上三点原因，五院制自施行以来就面临很多问题，其中矛盾最为凸显的就是五院之间相互关系的问题。本着避免无权相互掣肘影响国家行政效率之考虑，"训政纲领"规定五权托付于国民政府总览，国民政府之委员当然地肩负起行使权力的责任。然而实际上"委员人数既多，充任委员者事实上又多兼有京内外要职"①，国民委员会议流于形式。权力一统于国民政府成为一句空话，而五院相互掣肘又给了国民党插手政府事务以可乘之机。在抗战时期，政府的政治报告甚至都由国防最高委员会代行，五院独立之治权日益丧失。

1928年10月依据《国民政府组织法》五院制度正式施行，这也标志着国民党以党督政的政权组织形式初步成型。国民党先借"保姆"理论以党训政代替人民行使权力，又借五权宪法实际控制国民政府的治权，更进一步通过中政会选举各部部长控制国民政府的人事任免权。这一政府从性质上说已经背离了孙中山的党治理念，俨然成为国民党之下属机关。通过法理上的管控与对行政人员的操控，国民党构造了一个唯党命是从的党政府。

（四）党在法上，对国家的重新改造

孟德斯鸠所推崇的国家治理形式是立法、司法、行政三权分立，他认为只有在制度上把这三权分离才能称得上是真正的民主共和国，这也成为西方民主国家基本政治制度的建制原则。近代民主国家或多或少都会根据本国的国情采取这种权力制衡的模式来构造国家机器，美国就是贯彻最彻底的国家之一。国民党虽然号称自身是民主的政党，但在掌握国家权力之初就把国家立法权及各项法律之解释权牢牢抓在手里。通过

---

① 王世杰、钱端升：《比较宪法》，中国政法大学出版社1997年版，第184页。

一系列成文法的制定，完成了对司法系统的党化，形成了党在法上的无上权威，并借此展开了对国家的系统性改造，牢固树立了国民党在国家的超然统治地位。

国民党宣布进入训政时期后，并没有立刻制定宪法，而是颁行了《训政时期约法》，在某种意义上看，"约法"就有代行宪法之权威，但无论是其制定、修正还是最终之解释权都归国民党中央所有，这样在训政期结束之前，国民党就取得了对国家根本大法的完全掌控。同时，在1927年颁布的《修正中华民国国民政府组织法》中，规定该法由中央执行委员会修正之，国民党又取得了对国民政府法理上的控制。这样，国民党就通过这两部根本法的制定、修改与解释权掌握了国家的立法权，拥有了对国家组织形态、社会结构进行重新改造的决定权。

南京国民政府成立后对司法系统的党化成为党国体制构建的重要组成部分，而它在理论层面的完成则归功于居正。居正认为司法系统是保障国家秩序稳定的关键，"如果不把它党化了……何等于一个自杀政策！"①于是他主张法官必须研究党义，并且以党义为判案之准绳，这无疑会为司法独立权带来很大的破坏。与此同时，国民党在1927年设置"特别法庭"，对司法进行直接干预，借助特别法庭，国民党以"反革命罪"之名，行"清党"之实，大肆迫害共产党员。1928年司法院成立前夕，特别法庭虽予以取消，但对党义精神的贯彻却继续渗透到司法院的方方面面，受制于此，司法院基本上成为国民党党国体制的一部分。

五院建立后，立法院作为国民政府最高立法机关，院长一职由胡汉民担任，胡汉民认为中国旧有的法律体系有专制与因袭两大弊病，于是在两年的时间里他夜以继日地制定了16部法典，这些法典构成了民国法律的基础。胡对立法的重视是源自于对人治与军治的不放心，他认为只有法治才"能够做全国统一的保障"②，并且法律可以起到教化人心的作用与训政之使命不谋而合。为此，胡汉民极其强调要发挥立法院的

---

① 居正：《司法党化问题》，《东方杂志》第32卷第10号（1935年5月16日）。
② 中国国民党中央委员会党史委员会：《胡汉民先生文集》第3册，中国国民党中央委员会党史委员会1978年版，第824页。

作用，不做只盖章的装饰部门，希望把立法院推到五院之首的位置。不过胡汉民穷尽精力也不过为他人作嫁衣而已，胡在强调立法系统权威的过程中不可避免地触及了蒋介石的个人权威，很快胡被解职。在蒋介石担任行政院院长后，行政事务统归于行政院，立法院的权威更是降到低点。1932年中常会通过的《立法程序纲领》《立法院议事规则》中规定"立法院对政治会议所定之原则不得变更"，立法院真正变成了国民党的"橡皮图章"。

纵观国民党建党历程，自始至终都把取得国家政权，进行政治改造，践行三民主义与五权宪法作为党的纲领。在这一过程中又通过对行政系统与司法系统的党化，使得国民党可以更好地在国家层面进行党化构建，把党义渗透到整个国家机器中，把党的意志转化为国家意志，终于在1928年国民党统一全国后形成了一个在法理上无比强大的党国体制。

四 党国体制的变轨，弱势政党的弱势统治

1928年是国民党党国体制初步形成与确立的时期，在这一时期，国民党完成了对国家层面的党化改造，虽然在法理上国民党已经取得了统治国家所必需的一切条件，但是国民党在吸纳党员上深受孙中山时期精英政党的影响，加上军权在党内的兴起，使得国民党忽略了对党员的发展。尤其是国民党基层组织涣散，导致国民党对基层社会的控制力十分薄弱，反观共产党夺取政权前后在发展党员的规模与速度上远远超越国民党，这一横向对比可以明显地看出国民党对中国的弱势统治地位。蒋介石个人权威的树立使得国民党变得日益专制与腐败，并最终走向失败。

（一）党国体制的变轨，对孙中山党治理念的反叛

孙中山作为国民党制度的顶层设计者，他所创制的三民主义与五权宪法一直是国民党作为指导思想的纲领性文件，但他在国民党取得全国性统治地位之前就已逝世，而他所做的人事布局又在数次党内斗争中分崩离析，胡、汪相继离开最高领导岗位，后来居上的蒋介石虽然打着遵

从总理遗教的旗号,却处处为个人独裁创造空间,孙中山的党治理念最终被反叛,党国体制在这一阶段进入变轨期。

孙中山在广州中国国民党恳亲大会的演说中就提到"以党治国,并不是用本党党员治国,而是用本党的主义治国",在早期宣扬革命理论时,孙中山提出国民如初生之婴儿无知无识,没有能力去行使个人权利,于是他构思的党义治国就是把三民主义、五权宪法以广东为根基宣传到全国各地,让全国人民都归化到国民党的旗帜下。为了培育民众这种政治自觉性,他还把县自治放在十分重要的地位,提出人民必须享有的四项基本政治权利,认为这是推行宪政的根基。然而,在后孙中山时期,他的继承者在训政期内并没有按照他的构想去培育人民,反而把人民真正当成婴儿,通过训政约法处处限制人民权利,这就造成了国民党虽广建党支部,但"事实上仍是一个空架子……徒然有一党部,有什么用处呢"[①]?这与国共合作时期,共产党发动底层人民支持国民大革命形成鲜明对比,失去群众基础的国民党,虽党员众多,却终究是无源之水、无本之木。

对孙中山党治思想反叛的另一突出表现就是五权政府的建立,前文说到,孙中山构思的五权政府是在人民充分拥有政治自觉,能够行使自身权利的基础上才能构建起来。然而国民党不顾这一政治基础,以积累经验为名强行设置五院,导致五院政府在实际的运行过程中没有发挥应有的功效反而处处掣肘,成为国民党治下的统治工具,行政效率低下,影响国家机器正常运转。当然,后孙中山时代,最大的反叛是对新三民主义的背叛。孙中山在改组国民党后提出了新三民主义,其中最为重大的改进就是"联苏联共,扶助农工"三大政策。然而在1927年国民党大肆清党,破坏国共合作,并在训政时期刻意营造"党外无政、政外无党"之现状,把国民党推到了独裁的边缘,失去联合社会各阶层之基础。

孙中山逝世后,国民党对孙中山党治理念的反叛在某种程度上也说明了国民党在由革命党转向执政党的过程中出现了重大的偏差,由人民

[①] 蒋介石:《加强党的组训与改善党政关系》,张其昀主编:《先总统蒋公全集》第1册,(台北)中国文化大学出版部1984年版,第524页。

利益的捍卫者走向了人民的对立面,失去民众支持的国民党不再具有大革命时期的威望,它的蜕变也暴露出国民党党国体制机制上的弊端,为日后国民党失去政权,埋下了深深的隐患。

(二)政党弱势的根源,中、苏、西三种文化的机械融合

前文已经对国民党党国体制形成的理论基础进行了探究,也论证了国民党在由革命党向执政党转化的过程中学习与借鉴了西方的政治理论,包括政党政治理论、"宪政保姆论"及三权分立理念;苏俄的办党建军经验;以及结合中国本土的考试、监察制度而发展出的五权宪法理念。这三种文化的融合在初期确实为国民党提供了强大的推动力,使得它在获取国家政权的道路上披荆斩棘,扫除了旧社会的藩篱,建立了一个全新的党国体制。不过,在取得国家统治权之后,国民党的一些先天不足就已经暴露出来。

首先,国民党的党组织的涣散。组建中华革命党之时,孙中山就有感于辛亥后革命党鱼龙混杂,投机分子扰乱党的秩序,以极其严苛的入党程序来控制党员质量,而后国民党也历经"改进"与"改组",尤其是 1924 年的改组,吸纳共产党员入党,希望把"国民党组织的重心由上层向下层转移"①。然而彼时的国民党尚未掌握国家政权,经费有限,心有余而力不足,导致地方党部没有深入群众中去,反而被地方豪强所控制,成为他们盘剥地方的工具。加之在吸纳党员入党时只求数量不求质量,党组织虽然扩张得十分迅速,但多数新党员是迫于形势入党,对国民党党义没有信仰,更加剧了国民党基层组织的涣散。

其次,国民党中央机构的几经变迁导致党中央权威的弱化。1924年改组之后,法理上党的最高权力机关是中央执行委员,但自孙中山去世之后,在实际工作中起指导作用的是中央政治委员会。最为显著的例子就是像 1925 年商讨广州国民政府成立这样重大的事项,是由中政会讨论决定的,作为中执委常务委员的邹鲁事先竟然"都不知道,就已

---

① 王奇生:《党员、党权与党争——1924—1949 年中国国民党的组织形态》,上海书店出版社 2009 年版,第 46 页。

发表"①。30年代初期，中政会委员人数的急剧膨胀又导致中政会地位的下降，这样，中政会、中执会及其常务机构中常会都变成议而不决的"冷衙门"。国民党中央核心机构的职能不断变迁带来最坏的影响就是中央权威不断丧失，个人独裁随之产生。

最后，国民党在借鉴苏联、西方经验上多是生搬硬套，没有很好地与本土文化结合，摸索出适合中国的道路。辛亥后积极学习西方政党制度，推行责任内阁制，以被袁世凯复辟收场；1924年改组国民党时，却只注重对组织系统形式上的学习，党章也多是照抄照搬。没有结合中国人口众多、阶层分野巨大的国情，对俄共严格的党纪没有进行深入的学习，尤其在吸纳党员方面，没有采取苏俄的预备党员制度，致使党员队伍日趋杂滥；1928年五院制度建立时，又单方面希望五院统归于国民政府与党中央，以免相互掣肘影响办事效率，却不知失去独立性的五院成为提线木偶，只知照章办事，如同空剩虚名而没有实际指导作用的中央机构一般，渐渐沦为独裁者掌控行政权力的工具。

（三）党治、军治、人治，弱势统治引发的必然结果

根植在国民党肌理的先天不足使得这种统治从一开始就注定成为一种弱势的统治，中政会、中执会及其常务机构中常会权威下降后，党权逐渐被军权所取代，而军权又牢牢控制在蒋介石手中，党治趋向军治与人治成为这一时期的鲜明特色。由于军治与人治脱离了制度的束缚，国民党演变成一个独裁党，而这种独裁在某种程度上又打下了蒋介石的个人烙印。

军治的形成源自党军的建立，孙中山在向苏联学习经验时就把党军的建设提上议程，最终在苏联的帮助下成立了黄埔军校，蒋介石就是自担任黄埔军校校长之后逐步开始了由军权影响党权、政权的步伐。1926年随着北伐战争的节节胜利，军权在国民党内部地位逐步上升，蒋介石个人权威也与日俱增，但与之相适应的是，蒋介石在党内的地位始终不及国民党的功勋元老。这种矛盾终于在武汉、南昌迁都之争以及宁汉分裂中得到总爆发，蒋介石借助这两次事件和1927年的"清党"事件跻

---

① 邹鲁：《回顾录》，岳麓书社2000年版，第141页。

身国民党高层，更借全国一统之势成为国民党内握有实权的领袖。

国民党在基层组织能力不足一直为蒋介石所诟病，于是他开始尝试把军治理念扩展到全党、全国中去。蒋介石认为"凡一国家独立……更有最要之要素，则为军人"①，只有国家采取军事统治才能极大地推动社会发展，为此他推行了保甲制度和新生活运动，把全社会纳入军事化管理之中。在一系列军事化活动管控下，当时"人民已不知有党权、政权，而唯见军权"，可知蒋介石厉行军治之恶果。军治理念盛行在全国范围内引发党权的式微，胡适直指"今日所谓党治，只是军人治党而已"。

无论党治也好，军治也好，国民党最高领袖蒋介石才是整个制度变化最大的受益者，他由军而党，以党控军、以军治党。1937年抗战爆发后又借国防最高委员会巩固了个人独裁地位，成为中华民国实际的独裁者。他的治理理念凌驾于整个党国体制之上，使得整个国家都在他的控制之下，党国体制在他的手上完成了变轨，变成了一个带有鲜明人治、军治色彩的专制体。

结　论

19世纪末至20世纪初，恰逢中国从传统的"王朝专制主义"到近代体制的转换期。这种转换是通过暴力而不是法律的手段进行的，与之相适应的是整个国家架构、社会架构带着革命的色彩也在进行着转换。由于这种转换在一开始并不是自发的、有意识的转换，而是在危机胁迫下的被动转换，所以不可避免地以欧美等国较为先进的政治体制为参照。当然，在中国复杂的国情影响下，这一转换过程也不是一帆风顺的，它经历了数次转型、数次变轨磕磕绊绊地走向近代体制。

从1911年到1928年，国民党在探索中国近代宪政道路的进程中逐步走偏，最后形成了党在国上、党在法上，拥有无上权威的党国体制。党国体制在当时的中国出现是有其深厚的时代背景与政治基础的。在这十几年间，欧洲恰逢欧战，欧美与苏俄争相在世界范围内输出革命理

---

① 《蒋主席昨日在平陆大纪念周演说》，《中央日报》1929年7月2日。

念，处于"中间地带"的中国更是由于持续的战乱，加之中国人口众多，普遍政治素养不高，对于权力的运用只能被动应对这一浪潮。变幻莫测的国际形势没有给中国留下渐进式革命的时间，更加直接的法国大革命式的革命道路成为中国不得不面对的现实窘境，"总体党"理念在被苏俄成功集成后很快传入落后的中国，并在中国宪政道路转轨中起到了十分重大的作用，加剧了党国体制的成型。可以说这一机制源自于孙中山对西方、苏联政治理念以及中国本土政治理念的学习与借鉴，完成于孙中山继承者对孙中山党治理念的解释与嬗变。这一制度的出现从根本上说是适应中国国情的，它的"总体党"特性使得它在动员人民方面有着天然的优势。它不仅调动了中国人民保卫国家、建设国家的热情，也在很大程度上使得中华文明得以延续。

孙中山努力使他去世后的国民党走向分权的委员制，但是源自"总体党"理念的独裁需要，孙中山的继承者对他所规划的中国宪政道路必然会进行某种程度上的反叛，而这种反叛变成促使宪政道路再次转轨，最终成为党国体制发生变异的导火索。军治、人治的产生使得党国体制日益蜕变成为一个专制制度，而国民党在基层的弱势统治使得它失去了赖以为基础的人民的信任，腐败的政治和混乱的经济调控最后也把国民党推向了失败的深渊。

参考文献

一 著作

孙中山：《孙中山全集》第1卷，中华书局2011年版。

高全喜：《立宪时刻：论〈清帝逊位诏书〉》，广西师范大学出版社2011年版。

王世杰、钱端升：《比较宪法》，中国政法大学出版社1997年版。

孙中山：《建国方略》，中国长安出版社2011年版。

杨奎松：《"中间地带"的革命——国际大背景下看中共成功之道》，山西人民出版社2010年版。

郭卫：《中华民国宪法史料》，文海出版社1973年版。

中华文化复兴运动推行委员会主编：《中国近代现代史论集》，台北商务印书馆 1986 年版。

中国第二历史档案馆编：《中华民国史档案资料汇编》，凤凰出版社 2010 年版。

陈之迈：《中国政府》，上海人民出版社 2012 年版。

钱端升：《民国政制史》，上海人民出版社 2008 年版。

李剑农：《最近三十年中国政治史》，台湾学生书局 1930 年版。

邹鲁：《中国国民党党史纪要》，青年书店 1930 年版。

萨孟武：《宪法新论》，中国方正出版社 2006 年版。

平心：《中国民主宪政运动史》，上海书店出版社。

杨幼炯：《中国政党史》，上海书店出版社 1984 年版。

徐矛：《中华民国政治制度史》，上海人民出版社 1992 年版。

孔庆泰：《国民党政府政治制度史》，安徽教育出版社 1998 年版。

谢彬：《民国政党史》，中华书局 2007 年版。

荆知仁：《中国立宪史》，联经出版社事业公司 1984 年版。

王蔚、潘伟杰：《亚洲国家宪政制度比较》，上海三联书店 2004 年版。

宁凌、庆山编：《国民党治军档案》（上），中共党史出版社 2003 年版。

崔之清：《国民党政治与社会结构之演变（1905—1949）》，社会科学文献出版社 2007 年版。

王奇生：《革命与反革命：社会文化视野下的民国政治》，社会科学文献出版社 2010 年版。

王奇生：《党员、党权与党争——1924—1949 年中国国民党的组织形态》，上海书店出版社 2009 年版。

［美］费正清：《剑桥中华民国史（1912—1949）》（上），杨品泉等译，中国社会科学出版社 1994 年版。

［英］洛克：《政府论》，刘晓根编译，北京出版社 2007 年版。

［法］孟德斯鸠：《论法的精神》，申林编译，北京出版社 2007 年版。

［法］让·雅克·卢梭：《社会契约论》，李平沤译，商务印务馆 2011 年版。

［意］马基雅维利（Niccolo Machiavelli）：《君主论》，张志伟等译，陕西人民出版社 2001 年版。

二 期刊文章

王奇生：《党政关系：国民党党治在地方层级的运作（1927—1937）》，《中国社会科学》2001年第3期。

朱海嘉：《论国民党党治体制形成的几个问题》，《求索》2011年第4期。

申晓云：《从"宪政"到"党治"——孙中山"再造民国"思想转换透视》，《南京社会科学》2011年第6期。

王兴业：《孙中山"以党治国"思想的形成及其影响》，《广东社会科学》2005年第5期。

龚启耀：《评孙中山的"以党治国"思想与南京国民政府的"一党专政"体制》，《福建广播电视大学学报》2005年第4期。

娄胜华：《民初政治权威的危机与孙中山"党治"思想的形成》，《学海》2002年第2期。

李贵连：《从法治到党治孙中山的思想转变》，《炎黄春秋》2013年第6期。

林来梵、褚宸舸：《中国式"宪政"的概念发展史》，《政法论坛：中国政法大学学报》2009年第27期。

周淑真：《宪政体制与政党政治的关系分析》，《中国人民大学学报》2010年第5期。

董和平：《宪政问题研究》，《法学家》2008年第2期。

张千帆：《中国百年宪政历程的反思与展望》，《法学》2008年第4期。

剿匪与自治：20世纪30年代宛西地区权势转移与乡村建设研究

靳潇飒

摘 要 清季民初以来社会日趋动荡，位于河南省西南部的宛西地区因地理位置偏僻、交通闭塞而成为土匪兵痞等传统社会边缘人物的栖身之地，猖獗的匪患彻底打破了乡绅、民众和官府三位一体的宛西传统社会体系。以彭禹廷、别廷芳为首的自治精英团体利用时局相率崛起，先是在一系列的剿匪保民活动中赢得宛西民众、乡绅和官府的支持，后又在国共对峙的形势下排斥政党政治，发展出颇具代表性的"三自主义"地方自治和乡村建设理论。虽然这一理论和乡村改造计划最终归于流产，但其作为民国时期乡村建设理论的重要派别，对于当下社会主义新农村建设仍有借鉴意义，其自治实践活动也成为当今基层民主建设的重要参考对象。

本文尝试在已有史料的基础上，充分借鉴已有的研究成果，适当做出一些突破和创新，抛弃依据时间轴进行叙述的传统套路，把研究重点放在人物和事件身上，尤其关注对宛西权势转移产生重大影响的关键性事件。

文章共分为四个部分："宛西乡土"主要探讨自治运动前夕宛西社会内部阶层的主要构成及其流动变化；"自治之路"详细论述彭禹廷与别廷芳等人在自治运动中夺取地方权力的具体经过，并对比其夺权方法和途径的异同；"三自主义"主要围绕自治活动的理论来源和实施过程进行探讨，研究自治派乡村建设理念的具体含义；"昙花一现"将研究视野集中于彭禹廷和别廷芳二人，探究彭禹廷、别廷芳的个人因素对于宛西自治的影响，间或涉及南召与新野两县的自治活动，反思宛西自治的经验教训以及对于当下的借鉴意义。

关键词 宛西自治；彭禹廷；别廷芳；权力转移；三自主义；乡村建设

引 言

杏花春雨，构林秋酣，信美吾山河。伏牛八百称雄伟，自古白水英雄多。试登将台，想：邓禹建策，孔明帷幄，博望奉使，冠军横戈。何以今不古若？锻炼身手研韬略，同仇敌忾平暴倭。飞腾似瀑布，深厚似圣垛，武备文事两不颇，发明创造全在我。猛进，莫蹉跎！猛进，莫蹉跎！当吾前兮开光塔，中立不倚作楷模，勉哉我同学！开礼门，导先路，振木铎。建我乡村，医我沉疴。耕田而食，凿井而饮，村村仁忠孝悌力田歌。发扬民族精神，共和万代，万代共和。（宛西乡师校歌）[1]

这是一首创作于20世纪30年代早期中国内陆一座师范学校的校歌，前半部分歌颂的乃是河南省南阳地区的壮丽河山和历史人物，后半部分以慷慨激昂的文字鼓励在校学生对内振兴中华、对外驱逐倭寇，实现万代共和的良好愿景。这首由南阳地区传统儒士张嘉谋作词、学校教员李腾仙作曲的校歌，颇具振奋人心的力量。在20世纪30年代民族主义情绪高涨的中国，类似这样宣传口号式的歌曲并不少见，尤以国共两党宣传阵地居多。然这所坐落在河南西南部、南阳盆地内一个偏远县域的师范学校，此时并不在国共两党的控制之下，而是由几个倡行自治的地方人物所创立的。在一个较为封闭的盆地地区推行自治活动自然会给世人一种割据为王的封建土皇帝的印象，从这几个地方自治领袖排斥政党活动的行为中体现得尤为明显。但是，从这首学校的校歌中却并未看出丝毫封闭心态，相反，其胸怀抱负和对国对家的热情程度貌似并不亚于同时期的国民政府及中共。这便不由地令人感到好奇，究竟30年代在宛西地区推行自治的这批人物是何方神圣，在政党政治席卷全国的形

---

[1] 陈景涛：《别廷芳传》，中国文联出版社2005年版，第141页。

势下，他们为何敢于断然采取排斥的态度，在宛西这样一个较为封闭落后的地区采取一条中间道路的方式，并显示出了一种要为中国未来指引方向道路的胸怀气魄？

当1933年3月1日宛西乡师在澎湃激昂的校歌声中正式成立之时，这批地方领导人物在宛西地区的自治事业看似也推行得十分顺利，别廷芳[①]已经牢牢地控制住了内乡县全县局势，乡师校长彭禹廷[②]在镇平县的威望业已达到顶峰，陈舜德[③]也控制着淅川县政军政大权，邓县的自治事业虽然因为其领袖宁洗古[④]的去世而大打折扣，但是根据1930年9月27日四县有关联防的协定[⑤]，自治团体仍可以保持其在整个邓县的影响力和控制力。由彭、别、陈等人领导的宛西自治运动也开始蜚声全国。但是仅仅在此之后不久，1933年3月26日凌晨，彭禹廷便遭到暗杀，此时距离他在宛西乡师成立大会上出任校长、受万人拥戴才仅仅过去了25天的时间，为何在镇平县域权势威望正如日中天的自治领袖会突然遭到杀害？彭死后，别廷芳领导这场运动继续向前，其权势也得以继续发展，甚至在1938年7月间在武汉竟然得到了蒋介石的会见。为

---

① 别廷芳（1883—1940）：字香斋，西峡县阳城乡张堂村人。宛西自治首领，自治业绩斐然，历任内乡县民团第二团团长、宛属十三县联防司令、河南省第六区抗战自卫团司令等职，抗战时期配合正规军取得新唐大捷，1940年带病赴洛阳开会，回内乡旋即病逝。

② 彭禹廷（1893—1933）：又名锡田，安子营乡七里庄人。1919年，任河南印刷局局长。1925年夏，彭禹廷任察哈尔都统署秘书长。1926年3月，改任西边防督办办公署秘书长。1927年6月，任国民革命军第二集团高等执法官。时视镇平匪患紧张，县民一日数惊，彭禹廷出任南区（侯集）区长，着手训练民团，剿匪安民。1933年2月29日，彭禹廷被其侍卫害死，农历4月16日葬于杏花山虎山沟。

③ 陈舜德（1901—1989）：又名陈重华，河南省淅川县上集镇水田村人，宛西自治主要领袖之一，领导淅川地方自治，参与杨集会议倡导四县联防。抗战爆发后率领民团抗击日军，指挥西峡口战役，解放后随国民党政权去往台湾。

④ 宁洗古（1906—1930）：名天德，字洗古，河南省邓县（今邓州市）城郊宁营人，宛西自治主要领袖之一。1920年入春风阁邓县县立第一高等小学校，1924年入开封基督教圣安德勒学校，1925年春加入中国共产党，秋在开封考入黄埔军校四期，因国共合作，经批准加入中国国民党，曾在冯玉祥部第二军事教导团任教育长，1926年7月参加北伐，次年任镇平县民团参谋长。1929年春被河南省主席刘峙委以邓（县）、新（野）民团指挥，1930年去省城开封途中，路经泌阳县时被杀害。

⑤ 即杨集会议，1930年9月27日，宛西四县自治领袖彭禹廷、别廷芳、宁洗古和陈舜德在杨集召开会议，成立宛西四县地方自治委员会和宛西四县联防办事处，标志着宛西自治事业正式开始。

什么像蒋介石这样的国家元首，在日本人逼近、武汉已岌岌可危的形势下，还会"垂青于别廷芳这样的在政治上无足轻重的小小地方性人物"①？然别廷芳为何仍郁郁不得志，在1940年赴洛阳开会之后旋即得病身亡？此间，这些地方自治精英与国民党高层、中共革命力量、当地士绅以及基层民众究竟有着怎样错综复杂的关系？

在宛西地区的方言中，常用"先"或"仙儿"这样的称谓来形容教书匠和医生，以表示尊崇之意，因为前者循循善诱诲人不倦，后者妙手回春悬壶济世，皆为当地人眼中的先辈或超脱世俗的神仙。然彭禹廷既非教师，也非医生，却因自治领袖的身份独享了这一殊荣，至今在宛西提及彭禹廷之名，广大民众都以"老彭先"称呼其人，对于彭禹廷的尊崇可见一斑。有学者统计，二十四史内曾入传的南阳籍人物共361人，未入传但显其名者有323人②，但在地方民众中口耳相传的却仅仅如百里奚、范蠡、张仲景、张衡等数十人而已，近代百年南阳地方史记载的名人故事则更为浩瀚，然至今在南阳地区仍能够激起民众热议的仅彭禹廷与别廷芳二人罢了。民间尊崇地方自治领袖人物的这种心态究竟是如何被建构起来的？彭禹廷和别廷芳诸人究竟采用了什么方式，让宛西地区民众如此爱戴？

可以说，正是由于这些问题促成了笔者对于宛西自治这一课题的极大研究兴趣，早在本科学习期间，就已持续关注宛西自治这一课题的相关研究动态和研究成果，进入研究生阶段以来，在导师张军先生的鼓励下，便直接将这一课题作为自己的研究方向。本文基于目前史学界的研究成果，在搜集整理了大量相关资料的基础上，尝试对这一课题有所突破，也力图对上述问题作出一定程度的探讨。这些问题的讨论既有重新塑造民国时期自治人物的历史价值，其知古鉴今的作用也甚为明确，彭禹廷与别廷芳诸人自治时期所颁布的各项法规和推行的诸多地方建设性政策，对于当下如何处理地方事务、如何改进地方政治体制和推动农村经济发展也有着借鉴意义。

---

① ［美］张信：《二十世纪初期中国社会之演变——国家与河南地方精英（1900—1937）》，岳谦厚、张玮译，中华书局2004年版，第1页。

② 参考谭学禹《自治导师彭禹廷传》序言，三秦出版社2003年版。

民国地方自治与乡村建设一题，历来为人文学科的热点研究课题，不仅在历史学界，在社会学和政治学界同样有着广泛的关注度。尤其对于梁漱溟、晏阳初、陶行知和卢作孚等乡村建设派名人，为其著书立传者着实不少，对他们思想理论的剖析业已十分深刻，对地方自治的研究也进一步深化，甚至已经上升到指导国家乡村与社会建设的哲学高度。然相较梁漱溟在山东邹平、晏阳初在河北定县的乡村建设，以及卢作孚的北碚实践和陶行知的晓庄师范，同时期活跃在河南南阳地区的自治运动在知名度和影响力方面的确略逊一筹，因此关于宛西地区的自治运动研究起步较晚，当下仍呈方兴未艾之势。

一 宛西乡土

20世纪前期的近代中国，变动程度十分剧烈，其变化不仅表现在清帝国覆灭后传统制度和社会体系不断被打破、被接踵而至的新政体类型替代，更表现于整个古老的中华大地渐趋走向现代化的各种社会进程当中。这些剧变和现代化进程乃是学术界一直以来不断探寻思考的主要课题。然基于近代中国人物众多、史料庞杂，且各地区所遭受的外来冲击程度不一，导致中国各地对于现代化的认识各不相同，因此在"破旧立新"的近代化道路上，近代中国内部会表现出极其巨大的差异性，这种差异性才是当今学者所应不断完善和挖掘的重点。

宛西地区[①]便是这众多特殊个体之中的一个，其地处河南西南边陲地带，伏牛山和桐柏山南北环绕，让当地形成一个面积11900平方千米的天然盆地，与整个河南东部和北部的华北平原地形迥然有异。"宛"有"四方高中间下"之意，此字生动概括出了该地数面环山、中部低平的盆地地貌特征。盆地特殊的自然地理环境让宛西地区自古便呈现出与河南其余地区较为不同的精神面貌，封闭的环境既养成了当地富裕自足、闭门不出的封闭保守心态。适逢乱世之际，其远离省城政治中心、交通不便的地理环境则又让该地成为各种割据政权的栖身之所和流匪盗

---

① 宛即河南省南阳市的简称，宛西地区一般是指南阳以西的镇平、内乡、淅川、西峡四县。

痞的安乐之地。新莽政权之下有光武据此而出成就中兴大业，汉末先有黄巾军马元义作乱，后有张济、张绣叔侄割据称雄，隋末更有迦楼罗王朱粲作恶，自古以来便是如此，成为中国历史上各类边缘人物试图进入政治中心的活动舞台。当近世欧风美雨挟浪东来、中华遭受"数千年未有之大变局"之时，宛西地区特殊的地理位置和封闭保守心态注定了其未来独特的历史发展走向。

（一）宛西社会总论

参照施坚雅的"中心—边缘"模式来解释宛西独特的地区差异，南阳城仅仅为河南西南部地区的一个区域性城市，不仅影响力远远不及省城开封，整个盆地内部的人口密度也大大比不上河南东部及北部平原地带，根据管蔚蓝主编的《中华民国行政区划及土地人口统计表》（北开出版社1956年版）可以看出，河南北部华北平原上人口密度最小的县份也比西南部人口密度最大的县份人口稠密①。这便是众多海外学者将南阳地区列为河南边缘地带的主要依据，我们姑且不论这种判断方式是否片面，但是至少近世以来宛西地区与河南东部、北部发展差异在逐渐拉大，实为不争的事实。奥德利克·吴（Oderic Wou）按铁路抵达的范围将近代河南分为"发达的、落后的、衰退的"三大地区，他认为，"发达地区位于铁路沿线，落后地区不仅远离铁路且处于群山之中，衰退地区位于河谷地带"②。宛西地区便属于所谓的"落后地区"，当近代欧风美雨冲击古老中华帝国之时，宛西地区所受的冲击相比河南其余"发达地区"则要小了许多，因为华北平原奋力抵挡和承受了大部分外国势力的入侵，所以南阳盆地受到的冲击相对较小。这种地缘特殊性对宛西造成了两方面的影响，一方面使得宛西地区没有大规模的反抗外国经济势力入侵的行为和反洋教斗争，依旧保持着传统的乡绅、官府和民众的三元社会体系；另一方面，外国势力入侵迅速改变了北部河南地区

---

① ［美］张信：《二十世纪初期中国社会之演变——国家与河南地方精英（1900—1937）》，岳谦厚、张玮译，中华书局2004年版，第27页。

② 奥德利克·吴：《19世纪20年代和30年代不同的经济变动对湖南社会的影响》（未刊稿），转引自［美］张信《二十世纪初期中国社会之演变——国家与河南地方精英（1900—1937）》，岳谦厚、张玮译，中华书局2004年版，第26页。

农民的经济形势，但宛西地区则并没有被纳入资本主义体系中去，自给自足的封建小农经济并未有多大的改变，这就使得被纳入体系的北部河南对外界越来越开放，相反，宛西地区则越来越趋向保守封闭，从而成为近代各类边缘势力和边缘人物盘踞的场所，成为滋生土匪势力与兵痞的温床，而匪患的严重又迫使当地乡绅纷纷做出对策，或是依附，或是对抗，便又造成了当地乡绅的分化，随后，自治精英正是在这样复杂的形势下开启自治活动。

（二）宛西传统社会：乡绅、官府与民众

孔飞力在《中华帝国晚期的叛乱及其敌人》一书中认为清王朝覆灭与中华文明衰退之间没有必然的联系，他认为清帝国行政机构虽已瓦解，但"旧秩序的重要基础——地方士绅的权威并未动摇"①。这样的解释对于沿海受西方冲击较为严重地区可能有些勉强，但是却十分适用于落后保守的宛西地区，虽然清季民初匪患的出现严重打破了宛西传统社会的旧有构成，但持续到彭禹廷返乡、别廷芳力行自治之时，宛西乡村社会中乡绅、民众与官府这样的传统三角体系还依然十分明显，彭禹廷也正是利用宛西社会这样的特点，才得以赢得宛西当地各界的支持，才得以顺利在宛西乡村推行其自治方略。前人研究自治一直侧重于自治方略和政策的分析，却较易忽略施政方针所得以推行的社会土壤。

中国传统社会中皆存在着农民和士绅两个主要群体，而士绅在县城内部又有着官员和地方士绅的分野，因此可以简单地将其视为农民大众、士绅及官府的三元社会形态。周荣德将士绅作为一个阶层群体来进行研究，并且把士绅分为四个层次：村绅，村庄的士绅；乡绅；县绅和省绅。县绅分子可同时是乡绅分子和村绅分子，但村绅分子却不一定可以成为乡绅分子和县绅分子②。按照周荣德对于士绅的分类，宛西地区由于地处偏僻，省绅分子十分稀少，而县绅分子则主要在县城内部受聘出任各类官职，因此作为广大民众与官府沟通的主要桥梁的士绅则以村

---

① [美]杜赞奇：《文化、权力与国家——1900—1942年的华北农村》，王福明译，江苏人民出版社1994年版，第13页。

② 周荣德：《中国社会的阶层与流动：一个社区中士绅身份的研究》，学林出版社2000年版，第153页。

绅和乡绅为主。所以宛西社会可以说是乡绅、官府与农民的三维形态。

宛西地区的广大农民与其余中国各地农民一样，数千年来被牢牢地禁锢在了土地之上，以其劳动所得长期供给整个国家以及统治阶层，不但很少接受过正规私塾教育，而且世代贫穷，如果传统社会"士农工商"的超稳定结构没有因外力而被打破，那么贫苦农民则很难有上升流动的空间。贫苦农民如若妄图向上攀升，则只能靠秘密结社、参军、非法经营甚至盗窃抢劫等非正常手段。随着西方势力的入侵，传统社会的超稳定结构一步步走向分崩瓦解，宛西社会便成为中国传统社会消解之后的垃圾场，成为土匪兵痞、军阀流氓等社会边缘人物的藏污纳垢之所，这便给了诸多贫苦农民得以向上攀升的温润土壤，参加土匪或者受军阀征召便成为了诸多贫民铤而走险的选择。这就是沈松桥所认为的，宛西地区自清季以来逐步走向社会军事化①。彭禹廷回乡目睹的猖獗匪患，亦是有它较为深厚的民间基础。如何争取民众支持，将土匪军阀赖以生存的社会土壤改造成为推行地方自治的社会土壤，便是彭禹廷返乡后所集中要做的努力之一。

乡绅作为官府与民众之间沟通的桥梁，在维持宛西社会稳定之中的作用不言自明，周荣德将士绅的上升流动形式分为六种，即以学校为阶梯、以行医为阶梯、以军队为阶梯、以政府为阶梯、以商业活动为阶梯和经由婚姻关系而上升流动。宛西乡绅也不例外，甚至彭禹廷自己，也是先以学校为阶梯，自镇平县立第一高等小学堂、县立师范传习所、开封府知新中学、河南省立优级师范直至北京汇文大学，从而离开农村改变命运；并随后以政府为阶梯，先后担任河南省印刷局副局长、南阳丝厘局局长等职，逐渐开始步入仕途；最终通过军队实现自身的上升流动，担任西北军军法科科长以及西北边防督办公署秘书长，成为西北军的一名高级军官。因此从某种意义上讲，以彭禹廷为代表的宛西自治精英派也属于地方乡绅这一阶层，是属于立志改变地方的左翼激进乡绅势力。在猖獗的匪患打破宛西旧有社会关系之前，统治宛西的精英阶层大

---

① 沈松桥在其《地方精英与国家权力——民国时期的宛西自治（1930—1943）》一文中，认为自19世纪中期以后，随着社会军事化的日益加深，河南地方精英的性质渐趋转化，其所赖以掌握地方社会支配权力的资源基础，亦由传统的科举功名，一变而为强制性的武装力量。

多属于当地稍有功名的村绅、乡绅，他们要么凭借着自身宗族势力的强大，要么凭借家业的富裕，抑或是凭借当地人对于取得功名人物的尊重，从而成为宛西当地的权势中心。例如镇平县石佛寺区区长毕裕阜①，便是凭借着毕家家族积累起了丰厚的家产，又借着废科举兴学堂之势入新式学堂学习数年，给自己贴上了文化标签，此后便政途坦荡，不但当上了石佛寺区区长，更是出资捐官购得河南省议员职位。又如邓县王庚先，以其科举博得的秀才功名，回乡担任小学教习，在邻里之间备受尊重。内乡自治领导人物别廷芳以及被别廷芳排挤出走的内乡县民团团总张和宣也属于典型的乡绅势力。宛西地区远离省城，因此当拥有较高功名的省绅和大地主为追求更为优越的生活条件而举家迁走后，类似毕裕阜、张和宣、别廷芳之类的乡绅、村绅便把持了当地大量的权力，而官府往往为了扩大自己的统治基础，便会给予这批乡绅一定的官职，将其吸纳进入官府体系中来，官府、民众与乡绅三维社会关系有机互动，此便为自治运动肇始前宛西政局的普遍状态。

然彭禹廷的返乡举动则打破了这旧有的格局，这无疑是等于业已离乡的拥有较高功名者主动返乡，与把持当地的既得利益者争夺统治权力，这自然会激起这批乡绅势力的不满，彭禹廷与毕裕阜的矛盾便由此而来。别廷芳在内乡县为了对抗以张和宣为代表的其他统治团体，攫取更大的统治权力，则选择了与彭禹廷合作，倡行四县联防，共同组成新的自治精英团体。当新形式新变化在宛西出现时，各乡绅之间也在不断地分化重组。而其中最为重要的一个新情况就是日益严重的盗匪危机，可以说宛西匪患的日益严重才是彭禹廷立志返乡倡行自治的最初动机。土匪势力在清季民初的暴起，在宛西遍地开花，不仅改变了旧有的社会关系格局，更是宛西自治运动的直接诱因。

（三）宛西盗匪危机

关于清末民初的盗匪问题，海内外学者皆有关注，研究成果已颇为丰富。20世纪二三十年代，不仅宛西地区，乃至整个华北，盗匪问题皆相当严重。土匪如此普遍存在并猖獗异常，不但形成一种特有的蔓延

---

① 一说为毕浴佛。

态势,也成为民国时期数量众多的一个特殊团体。① 豫西南地区首当其冲地成为清季动乱以来各类盗匪滋生的温床。

早在清季宣统元年(1909年),豫西王天同(一说为王天纵)便趁乱纠合张黑子、张四庚、丁老八等人树起反清大旗,以杨山为根据地四处劫掠为生,河南西部长达数十年的匪患便由此开始。辛亥之后,清王朝分崩离析,豫西更是动荡不安,张书林、柴老八、刘镇华、阚玉琨等人相继而起,趁乱扩充实力,并协助"陕西军政府秦陇复汉军东路大都督"张钫自陕西攻入河南、击败清军赵倜部,从而摇身一变成为了反清起义的革命功臣②。自此之后,占山为匪响应革命,趁乱接受改编加入地方军阀,便成为了豫西整个社会谋求晋升的一条捷径,刘镇华的"镇嵩军"、樊钟秀的"建国豫军"皆由此而来,张治公、石友三、王凌云等人皆由豫西发迹。传统民间"升官发财"的理念在此地区则被赋予了更新的含义:"如果想当官,先成土匪头,如果想坐轿,先去绑人票。"③ 可以说,辛亥革命的不彻底性既导致了革命后中央统治权威尽失,无力有效管辖地方,使得地方政局长期处于动荡之中;也导致了一大批在清末处于社会边缘的不安分子在革命中见风使舵,以反清名义加入革命队伍以谋求利益、取得晋升空间,民国以来官匪沆瀣一气的乱象便由此肇始。

随着袁氏当国局面的出现,混乱的河南局势不但没有得到缓解,反而更加恶化,1912年白朗率众起义,转战豫西豫南各地,豫西南地区局势更加动荡不安。自白朗起义爆发以后,土匪对于整个豫西南地区的统治则进一步得到了巩固。袁世凯死后军阀割据不断混战,更让河南这块兵家必争之地变为了各路军阀混战的大炼狱场。到1923年,河南政治几乎完全被军队操纵,省财政预算的百分之八十皆用于军费开支④,

---

① 朱汉国、王印焕:《华北农村的社会问题:1928至1937》,北京师范大学出版社2004年版,第255页。

② 参考河北文史资料编辑部《近代中国土匪实录》,群众出版社1992年版,第1—5页。

③ [美]菲尔·比林斯利:《民国时期的土匪》,王贤知等译,中国青年出版社1991年版,第98页。

④ 同上书,第115页。

军队数目达到史无前例的惊人数目。军队哗变、士兵逃亡、战败溃散等现象不断出现①，造成大量流民逃兵，使得土匪数量也急剧增加，豫西南多山的盆地地形更是成为盗匪的安身栖身之所，宛西瞬间成为了盗匪滋生之地，其传统社会结构也由此被急速打破。

菲尔·比利斯利把在乡村活动的土匪分为"临时性土匪"和"职业性土匪"两种，第一种类型从匪的原因为在饥荒面前走投无路或面临着一时的经济危机，第二种乃是把土匪活动作为自己终身生存之道，并在王法管辖不到的地方建立自己牢固的基地②。此二种类型，宛西地区间或有之，通常皆为外地逃兵流民溃散进入宛西为匪，建立根据地成为职业土匪，随之带动当地部分贫困农民铤而走险，丰年耕地凶年为匪，成为临时性土匪。大股流寇与本地盗匪互通声气，宛西乡间匪患严重程度几乎到达无以复加的地步。1920年（民国9年）以后宛西仅声势较大之悍匪，"镇平计有三十二股，匪徒约三千七百余人，至于其余零星小股，尚不在内"③，人数较多、实力较大的宛西悍匪当属王太、魏国柱，其最盛时期人数达三万之众，其余如刘宝斌、杨小黑、崔二旦、王长安、董天顺、张大光、张铁头等，人数也在千余至万余不等；内乡县内更有匪徒三十余股，西北杨宝三、孙占魁、桑宏宾啸聚山林，城南郭老四、王家光、孙天堂、庞云兴等人兴风作浪，城东王明清、樊金川、薛兆麟等人烧杀抢掠，县北更是有吴凤山、江明玉、陈占清长期盘踞，整个内乡县城几乎全被土匪势力所包围。临近的淅川、邓县皆是如此，整个宛西地区渐已成为土匪的世界。

由于宛西土匪来源和成员甚是复杂，既有溃散的逃兵，也有当地地

---

① 依据杜中堂《河南的匪祸与乡村社会（1912—1932）》一文整理，大规模溃逃士兵散为土匪自1917年至1930年间曾发生七次：1917年张勋复辟失败，其武卫军溃散，大量流入山东、河南为匪；1920年冯玉祥、成慎驱逐河南赵倜部失败，成慎军队大部被裁，多流为土匪；1922年第一次直奉战争，赵倜联奉反直被冯玉祥、胡景翼联合击败，赵倜八万宏威军被吴佩孚解散，大部持枪为匪；1925年胡憨之战，阚玉琨战败自杀，属下五万镇嵩军溃退至豫西山区形成多股悍匪；1926年国民革命军北伐进入河南击溃吴佩孚，吴部多溃散为匪；1927年冯玉祥与靳云鹏为争夺河南发生战争；1930年蒋介石、冯玉祥、阎锡山中原大战，更造成了大批溃败逃亡士兵进入山区成为盗匪。

② ［美］菲尔·比林斯利：《民国时期的土匪》，王贤知等译，中国青年出版社1991年版，第22页。

③ 李腾仙：《彭禹廷与镇平自治》，镇平县地方建设委员会1933年版，第25页。

痞流氓，既有贫困不堪的破产农户，更有经商破产者、躲避债务者、身负命案者以及怀才不遇者。虽然他们背景不同，但有一点是相同的，即他们皆属于整个社会体系中的边缘人物，因此在谋求自身社会地位向上流动的终极目标上，他们是一致的。辛亥之后的民国政治乱象及不断失控的社会管理则给予了这批边缘分子以非正常手段摆脱边缘地位、取得上升空间的机会。"旧时土匪日后可以成为军中士兵；旧日远近闻名的匪首，可以成为以后冠冕堂皇的官。"[①] 这样的社会形势造成了大批边缘分子铤而走险上山为匪，地方官府因无力与之抗衡，只能采取传统的招安加封办法，更助长了这批边缘分子以此途径取得晋升。1930年中原大战后，蒋介石委任张钫担任河南省代理主席兼国民革命军二十路总指挥，开始对河南各地官匪、土匪进行大收编，各种啸聚山林的匪首就这样摇身一变成为各地团总和国民革命军军官。这样的上升捷径造就了大量唯利是图的匪式军队，"那些以剿匪为职守的军队，转瞬间就变成无恶不作的兵匪；那些以保卫乡里为目标的民间组织，有的亦堕落为匪类；更有一种昨天劫掠，今日革命的土匪"[②]，朝三暮四的哗变军队层出不穷，亦军亦匪的身份扑朔迷离，匪式军队与土匪强盗在宛西日渐严重，传统的社会关系格局便由此被彻底打破。

（四）转型下的畸变

土匪势力暴起彻底打破了宛西旧有的社会格局，传统社会体系中的乡绅、农民与官府无一不受到匪式军队和土匪的侵害、骚扰和威胁，清季民初土匪活动仍较有节制，在一定程度上遵循着传统的杀富济贫原则，并不太滋扰本地同乡地区，然20年代之后，"土匪所到之村，先前只拉富户，今则不论贫富，逢人便拉，并云拉一人胜得一，全县人民除土匪外，人人皆有当肉票资格"，其劫掠常常乃是"穷富都要，不值一双鞋，亦当一盒纸烟"[③]。无论乡绅富农，还是贫苦民众，皆成为土匪劫掠绑票的目标。大变乱的时代必然会带来社会群体的分化以及利益

---

① 蔡少卿：《民国时期的土匪》，中国人民大学出版社1993年版，第135页。
② 同上书，第136页。
③ 分别引自《时报》1923年9月1日、1927年7月31日。

关系的重组，土匪通过其暴力掠夺强行进入宛西社会并从社会边缘地位上试图进入整个社会的权势核心，自然会侵犯到已通过多年努力取得地方统治权力的既得利益者。乡绅势力与官府力量抑或选择与土匪妥协，抑或开始组建民团武装对抗土匪；广大民众或是铤而走险加入地方土匪势力，或是不得已依附于地方乡绅以寻求庇护，整个宛西传统社会格局几乎消解殆尽。宛西地区的传统格局没有因外国势力入侵而瓦解，而是因匪患猖獗被迫做出改变，迎来了迈向现代化道路上的一次特殊畸变。

1. 官府的孱弱无力

剿匪历来便是各个时代政府的主要职责之一，然20世纪20年代以来，中央政府驾驭地方能力不断被削弱，新的政治不断出现，在中原大战之前，南京国民政府尚未对河南地区作出有效管辖，整个中原大地成为了军阀混战的"跑马场"，各股势力竞相逐鹿中原、各派势力你方唱罢我登场，整个河南地区政权更迭速度之快令人咋舌。覆巢之下无完卵，南阳地方政权实体也随之不断发生变化。如此频繁的权势转移，导致政府更迭频繁，几乎不可能形成任何具有持续性并行之有效的地方管理措施，宛西地区因此形成长期的弱势政府局面。当土匪趁乱崛起并经久不息地在宛西肆虐，昏庸懦弱的地方官吏仅热衷于保护自己的乌纱帽，或是选择与土匪妥协，或是受到威胁因而长期龟缩于城内，导致政令不出县城，将广大乡村地区白白交由土匪控制，使其管辖的大部分地区长期处于土匪的蹂躏之下。以镇平为例，侯集区区长赵宝斋就曾被绰号为"火星爷"的匪首刘宝斌敲诈威胁[①]，日夜担惊受怕足不出区公所，因此当彭禹廷返乡之后，他才会十分爽快地将区长的位置让给了彭禹廷，表现出其十分明显的胆小怕事性格。然而即使是终日躲藏于城内，也并非可以躲过匪患的浩劫，1929年8月26日，悍匪刘宝斌、张大先、杨小黑趁彭禹廷远赴辉县百泉书院创设河南村治学院之机，攻破镇平县城，焚烧房屋九千余间，绑架全城一万一千多人，县长郭学

---

① 据传刘宝斌曾"贴叶子"（土匪黑话，即送信）给赵宝斋："姓赵的，看明白，老子就是'火星爷'，十天送银一千两，再送好酒宽心怀，如敢过期抗爷命，大小人等全活埋。"此事谭学禹《彭禹廷传》、吴国琳《乱世英杰彭禹廷》及于天命《一代完人彭禹廷先生》之中皆有记载。

济①、承审乔子珍②、县督学杨朴岑、建设局长杨守勤皆被残害身亡，镇平县级政权几乎被土匪摧毁殆尽。此"八二六"陷城事件让进展未久的自治事业遭受极大打击，不仅说明了地方政府一直以来的孱弱无力，更促使彭禹廷自河南村治学院再度返乡，剿匪自治，客观上促使宛西社会权势进一步向自治精英人物转移。

当然地方官吏中也有力图有所作为、一展抱负之人，然而在土匪猖獗的宛西地区，"镇压土匪的必要性和机会总是缺一不可的"③，自清末以来，中央政府驾驭能力不断削弱意味着地方已经失去了上级的支撑，只能依靠本土自身的力量去应对不断严重的匪患。但数十年来接踵而至的战争已使得豫西南大部分地区皆沦为枪林弹雨的炼狱战场，保障当地经济平稳发展的所有有利条件都已骤然消失，原本就已脆弱不堪的封建小农经济雪上加霜，一旦发生天灾，大部分村民几乎不可能维持基本生存水平，这种情况下土匪人数增长根本不可避免。缺少了镇压土匪的必要性条件，剿匪只能是越剿越多。内乡西峡口历来为兵家屯兵重地，别廷芳崛起之前便有南阳驻军先锋营营长张子扬亲自驻守，却依然不能阻止土匪势力不断增长甚至对内乡县城形成的包围之势，便是如此。

导致官府孱弱无能、剿匪无力还有一个深层次的原因，即传统的乡绅阶层对于官府的背叛。宛西社会原本是依靠乡绅支撑着官府共同形成对于民众管理，然而这样一种传统的社会形态因土匪势力强行暴起而被打破，其集中表现就是作为官府与民众之间桥梁的乡绅势力开始分化瓦解。在土匪活动猖獗的地区，总会出现地方豪绅的身影，他们或是自行建立武装同土匪相抗，或是与土匪共同分享地区统治权力。因此当官府失去了传统乡绅的支持之后，就算仍有试图一展抱负的官吏，此刻也将束手束脚，变得一筹莫展。

2. 传统乡绅的分化

孔飞力在《中国现代国家的起源》一书中强调中国现代国家的特征是由中国内部自身历史之演变所决定的，他认为构建现代国家所面临

---

① 一说为郭学骥。
② 一说为乔子笺。
③ [美]菲尔·比林斯利：《民国时期的土匪》，王贤知等译，中国青年出版社1991年版，第40页。

的中心挑战是"如何处理中央政府、地方及基层社区之间的权利分配关系"①，他认为中国传统社会的特点一直是由狭小的官僚机构统治着庞大的社会，因此当近代人口增加以及相对自由的土地市场不断扩大时，县级行政规模却依然故步自封，没有应对新形势而相应扩大，从而让大批中介掮客涌入地方政府内部，将公事和经商集合在一起，把地方政府变成了一个个油水丰厚的生意场所。宛西地方社会的商业化程度虽然没有西化较早的东南沿海地区那么高，但孔飞力所提及的"中介掮客"依然存在，并主要都是地方上有威望的乡绅势力充当这一角色。这便是乡绅除地产之外，通过官府为途径所谋取的利益之所在②。这批充当"中介掮客"的既得利益者们既是当地其余乡绅所艳羡的对象，更是土匪、贫农所仇恨和重点劫掠的对象。当宛西地方政府失去上级支撑而变得日趋孱弱、盗匪势力蜂拥而至，利益不断受到威胁的乡绅势力自然要重新选择依附对象，对未来政局的不同解读、对权势转移方向的不同判断导致其做出各自不同的选择，宛西士绅的分化瓦解在所难免。

其实早在盗匪势力威胁到所谓中介掮客的既得利益，并促使乡绅势力分化之前，文化网络中权力的变迁就已经导致宛西乡绅走上决然不同的道路。1905年清廷力停科举，传统士绅所依赖的制度支柱彻底崩溃，其晋升空间彻底被新时代的变革所打破，一时间，传统士人顿觉"万念俱灰，入仕的希望自此已全部破灭"，并认为"这将成为一场多么大的灾难，尤其是没人知道新式学堂毕业的学生究竟如何"③。与之相反，在社会经济快速变迁的浪潮中渐趋崛起的新兴商人与进入新学堂接受新式教育的专业知识分子，返乡之后便开始逐渐取代传统乡绅在地方社会的支配地位，乡绅之中的新旧对立便由此而来。彭禹廷便属于接受新式学堂的专业知识分子，其回乡控制政权并剿匪自治正是这一趋势在宛西

---

① ［美］孔飞力：《中国现代国家的起源》，陈兼、陈之宏译，生活·读书·新知三联书店2013年版，第19页。

② 张仲礼在《中国绅士的收入》中将中国绅士的收入途径分为六大类：担任官职、士绅功能、充当幕僚、教学、地产及商业活动。

③ ［美］沈爱娣：《梦醒子：一位华北乡居者的人生（1857—1942）》，赵妍杰译，北京大学出版社2013年版，第71页。

的体现，总而言之，"旧式读书人衰落，富农与经商者兴起"，从而造成一种"绅与士逐渐分离"的现象①，加之官府日渐孱弱，整个宛西乡村社会权力真空，开始了一种疏于管理的自治生活。

然而这种真空状态并未持续太久，土匪势力的崛起迅速打破旧有格局，宛西地方权势开始出现迅速向盗匪转移的趋向，此时无论趋新还是守旧，乡绅都将在新形势下做出自己的选择，而此次选择即将决定宛西未来局势的走向，也将决定他们的人生命运。不管出于何种目的和动机，保护家产不受土匪侵犯皆为宛西乡绅的共同目标，围绕此类目标，对于土匪的不同态度则决定了乡绅不同的策略，大抵形成了剿匪派、通匪派及逃匪派三种不同阵营。

剿匪派主要则是依靠本地宗族势力，集合本村本族全体力量，修筑堡寨组建民团武装，从而抵抗土匪入侵，以暴制暴。围寨作为主要的御匪措施，"自太平天国、捻军起事以后，中国中南部分的广大地区、农村都筑寨自卫"②。以内乡为例，20世纪初，内乡县域各地为防范土匪，共筑有七十多个不同的寨子，张信将这些大寨分为三种类型：第一种类型的寨子是由各个宗族修建的，因此被称为宗族寨，其首领为当地族长；第二种类型为一个或是数个小村庄联合修建的，被称为联营寨，这种寨子的首领一般出自于富裕之家；最为普通的类型则是群建寨，是在当地有权势的精英（但不一定是富庶的地主）领导下修建的，其成员大都为贫苦农民③。无论何种大寨，其主要功能皆为防御土匪，因此每寨均有数十人至数百人不等的民兵武装，内乡县的社会军事化便由此开始，其较为著名的当属富户乡绅杜升堂出资、云盖寺住持董和尚支持修筑的老虎寨，别廷芳便是自出任老虎寨寨主始，自此发迹。

通匪派的目的和动机则要复杂得多，他们有的因家中亲人入山为匪，因而与土匪有着割不断的血缘关系，从而长期为土匪服务，成为土匪派驻乡里的眼线和前哨战，如镇平县倪家庄乡绅廖汉岑，因与绰号为

---

① 参考罗志田《权势转移：近代中国的思想与社会》，北京师范大学出版社2006年版。
② 《郁林直隶州志》卷18，台湾成文出版社1968年版，第28页。
③ ［美］张信：《二十世纪初期中国社会之演变——国家与河南地方精英（1900—1937）》，中华书局2004年版，第77页。

"王赖子"的匪首王长安为表兄弟,便成为了王长安在镇平的眼线,随后王长安与其同伙董天顺(绰号董骡子)绑架乔其营乡绅梁俊峰之母,便将廖汉岑家作为人质的藏匿地点。有的则属于怀才不遇,因科举被废除而导致自身被不断边缘化的传统儒生,不甘心自身被不断边缘化的地位,所以慨然为匪。山西士人刘大鹏在科举被废后曾这样作诗感慨:"新人欣喜旧人悲,世局于今更险危。寻得山深林密处,崖皆峭石可栖迟。官贪吏虐胜从前,盗贼弥漫界八千。惟有山中颇静谧,重重苛敛且难蠲。维新党派遍中华,角胜争雄乱若麻。贤士高人都隐遁,卜居泉石泛烟霞。"① 既有对世事百无聊赖的绝望不满,又包含着乱世求官不若归隐山林的中华世人千百年来的普遍心态。然并非所有传统士人皆可以如刘大鹏这般思考,例如镇平县夹和李村儒生卢九渊、卢振世、卢振纲父子,便不甘心处于被边缘化的隐遁地位,在盗匪四起之时与匪首王光斗、刘宝斌称兄道弟,在村间散布闹鬼迷信、制造舆论恐慌,从而成为盗匪的参谋,甘愿为土匪所驱策。

毕竟南阳盆地的经济实力及人口密度远远不及华北平原,因此在宛西可以组织起自己强大村寨武装力量的乡绅屈指可数,因此很多无力抵挡土匪烧杀抢掠的中小型乡绅听到土匪到来时,其所能采取的办法只能与民众无异,即逃亡隐匿至实力雄厚的大寨或是城高池深的城内,这就是一般意义上所讲的"跑杆"或"跑反"。

表2　　　　　　南阳县各自治区地权分配(民国21年)②

区别	总户数	所有地在30亩以下者		所有地在31—100亩之间者		所有地在101亩以上者	
		户数	占该区总户数的比重	户数	占该区总户数的比重	户数	占该区总户数的比重
一	25009	21636	86.51%	2709	10.83%	664	2.66%
二	21503	19057	88.63%	2200	10.23%	246	1.14%

① 刘大鹏:《晋祠志》,第1377—1378页,转引自[美]沈爱娣《梦醒子:一位华北乡居者的人生(1857—1942)》,赵妍杰译,北京大学出版社2013年版,第108页。
② 该表引用李文海、夏明芳、黄兴涛《民国时期社会调查丛编·二编 乡村社会卷》,福建教育出版社2009年版,第135页。

续表

区别	总户数	所有地在30亩以下者 户数	占该区总户数的比重	所有地在31—100亩之间者 户数	占该区总户数的比重	所有地在101亩以上者 户数	占该区总户数的比重
三	20232	17788	87.92%	2302	11.38%	142	0.70%
四	14844	13951	93.73%	885	5.94%	48	0.33%
五	16627	14970	90.04%	1555	9.35%	102	0.61%
六	10063	9473	94.14%	528	5.24%	62	0.62%
七	14869	13737	92.39%	1057	7.11%	75	0.50%
八	12391	11626	93.82%	726	5.86%	39	0.32%
九	15229	12766	83.83%	2220	14.58%	243	1.59%
十	14132	12511	88.53%	1344	9.51%	277	1.96%
总计	164899	147515	89.46%	15526	9.42%	1898	1.15%

这是1934年（民国23年）民国政府对于南阳地区进行土地人口普查之后所做的《南阳农村社会调查报告》中的一副表格，通过此表格可以清晰地看到南阳地区土地集中趋势十分明显，各区耕地在30亩以下的户数均在83%以上，有些地区竟然高达94%，这是清末民初中国农村的普遍现象。再仔细分析此表，更可看出另一主要特点，即占有大部分地产的主要地主大户几乎都集中在一区、二区和三区，即城市区域，这便是广大地主富农因防范土匪而由农村"跑反"至城市所体现出来的社会现象。在直径不满3里的城内，占地100亩以上的地主竟多达600余家，此几乎全是由各乡向城市迁移而来，绝非偶然现象。

总的来讲，无论是主动剿匪也好，屈身侍匪也罢，宛西乡绅的分化趋势业已明显，这便给未来的宛西局势增加了许多未知的变数，更是给了以彭禹廷为代表的宛西自治派回乡活动巨大的空间，得以让彭禹廷回乡后在各派之间纵横捭阖，继而成为宛西权势转移的胜利者。

3. 所谓乡土危机

天灾人祸、经济凋敝、民不聊生……许多学者以这些词汇来描述

20世纪初中国乡村的残破,梁漱溟曾言:"中国近百年史,可以说是一部乡村破坏史。"① 由此可见,自清季以来,中国广大农村地区的确是在一步一步地走向沉沦。而究竟为何中国乡村自民国以来会残破凋敝如此,不同学者也是莫衷一是,然至少有几点是大家所公认的。一为生态环境的破坏与人口的迅速增长导致灾荒不断发生,尤以人口密度极大的河南地区为重灾区,据邓云特《中国救荒史》中记载,河南地区自1928年至1934年几乎年年遭灾,宛西更甚,"河南西部21县及南阳各属,1928年旱、蝗、雹、风相继为灾,粒米未收。1929年自春至夏滴雨不降,更加风、蝗"②。二为政治腐败与战祸频繁,不但导致地方抵御天灾能力不足,更是导致了天灾之上又增人祸,社会动荡在所难免,贫苦民众铤而走险入山为匪,匪患猖獗的社会根源便由此而来。村民们因躲避匪患而被迫背井离乡,进而造成农村社会萧条冷落,使得农民离村问题成为20世纪二三十年代华北极为突出的社会现象③。除此之外,罗志田认为近世农村的残破当属科举制废除所带来的消极恶果:一则新学制使得教育成本空前提高,让大部分贫寒向学之子弟家庭经济超负荷,农村失学率更加普遍,从而农村读书人日渐减少,平均识字率大为降低,大量适龄青年转换成为游手好闲的乡野村汉,开始为兵痞盗匪等社会边缘势力的存在提供土壤;二则科举废除学堂兴起,导致城乡疏离并且促使乡居精英流向城市,城乡差距进一步被拉大,旧式读书人衰落,乡村疏离于知识,日渐被土豪劣绅无赖所统治④,这样一种以文化权利的丧失来解释近代中国乡村危机出现的原因自然是更为深刻。然而对于宛西地区来讲,造成其乡土危机的原因应该还有更为深层次的原因,即社会层面的原因。

宛西传统社会因较少受到西方冲击从而在清末得以继续保存和维

---

① 梁漱溟:《乡村建设理论》,上海人民出版社2006年版,第11页。
② 朱伯康、施正康等编:《中国经济史》(下卷),复旦大学出版社2005年版,第332页。
③ 朱汉国、王印焕:《华北农村的社会问题:1928至1937》,北京师范大学出版社2004版,第291页。
④ 详见罗志田《科举制废除在农村中的社会后果》一文,罗志田:《权势转移:近代中国的思想与社会》,北京师范大学出版社2006年版,第81—108页。

持，官府、乡绅与民众的三方有机互动共同构成了保持宛西乡村稳定的基石，然而自清末新政废除科举以来，新式学堂油然而兴，传统乡村士绅赖以求取功名、进入地方社会精英统治阶层的空间被彻底堵死，或是进入新式学堂转变成为新型知识分子，或是不甘被社会边缘化而依附其余势力，传统社会中沟通官府与民众的乡绅阶层开始分化，传统结构开始变得不稳。随着军阀割据混战造就出大量流民、溃兵、逃犯等社会边缘人物，整个宛西地区成为了这些边缘人物赖以生存的场所、盗匪滋生的营地，宛西的传统社会体系更是被冲击得七零八落。而当这批社会边缘人物开始试图摆脱边缘地位、向宛西最高权势发起冲击之时，早已孱弱的官府变得不堪一击，长期遭受欺凌的贫民走投无路开始铤而走险，稳定社会的主要力量——乡绅，也因自身利益受到威胁而开始分化瓦解、四分五裂，整个宛西传统社会被彻底撕破。这便是宛西匪患猖獗、民不聊生、陷入乡土危机深渊的最大症结。

因此，赶走企图进入权力中心的盗匪兵痞等社会边缘势力、建立新的强有力的权力核心，进而重构宛西社会体系，便成为了解决宛西乡土危机的关键所在。换言之，谁可以铲除土匪势力，保得地方安宁，复苏宛西地区长久以来陷于停滞的经济，谁便可以获得宛西地区的最高权威。彭禹廷就是在这样的形势下返回镇平的，而此时别廷芳、陈舜德分别在内乡和淅川的剿匪事业也才刚刚开始，但已成方兴未艾之势。

二 自治之路

（一）由国家而本土：彭禹廷返乡

1927年（民国16年）8月6日，国民革命军第二集团军高等执法官彭禹廷因母亲病危，急速赶回家乡探视。此时宛西早已成为盗匪横行的天下，乡绅民众也已对孱弱无能、剿匪无力的官府丧失信心，立志剿匪保民的地方精英正在彷徨苦闷中继续寻求着宛西未来发展的方向。此时彭禹廷的回归，恰是给了镇平地方精英一丝在黑暗中找寻未来的希望。但这批镇平乡绅当然也有着心中的疑惑，那便是离乡许久的彭禹廷早就脱离了地方乡绅这一级别，迈入更高层次的省绅级别了，对于有着如此卓越非凡阅历的人而言，县民团领导职位确实是一个让人难以接受的低等职务。对于仅仅是回乡探亲的彭禹廷来讲，众乡绅可以留得住这位西北军高官吗？

1. 剿匪与保民：对宛西社会结构的重铸

图1　《自求自》壁画（摄于镇平县彭公祠）

如今在镇平县北老庄乡杏花山中，矗立着一座为纪念彭禹廷而修筑的彭公祠，祠堂内立有一幅已显斑驳的壁画，此画为彭禹廷于1924年（民国13年）所绘，画中一人持书卷坐于长椅之上，另一人则长跪于第一人面前，此画中两人皆为彭禹廷自己，其寓意便为"自力更生"之意。画前彭题有《自求自》一词："吾跪吾前，自求自焉，岁月易迁，速醒莫长眠，立志要坚，读书要专，言多易招怨，应留半句在口边；今日应为事切勿待明天。彭锡田求彭锡田。"[1] 足见其为人处世刚毅坦诚、勇决果断的性格。

---

[1] 如今镇平县七里庄彭氏后人家中也仍藏有此书画，笔者与彭氏第五代后人交厚，得知《自求自》一词几乎已为彭氏家训。

彭禹廷（以下简称彭）如此刚毅不屈和爱憎分明的性格自然让他的回乡之路多了许多变数，尤其是当他回到家中时，母亲已溘然长逝，身为孝子却未能见到母亲最后一面，这对彭的打击是巨大的，而造成他回乡迟滞的最重要原因就是盗匪劫掠堵塞道路，汝州巨匪王太攻打襄城截断许南公路（许昌至南阳），使得彭不得不在此地避险多日，因而迟滞了脚步，导致终生遗恨。嫉恶如仇的彭直观真切地感受到了河南盗匪的猖獗以及乡土民众所遭受的苦难，这极大地激发了他回乡剿匪的信念。1932年（民国21年）3月8日，彭在南阳绥靖会议讲话中曾这样讲道："接到先母去世的噩耗，星夜回里；行至襄城，为匪所阻，不能前进！……一直住了十八日，才勉强动身！诸位想想，这是个什么滋味呢？兄弟可以说，自有生以来，所受刺激，都莫过于这一次；或者也可以说，这是剿匪的第一个动机。"① 虽然五年之后的此番话语颇有演讲时鼓动人心的意味，然字里行间依然可以看到彭对于土匪的愤恨以及未见母亲最后一面的遗憾，这成为他甘愿抛弃西北军的高官厚禄，俯首乡间奋起剿匪的最初动机。

彭的人生道路与晚清文正公曾国藩颇有相似之处，皆因丁母之忧而由国返乡，又因乡土遭受边缘势力入侵而本土化，最后依靠本土力量抵御边缘崛起势力的入侵，曾国藩发布《讨粤匪檄》、组建湘军共击太平军，彭禹廷则着力公布系列剿匪公告、办理地方民团抗击土匪，从而在军功中逐渐将权势牢牢把控在自己手中，实现自己人生境界的提升。这一方面说明自清季至民国，中央至地方各级政府孱弱无力已是不争事实，大批国家精英在国家遭受重大社会变故之后，因乡土情结而返乡管控地方社会；另一方面也可以看到个人与社会的一种双重互动，国家精英皆来自乡土，最后又回归乡土，这属于传统士人心目中的完美道路，彭自宛西至河南、由河南至西北，最后却又甘心由西北军而返回宛西社会，虽有剿匪的直接动因，却仍可看出彭身上散发出的那种乡土情怀。在南阳绥靖会议讲话中他还曾这样言道："及至到家之后，家兄说：'本来打算等你回来行殡，因为母亲弃养的第二天，西庄——相去一里

---

① 彭禹廷：《彭禹廷演讲集》，据王扶山、王彬质笔记整理，镇平县教育印行1932年版，第191页。

路里拉票子，亲族们都劝速殡，所以当天就殡了！'兄弟听说这话时，对于万恶的土匪，又加了一层愤恨；这就是剿匪的第二个动机。……有些前辈，白天常常到墓旁同兄弟谈话，都露出愁眉不展的样子。兄弟就安慰他们，说'等到我母亲过了百日，我一定要想法子把这土匪剿一剿'。"[1] 从彭的言辞中可以感受到他内心情绪的变化，由最初的愤恨土匪阻挠丁忧之行转为深忧宛西社会未来走向，就是这样的乡土情结让彭最终作出由国家返回本土的决定，而这样的决定不仅彻底改变了这位西北军高级法官的人生轨迹，也深刻影响了宛西社会的走势和格局。从这个意义上讲，虽然彭大部分接受的皆为新式学堂教育，但他内心深处仍有着传统士人的痕迹，这就是新旧交替的社会变动在知识分子身上打下的烙印。

带着这样的情绪和目的，彭自然将"剿匪"定为了回乡之后最为直接的目标，而"保民"则成为了他整合并重构宛西社会的重要旗帜。彭在《告宛属十三县同胞书》中，曾言"到民国十六年回乡之后，才知道乡间的痛苦，父老昆仲的艰难；受良心的逼迫，不得不过那剿匪的生活！剿匪本是很危险的事情，兄弟是个书生出身，如何会剿匪呢？再说初到家乡，赤手空拳，如何能剿匪呢？但是兄弟的良心不容兄弟不作，不准兄弟不作，就不顾一切地作起来了"[2]。彭力行剿匪的背后有着他对于宛西时局的精准分析，他看到了土匪暴起后对于宛西传统社会的瓦解，并感受到了传统秩序被冲破后民众的不满与苦难，因此拉起"剿匪"与"保民"两大旗帜，自然可以迅速聚拢人心，从而形成可以与土匪相抗衡的本土力量，这样才有扫清宛西匪患、重构社会体系的希望。

就在彭为母守孝、尚未开始行动期间，土匪却先向彭发起了挑战。匪首刘宝斌指使手下"天不怕"范麻子前往彭的家乡七里庄进行勒索敲诈，这让彭忍无可忍，逮捕并公开处决了范麻子，被迫在守孝期间就公开向土匪势力发起反击。他从袁营的一个乡绅富户王大经

---

[1] 彭禹廷：《彭禹廷演讲集》，据王扶山、王彬质笔记整理，镇平县教育印行1932年版，第191页。

[2] 同上书，第2页。

处借来些许枪支弹药，并与袁营的民团团民联合一起逮捕了当地的几个匪首头目和乡内眼线。这无疑是公开向土匪宣战。此举让彭突然间声名大振，促使不断受到土匪威胁的侯集区区长赵宝斋公开让位于彭，孱弱的地方政府自此开始逐渐依赖于彭的力量。自此行动之后，宛西乡绅也打消了对彭不愿担任地方低级官职的顾虑，一致邀请他领导全县民团力量。1927年（民国16年）10月，就在彭返乡后的两个月，镇平县自卫队正式成立，并由彭亲任队长职务，先后向全县发布《镇平县南区政府公告》《建立自卫团歌》。彭不仅戴孝出任南区区长及自卫队队长，并要求当时河南省主席韩复榘授予他省政府批准的正式头衔①，取得了某种合法性支撑，打起"剿匪保民"旗号，拉开其剿匪自治活动的序幕。

2. 拉或打：对待乡绅的不同的态度

官府、乡绅、民众三位一体的宛西传统社会虽然因为土匪的暴起而被打破，但传统的利益链条却依旧存在，社会等级的区分也依然明显，土匪势力的介入只是导致了乡绅阶层出现利益分化，对于广大贫苦民众来讲却依旧看不到出路在何方。而且土匪虽然崛起，但它边缘阶层的特性导致这股力量只可能盘踞在山林旷野之中，广大村落和城镇之内仅仅有其眼线罢了。城内精英和村内乡绅只会受到土匪的劫掠骚扰，却并不会被土匪长久占据驻扎。然而彭禹廷的回归并突然掌权，则是以国家精英本土化的身份回归乡梓并长期存在，这不可避免地会遭到宛西精英阶层中其他成员的妒忌与不满。彭以剿匪为契机开始逐渐颁行政策推行自治，不只是要求驱赶肃清土匪势力，而是要重构近代以来日益凌乱的宛西整套社会体系，这自然会激起既得利益者的极大不满。除此之外，彭公开宣布剿匪并组建自卫团队的高调做法，也会引起乡绅内部通匪派的极大不满，更会让隐匿派极为忧心土匪的报复性行动。如何应对如此错综复杂的内部环境，就成为了彭返乡剿匪的首要任务。稳定住了乡绅势力，才能真正在宛西社会站稳脚跟，从而才可以推行彭心目中的一系列方针计划。

---

① 冯文纲：《玉廷》（未刊稿），第63页，转引自［美］张信《二十世纪初期中国社会之演变——国家与河南地方精英（1900—1937）》，中华书局2004年版，第88页。

彭疾恶如仇的性格和勇决果断的行事作风决定了他自然不能容忍乡绅内部通匪派的出现，而对于隐匿派则是出于扩大社会基础的考虑，极力拉拢，以防止其倒向土匪一方。因此，彭对于宛西乡绅所采取的可谓是或拉或打的举措，在剿匪派支持下，拉拢隐匿派，严厉打击通匪派。

首先向彭发泄不满的是富裕地主王宝书，他依靠着自己雄厚的财力组建了一支足以自保的武装力量，因此对于彭接任区长组建自卫队嗤之以鼻。由于王宝书本人并非属于通匪派，只是剿匪派中力图自保不愿与彭合作之人，因此彭只能找其他借口打击不与之配合的乡绅。王宝书吸食鸦片的嗜好就成为了彭借以打击的主要把柄，彭借王宝书吸食鸦片烟而当众将其笞罚，从此让王宝书感到十分耻辱并最终离开镇平。这也让彭顺利地将各地零散的武装力量统一到新组建的自卫队中来。随后，彭又颁布《驱鬼令》并处死了帮助土匪装神弄鬼的清末监生卢九渊父子[1]，在传统士人群体之中也确立起了自己的权威。然而"虽然彭对王的粗暴做法暂时会使诽谤他的人感到胆怯，但新的不满迅速出现了"[2]，彭如此高调的处事风格自然会招致通匪派的强烈不满，他们联合土匪向彭发起了新的进攻，考验彭的时刻才真正到来。紧接着发生的廖汉岑事件便是彭返乡后各派势力之间的一次大博弈，在这场事件过程中，各派乡绅、以彭禹廷为首的新兴地方自治精英团体、土匪甚至民间自发组织红枪会之间，皆围绕此事件产生了一次极为广泛的互动博弈。彭也恰恰就是在这场博弈之中纵横捭阖，从而在宛西权势转移过程中牢牢占据了主动。

对于廖汉岑事件，谭学禹《彭禹廷传》、吴国琳《乱世英杰彭禹廷》及于天命《一代完人彭禹廷先生》之中皆有记载，虽然此类文学传记记录的很多细节属于夸大和演绎，并且于细微之处各有不同，但大致过程几乎相差无几，除去对于细节问题的考证，大致便可以得出整个事件的来龙去脉。廖汉岑属于倪家庄乡绅，并因为亲属关系从而长期成为了堰岔村土匪王长安（号称王赖子）和董营村土匪董天顺（号称董

---

[1] 详见《宛西乡土》。

[2] ［美］张信：《二十世纪初期中国社会之演变——国家与河南地方精英（1900—1937）》，中华书局2004年版，第88页。

骡子）在村中的眼线，匪首王长安与董天顺看中了乔其营梁家的家产，便绑架了梁母并将其藏匿于廖汉岑家中，以方便勒取赎金，正在焦作工学院求学的梁氏继承人梁俊峰匆忙赶回救母①。本来这一事件属于土匪势力崛起后宛西地方乡绅内部分化瓦解并相互斗争的表现，但却因彭禹廷的介入而变得复杂起来。事件的最终结果当然是梁俊峰成功从廖汉岑家中救回母亲，并导致彭借口此次绑架事件逮捕并未经审判而迅速处决了乡绅廖汉岑②，从而沉重打击并震慑了乡绅中的通匪一派，让彭的剿匪事业向前迈出了一大步。但此事件绝非仅仅到此为止，其所造成的后果如一石激起千层浪般迅速扩大，似蝴蝶效应般影响到了镇平县域内整个社会阶层。

首先，彭禹廷此次处决廖汉岑，拔除了土匪长期安插在乡村中的眼线，属于公然主动向土匪发起挑战。面对着以彭为首的新兴地方自治派势力不断兴起，土匪势力当然不愿就此束手就擒，因此自然会拼死反击。1927年（民国16年）12月，以王长安、董天顺为首的镇平、邓州两县十七杆土匪联合攻击彭所在地侯集，打的便是"为廖汉岑复仇"这样的旗号。自此以后，彭便与宛西土匪势力为争夺宛西权势展开漫长而又激烈的厮杀，剿匪行动自此正式开始。

其次，彭在廖汉岑家中发现石佛寺区卫队营营长张士增通匪的书信③，从而引发更大波澜。毕裕阜不仅是镇平县内最有权势的富户乡绅之一，而且也颇具与时俱进的眼光，自新式学堂毕业后返乡担任石佛寺区区长，手下拥有一支近三百人的民团武装，不仅实力远在刚刚返乡的彭禹廷之上，更是彭得以取得上升空间、进入西北军系统的恩人④。然

---

① 此处在《宛西乡土》中略有提及。
② 关于此事件细节的一些分析，详见附录《彭禹廷与红枪会》。
③ 此书信大致内容如下：汉岑大哥台鉴，近因琐事繁忙，不能前往府上畅叙，今有要事，望速与长安、天顺、宝彬兄弟联系，设法早日除掉彭禹廷。此人自任侯集区长后，筹集枪支，建立自卫队，高喊剿匪自治，实系咱兄弟的冤家对头。何不趁其风尚不紧，破他围子，早日除掉他，以绝后患。请速做决定，及早对码子起事。速速。顺致时祺。弟张士增叩。
④ 据［美］张信《二十世纪初期中国社会之演变——国家与河南地方精英（1900—1937）》一书及谭学禹《彭禹廷传》、吴国琳《乱世英杰彭禹廷》、于天命《一代完人彭禹廷先生》等传记中记载，在彭禹廷赴外地求学的几年内，毕裕阜曾从经济上资助过他；于天命《一代完人彭禹廷先生》一书中更言道毕裕阜乃是彭禹廷之学长。

彭不顾一切的做事风格让他毅然决定前往石佛寺区拜见毕裕阜，并当着毕裕阜之面公然逮捕并处死了卫队营营长张士增。自此，彭在宛西的威势进一步得到了提升，从此之后，镇平精英乡绅阶层再无人敢与彭争锋敌对。但彭与毕之间却也因此事埋下了矛盾的种子，彭最后被刺身亡的谋杀事件中，便传言有毕裕阜的参与。

最后，彭禹廷借此事件再次表达出了其与土匪势不两立的态势，从而进一步赢得了大多数剿匪派士绅以及民众的支持。梁俊峰经此事件之后自然对彭万分感激，在1927年（民国16年）12月十七杆土匪围困侯集期间，彭禹廷的自卫队人员不足、枪支弹药稀缺，正是梁俊峰鼓动了当地红枪会首领乔天定带领红枪会众前来侯集支援，彭才得以在敌众我寡的情形下里应外合击溃土匪。侯集保卫战的胜利，既振奋了剿匪派扫除镇平土匪的信心，又让他们对彭心悦诚服，"一个社区抵御侵犯的防卫能力是任何有组织的社会的一项重要功能"[①]，彭禹廷之所以成为宛西地区的领袖，主要是在防御土匪中显示出了作为各村或各乡社会领袖的能力，从而得到了民众的认可，尤其是得到了地方乡绅以及官员的信任、钦佩、尊敬和服从。侯集保卫战取得胜利后，镇平县县长郭学济亲自率县内各界代表至侯集慰问自卫队，彭禹廷此时的威望已然渐渐开始形成，在政府无力掌控局势的情况下，彭在剿匪事业中的威势支撑起了宛西民众在乱世中对于权威和安定的渴望，并让这种威望在之后的自治事业中继续得到强化，彭的统治基础和声势威望因这次保卫战而得以急剧扩大，宛西权力中心终于开始向以彭为首的地方自治领袖迅速转移。

3. 镇平还是侯集：政治中心何处放

虽然在彭禹廷返乡之时，镇平官府已然在土匪势力的压迫打击之下失去了对镇平绝大部分乡村地区的控制，龟缩于县城一隅之地，但其仍是整个镇平地区的统治象征，因此彭禹廷返乡，进而开展剿匪自治事业，自是不可能不与镇平县长打交道。但整个河南军阀混战不断、政治动荡的现实又促使宛西出现"铁打的县衙、流水的县长"这一局面。

---

① 周荣德：《中国社会的阶层与流动：一个社区中士绅身份的研究》，学林出版社2000年版，第99页。

如何应对每一任不同县长，从而赢得他们的支持与帮助，成为彭剿匪自治道路上的又一重要问题。

由于河南省政权以及南阳市政权皆处在动荡之中，因此宛西各县县长皆缺乏上一级政府的行政及军事支持，不得不利用和依靠地方精英来恢复或维持整个县域内的秩序。早在彭禹廷回乡之前，镇平县政府便是采取此种做法，这才有了大批乡绅自筹民团武装、自设碉楼堡寨防御土匪等行为的出现，石佛寺区区长毕裕阜更是财大气粗、手握重兵，俨然便可与镇平县城分庭抗礼。当彭禹廷返乡之后，其高调的姿态和雷厉风行的强腕手段不仅引起了乡绅阶层的关注，更是让龟缩于镇平城内的县政府高度关注。彭代替赵宝斋接任侯集区区长一职时，不仅受到了广大侯集区民众与剿匪派乡绅的大力拥护，镇平县县长马英更是亲自携礼到场并撰写委任状当众宣布。徐有礼在《30年代宛西乡村建设模式研究》一书中曾用"绅治取代官治"一词来描述整个宛西自治的特点①，其实这样一种趋势早在宛西自治派主导宛西政局之前便已经开始，只不过彭是这一趋势的集大成者，他采取或拉或打的举措将乡绅各个击破并统筹进入自己的体系之中，而这一过程中的镇平县政府始终皆只是处于一个相对孱弱的依附地位罢了。继马英之后，接替镇平县县长职位的是山西士人郭学济，他更是死心塌地地跟随彭进行着自治和剿匪事业，在民国16年的侯集保卫战取得胜利之后，郭学济更是亲率城内各界代表前赴侯集慰问自卫队，整个镇平县域内的权势几乎全部向彭及其所在地侯集转移。自此，侯集区区长彭的地位和权势竟然远远高于处在镇平县城内部的政府势力，地方政府的孱弱可见一斑。1929年（民国18年）7月彭受邀远赴辉县百泉创办村治学院，8月镇平县便发生了"八二六"陷城事件，事实证明，没有了彭禹廷的支持与统筹，整个镇平县政府根本无力与土匪抗衡，县长郭学济也在此次事件中被土匪杀害。县城被土匪攻破便意味着其长期作为宛西地区政治中心地位的丧失，而侯集则因为镇平县民团的存在成为了新的政治中心，因为它即使在彭离去的时刻仍可以担负起收复县城、驱赶土匪的重任。

---

① 详见徐有礼《30年代宛西乡村建设模式研究》第四章"由绅治取代官治"，中州古籍出版社1999年版，第73页。

然而彭禹廷所倡行的地方自治，与20年代联省自治浪潮下的地方自治颇有不同，那便是实施自治所面临的外部大环境发生了急速改变。1927年（民国16年）国民党北伐中原并开始分共反共，1928年（民国17年）促使东北易帜进而统一中国，在全国范围内结束军政时期，开始训政时期，逐步建立一党独裁专政统治。彭正是在这样一个大背景之下返乡倡行剿匪自治的，在其赴辉县百泉创建自治学院以前，整个河南地区仍处于西北军冯玉祥的控制之下，彭西北军出身的背景自然给予了他很多便利，得以在地方大刀阔斧地进行改革。但1930年（民国19年）中原大战之后，冯玉祥失势从而退出河南政局，南京国民政府进而全面控制河南，开始按照《训政纲领》改造河南地方社会，首先便是立即发起一场广泛的新县制运动。南京国民政府首先于1929年（民国18年）6月创设区长官公署，以认真监督省级以下各级地方政府的运作①。1929年（民国18年）9月国民政府颁布《县组织法》，县政府内增设诸多专职部门，这些部门不由县长任命，而直接对省政府中的各部门负责，以此试图将地方政府重归省政府的控制范围内。在这样一种大的形势下，镇平县政也不可避免地会受到影响。"八二六"土匪屠城以后，县长郭学济被害，镇平县政府陷于瘫痪，此时南阳警备司令姚丹峰任命陕西潼关人阚葆贞为新任镇平县县长，试图重新恢复镇平县政府权威，进而控制地方，重构宛西社会。阚葆贞的到来及其试图恢复镇平县政府权势地位的努力，自然便要和位于侯集的自治精英势力发生冲突，新一轮的博弈又将开始。

当阚葆贞进入镇平试图恢复县政府权威之时，彭禹廷尚在千里外的辉县百泉共建村治学院，研讨乡村自治理论，因此位于侯集的自治派处于群龙无首的局面，这给阚葆贞打击侯集势力、重建镇平县城政治中心地位提供了十分有利的时机。阚以全县军令政令须统一为由，斥责彭推行地方自治实为封建割据、自卫队实乃封建私人武装，发出公告要求解散侯集民团自卫队，试图将镇平权力核心由侯集重新转移回县城政府之中。这自然招致侯集方面的强烈抵触和不满，自此以后，镇平县域内县

---

① 《五年来河南政治总报告：财政》（河南省政府秘书处，1935年10月）第2期，转引自《新乡县志》（1991年），第326页。

城与侯集合作一致协同剿匪的局面一去不还，两方开始处于长期对抗当中。南京国民政府自统一全国之后，便采取措施试图一步步将国家政权下移，因此地方民团武装力量自然就是国民政府严厉限制和打击的对象。随后担任河南省政府主席的刘峙在第一届省民团组织会议上发表讲话时就曾指出，地方精英已经在利用地方民团对抗政府，这清楚地表明了政府反对地方精英利用民团对抗自己的立场[①]。镇平县这种"侯集 vs 镇平"情况的出现绝非偶然，是国民党政府试图加强权力控制地方的必然结果。彭禹廷的自治事业从此由单纯的清匪自治变得更加复杂，如何处理与不断增强的地方政府之间的关系、如何看待国民党的训政纲领、怎样将自治理论与三民主义相结合从而在国民党党国体制下赢得生存空间，成为了彭未来重点考虑的问题。而其由辉县再度归来之后如何应对新情况，如何解决同新任县长阚葆贞的关系，也成为了宛西自治成败的关键。

（二）从矮子到将军：本土派乡绅崛起之路

当彭禹廷的剿匪自治事业在镇平县域风生水起之时，临近的内乡与淅川两县，也分别在别廷芳与陈舜德的带领下逐步实现了拨乱求治。之后自外地归来的黄埔军校毕业生宁洗古，在彭禹廷的帮助下于邓县开始了自治活动。和彭禹廷由外到内进入宛西权势中心不同，这两位宛西自治精英团体中的重要人物——别廷芳与陈舜德，皆是由内而外逐步扩充势力，进而分别掌握了内乡县与淅川县的军政大权，其进入权力核心的道路与彭呈现出明显不同的特点，这一特点也导致了宛西自治未来发展的多样性和流变性。

1. 由寨及政：别廷芳夺取内乡县军政权力

在土匪势力暴起打破宛西旧有社会体系之后，地方乡绅开始出现了剿匪派、通匪派与隐匪派的分化，其中剿匪派抵御土匪武力入侵的主要形式便是集合本村本族全体力量、修筑堡寨组建民团武装，这在多山地地形的内乡县极为普遍，20世纪20年代渐在各乡形成诸多堡寨，诸如

---

① [美] 张信：《二十世纪初期中国社会之演变——国家与河南地方精英（1900—1937）》，岳谦厚、张玮译，中华书局2004年版，第199页。

张堂老虎寨、回车寨、三官寨、石创寨、阳城寨等。当土匪势力大增进而已呈包围内乡县城之势时，内乡各村镇却因这些堡寨而得以保存并发展自身实力，每当土匪侵扰一处，各地村民总是集体躲避于各处堡寨之内，在寨内民兵的统一指挥下共同利用地形优势抗击土匪，一些具有卓越军事才能和领导能力的勇者便在与土匪一次次的搏杀中脱颖而出，其中就有后来深刻影响宛西政局的别廷芳。

　　别廷芳出生在内乡县阳城张堂村别氏一族传统的老宅内，是一个极为普通的农家子弟，幼时曾入私塾但却并不喜读书，经常出入山林打猎，养成应变迅速、行事果断的性格。1911年，当地富户乡绅杜升堂迫于土匪压力，开始大力出资修筑老虎寨，得到云盖寺住持董和尚的支持，一时间声势大振，别廷芳（以下简称别）也趁势进入老虎寨内，被寨主杜升堂所雇佣。别在与土匪历次奋战中表现出来的勇猛果断日益引起了杜升堂的注意，开始越来越受到重用。别的声势威望也开始逐渐提高，他辛勤饲养大批量猎狗来巩固寨内防御，又招揽刘顾三、袁江陵等儿时玩伴充当自己的左右手，让老虎寨成为土匪不敢觊觎的地方，临近村民纷纷赶来投靠，老虎寨一时间出现了"只知有别不知有杜"的形势。迫于压力，杜升堂最终将老虎寨寨主之位让与别廷芳[1]。此时为了寻求保护，云盖寺住持董和尚也开始向别靠拢，他不仅借给了别大量枪支，更是在自己临终之前将寺院所占地产全部卖给了别，让别由一介平民一跃而晋升为一个拥有诸多地产的地主[2]，从而真正迈入了乡绅阶层。

　　成为老虎寨寨主并获得乡绅身份的别并没有因此而满足，攫取更大权力的野心促使他开始逐渐由防范土匪变为了攻打周边堡寨，趁机扩充实力。1915年（民国4年）2月，他亲率民兵攻击距自己20英里的朝阳山寨，企图夺取其寨内枪支扩充自身实力，但因实力不济未能成功，别的侄儿别鸾也在此次战斗中身亡。此次失利并未让别丧失信心，他马上转而攻击阳城富户杜元凯，攻破杜家大宅并迫使杜元凯外逃，从此控

---

[1] 秦俊：《别廷芳生平事略》，《南阳史志通讯》1991年第16期。
[2] 张和宣：《我所知道的别廷芳》，《西峡县志》（1990年），第78页。

制了整个阳城。随后他又拿下了临近的石撞寨①,虽然此寨寨主王谦禄与别廷芳乃是儿女亲家,然别仍然毫不留情地攻破此寨,并夺取了该寨的所有枪支弹药和贵重财物,甚至将王谦禄一家全部杀害②,足以见别冷酷凶悍的行事方式。张信称别"运用恐吓和暴力手段来对付本县西南部其他有势力的精英阶层成员"③,这从接下来的几件事情中更可以直接体现出来,一为1916年(民国5年)初其派人刺杀当地较有威望的赵家寨寨主赵国定,继而趁势完全吞并赵家寨;二为当儿时发小、三官寨寨主袁江陵因别势力逐渐做大而心生妒忌和防备之心时,别生怕其对己不利,因而指示手下将这位昔日的盟友杀害于家中。就这样通过一系列的武力兼并和恐怖暗杀活动,别几乎将周围堡寨全部兼并,成为内乡县城之外最有实力的人物,不仅让周边土匪为之震惊,更引起了内乡县政府势力的关注。

别廷芳在乡村各地的恐怖暗杀活动和武装剿匪行为使其在内乡县内各处树敌,被侵扰的各寨寨主及通匪派乡绅纷纷前往内乡县城控诉别的侵略行径,有些甚至径直前往省城开封叫屈喊冤。别在乡间势力的急速增长自然也引起了官府的注意和不安,县政府派警察以谋杀罪将别逮捕入狱。然而此时的别廷芳在乡间已然积累起了相当的权势,宛西地区政府日益孱弱无力已然成为不争之事实,内乡县自然也不例外。孱弱的内乡县政府自然对别没有太大的约束力,因此导致了别的越狱出逃。当其再次被捕之后,县法院因无力审查而决定将其解送至开封省法院受审,但却又迫于大部分支持别的乡绅之压力而改为在当地审判,审判中别又得到了其手下和支持者的庇护。乡绅杜升堂为其辩护称别的行动乃是自卫,迫使法院仅仅判处将别廷芳监禁一年;而其手下刘顾三又甘愿挺身而出为其服刑,别就这样毫发无伤地获得释放。

---

① 此寨的寨窗皆由石条砌成,故又称石窗寨,也有称其为石炮寨的。并因为其仅仅位于老虎寨寨后3英里处,所以又被当地人称为后寨。

② 据陈景涛《别廷芳传》一书所言,杀害王谦禄全家乃是别部下刘顾三所为,别事先是否知情难以知晓,此事为别廷芳"终身难以说清之事"。详见陈景涛《别廷芳传》,中国文联出版社2005年版,第32页。

③ [美]张信:《二十世纪初期中国社会之演变——国家与河南地方精英(1900—1937)》,中华书局2004年版,第79页。

此次经历让别彻底看清了内乡县内官府势力的懦弱无能，从此更加蔑视内乡县现存的法律和权威。此次经历也让他深感自身实力的不足，因而回乡之后开始了更大规模的外扩之路。别的对外扩张首先引起了县剿匪局局长杨宝三的极大不满，杨宝三身为县西南一带最有权势的民团首领，其长期担任剿匪局局长的职务又让他得到了县内诸多乡绅的支持，并且据传他与匪式军队首领吴凤山也是关系匪浅，这自然让其成为整个内乡县域内手眼通天的人物。别的不断崛起让杨宝三十分不安，杨便以个人名义邀请别前来赴宴，妄图在宴席中将别刺杀，但杨宝三的族人杨捷三却将此次阴谋提前告知别廷芳，这让别得以在此次鸿门宴中顺利脱逃。经此事件之后，杨捷三与刘顾三一样成为了别的心腹，长期追随其左右。

此事让别深知自己与杨宝三实力差距悬殊，因此回到老虎寨之后便大量购买步枪等武器装备，装备寨内民兵扩充实力，以防止杨宝三的武力兼并。而此时内乡整个政治形势却十分幸运地开始向对别有利的方向转变。就在别被杨宝三所阻退回老虎寨内之时，土匪突然向内乡县进行了一次大规模的进攻，杨宝三竟在这场混战中被杀身亡，继任杨宝三剿匪职位的杨振青对内残酷剥削、对外不能有效抵御土匪入侵，自然激起了县内诸多乡绅的不满，因此，回车民众大力邀请别廷芳派其民兵前来保卫回车。别就通过土匪与官府两败俱伤的有利时机，进入回车地区担任清乡局大局长，并吞并杨宝三的武装力量，让自己八百人的民团队伍急速扩展至两千人。别顺势将回车寨、老虎寨、石撞寨及阳城寨悉数合并①，将手下两千人的队伍整编为三个连，自称司令，并分别任命刘顾三、薛钟村、杨捷三为连长。别的夺权之路至此迈出了十分重要的一步。但是，"控制回车使别廷芳变成一个仅次于县级层次的地方精英，但他的雄心抱负并未就此驻足。他的下一个目标是攫取全县领导权，并将视界投向内乡县市镇中心西峡口"②。西峡口历来便是兵家重地，民国以来宛西盗匪横行，南阳驻军派先锋营营长张子扬亲

---

① 陈景涛：《别廷芳传》，中国文联出版社2005年版，第40页。
② ［美］张信：《二十世纪初期中国社会之演变——国家与河南地方精英（1900—1937）》，中华书局2004年版，第81页。

自率队驻扎西峡口。别通过贿赂张子扬,得以借口派民团协助剿匪从而顺利进入这块军事重地。别进入西峡口之后,将当地百余人商团武装尽数合并,把商团人枪逐一登记,又将民间富户枪支全部收缴,整编民团后,别将自己的大本营由回车转移至西峡口,不但牢牢控制了这一地带,更是造成"西峡 vs 内乡"的局面,已形成与内乡县城分庭抗礼之势。

别不断壮大的权势迫使内乡县城内部必须作出回应。1921年(民国10年),内乡成立县民团,民团总办自然由县长滕亚男兼任,滕亚男因贪污烟款事发被撤职之后,王瑞征接任县长,张和宣接任县民团总办一职,而内乡商会会长聂国政则出任西二区(丹水)民团团总。别廷芳的异军突起让内乡县政府势力极为震动,尤其让聂国政极为忧心。西峡口市镇地处交通要道,历来便是商业发达之地、商户云集之所,别进驻西峡口之后对于当地商会的控制自然让担任内乡县商会会长的聂国政感到极为不安,然慑于别军事力量的优势,聂国政只好与张和宣商量,对别进行妥协安抚。经过一番协商约定,内乡县县长王瑞征正式下令委任别担任西二区分团总,这不仅仅等于正式承认别多年通过武力扩张所兼并而来的势力范围,更是将别提升到了县域内乡绅的最高等级,把他地方精英的身份完全合法化地巩固下来。张和宣与聂国政二人更是亲赴丹水七峪街与别会面,三人举行盟誓仪式正式结拜为异姓兄弟[①]。通过这样一系列的安抚活动,暂时满足了别对于权势地位的渴望,以别为首的西峡口地方精英暂时与以张、聂二人为首的内乡县政府力量达成了一致。

然而这样的局面并未持续太久,通过暂时的妥协换来的只能是短暂的和平,势力的不均衡终将迅速打破此根基不稳的二元政治形态。1922年(民国11年)春,陕西陆军第二师师长张治公率部经宛西开赴洛阳,为扩充实力,他将内乡县全境民团组建为一个补充旅,任命

---

① 张和宣:《我所知道的别廷芳》,《西峡县志》(1990年)。另据[美]张信《二十世纪初期中国社会之演变——国家与河南地方精英(1900—1937)》一书所言,一起结拜的还有别廷芳的心腹刘顾三。

张和宣为旅长，别廷芳为第一团团长。张治公走后命令张和宣前赴南阳城驻守，然是年5月，樊钟秀率军攻下南阳城，张和宣失败退回内乡，准备召集力量夺回南阳城，此时却招致别廷芳的极力反对。别属于步步为营稳扎稳打的本土派，不愿意将自己的力量消耗在内乡以外的区域，这与急于向外打开局面、争夺更高层权势地位的张和宣产生了十分严重的分歧①，双方矛盾自此日益加深并最终导致这对结拜兄弟分道扬镳。为避免张和宣将民团尽数带出，别铤而走险开始谋划刺杀张和宣的计划，然这次计划却未能成功，别所派出的刺客王荣光也被张所逮捕。别自此索性与张和宣彻底决裂，公然自西峡口率领本部民团包围内乡县城，并将张的家属扣为人质。张和宣也针锋相对，将别派驻在内乡城内的办事人员杨质臣、齐荣北扣压，逼迫别退兵言和，双方剑拔弩张，内乡政局顿时陷于十分紧张的局势。正当两军对峙、一场内斗不可避免地一触即发之际，内乡县内乡绅中的精英阶层及时出面进行调解，而"鉴于这些精英与两派之间均有着良好的关系，他们的居间调停似乎发生了作用——别和张同意在城隍庙举行和解盟誓"②。由于双方军事力量的不平衡，盟誓的结果只能是向对别有利的方向倾斜，最后决定别留在内乡统领全县民团，而张则远走洛阳投奔张治公。别将张和宣赶出内乡之后，整个县域再无可以与之相抗衡的力量，聂国政自知无力与别抗争，因而也交出了自己的民团武装。而内乡县内的反对者诸如县视学张翘楚、秦氏宗族族长秦弼楚以及师范校长胡公岑皆因公开对抗或谴责别廷芳而遭到暗杀，整个内乡县域的乡绅势力再无能与别廷芳相抗衡之人。别将张和宣与聂国政的武装力量合并后，在全县组建9个团、39个营，共两万余人的武装力量，使内乡成为宛西四县中军事力量最强大的区域，而他本人也通过对这支武装民团力量的掌控，彻底进入了内乡最高权势中心。

---

① 如今宛西乡间，还习惯将别廷芳称为"乡派"，把张和宣称为"城派"，足见二人分歧所在。

② ［美］张信：《二十世纪初期中国社会之演变——国家与河南地方精英（1900—1937）》，中华书局2004年版，第82页。

表3　　　　　　　　　　内乡民团建制①

部队番号	长官名称	兵力配置	部队番号	长官名称	兵力配置
第一团	薛钟村	辖9营，兵5000，枪3500	第六团	别光汉	辖4营，兵2000，枪1300
第二团	别光典	辖5营，兵3000，枪2000	第七团	刘顾三	辖4营，兵3000，枪1300
第三团	靳少华	辖3营，兵1000，枪800	第八团	聂国政	辖3营，兵2000，枪1000
第四团	吴定远	辖3营，兵2000，枪1000	第九团	曹文甫	辖4营，兵2000，枪1300
第五团	曹功甫	辖3营，兵2000，枪1000	炮兵营	别瑞九	兵300，炮45门

2. 乡绅主事：陈舜德的主动担当

与镇平、内乡相同，大规模匪患也在淅川县造成了同样的影响，由于县内设立的剿匪局无力应对日益严重的匪患危机，因此各地乡绅纷纷利用自身财富组建私人武装力量防范土匪，逐步汇聚起数个较为强大之武装，诸如石狮王的王应和、滔河的黄兆益、上集的杨春藻、宋湾的宋绍文以及县城内的李永年②，然这些力量皆处于各自为战的状态，虽在土匪进攻时足以自保，但每个力量都不足以剿灭淅川境内土匪进而统率全境，直至陈舜德的崛起才改变了这一混乱局面。

与别廷芳农民家庭出身不同，陈舜德出生于一个富裕的乡绅家庭，家中长辈在清末甚有功名，因而其从小便受到了极为良好的传统教育，青年时代求学于豫南师范学校，并在省城开封结交了许多形形色色之人物，对于世界潮流和国内政治形势有着比较清晰的认识。回乡之后，陈舜德又长期担任淅川县师范学校校长，教书育人多年，养成了他处变不惊的处事方式和谨慎稳妥的性格。宛西四县自治领袖之中，彭禹廷、别廷芳与宁洗古皆因树敌过多而被仇敌加害，或是遇刺身亡或是郁郁而终，只有陈舜德在不断变化的复杂形势下游刃有余，最终跟随国民党政

---

① 根据陈景涛《别廷芳传》所绘，详见陈景涛《别廷芳传》，中国文联出版社2005年版，第70—71页。

② 淅川文史资料研究委员会：《淅川文史资料》，淅川县委员会1989年版，第98—100页。

权前往台湾，得以颐养天年寿终正寝，这与他早年的自身修养有着很大的关系。

陈舜德（以下简称陈）天然的乡绅背景以及多年在当地教书育人的先生形象让他自然而然地在淅川当地获得了极大的声望，众人皆恳求他出面组建民团武装以带领乡里抗击土匪，被土匪杀害了儿子的富裕地主万年新甚至将田产卖出作为对陈组建民团的支持，希望陈可以为他报仇。陈长期受到的传统儒家教育让其无法拒绝众乡邻的苦苦哀求，于是正式出面组建民团，向土匪发起挑战。陈的这一举动让土匪大为恼怒，当地盗匪迅速做出反应，包围了陈家并扬言要杀其全家，陈带领新成立不久的民团奋力抵抗，并得到周围任氏家族族长任泰升的援助①，得以击溃土匪度过此次危机。这次事件让陈获得了极大的威望，他在危机中表现出来的成熟稳重和从容不迫让乡邻看到了其在剿匪保民方面的能力，让其余反对者或主动离开，或前来依附，陈所组建的民团也不断地发展壮大，最终进入淅川县北部集镇中心上集，陈也顺势成为整个淅川北部地区最大的民团领袖。

而此时的淅川县城，也在为匪患的日益严重而做着相应准备，不断强大的土匪势力让躲避于县内的乡绅精英深刻感受到了联合的必要，于是在1923年（民国12年），由县城内势力较为强大的李永年主导，县域内主要的武装力量合并组建九区联防团，推举宋绍文为临时民团领导人，并把联防团总部设于淅川县城之内②，以加强防卫抗衡土匪。然而长期以来，淅川境内的乡绅精英习惯各自为战，此次虽然名义上联合起来，但仍是对内不听号令，对外剿匪无力，九区联防团虚有其表，其内部实乃一盘散沙。

当县内主要乡绅精英齐聚淅川城内倡导联合防卫时，陈舜德正在上集巩固发展自己的力量，而此次会议并未邀请他参加也让他意识到自己在县内乡绅心中仍处于较低的位置。为了改变这一局面，他大力支持九区联防团领导人宋绍文，并亲自赠送其部分枪支弹药，从而赢得了宋绍

---

① 申庆璧：《宛西陈舜德先生传》，弘道文化事业有限公司1976年版，第24页。
② 淅川文史资料研究委员会：《淅川文史资料》，淅川县委员会1989年版，第111—112页。

文的好感。联防团内各自为战的局面让宋无力掌控、心生退意，陈此时的行动则让宋大为赞赏，因此宋绍文主动辞职，将九区联防团领导人的职位让与陈舜德。陈就这样正式从上集进入淅川城内，成为全县民团的领袖。自此，陈开始带领全县民团四处剿匪清乡，并成功击溃了企图攻占淅川县城的悍匪张占标，赢得了淅川县县长死心塌地的支持。面对九区联防团一盘散沙的局面，陈也显示出了其强硬的手段和高超的处理技巧，他先是利用恐吓手段逼走反对者段和金，之后又采取怀柔政策，将自己的女儿嫁给了反对者宋莲舫的儿子，又任命宋莲舫为第八区民团首领，从而牢牢控制了整个县民团。陈高超的御人技巧以及在剿匪斗争中不断积累下来的军事威望，让他迅速攀升至整个淅川县域的权势中心。1927年（民国16年）6月，淅川县县长因病逝世，国民革命军北伐进入淅川后，北伐军正式任命陈舜德担任淅川县县长，自此陈开始在全县推行自治活动。

3. 革命党回归：宁洗古的一腔热血

1929年（民国18年）春，彭禹廷返乡力行剿匪自治事业不久，便接受了一位名为宁洗古的青年军官的拜访，彭对宁洗古极为赏识，劝其留下协助自己进行地方自治，宁洗古自此追随彭禹廷左右。这位宁洗古究竟是何方神圣，得以让彭禹廷如此器重？

宁洗古（以下简称宁）出生于邓县宁营村，其家有百亩土地，靠地租为生，可以称得上是小地主家庭。由于其父宁金鑫仅有两子，宁洗古为次子，这就让宁得以摆脱家庭的羁绊而肆意在外地闯荡。1921年（民国10年）宁入县立高等小学堂，1923年（民国12年）又赴开封圣安德勒私立中学，1924年（民国12年）旋即考入河南省立一中，并在此地秘密加入中国共产党。1925年五卅运动爆发后，宁加入开封学社联合会，率领省立一中同学集体驱赶了校长王芸青，由此被开除出校。此时正遇黄埔军校在开封招收学员，一腔热血的宁积极报考并被录取为第四期正式军官生，编入政治大队，并以个人身份加入国民党。[①] 从宁的历程中我们可以看到诸多国共两党早期革命党员的影子，与彭禹廷、

---

① 参考李薰祥、李爱民《宁洗古传略》，中共邓州市委党史工作委员会，1989年4月20日，第1页。

别廷芳及陈舜德都不同，后科举时代出生的宁，一开始便接受新式学堂教育，身上少了中国传统的羁绊，其早年经历让他成为新时代革命知识分子的典型代表，思想激进，性格冲动，急于打破旧社会建立新世界，宁这样具有浓厚革命浪漫主义的性格让他充满了对未来新中国的向往，然之后整个中国诡谲多变的政治形势自然也让他屡遭挫折。1926年（民国15年）7月，宁尚未毕业便被抽出，分在东路参加北伐；8月其秘密赶赴郑州、洛阳一带发动群众以迎接北伐军，但却遭到吴佩孚的迫害，同行数人遇难，只有宁独自一人逃回家乡。1927年（民国16年）春，大难不死的宁赴汉口继续参加北伐，其勇猛表现不仅让其迅速升至团长职务，而且"迫使吴佩孚出资2000至4000元悬赏抓获，无论死活"①。但正值北伐军击溃吴佩孚、取得节节胜利的大好局面下，国民党开始进行一系列分共反共活动，进而大肆屠杀共产党人，营造白色恐怖。这对于一腔热血、满腹美好理想信念的宁来讲，其打击是巨大的，又兼与部队走失，因而万念俱灰脱离国共两党，只身返回家乡。

　　1928年（民国17年）9月，中共南阳特委书记郝久亭在邓县与失散的宁洗古接上了组织关系，并要求宁以特别党员的身份留在地方，通过实行自治发展武装。宁在乡绅杨桂轩的介绍下，奔赴镇平拜谒彭禹廷，继而受到彭赏识，不仅帮助彭编撰军歌及民团读物，更是被彭委任为民团参谋长，从而成为彭推行地方自治的得力助手。此时的宁因国共分裂导致其理想主义破灭，从此便回归故乡埋头于地方事业。此时正值邓县发生特大灾荒，一时间盗匪蜂起，邓县自卫队队长高明儒剿匪不力，邓县红枪会首领雷云亭与乡绅刘润甫等亲赴镇平邀请宁洗古回乡领导剿匪事业。在彭禹廷的支持下，宁亲率两队镇平民团开进邓县，但高明儒不愿就此屈服。凭借着镇平民团的威慑以及宁个人的威望，高明儒部中队长蔡普生、翁子珊各自带领常备中队脱离高明儒，转投宁洗古之下，宁自此便初步奠定了在邓县的权势地位。随后，宁又在红枪会民众的支持下击溃匪首孙发祥，并将反对他的县政警队长陈子和处死，将其

---

① ［美］张信：《二十世纪初期中国社会之演变——国家与河南地方精英（1900—1937）》，中华书局2004年版，第89页。

头颅悬挂于城门示众①,自此再也无人敢出面反对宁,宁在邓县的威势地位自此确立。

(三) 宛西权势转移总论

1930年(民国19年)9月27日,彭禹廷、别廷芳、陈舜德与宁洗古四人会见于内乡东部小镇杨集,一起制定了"十条公约"和"五不"法则②,决定共同组建四县联防,成立宛西地方自卫团、宛西四县地方自治委员会和宛西四县联防办事处等机构,由别廷芳担任自卫团司令,彭禹廷担任宛西四县政治委员会主任,正式拉开了宛西自治事业的序幕。杨集会议在宛西自治史上可谓是一个里程碑的事件,它不仅标志着四县正式联合开启自治事业,更意味着宛西地区新一轮权势转移的最终完成,宛西固有的传统社会体系自此被完全打破并为新的社会体系所取代,整个宛西地区也因此开始走向属于自己的独特发展道路。

1. 四县精英夺权道路之比较

当杨集会议召开之时,宛西地区新一代领导集体已然诞生,彭禹廷在镇平、别廷芳在内乡、陈舜德在淅川、宁洗古在邓县皆已确立起了自身在县域内无与伦比的权势地位,而他们之中,既有西北军高官,又有本土出身的枭雄;既有受传统教育的儒生,又有接受了革命洗礼的新时代青年,可以说其个人身份背景各不相同,差别极大。但他们最后竟然得以殊途同归,并一起在地方联合起来进行自治建设,这就是宛西传统社会结构崩溃后所带来的影响。

清季民初以来,与东部沿海和交通便利之地不同,整个宛西地区因交通闭塞、经济落后,并未受到外部势力多大冲击,但外部势力遭受冲击后的余波蔓延至宛西,却引起了宛西社会内部的剧变,即盗匪蜂拥而起,成为社会边缘势力聚集之地。匪患的日益严重以及政府的孱弱无力导致乡绅精英不断分化,导致当地民众不得不采取自救措施,自行组建

---

① 李薰祥、李爱民:《宁洗古传略》,中共邓州市委党史工作委员会,1989年4月20日,第6页。

② 十条公约,即农兵合一、统一指挥、抚恤划一、粮弹自筹、整编保甲、清丈土地、普及民教、设保健所、采会议制和务实去虚;五不法则,包括不泥法纵匪、不偏听诬陷、不奔兢说情、不浪费公币、不拂逆民情。

武装来抵抗土匪。便在这一系列抵御土匪的军事活动中，新一代的领导精英开始涌现，虽然他们有着十分广泛的背景，但他们在面对土匪时所展现出来的卓越领导才能和军事能力让其得到了大多数民众以及乡绅的支持，终成为当地极具威望的领导者。"他们的成功，很大程度上是因农村社会价值体系的变化；乡村社会在整体上偏向重视那些有能力领导地方民团抗击土匪的人，而不是依靠功名、家庭财富或豪族支持身份的人"①，从这个意义上讲，宛西四县自治精英领导权威的获得正是社会流动的结果，土匪等边缘势力的暴起打破了宛西旧有的社会体系，彭、别等人的适时回归和崛起则成为了抵御这股边缘势力进入权力中心的主要力量，而他们也在这场抵御战中赢得了传统社会体系中民众和乡绅的大力支持，最终得以取代官府和早期乡绅精英，成为新一代宛西地区的权力核心。

当然，这样的权势转移过程也并非始终一帆风顺，地方自治领袖们在夺权过程中，不仅始终处在与土匪势力殊死搏杀的最前沿，更必须要巧妙地与县级官府、有权势的乡绅以及当地民众周旋。在其势力尚未发展壮大的早期，既受到了土匪的直接威胁，更面临着地方政府问责的风险以及当地权势乡绅的挑战，诸如陈舜德与彭禹廷皆被土匪直接包围过，别廷芳更是被内乡政府直接逮捕审判，其辛苦艰难程度可想而知。这样迭遇凶险的残酷斗争经历也让这些自治领导人形成了对敌狠毒、不留情面的处事方式，别廷芳的成功之路上铺满了与其竞争者的斑斑血迹，彭禹廷、陈舜德与宁洗古虽未像别廷芳那样采取刺杀等极端手段，但其为了巩固自身权力也会不得不采取高压措施打击敌手，对待土匪则更是不留情面大肆绞杀。即便拥有了足以与地方政府抗衡的力量，其夺取全县政权之路也充满荆棘。较为相似的是，四县精英皆先于县城之外建立属于自己的大本营，诸如彭禹廷在侯集、别廷芳在西峡口、陈舜德在上集、宁洗古在汲滩，形成与县城分庭抗礼之势，然后利用自己的不断增长的力量和声势迫使地方政府屈服，最终完全凌驾于地方政府之上，成为县域权势中心。而原本居于县域政治权力中心的县长，或是不

---

① ［美］张信：《二十世纪初期中国社会之演变——国家与河南地方精英（1900—1937）》，岳谦厚、张玮译，中华书局2004年版，第91页。

得不依靠庇护于地方自治派之下，或是因采取敌对措施而直接被自治派除掉，如1928年（民国17年）别廷芳暗杀内乡县长袁旭，1930年（民国19年）11月彭禹廷公开处决镇平县长阚葆贞等，而这样的极端行为自然会招致将日益权力下移的国民政府的不满，随着国民政府逐渐加强地方社会管控，宛西自治派将面临更加严峻的挑战。

2. 宛西之变：社会网络的解体与重构

程远潜在其论文《权力利益网络碰撞中的民国乡村建设运动——宛西自治》中将宛西自治领导共同体划为激进派和保守派两类，认为彭禹廷乃是激进派的代表，别廷芳为保守派的代表，而杨集会议则是两派精英在乡村建设大旗下的联合，是"新旧乡村精英之间相互妥协后的协议"[①]。这样的归类虽然略显简单，但至少可以看出宛西社会体系在20世纪30年代初所发生着的急速变化，以官府、乡绅与民众为主体的传统三维社会结构被完全打破，杂糅进了大批社会边缘分子，让原本安宁的宛西出现了史无前例的混乱。此时具有不同背景的宛西自治派皆因各自卓越的能力以及非凡的胆识脱颖而出，在应对这场危机中表现出了超乎常人的力量，阻止了土匪等边缘社会分子进入宛西权势中心的企图。他们也借此机会得以在乡绅和民众之中积累起了深厚的基础和崇高的声望，最终得以凌驾于官府之上，成为宛西权势转移的最终胜利者，此等转变对未来的宛西有着十分重要的影响。

首先，当宛西自治派分别在各县确立起了自身的威势统治时，宛西传统的社会结构已然被冲击得七零八落，自治派精英需要重构宛西社会体系以稳定社会秩序、推动宛西各县乡村经济的复兴和发展，乡间残破凋敝的现实让自治派完全抛弃了恢复传统社会的做法，而是不断开创一系列新的自治理论方针，按其心目中设想的美好愿景和蓝图正式在宛西开展自治事业，"三自主义"理论应运而生，新的一套地方自治理论由

---

① 他认为当时宛西社会存在着四个不同的权力利益网络：代表传统乡村绅士及土豪集团利益的旧有权力网络；代表国民政府和省府利益的现存政府权力网络；代表地方商会和新式豪绅集团利益的权力网络；代表宛西中下层群众利益的激进派乡村精英权力网络。这样的划分虽然十分具体，但稍有杂糅之嫌，并忽视了社会流动所带来的复杂性。详见程远潜《权力利益网络碰撞中的民国乡村建设运动——宛西自治（1929—1941）》，硕士学位论文，南昌大学，2008年，第24页。

此而成。宛西地区也因此在20世纪30年代走上了迥异于其余各地区的独特发展道路。

其次,宛西自治派经过多年努力,终于依靠自己的力量将社会边缘势力赶出宛西权力网络。1928年(民国17年)8月,彭禹廷亲自驻守南阳城击退汝州巨匪王太;1929年(民国18年)4月彭又受新野县乡绅邀请前赴麻集剿匪,5月又奇袭唐河县惠老营剿灭土匪,其活动范围已然超出镇平一县之域,扩及整个南阳盆地地区。1932年(民国21年)2月2日,宛西巨匪王太指挥万余土匪攻下镇平东马营街,此时杨集会议已经召开,四县联防业已成形,彭禹廷在别廷芳的帮助下集合宛西民团,历时半月,于2月17日彻底消灭宛西最大匪首王太,取得剿匪以来的最大胜利。3月四县首脑聚会西峡口宛西地方自卫军司令部总结镇西战役得失,豫西持续30多年的匪患自此终于被彻底解决。自此,来自外部的长久威胁基本消失,宛西自治派得以开始专心一致地从事地方自治事业,宛西也由此开始进入拨乱求治、走向农村复兴的新历史阶段。

最后,面对强大土匪势力,宛西自治派在夺取权力的过程中皆采取了高压政策和威权统治,以便于最大限度地协调利用有限资源应对土匪挑战,这就使得宛西各县在自治派掌握领导权力之后,出现了高度集中的权力结构。这样的权力结构固然可以让各种自治政策在宛西各县顺利贯彻执行,然而也会带来诸多负面影响。这种高度集权的体制导致宛西自治方针的推行全凭借自治领导人个人的威望,然而宛西自治派在夺权过程中的高压政策及残酷手段自然会让他们树立诸多的反对派,在其权势达到最高之时尚可以对反对派形成有效震慑,然而一旦出现动荡和反复,这些反对派便会在乡间伺机而动制造事端,因此整个宛西自治的根基并非十分稳固。更为重要的是,当自治精英纷纷在各县确立权势地位、开始倡行自治活动之日,正值国民政府党国体制日益巩固并向地方不断渗透之时,宛西这样权力高度集中于一人的政治现象自然是力图加强地方控制的南京国民政府所不能容忍的。因此当自治精英派完全解决内部盗匪危机以后,马上面临的则是更为严峻的挑战,如何在国民党党国体制不断强化的夹缝中求得生存,如何不让国民政府视自己为武装割据进而如剿共般对自己进行武力镇压,怎样在三民主义和马克思主义这两大理论体系之间发展出自己独有的自治思想,这便是宛西自治派剿匪胜利之后急需解决的问题,而这些问题的处理方式不仅与自治事业的成败息息相关，更是深刻地影响着整个河南西南部未来数十年的社会演变。

附：彭禹廷与红枪会

关于彭禹廷捕杀廖汉岑、梁俊峰救母一事，由于相关资料过于欠缺，很多细节问题几乎无从考证，因而只能借助于两本已经出版的彭禹廷相关文学传记，前去探寻一些端倪：一本是平顶山市作协主席于天命所著《一代完人彭禹廷先生》，另一本是镇平县当地一位退休教师谭学禹所著《自治导师彭禹廷传》，这两本书严格意义上讲都非学术著作，带有浓厚的文学色彩和强烈的主观感情倾向，属于纪实文学性的文学类著作，但其中也包含了两位作者对于宛西自治整个事件多年来的考察和认识，其中不乏著者多年来搜集到的宝贵资料以及访问当年亲历此事的老人后所得到的珍贵口述史回忆。尤为重要的一点是，两位著者在其书中皆提到了梁俊峰救母、彭禹廷杀廖一事，并且其记载有着些许不同。或许对比两本书关于此事件描述的异同，我们可以看出一些端倪，从而推测出一些事件背后宛西各种力量博弈的具体过程。

谭学禹在其著述《自治导师彭禹廷传》中对此事的描述颇为神秘，认为梁俊峰是依靠着地方一位装神弄鬼的术士和与术士颇有关联的地方庙会组织（红枪会）救回了自己的母亲，而彭禹廷只是在后来铲除所谓的恶霸廖汉岑中发挥了作用。谭在《梁俊峰奔走救母》一段中这样记载：

> 梁家惊慌无计，又不敢向彭禹廷报告，连夜派人去南阳梁母娘家报信，并向焦作工学院发电，催梁俊峰速速返家，俊峰立即请假，星夜赶回，到家后问清情况，心中万分焦虑，卖地哪儿有人要？一时难以筹到五千银元，又恐逾期母命难保。正在忧虑之际，一讨饭者送来一信，声称在倪家庄遇到一人，给他十串钱，托他将此信面交梁家。俊峰拆信一看，内称："令堂无恙，限五天傍晚时将五千元送至淇河边大柳树下，令堂即回，逾期不候。"俊峰看信后更为焦虑，心想：此事莫非与廖汉岑有关？我与汉岑素有交情，不如到廖处求助。就亲自到倪家庄见廖说："不知哪杆劫了家母，

请九哥帮忙。"廖装好人,拍案大怒:"大胆,竟欺负到咱头上了,好!我打听一下,如果打听到就给你送信,不过土匪心狠,你还是早点把银元送到为好。"梁俊峰感到失望,忧心沉重,回到家。家人中:"听说姜庄黄学会姜法长很有本事,料事如神,你和他有交情,不妨去问他。"俊峰备礼拜见,法长施展"法术",端坐盘龙椅上,双目微闭,两掌合拳,声若洪钟,开口问:"大仙神,今天孝子梁俊峰求问母在何方?请明示……"沉默片刻自言自语:"在倪家庄廖汉岑家里。"(作者认为:此系法长知情而故作姿态)梁俊峰大吃一惊,如梦初醒,原来廖汉岑人面兽心。恳请法长相救,法长慨然应允。次日,法长率周围各村红枪会员数百人,浩浩荡荡,直奔倪家庄。廖汉岑在村口向北一望,只见遍地红缨,个个手执大刀长矛,威风凛凛,吓出一身冷汗。在声势浩大的队伍正中,四条大汉肩台一块方方正正的红木板,法长端坐其上,廖知法长身怀绝技,满面谄笑,出庄相迎,法长睁开双眼,目光如剑,说:"吾受大仙之命,迎回梁俊峰的母亲。"廖知事已败露,不敢违抗姜法长,又怕得罪梁俊峰,转个弯说:"梁母不在我家,但我已受俊峰之托打听到下落,明天保证平安送回。请法长暂回,转告俊峰,汉岑决不食言。"第二天,廖指示家丁,把梁母眼蒙住,从窖中拉出,抬上瞎转几圈,装作从外村取回梁母才放开眼,让坐兜上,廖派十来个人带枪护送至乔旗营。梁俊峰见母亲被送回,悲喜交集,明知是廖搞的鬼,有人建议把廖家的枪下了。俊峰说:"不可,一为不伤和气,二为大家安全,不如顺水推舟,以礼相待。"于是赏赐来人,来人怕彭禹廷派人来捉,不敢停留,当即辞回。俊峰大摆宴席,一是庆贺母亲归来,二是酬谢乡亲相助。前前后后花费不少钱财,母亲又遭折磨,俊峰越想越气:廖汉岑人面兽心,口蜜腹剑,伪装君子,背地害人,决心到侯集面见彭禹廷,告发廖汉岑。①

与谭学禹的记载稍有不同,于天命在《一代完人彭禹廷先生》一书

---

① 详见谭学禹《自治导师彭禹廷传》,三秦出版社2003年版,第52—53页。

中，对于廖汉岑勾结土匪王长安、董天顺绑架梁俊峰母亲一事，并无记录红枪会以及那位装神弄鬼的姜法长，梁俊峰直接求助的便是彭禹廷。其在第四章《整肃治安首先剿匪、歼除劣绅粉碎包围》中这样写道：

> 不数日，获报：堰岔村土匪王长安（绰号王赖子）和董营村土匪董天顺（绰号董骡子）二匪杆一百三十人，趁夜窜进乔其营梁俊峰家，把梁母捆绑，推到院中。王赖子凶狠高叫："梁家人听着！我是河对岸堰岔村王长安。今天把你家老太太带走，送到倪家庄廖汉岑家，好吃好喝饿不着她。半月之内送五千银元，到期不赎，别怪我无情。如敢向彭禹廷报告，我撕票！"王、董带匪罗把梁老太太架走了。梁家大管家筹不出五千银洋，又不敢向区政府报告；想卖几亩地，但兵荒马乱年月没人买，急的他拍头打胸想不出办法，只得打发一名长工去南阳，向在焦作工学院读书的梁氏承业人梁俊峰发去电报。梁俊峰接到电报，火急赶回家里，深恐时限一到，其母被害，他不得不去向彭禹廷求救了。区公所值班区丁报告："来了个先生自称焦作工学院学生，说有要事求见。"彭说："请他进来。"梁俊峰一见彭，就述说其母被绑走经过，说："我愿倾尽家财地亩，只求把母亲救回。可是一时筹不出这笔款，借贷无门。王赖子限期只剩五天了。我万般无奈，求先生救我母亲一命吧！我今生若无力报答大恩，来世结草衔环相报！"说完"咚"一声跪下，叩头不止，失声大哭！……廖汉岑眼珠子骨碌骨碌盯着彭和刘的脸色，他好像是感到后院出了事，突然像被火烧了一般，脸上显出惨相！金声和队员们从后院挽扶着梁老太太来到了前院。廖汉岑一眼看见梁老太，他面如土灰，头一下子搭拉下来。金声一指禹廷说："老太太，他就是彭区长！"梁老太弯腰跪地，连连磕头道："恩公大德，恩公大德！"梁俊峰跑过来，双膝跪下叩头不止，泪流满面。①

由此可见，相对于谭书的记载，于书则更加强调了彭禹廷在整个事

---

① 详见于天命《一代完人彭禹廷先生》，华夏出版社2008年版，第23—26页。

件中的力量和所发挥的作用，他认为彭禹廷在劫持事件一开始就立即介入，策划并实施了整个解救梁俊峰母亲的行动，解救人质和铲除恶霸同时进行，这就更加凸显了彭禹廷的形象。这里面不排除于书有推崇彭禹廷的感情倾向，因为谭书在彭禹廷杀廖汉岑一事中与于书几乎相差无几。彭禹廷如何佯装亲家翁巧捉廖汉岑、如何不顾邻里宗亲之间的求情而秉公处决廖汉岑，此段两书都描写得极为细致并且高度一致，都是热情歌颂彭禹廷的计谋武功与铁面无私。唯一不同的地方就在于解救梁俊峰母亲一事上，究竟是那位姜法长还是彭禹廷的问题，换句话说也就是当地神权势力有无参与的问题，红枪会这样一种类似于秘密会社的组织，究竟在地方起着什么样的作用。

关于红枪会这一名称作为结社出现的时期和地区，历来便具有诸多说法。最为普遍的说法是民国时期各种教门武装的统称或代名称，是清末义和团失败后剩余势力发展的变种，与清末洛阳地区的金钟罩铁布衫、1917 年豫西的硬头儿等具有刀枪不入信仰的结社以及追随白莲教系的八卦教等各种组织都有系谱上的联系[①]，是在 1921 年（民国 10 年）前后，与河南或豫鲁苏三省交界地带出现的民间自发武装力量。红枪会的仪式主要有吸收会员与传授法术两种，宣传"刀枪不入"的思想，以此吸引信徒提高士气。其组织形式最初则是以村镇为单位，一个村镇设一个会堂，由所谓的大师兄统领，其后随着红枪会的迅速发展，规模越来越大，其称号有了"团长"、"旅长"、"总指挥"，甚至有了"总司令"这样的称呼。其原本只是在山东，但自 1917 年传入河南之后，从此便在河南迅速发展，宛西地区也不例外。

在匪患日益猖獗的宛西，当官府剿匪无力、乡绅无力领导大局之时，地方红枪会势力自然就成为了一些地区防范盗匪的重要力量，成为民众的主要依靠，因而红枪会在宛西得以迅速发展，据大龙庙农民杨成章回忆，"开始加入红枪会的只是几十人，发展至几百人几千人上万人。有一个村庄发展到很多村庄。……每个大小村庄的'红枪会'、'白袋会'、'黄袋会'约一万余人，聚集于'无念堂'（大龙村的大南

---

① [日]三谷孝：《秘密结社与中国革命》，李恩民监译，中国社会科学出版社 2002 年版，第 58 页。

坡）开联防大会"①，可见其发展之盛。甚至在1921年（民国10年）9月20日出现了红枪会攻打镇平县城、驱逐镇平县县长及驻扎城内的吴凤山部队事件，虽然此次行动红枪会损失惨重，但其敢于攻打地方政府的行为也说明了它已然发展成为宛西一支不可小觑的民间力量。由此可见，整个华北农村地区的20世纪二三十年代"既是北洋军阀混战、分化、灭亡的过程，同时也是农村自立自卫斗争力量壮大的过程"②。

所以，当彭禹廷返乡倡行剿匪自治之时，他不可能不会注意到红枪会势力的存在，将镇平红枪会势力纳入自治团体内部自然是彭增强实力的重要步骤，基于此等分析，在彭禹廷处决廖汉岑一事中红枪会的参与是极有可能的。至少在之后的事件中证明了这一点，当1927年（民国16年）12月十七股土匪联合以"为廖汉岑复仇"为口号进攻彭禹廷驻地侯集时，彭禹廷的军事力量仍十分薄弱，其于当年10月份刚刚成立的自卫队仅仅只有两个中队30多人，如果没有红枪会会众随后的援救，彭禹廷想战胜千余人的匪徒是十分困难的，正是梁俊峰鼓动当地红枪会首领乔天定带领红枪会众前来侯集支援，彭才得以在敌众我寡的情形下里应外合击溃土匪，不但保住了自己的大本营，更是确立了在镇平的权势地位。而另一红枪会出身的雷云亭，更是在随后彻底跟随宛西自治派进行自治建设活动，先是跟随邓县自治领导人宁洗古任团长，宁被害后，到镇平投奔彭禹廷任植树专员，专管植树造林，后因作风务实、任劳任怨、严格要求而闻名全县③。

自1927年国民大革命失败后，国共两党分道扬镳，中国共产党开始在全国各地进行土地革命战争，红枪会等民间武装力量更是中共统战和利用的主要对象。但是，中共河南省委在国民革命失败后的国民党"清党"白色恐怖屠杀中保存下来的仅余180人（1927年8月），党组织本身又带有国民大革命时期遗留下来的种种问题和缺陷，在此种情况

---

① 杨成章：《"红枪会"攻打镇平县城的前后》，中国人民政治协商会议河南省镇平县委员会、文史资料委员会：《镇平文史资料》第十辑，第68页。

② ［日］三谷孝：《秘密结社与中国革命》，李恩民监译，中国社会科学出版社2002年版，第60页。

③ 姜力中：《"植树专员"雷老二》，中国人民政治协商会议河南省镇平县委员会、文史资料委员会：《镇平文史资料》第十辑，第68页。

下，共产党对全省数百万红枪会众的发动工作就不会很充分并且有很大局限性①。国民党对农村工作习惯性的不重视以及共产党力量的薄弱给了地方精英派活动的巨大空间，让类似彭禹廷的地方精英人物可以将红枪会这等民间武装力量充分吸收利用、为我所用，从而占据了地方权力核心，成为国共十年对峙之外的独立区域。对于红枪会来讲，当新的方针方法开始出现，盛极数十年的民间枪会运用也自此走向衰落，或是融入轰轰烈烈的地方自治运动（如宛西地区），或是跟随中国共产党进行艰苦卓绝的土地革命战争（南方各革命根据地），呈现出一种新的态势。而对于宛西自治派来讲，则进一步扩大了其在乡间的统治基础，为其下一步推行更为广泛的自治措施打下了良好的基础。

三 三自主义

当宛西土匪势力被消灭殆尽，宛西社会逐渐开始进入拨乱求治的新历史阶段，居于权力中心的宛西自治精英派必然要面对新的挑战。"军事武装固为地方精英发迹的重要凭借，但亦有其内在限制。戎马倥偬、祸乱猖獗的乱世之际，自治精英尚可倚仗强制性武装扩充力量，一旦秩序稍复，其所控之军事武装，便不免因缺乏'合法性'的理论建构基础而遭受质疑，甚至影响到他们既有的支配地位。"② 再者，经过长期匪患的蹂躏，宛西地区旧有社会体系已被完全打破，经济凋敝，民不聊生，农村发展早已陷入危机，在整个近代中国的现代化转型大背景下，宛西乡村再也不可能回到男耕女织、自给自足的传统社会中去，因此找到适合自己的新发展道路就成为急需面对的问题。因此，无论是出于巩固自身权势地位的需要，还是出于建设家乡复兴农村经济的需要，都迫使宛西自治精英派找寻到一条适合宛西乡村建设和经济发展的地方自治道路。内乡民团第二团团长别光典就曾这样追忆别廷芳在1930年杨集会议召开前后所发生的变化："1930年以前只注意扩张武装力量，不大

---

① ［日］三谷孝：《秘密结社与中国革命》，李恩民监译，中国社会科学出版社2002年版，第132页。

② 沈松桥：《地方精英与国家权力——民国时期的宛西自治（1930—1943）》，《"中央研究院"近代史研究所集刊》第21期，第399页。

注意政治，总的称呼是'办民团'；1930年以后，由于彭锡田的策划，在军事和政治上都增加了一些新的东西，并且牵强附会地找出一些理论作依据。总的称呼也变了，不再称呼为办民团，而称为'地方自治'了。"① 别光典并非自治精英派内部的核心人物，其对宛西自治派所推行的自治理论并不能理解得十分透彻，但却也看到了别廷芳在四县联防前后所表现出的明显不同。宛西地方自治精英团体已由最初级的剿匪保民上升为较为高层次的乡村建设和地方自治。

更重要的是，随着20世纪30年代南京国民政府不断强化党国体制，训政时期开始后，国民政府将权力逐渐下移，试图挽回自清季以来便逐步走向孱弱的地方政府，在试图消灭中共武装力量的同时也开始着力铲除割据一方的地方实力派。如何打消南京政府的疑虑，避免主动把国民党的矛头对准自己，成为自治精英重点思考的问题。与其他几位自治领袖不同，此时的彭禹廷则显示出了自己极强的理论素养和逻辑思维能力，他以孙中山"三民主义"理论为大旗，结合宛西当地实际情况，杂糅进了甘地"非暴力不合作"思想以及马克思列宁主义，创造出了较为独特的理论体系——三自主义。而彭也因此而成为了宛西自治运动的理论导师和总设计师，超出别、陈、宁三人，成为宛西自治运动真正意义上的精神领袖。

（一）理论缘起

三自主义的主要内容便是"自卫、自治和自富"，这是彭禹廷对宛西社会进行了长期分析和实践之后所得出的一套较为系统的地方自治理论。与别廷芳等本土派自治精英不同，彭禹廷（以下简称彭）在镇平的自治活动明显分为两个阶段：第一阶段自1927年（民国16年）8月6日彭初步返乡倡行剿匪自治到1929年（民国18年）7月其推辞韩复榘委任的豫南民团总指挥职位，前赴河南辉县百泉创办村治学院，这一阶段彭在宛西的着力点便是创建民团、武力对抗土匪，剿匪与保民是这

---

① 别光典：《河南内乡土皇帝别廷芳》，第179页。转引自沈松桥《地方精英与国家权力——民国时期的宛西自治（1930—1943）》，《"中央研究院"近代史研究所集刊》，第21期，第400页。

一阶段的主题；第二阶段则是自1930年（民国19年）8月7日彭离开村治学院返回镇平直至1933年（民国22年）3月26日其被刺身亡，彭在这一阶段便开始着力研究地方自治理论，全面开战宛西自治事业，乡村建设和地方自治成为第二阶段的主旨。从这两个阶段中，可以看到彭有一个明显的时间断层，这个断层便是他自1929年（民国18年）7月至1930年（民国19年）8月在辉县创建河南村治学院的经历，可以说正是在这一年多离开宛西的时间内，让彭得以完全脱离地方事务，在相对安宁的学院内进行纯粹的理论建构，这为其之后返回宛西提出"三自主义"理论体系打下了坚实基础。

近代中国整个20世纪30年代，探求农村经济凋敝和中国社会落后衰败的原因是真正关注中国实际问题的知识分子长期孜孜以求的热点，胡适就曾针对此问题发出过"五鬼闹中华说"，即"贫穷、疾病、愚昧、贪污和扰乱"，此五大问题是导致近代中国农村走向危机的主要原因，他也因此发出号召，主张"集全国的人力才智，采用世界科学与方法，一步步作自觉改革，在自觉的指导下，一点一滴地吸收不断改革之全功"，并发出对未来新中国的美好憧憬，"不断的改革收全功之日，便是我们的目的地达到之时"[①]。在这样的情况下，一批长期关注农村问题的乡村建设派学者自发聚集起来，以集体智慧的力量探求未来中国农村的发展道路就成了必然趋势。1929年（民国18年）7月，在时任河南省主席韩复榘的大力支持下，河南村治学院在辉县百泉成立。在推辞不就豫南民团总指挥这一职位后，出于昔日西北军同僚情谊，彭禹廷还是接受了韩复榘的邀请，离开宛西前往辉县担任河南村治学院院长一职。河南村治学院成立后，先后邀请知名学者梁仲华担任副院长，梁漱溟担任教务长，并办理《村治月刊》为学院学刊，一时间成为全国乡建理论的研究重镇。而彭在韩复榘的配合以及梁漱溟、梁仲华等乡建学者的支持下，也得以短暂脱离纷繁复杂的地方事务，正式开始思考未来宛西乡村甚至整个中国乡村的发展方向，开始进行细致的乡村建设理论研究。1930年（民国19年）3月河南村治学院更是召开全国乡建工作

---

① 以上参考胡适《我们走那条路？》（1930年4月10日），《中国现代政治思想史资料简编》第3卷，浙江人民出版社1983年版，第186页。

研讨会，广泛邀请全国志同道合者一同与会，在河北定县开展乡村建设的晏阳初、之后创设晓庄师范的陶行知、在华传教士相格里皆到场参加，与重庆北碚进行乡村自治试验的卢作孚也派代表参加研讨，这次会议可以说是30年代中国乡村建设派的一次大联合，彭禹廷作为主办方代表自然全程参与讨论，国内最顶级的乡村建设理论家各抒己见，这对他完善自身多年思索的自治理论有着莫大的帮助，其"三自主义"理论的最终成型便深受梁漱溟和晏阳初两位乡村建设学者的影响。梁漱溟认为中国农村在近代以来陷入危机是因为文化方面的因素，他认为中国传统文化有着"幼稚、老衰、不落实、消极、暧昧"五大症状，觉得"在文化上进行培养和创建才是中国问题所应下的功夫"，认为"惟有从正面培养文化、补充文化、建造文化，从乡村建设中创建新文化，进而才可以由农业引发工业，由农村挽救城市"①。这对彭的思想产生了很大影响，彭对于宛西民团的教育一直十分重视，不仅自己亲自编写民团识字课本，更是让从黄埔军校毕业归来的宁洗古编写军歌及各类读物，以革命文化取代传统文化。

除此之外，晏阳初的思想主张同样深刻影响了彭的理论体系，晏阳初认为近代中国民不聊生的原因主要是因为农民身上的四大主要问题，即愚（缺乏知识）、贫（在夹缝中求得生存）、弱（身心皆弱）、私（不能团结协作），因此晏阳初针对此四大问题，在河北定县"大力开展文艺、生计、公民教育，以挽救农村，挽救中国"②。晏阳初的这一思想直接影响了彭对于宛西乡村社会的分析和认识，彭便将宛西社会的病态分为四种：1."肠痈"，即自私自利者，又详细区分为"损人利己、损人不利己、只知有自己不知有人"三种形态，表现为营私舞弊和推诿敷衍；2."半身不遂"，即严重的依赖性，具体包括"依赖官吏、依赖驻军、依赖绅董"三种方式，不靠人扶助便不能行动；3."疔毒"，即通匪者，"来时突忽残酷，顷刻间能把城镇化为废墟、居民杀拉殆尽！便好比疔毒一样，红线一起便马上布满全身，霎时就能要命"；4."贫血"或

---

① 以上参考梁漱溟《民众教育何以能救中国？》，《乡村建设》第4卷第7、8期合刊，1934年10月。
② 徐有礼：《30年代宛西乡村建设模式研究》，中州古籍出版社1999年版，第34页。

"痨病"，即贫穷，被军阀、土匪、贪污、豪劣争先恐后地吮吸尽了身上的血液。彭认为宛西便是被"肠痈、半身不遂、疗毒和贫血症一齐害到了身上，而且是害得一天厉害一天，眼看便要丧命"①，这便是彭在河南村治学院期间对于宛西地区社会的分析和思考，而这样的思考则直接影响了其下一步自治理论的推行和完善。

针对上述宛西社会所出现的种种病症，彭结合各乡建派的理论和实践方法找出应对措施，逐一对症下药进行问题突破。首先，基于宛西匪患尚未彻底清除，他把治理"疗毒"，即治匪之法放在了首要位置，认为以"武力集中、有组织、有训练"的办理民团是危急时刻的"治标之法"；而把"清乡、救穷"当作消除土匪根基的"治本之法"。其次，针对贫穷的"痨病"，彭提出以"息讼、清地亩、积义仓"为主要举措的"省钱"之法和以"造林、兴水利、改良并扩张家庭工业、改良家畜、倡办合作社"为主要举措的"进钱"之法，在宛西社会开源节流，逐步复兴渐已残破的乡村经济。最后，彭提出用"良心"治疗自私自利的"肠痈"之病，用"勇气"治疗过度依赖的"半身不遂"之疾，"有了仁爱之心，则自然不肯作损人利己、或损人不利己的事。如果有了勇气，则自然热心任何事，一切靠人的毛病就没有了"②。彭针对宛西社会几大病症对症下药所采取的应急措施，便是之后其自治指导理论"三自主义"的初始形态，办理民团应对土匪危机正是"自卫主义"的集中体现，以勇气消除依赖进而独立自主正是"自治主义"的关键，而一系列"进钱省钱"方法的提出又为"自富主义"提供了主要措施，指导宛西自治事业的"三自主义"理论体系自此开始发端。

（二）"三自"架构
1. 三民主义宛西化：三自主义与三民主义

在彭禹廷诸次演讲中，他都把自己所创设的"自卫、自治、自富"三自主义理论放在孙中山所提出的"民族、民权、民生"三民主义旗

---

① 以上彭禹廷观点详见彭禹廷《彭禹廷演讲集》，王扶山、王彬贤笔记，镇平县教育局印行1932年版，第11—18页。
② 彭禹廷：《彭禹廷演讲集》，王扶山、王彬贤笔记，镇平县教育局印行1932年版，第18—24页。

帜之下，这不仅仅是为在国民党日益巩固的党国体制之下求得生存发展的需要，彭更是将三自主义与三民主义直接联系起来，把自己的理论体系与三民主义找到了某种逻辑顺承关系。彭个人虽然对于南京国民政府颇有微词，但对于国民政府所标榜的正统意识形态和总理遗教却并无诋毁之意，非但如此，彭个人对于孙中山一直持十分崇敬和仰慕的态度，将孙中山和甘地、列宁视为20世纪三大伟人①。因此其拟定的宛西自治基本蓝图和指导思想，自然要披上三民主义的外衣。当彭自辉县百泉再次返乡，正式倡行三自主义理论指导宛西自治建设时，他便在1931年（民国20年）5月对民团长官的训话中直接将三自主义比附到了三民主义理论体系之内，"什么是我们的主义呢？简单言之，即地方主义是也。什么是地方主义呢？即自卫主义、自治主义、自富主义是也。……吾所谓地方主义，即孙总理之三民主义，范围上虽有大小之分，实质上初无二致也。总理之三民主义，……一时不易成功，吾特缩小之，以合乎一县之用；……我们的自卫主义，即是民族主义；我们的自治主义，即是民权主义；我们的自富主义，即是民生主义；合而言之，我们的地方主义，即总理的三民主义"②。由此可见，彭在最初对宛西乡绅民众阐述其"三自主义"自治理念时，便将其当作缩小版的三民主义，这样既给自己大力推行地方自治找到了最为有利的合法性外衣，又迎合了宛西当地民众对于彻底清除盗匪、恢复正常秩序、谋求安定生活的极端渴望，实乃一石二鸟之举措。

然这样的附会只能起到一时震慑人心、统率人力的作用，并非自治时期的长久之计，如何找到三自主义与三民主义之间更为深层次的逻辑关系和理论关联，就成为彭随后完善此理论的重要努力方向。首先，彭

---

① 彭禹廷在1931年（民国20年）7月27日《对乡村小学教师讲时代与地位的谈话》中曾言道："这三个伟人，实在是二十世纪新舞台上三个超等名角；这三个超等名角登台之后，能使全球为之震动；实在是有旋乾转坤的大能量！这三个伟人是谁呢？一个是四万万人的领袖，一个是三万万两千万人的领袖，一个是一万万五千万人的领袖；白种人里边有一个，棕色种人里边有一个，幸喜我们黄种人里边也有一个；这三个伟人我想不用说大家就明白：一个是孙文，一个是甘地，一个是列宁。有兄弟来看，这个新世纪将要成为这三个人的世纪。"对孙中山的推崇可见一斑。

② 彭禹廷：《对民团官长讲话》，《彭禹廷演讲集》，王扶山、王彬贤笔记，镇平县教育局印行1932年版，第54页。

以地域特殊性为由找到三民主义力所不及的地方，他认为"中山的民族主义，与镇平大不相干，即令中山的民族主义成功，也当不住镇平县仍然亡县！"彭之所以提出如此震惊宛西的论调，是因为他敏感地注意到了宛西地区独特的历史发展状态，他认为"中山的民族主义是对外打不平的，专注意在国外；所谓政治、经济、人口三种压迫都是来自国外；而镇平县所受的三种压迫都是从国内来的，这三种压迫就是大股土匪、匪式军队与贪官污吏。镇平县的民族主义，就是要设法避免这三种压迫。想避免这三种压迫，非自卫不可！所以说镇平县的民族主义，就是自卫主义"①。从此段讲话中可以明显地看到彭思维逻辑的转移，他等于是将三民主义镇平化，将"驱逐鞑虏，恢复中华"的民族主义最高誓言巧妙地转化为打倒土匪、消灭土豪劣绅的具体行动，三民主义中的"民族主义"在彭的理论中完全成为了他组建民团剿匪保民、推行"自卫主义"政策的工具。与此相类似，"民权主义"和"民生主义"也被彭缩小化和本土化为"自治主义"与"自富主义"。彭在"三民主义"普遍性的大旗下树起自己"三自主义"这一颇具地方特殊性的小旌旗，让三民主义对上成为庇护三自主义理论的挡箭牌，对下又成为了推广三自主义理论的宣传册。

紧接着，彭在这两大理论体系之间又找出了更深层次的逻辑关系。他认为"孙的三民主义，不但有其时间性，与时俱进一变再变；抑且更是以具体环境为依据，深具空间性"②，这便以时间性和空间性两大特性作为工具架起了三民主义与三自主义两大理论体系之间相互沟通的桥梁。关于三民主义的时间性，并非彭所独创，早在第一次国共合作时期，孙中山便于1924年（民国13年）1月国民党"一大"期间，将三民主义发展为新三民主义③，确定"联俄联共，扶助农工"三大政策，

---

① 彭禹廷：《对乡村小学教师讲缩小的三民主义》，《彭禹廷演讲集》，王扶山、王彬贤笔记，镇平县教育局印行1932年版，第86—87页。
② 沈松桥：《地方精英与国家权力——民国时期的宛西自治（1930—1943）》，《"中央研究院"近代史研究所集刊》，第21期，第406页。
③ 关于新三民主义，由于涉及国民党联合苏俄和中国共产党的问题，加之大革命期间国共两党决裂，所以两党学者对此存在着截然相反的说法，更有证明新三民主义并非孙中山所提等观点，其争议一直保持至今。

足以证明三民主义的时间性。而三民主义所具有空间性的论断，据彭所言，旁人尚未提及，似乎为其所独创①。宛西地区的确因居于内陆盆地交通闭塞、远离政治中心、地瘠民贫等特殊地理位置，而在近代中国走上了一条迥异于其他地区的独特发展道路，彭自幼便外出求学并在外官至西北军西北边防督办公署秘书长，其多年的在外游历让他十分清楚中国各地具体情况和世界大势，因此自然比本土的自治精英更为了解宛西地区所处的时代和地位，他提出三民主义具有空间性特征也就不足为奇。他指出"全国有全国的环境需要，一县也有一县的环境需要，环境不同，需要也不同。……既然努力下层工作，非将'国民革命'缩小成'地方革命'不可！国民革命的工具，就是三民主义；我们既然把国民革命缩小了，非将工具缩小不可，即非将三民主义缩小不可！"②而这缩小的三民主义，自然便是三自主义，这样的解释便将三自主义对三民主义的顺承关系提高到了一个新的理论高度。

  姑且不论彭禹廷所提出的"缩小版三民主义"这一概念在理论上和学理上是否融会贯通，是否真正契合国民党极力推崇和奉行的三民主义主旨，但至少这样的一套解释方式赢得了宛西大部分乡绅民众的支持。而这样一套解释方式的产生也让宛西自治派获得了极其强大的理论支持，其权势地位也进一步得到巩固，陈舜德在晚年追忆自治岁月时便极力称许彭禹廷的理论贡献，称赞其为"宛西自治的导师"，并肯定宛西自治"完全是三民主义的地方自治"③，便是三自主义理论强大渲染力的表现。而彭禹廷也经过对三自主义的重新发酵和对三民主义的再创造，在宛西地区奠定了自身无与伦比的自治理论导师地位。三自主义经此改造也变得越发完善，宛西自治的强大理论武器自

---

  ① 彭禹廷在1931年（民国20年）7月28日《对乡村小学教师讲三民主义之时间性与空间性》时曾言道："三民主义之有时间性，是常常听人说过的；至于三民主义之有空间性，兄弟尚未听说过，这是兄弟近来体会出来的。"
  ② 彭禹廷：《对乡村小学教师讲三民主义之时间性与空间性》，《彭禹廷演讲集》，王扶山、王彬贤笔记，镇平县教育局印行1932年版，第84页。
  ③ 陈舜德：《闲话宛西集》，第20、22页，转引自沈松桥《地方精英与国家权力——民国时期的宛西自治（1930—1943）》，《"中央研究院"近代史研究所集刊》，第21期，第407页。

此成形。

2. 理论剖析：自卫、自治与自富

（1）自卫主义

三自主义，首推自卫，匪患对整个宛西的长期蹂躏自然让自治精英派将武装自卫放在了头等重要的位置，而在权势转移过程中，各县精英几乎全部依赖自身的武装力量才得以占据权势中心地位，巩固自身地位不动摇自然也要依靠自身的强大武装，因此继续发展并掌控地方民团就成为了"自卫主义"的主要举措。1930年（民国19年）5月彭禹廷在《农村自卫研究》一书中就提到，"农村自卫问题，乃村治问题中首应解决者。其关系之重要，有如筑室之基，宜深宜坚，不拔不摇，其他设施，乃有着落"①，在彭禹廷现存的所有演讲词中，保存最多的便是对民团和保卫团的讲话，足见其对于地方防卫工作的重视程度。自卫主义的主要实施办法，便是逐渐强大的民团武装。当土匪暴起打破宛西传统社会系统时，因抵御土匪入侵而在民间形成许多自发自卫武装，如地主招募用以看家护院的寨勇武夫、乡绅集合当地力量组建的民兵团队、富户依靠地形和宗族势力修筑的宗族寨、联营寨和群建寨等各类防匪堡寨，更有当地民众自发组织的红枪会势力等。这些民间自发武装虽起到了一定的抗匪防暴作用，但只能应对境内小股土匪的挑战，缺乏整合力和团结性的闲散武装不仅在应对大股土匪和过境匪式军队时无能为力，在平时更是因地域、宗族和宗教等因素极易发生摩擦，从而相互攻讦，出现互不统属、弱肉强食的混乱割据局面。彭需要做的便是将这些闲散的宛西武装势力汇聚成一个强大的民团整体，建立一套完整的军事体系和管理系统，从而可以形成一股震慑土匪和匪式军队的强大力量。

正如彭禹廷所言："有了民团，才有镇平县自治；民团是促成镇平县自治的原动力。"② 1928年（民国17年）5月，依靠短暂驻扎于南阳的西北军故旧石友三部，彭便将镇平民团的创设工作向前推进了一大

---

① 彭禹廷、王怡柯：《农村自卫研究》（1930年5月）（未刊本），转引自徐有礼《30年代宛西乡村建设模式研究》，中州古籍出版社1999年版，第31页。

② 镇平县十区自治办公处：《镇平县自治概况》，京城印书局1933年版，第147页。

步，石友三亲自任命彭为"镇平民团军旅长"并公告宛属十三县地区，彭亲任民团大队长，并连续发布《三民主义概略》、"南区三自方针"以及"军队纪律"，在镇平民团中确立起了自身独一无二的领导地位。1929年（民国18年）1月，新任河南省主席的韩复榘更是任命彭为河南自卫团第二区区长，辖镇平、内乡、邓县、淅川、新野、南召、方城、南阳九县的治安剿匪任务，其管控范围依然逾一县之地，不仅扩大到整个宛西地区，甚至将整个南阳盆地也囊括在内。彭依靠自己西北军出身的有利背景，成功将自己所倡导的自卫方针以及组建民团的做法推广至整个宛西，并被初步控制本县武装力量的别廷芳、陈舜德等人所接受和认可。1930年（民国19年）9月，刚由辉县河南村治学院返回宛西不久的彭便致函陈舜德，希望可以联合宛西数县武装倡行联防："过去一乡联合可制一乡之匪，一县联合可除一县之匪。现匪患遍地，匪之结合，动辄成千累万，绝非一县之力所能清剿。且官府既不能保民，军队多不剿匪，非自己团结起来，绝无幸存之理。弟有意与兄同香斋兄联合一块剿匪，并办理地方自治事宜。"[①] 这才有了之后杨集会议上四县精英的大联合，杨集会议之后镇平、内乡、淅川、邓县四县民团正式合并，实行统一的编制和序列，1933年（民国22年）南召县也接受联防协议、加入宛西民团，彭"自卫主义"理论在宛西大获成功。

表4　　　　　　　　　镇平民团一览表[②]

镇平民团军旅长：彭禹廷			
民团参谋长兼教官：李茂林			
第一中队		第二中队	
队长：王金声	队副：张明甫	队长：梁吉甫	队副：廖金声

---

① 彭禹廷：《彭禹廷致陈重华信》（未公开），转引自申庆璧《宛西陈舜德先生传》，弘道文化事业有限公司1976年版，第53页。

② 根据镇平县十区自治办公处《镇平县自治概况》绘制。

表5　　　　　　　　　宛西地方自治团一览表①

宛西地方自治团（司令：别廷芳）			
第一支队（内乡民团）	第二支队（邓县民团）	第三支队（淅川民团）	第四支队（镇平民团）
支队长：别廷芳（兼）	支队长：宁洗古	支队长：陈舜德	支队长：彭禹廷

从"三自主义"理论体系内部来看，自卫主义被彭作为"自治之初步"，是整个理论体系的基础和柱石。在彭眼中，"有自卫之实力，自治乃可进行；有自治之组织，自卫益加巩固，自富才有保障"②，控制和发展民团就成为彭推行自治的重要步骤。他参照西欧瑞士义务民兵制，要求全县村民到达一定年龄之后必须统一接受三个月的集中军事训练，并根据年龄将青壮年和老年人分别编入不同的民兵自卫武装内，这几乎把县域内所有的民众都囊括进了此自卫体系之中，从而试图让宛西全域达到"人人皆兵，庄庄皆营，土匪入境，寸步难行"③ 的效果。彭本人对于瑞士练兵之法极为推崇，称赞其为"现在世界各国最好的办法"，除全民皆兵以外，他也要求民团训练"每月村中打靶一次，每季区中打靶一次，每年全县集合打靶一次，……平时只有五百常备军，有事时可集合十五万；人人手中有枪支，心中有法律"④，这就是彭心目中最完善和最理想的自卫状态，简而言之便是"枪不离人、人不离乡、就地选官、就地训练"⑤ 四项原则。

多年的匪患危机已然将宛西传统社会体系冲击得七零八落，而通过彭"自卫主义"对于宛西地区的改造，这种残破的社会体系迅速得以集结重构，并以日益军事化的态势展现出了强大的力量。据《镇平县

---

① 根据镇平县十区自治办公处《镇平县自治概况》绘制。
② 彭禹廷：《在民团教导队讲演民团意义之表解》，《彭禹廷演讲集》，王扶山、王彬贤笔记，镇平县教育局印1932年版，第33页。
③ 彭禹廷：《集合常后备官长训话》，《彭禹廷演讲集》，王扶山、王彬贤笔记，镇平县教育局印行1932年版，第46页。
④ 彭禹廷：《在区村长大会演词》，《彭禹廷演讲集》，王扶山、王彬贤笔记，镇平县教育局印行1932年版，第28页。
⑤ 镇平县十区自治办公处：《镇平县自治概况》，京城印书局1933年版，第148—149页。

自治概况》统计,截止到1935年(民国24年)10月,镇平前后一共训练壮丁五期,共五千余人,常备民团之数皆保持在两千人以上[①]。淅川、内乡、邓县等地也同样出现了高度社会军事化的现象,别廷芳参照彭的方式,在内乡提出"地段编制、地段管训、就地成军、就地挑官、就枪编人"[②]的原则,传统的乡绅、官府与民众三位一体的社会体系由此被彻底打破,代之而起的乃是以高度社会军事化的民团为中心的社会网络体系,传统男耕女织、自给自足的小农经济在宛西自治派的强力改造下被完全揉碎并被纳入准军事化的集团生活之中,整个宛西地区自此走上了自己十分独特的现代化发展道路,其高度军事化的社会体系不仅让盗匪势力彻底销声匿迹,甚至在整个河南地区都成为了一支让人望而生畏的力量。以下是1933年(民国22年)《河南农村调查》对各县民团数量的调查结果。

表6　　　　　　　河南民团团丁数量调查表(1933年)[③]

县别	人数	枪械数	县别	人数	枪械数
辉县	321	221	郾城	490	430
汲县	390	322	新郑	240	110
新乡	416	340	镇平	常备1200,后备2000,壮丁30000	6000
淇县	80	70	内乡	8000	未详
修武	200	150	邓县	3000	5000
滑县	420	420	信阳	743	570
许昌	605	505			

由此可见,在整个河南民团武装力量中,宛西民团那令人恐惧的压倒性优势,这便是彭禹廷"自卫主义"大行于世所带来的结果,而自治精英派也通过此种手段既巩固了自身权势中心地位,又建立起了一套牢固严密的军事化社会体系,为下一步自治方案的实施奠定了基础。

---

① 镇平县十区自治办公处:《镇平县自治概况》,京城印书局1933年版,第158—160页。
② 别廷芳:《宛西三自办法提要》,宛南民报代印,内乡县档案馆馆藏,第7—8页。
③ 《河南农村调查》,第74页,转引自徐有礼《30年代宛西乡村建设模式研究》,中州古籍出版社1999年版,第52页。

（2）自治主义

如果自卫主义是三自主义的基础和第一阶段，那么自治主义便是三自主义的制度建设阶段，也是进一步巩固加强自卫成果的必要阶段，因此，由自卫进入自治可以说是彭"三自主义"理论体系中的第二个主要环节。首先，与组建民团互相配合，彭开始实行严密的保甲制度，在各乡村普遍清查户口、进行人事登记，以做到对整个宛西社会的最大控制。由于宛西地处南阳盆地西侧，因此其封闭程度较高，如果没有外部力量的进入便不会产生相应的社会变化，近代以来宛西盗匪猖獗的产生便是外部边缘势力纷纷流入宛西所带来的结果，而这些大量的社会边缘势力皆因河南各地军阀混战、政局动荡而产生。当自治精英派消灭盗匪势力、努力在宛西拨乱求治之时，河南其余各地的匪患和动荡仍在持续，宛西四县便"等于大海中的一座孤岛，必须让内奸不生，外谍不入，才能保证这座孤岛的安全"①，因此进行严密的社会管控，在宛西与河南其余各地之间设置一道安全防火墙就成了彭推行自治主义的首要目标。除了按照"人必归户、户必归甲、甲必归保、保必归乡镇"的原则建立起严密的保甲制度外，宛西地区还推行一种较为独特的"五证"管理方法来控制人口移动，监视外来人员。1931年（民国20年）内乡县最先推出"五证"制度，之后镇平、淅川和邓县也纷纷效仿。"五证"制度即根据不同情况，向本地民众或过境的外地人员发放通行证、出门证、迁移证、小贩营业证和乞丐证，以确保当地人员流动的安全性。别廷芳就曾言及推广此五证的原因："以人民之行动无定，无由识别奸宄，推行出门证；以人民之出入本境，无由纠察其踪迹，推行通行证；以奸宄之徒乔装乞丐，希图破坏治安，推行乞丐证；以匪人之化装小贩，刺探军情，推行小贩营业证；以不良分子之借故内迁，入境活动，推行迁移证。"② 五证制度推行以后，配合保甲制度在宛西乡间发挥了巨大威力，据传乡间各处皆贴有"白天查路条，夜间查住客"的标语，只要发现可疑人员，人人皆可上报。彭禹廷所建立起的这套宛西社会体系是要将社会边缘势力的生存空间全部挤压殆尽，是要让社会体

---

① 徐有礼：《30年代宛西乡村建设模式研究》，中州古籍出版社1999年版，第69页。
② 别廷芳：《宛西三自办法提要》，宛南民报代印，内乡县档案馆馆藏，第20页。

系中的每一位社会成员皆为其所用，因此在这样极度严密的社会管控下，通匪藏匪者一经发现立即枪毙，奸宄盗匪之徒几乎一时间在宛西绝迹，游手好闲者惶恐不安并最终皆被改造，宛西自治派利用高压管控手段几乎将宛西每一位社会成员皆调动进了他们所创造的社会体系之中并牢牢地将其控制，在这样的局面下，宛西其余各地的盗匪自然再也不敢深入此地，宛西此时出现路不拾遗、夜不闭户的升平景象自然也就不足为奇。从陈舜德随后回忆宛西自治时所发表的论断便可看出五证联合保甲制度推行的威力："宛西境内无奸宄存在、匪谍渗入，人民得享太平，得力于各县凭此五证稽查人民，使得境内无一人行踪不明，能澄本清源，实为主要原因。"①

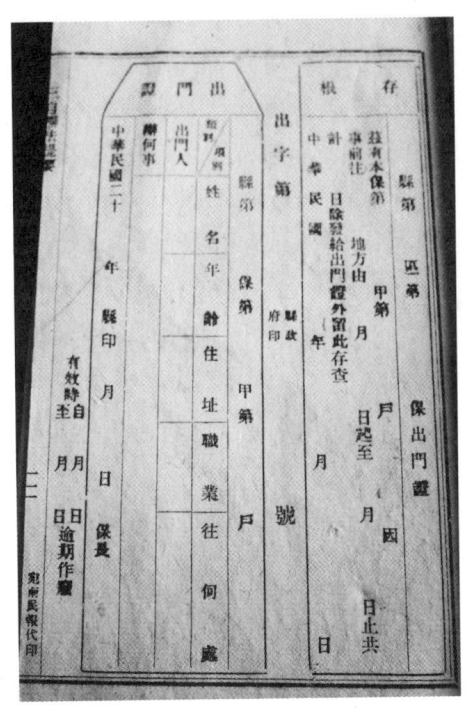

图2　出门证原件（摄于内乡县档案馆）

---

① 申庆璧：《宛西陈舜德先生传》，弘道文化事业有限公司1976年版，第65页。

为配合各自治环节在地方的顺利进行，彭自然要设置一系列的自治机构以确保各项自治政策的有序实施。1930年（民国19年）10月，镇平县全县政务委员会召开会议，正式议决设置十区自治办公处，以此机构来"总揽全县自治行政权力，进行自卫、息讼、教育、建设及一切自治事项"[①]，初期其下设有三大办事机构：一为办事处，此乃地方自治执行机构；二为自治委员会，此乃地方自治议事机构；三为息讼会，此为办公处附带的职能机构，负责处理全县诉讼案件。十区自治办公处的设置标志着自治运动开始拥有一个正式领导机构。然由于早在办公处设置之前，四县自治领袖已经在杨集会议上成立宛西四县自治委员会，以此机构来统筹整个宛西自治事业，这样一来十区自治办公处与自治委员会便产生了某些机构上的重合。为了解决机构重合所带来的冗官冗费、职责不明和效率低下等问题，1931年（民国20年）10月1日，镇平县自治委员会召开第九次会议讨论自治委员会和十区自治办公处的改组问题；11月15日，改组后的新自治委员会正式成立，为与十区自治办公处划清界限，其仅仅"作为全县立法机关，亦即为全县推进自治之最高机关"[②]，由王彬质和李腾仙兼任正副书记；紧接着在12月15日镇平县自治委员会第十二次会议上，又进行了十区自治办公处的改选工作，赵秩岑当选为处长，王腾阁与王彬质当选为副处长，下设总务、建设、调查、财物等数股全面推进宛西自治建设。随后，县内各区也相应纷纷成立了区公所和区调解会，整个镇平县域内的自治决策机构和自治职能部门全部建立起来，彭"自治主义"理论中有关地方自治机构的主要模式基本成形。此后在十区自治办公处以及自治委员会的领导下，宛西自治事业开始全面深入推广至各个区域，彭的第二步架构基本得以完成。

（3）自富主义

当以"自卫主义"为指导组建民团消除土匪威胁、安定社会秩序，又以"自治主义"为参考建立一系列自治机构和制度、扫除政治障碍之后，自然要进入救穷济贫、全面复兴早已残破不堪之乡村经济的新阶

---

① 镇平县十区自治办公处：《镇平县自治概况》，京城印书局1933年版，第1页。
② 同上书，第21页。

段，彭所提出的"自富主义"理论由此得以大行其道。按照彭对于宛西社会的病态分析，办理民团倡行自卫只是危急时刻驱赶盗匪的"治标之法"，而"清乡和救穷"才是消除土匪根基的"治本之法"，对此彭相应地提出了以"息讼、清地亩、积义仓"为主要举措的"省钱"之法和以"造林、兴水利、改良并扩张家庭工业、改良家畜、倡办合作社"为主要举措的"进钱"之法，以期可以开源节流，使宛西社会达到"夜不闭户、路不拾遗、村村无讼、家家有余"的理想状态和"安居乐业、丰衣足食"①的美好愿景，可以说这便是彭"自富主义"的最初理论形态。

随着剿匪事业的顺利推进以及地方自治机构的不断完善，彭开始将其自富理论进一步扩大并逐步在宛西地区实行下去。1931年（民国20年）1月1日，镇平县公布《清理全县地亩简章》，明确规定"清查地亩时，各花户现种之陆地、水田及宅基、坟地、房场均应列入，……对不便丈量的山中森林、蚕坡、竹园等地，估计每年收入，折合银两，注于册内"②，由此开展全县规模的清查土地活动。与此同时，针对民间官司纠葛不清的问题，彭亲自编写《息讼歌》，并专门成立息讼委员会，开始引入西方辩护制度取代传统乡间讼师，并指导十区自治办公处颁布《整顿息讼会办法》《镇平县调解委员会规程》《乡镇调解须知》和《镇平县严禁乡村架讼办法》等文件，逐步改革宛西落后司法方式。除此之外，彭开始大力革除社会陋习，发出禁洋货、禁洋靛、禁鸦片、禁赌博、禁纸烟的"五禁"通令，抵制洋货流通以此来刺激宛西传统手工艺的恢复发展；之后又颁布一系列有关剪发放足、男女平等、禁溺女婴等文明开化政策，兴建公共医疗设施、发展公共卫生事业，以进一步改善宛西民众的日常生活。而彭的"自富主义"理论也在烦琐的日常事务处理和公共服务执行中不断得到完善。

作为创设"三自主义"体系的理论家和宛西自治事业的总设计师，彭自然希望培养一批将其思想主张延续下去的青年才俊，因此在自治事

---

① 以上参考彭禹廷《在区村长大会演词》，《彭禹廷演讲集》，王扶山、王彬贤笔记，镇平县教育局印行1932年版，第9页。
② 镇平县十区自治办公处：《镇平县自治概况》，京城印书局1933年版，第90页。

业中尤其重视乡村教育的发展。1930年（民国19年）8月7日彭辞去河南村治学院院长职务，自辉县百泉返回宛西，紧接着河南村治学院也因韩复榘的离任以及辉县县长李晋三的百般刁难而步履维艰，最终迁往山东邹平由梁漱溟继续领导村建理论研究。在辉县百泉的短暂经历让彭萌生出继续在宛西进行村治理论研究的想法，此想法在随后的杨集会议上得到了其余自治领袖的赞成和支持。经过协商讨论，宛西自治派正式决定于内乡县城西北的马山口镇天宁寺创设宛西乡村师范学校。1933年（民国22年）3月1日，宛西乡师历经两年终于顺利建成开学，彭对此极为重视，不仅亲自担任乡师校长一职，更是将校址所在地天宁寺改为天明寺，以示"创办地方自治为宛西天色黎明"[①]之意。之后，宛西乡师以"三杆教育"[②]为主要指导思想，培养出一大批三自主义理论人才，成为今后宛西乡村建设骨干的集中诞生地，也成为"三自主义"理论不断完善和发展的大本营与理论阵地，更成为乡村建设理论与宛西地方自治实践的结合处和试验场。除宛西乡师外，其余诸如乡村小学、国学研究所和农村自治补习班也陆续建立起来，宛西自治教育事业取得了十分明显的突破。孙中山曾高度重视教育在改造国民性及推行地方自治中的作用："学校者，文明进化之源泉，必学校立，而后地方自治乃能进步，……故于衣食住行等人生需要外，首当注重于学校。"[③] 无论学者们对于"三自主义是缩小版的三民主义"这一理论有何质疑，但至少彭在推行乡村教育这一点上和孙中山是十分一致的。

以此来考查彭所提出的"三自主义"理论体系，我们便可以看出其逻辑层次十分清晰，对于宛西社会的分析和应对问题的解决办法也十分透彻，这即显示出彭本人较为深厚的理论素养，也体现出其对于宛西当时局势的清晰判断和准确把握。在此理论体系中，自卫是基础和柱石，是拨乱求治的应急步骤和推行自治的必要前提；自治是保障，在稳定宛西局势、巩固已有成果和深入自治事业之间起着承上启下的过渡作

[①] 江廷俊：《宛西乡村师范实验区》，《河南文史资料》第50辑，中国人民政治协商会议河南省委员会、文史资料委员会联合印制。

[②] 由彭禹廷提出，又称为"政教养合一"思想，即有知识（笔杆）、能生产（锄杆）和能自卫（枪杆）。

[③] 孙中山：《孙中山全集》第5卷，上海人民出版社1992年版，第220页。

用；自富是目的，是复兴宛西乡村经济、推动整个社会向现代化发展的终极追求。三者相辅相成不可分割，自治时期仍继续进行着自卫剿匪事业，同时也开始逐步采取自富措施拯救业已残破的乡村经济，自卫、自治与自富在自治派推行自治事业中被浑然一体地建构于同一个理论框架内，并在不断的实践过程中越发完善，最终形成了一套十分成熟的"三自主义"理论体系，不仅成为宛西自治的指导方针，更成为同时代整个中国乡村建设的主要思想来源。

（三）顺境至逆境
1. 有利的外部大环境

在彭禹廷完善其"三自主义"理论体系并以此方针在宛西地区大规模开展自治活动时，整个河南政局也在发生着急速的变化，而外部政治环境的变化对彭自治理论的实施不可能不产生一定的影响。

地方自治这一理念早已有之，并非彭所独创，早在清末预备立宪中清政府便颁布《钦定宪法大纲》，着令各地开始实行自治事业；而这一趋势在民国成立后继续在地方得到发展，甚至在20世纪20年代的军阀混战中酝酿出联省自治思潮，以湖南谭延闿、赵恒惕在"湘人治湘"的理念下首倡，并迅速在全国各地蔓延[①]；此时因护法运动失败而避居上海、著书立说的孙中山自然也开始创设自己的地方自治理论，1920年（民国9年）3月孙在上海发表《地方自治实行法》，声称"民国人民当为自计，速从地方自治，以立民国万年有道之机，宜取法乎上，顺应世界之潮流，采择最新之理想，以成一高尚进化之自治团体，以谋全数人民之幸福"，正式向全中国呼吁倡行地方自治的主张，并提出了施行自治的具体范围不应过大，"当以一县为充分之区域，如不得一县，则联合数乡村，而附有纵横二三十里之田野者，亦可为一试办区域"[②]，

[①] 1920年（民国9年）12月10日，川省各派系将领在重庆开会，议决实行自治，制定省自治法；1921年（民国10年）4月2日，贵州代总司令卢焘、省长任可澄通电宣布贵州自治；6月4日，浙江督军卢永祥发电宣布省自治，并正式提出联省政府的主张；1922年（民国11年）5月28日张作霖在直奉战争失败后退居山海关外，联名东北将领宣布东北三省自治。

[②] 以上参考孙中山《孙中山全集》第5卷，上海人民出版社1992年版，第225页。

将自治的范围初步定在了县域这一区域内。此外，孙中山认为"中国此时最可虑者，乃在各省藉名自治，实行割据，以启分崩之兆耳。故联省自治制之所以不适于今日之中国也"①，对各地军阀之间推行的联省自治进行彻底的否决和批判。随后其在1924年（民国13年）1月提交给国民党"一大"的《国民政府建国大纲》中正式提出地方自治要以县为基础单位，并将县域自治正式归入其"军政、训政、宪政"的架构中："训政时期，政府当派训练考试合格之人员，到各县协助人民筹备自治，……凡一省数县皆达完全自治者，则为宪政开始时期。"② 孙中山对于地方自治的思考不仅对于随后南京国民政府的政策有着重大影响，更是将地方自治理念由清末立宪自治、民初联省自治发展到了推动县域自治，这对于自治活动在宛西的开展起到了直接推动作用，因此彭禹廷对于孙中山倍加推崇，甚至不惜将自己的理论完全依附于三民主义理论之下。

1929年（民国18年）10月，国民政府正式宣布结束"军政"时期并开始进入"训政"时期，随后国民党"三大"通过《确定地方自治之方略及程序以立政治建设之基础案》，试图将孙中山当年"以一县为区域实行地方自治"的理念贯彻实行下去。而此时南京政府虽然通过分共反共、宁汉合流确立起了自身在全国的统治地位，但根基并不牢固，尤其是长期对于农村工作的忽视导致其自身几乎完全切断了与乡村民众之间的联系。当中国共产党确定"农村包围城市"的发展战略，及时开展土地革命，在农村广泛发动人民群众并广泛建立革命根据地之后，国民政府在农村地区几乎完全陷入了统治危机中，其统治基础遭到了严重挑战，这逼迫国民政府不得不将农村工作提到议事日程上来。1932年（民国21年）蒋介石终于意识到"中国历来以农业为立国之本，所赖以增值财富者，首推农民，国命所托，实在农村；政象的康宁与变乱，决定于农民的安乐和农村的安宁与否"③，在武力围剿中共农村革命根据地的同时，开始考虑改革地方县政和利用民间渐已兴盛的乡

---

① 陈锡祺：《孙中山年谱长编》（上册），中华书局1991年版，第1491页。
② 孙中山：《孙中山全集》第9卷，上海人民出版社1992年版，第126—127页。
③ 刘海燕：《三十年代南京国民政府推行县政建设原因探析》，《民国档案》2001年第1期。

村建设运动来抵消中共发动土地革命战争所带来的影响。正处于方兴未艾期的各地乡村建设运动此时便迎来了一个非常有利的外部发展环境，不仅晏阳初、梁漱溟等乡建派大师受到蒋介石的亲自接见，重庆北碚、山东邹平、河北定县皆成为国民政府考察学习的重点区域，一时间"国民政府和各部之长……，已开始筹划应付剧变的实际程序；一方面又在罗致得力领袖主持其事，使能应变有方，而成效卓著"①。1932年（民国21年）12月10日国民政府在南京召开主题为"完成地方自治，整理匪区善后，奠定国防基础，促进行政效率，统一内务行政"②的全国内政会议，通过《县政改革案》及《各省设立县政建设实验区办法》等议案。这些议案经国民政府行政院审核通过后，于1933年（民国22年）8月由内政部正式颁布实施，"在南京近郊择县设立实验区，将所得成绩交由其他各省县推广，在推广前先责成河南、湖北、安徽、江西四省提前试办"③。自此，以梁漱溟、晏阳初为代表的民间乡村建设运动派与国民政府县政改革和地方自治运动实现了某种程度上的合流，整个中国近代社会继晚清立宪自治和民初联省自治之后，又出现了一个地方自治、改造农村社会运动的高潮。

　　彭禹廷"三自主义"理论得以在宛西大行于世，自然得益于这股地方自治高潮所带来的良好社会环境。从1921年（民国10年）设置的河南自治筹备处到1925年（民国14年）创建的河南省地方自治协进会，河南依附官方的自治活动便一直持续不断地在进行，南京政府推行地方自治首先责成河南地区提前试办，这更是将河南地方自治运动推向一个新的高峰。以彭禹廷和别廷芳为代表的宛西自治运动自然会趁着这股浪潮得以迅猛发展，"三自主义"理论便是在这样的环境下不断得到完善，最终走向成熟。宛西自治在此环境下取得丰硕成果也不足为奇，甚至一度引起了国民政府的注意，据传南京国民政府内政部部长黄

---

① 《中央日报》转载《泰勒论中国的乡村运动》，邹平县档案馆藏：《邹平县政协文史资料》，A字058号，SHM6—9，转引自李伟中《知识分子"下乡"与近代中国乡村变革的困境——对20世纪30年代县政建设实验的解析》，《南开学报》（哲学社会科学版）2009年第1期。
② 《县政建设实验区资料汇要·前言》，内政部总务司1935年版，第1页。
③ 毛应章：《定县平民教育考察记·自序》，拔提书店1932年版，第1页。

邵竑便曾亲赴宛西考察自治成果①，虽不知此流传是否真实，但至少可以反映出30年代初期的全国形势对宛西自治运动是较为有利的。

2. 渐变的外部局势

国民政府虽然受中共土地革命之压力被迫在全国开展地方自治运动，然而其将权力下移、重新管控地方的意图始终没有改变，因此在国民党党国体制不断加强、国民党一党专制统治不断扩大的趋势下，宛西自治这种独有的自治类型自然与国民政府倡导的地方自治方式格格不入。南京国民政府所提倡的是在地方首先推行县政改革，通过县政改革牢固控制地方政权，然后再由受制于中央的县长进一步推行地方自治，这一过程中主要依赖的是地方政府之力。然而宛西特殊的历史发展过程让宛西自治精英团体在重构社会体系的过程中取得了权力中心地位，将地方政府完全抛在一旁。而随着"自治主义"的步步推进，自治精英建立起了一整套严密的自治机构，几乎将省政府正式任命的县长完全架空。县政府的政令不出政府大院，几乎成为了空具骨架的摆设。县内民政财政、教育司法等诸权力几乎全部由自治派所设立的自治机构把控，甚至县政府的经费开支也全依赖于自治机构进行拨付，县政府只能仰其鼻息。宛西这样的自治架构与南京国民政府的初衷背道而驰，这自然是力图加强地方管控的国民政府所不能容忍的。宛西自治派无论怎样把自治理论比附在三民主义之下，都不能阻止国民政府权力日渐下移这一历史趋势，地方势力与中央的矛盾最终将变得一触即发，宛西自治也注定了只能选择妥协或是灭亡。

除此之外，在中原大战之前，河南地方政府一直被冯玉祥的西北军势力所掌控，彭禹廷西北军的经历和出身自然让他拥有着十分强大的保护伞和支撑，无论是短暂驻防河南的石友三还是担任河南省府主席的韩复榘，都曾给予彭很大的帮助，不仅直接任命他担任地方军事长官职务，更创办村治学院为其自治事业搭桥铺路。然而中原大战之后，冯玉祥战败下野，西北军失去了对河南的控制，河南地区被南京国民政府全面接管。韩复榘被调任山东，河南村治学院也随之停办并迁往邹平，彭

---

① 此事仅在于天命《一代完人彭禹廷先生》一书中详有提及，因此不敢断定此事是否真实。

禹廷失去了最牢固的依靠。1930年（民国19年）10月7日，国民政府正式任命刘峙为河南省主席，刘峙就职之后便开始按照蒋介石的主张将权力下移，推行"剿共清乡"、在各地建立国民党党部、整编管控驻豫军队等措施，全面巩固南京政府对河南的控制。随后刘峙频繁对南阳地区进行巡视，并于1934年（民国23年）5月12日亲赴镇平与内乡视察，试图将国民党力量植入宛西，突破自治派对于该地区的掌控。自内乡返回开封后，刘峙更是在6月作《巡视襄城南阳镇平内乡邓县等五县县政状况及应予兴革整理各事项》的报告，在报告中大力指责宛西自治是封建割据，称内乡镇平号称自治，实际政权则操于一二士绅之手；一切组织均与法令不符，……据淅川报告，与内乡亦相类似，……已令各县将上述各项组织一律撤销，所有一切县政事宜，均由各该县政府主持办理。刘峙所采取的这些措施，自然不可避免地会与"三自主义"产生冲突，省政府对宛西地方自治派的支持已然变为了反对和控制，地方精英与国家权力之间的矛盾已成不可调和之势。

（四）沿袭与流变

屋漏偏逢连夜雨，船迟又遇打头风，正当宛西自治的外部环境变得日益严峻时，其内部也发生了剧烈变化，在激烈的权势转移过程中，积累下诸多仇敌的宁洗古和彭禹廷先后被暗杀，宛西自治精英团体遭受了极为重大的打击，尤其是彭禹廷的逝世让自治事业顿时失去了理论导师的指导，虽然在彭死后别廷芳顺利掌控和稳定住了宛西局势并继续引导宛西自治事业向前，然"三自主义"自此失去了理论原创支持和创新驱动能力，虽然一部分措施被沿袭下来，但很多理论思考逐渐在各县实施过程中产生流变并最终南辕北辙，彻底改变了彭"三自主义"理论的初衷。

1. 沿袭之举

彭禹廷虽然身死，但其留下的"三自主义"理论已经形成了强大的体系和严密的逻辑，并得到了宛西自治继任者别廷芳的大力支持，依靠别强大军事力量作为保证，"三自主义"大部分措施都在彭死后得以继续推行。

首先，本就是依靠武力夺取内乡县政权的别自然对"自卫主义"极为推崇，在彭死后其继续巩固并扩大宛西民团的势力，并依靠河南省第六行政区行政督察专员朱玖莹的力量，一度扩张势力至唐河等宛东各县。正是基于如此强大的军事力量，才让刘峙投鼠忌器一直不敢对别采取极端措施，这才保证宛西数县的自治活动不至于在国民党不断加强的地方管控下覆灭败亡。抗战爆发之后，河南大部分地区相继沦于日寇之手，河南省政府迁往豫西洛阳，各级省城机关单位和学校纷纷向南阳盆地转移，宛西地区一时间成为河南抗日的军事政治中心。别廷芳与陈舜德此时掌控的强大民团军事力量顿时成为抵抗日寇西进、保存河南省政机关学校的重要武装，别的声望和地位也随之空前提高，1938年（民国27年）别在南阳组织宛属十三县地方自治办公处，并担任办公处主任和宛属十三县联防司令部司令，掌控了整个南阳地区将近20万的武装力量；而别本人也在同年夏天前赴汉口，受到正在汉口指挥武汉会战的蒋介石之亲自接见，并被蒋介石任命为河南省第六区抗战自卫团司令。自此之后别声威名扬全国，权势也达到了他一生的最高点，足见宛西自卫武装力量之盛，这便是其长期发展民团力量所得到的结果。

其次，针对"自治主义"，别廷芳更是将彭所创设的理论进一步向前扩大，他于1931年（民国20年）在西峡口南关关帝庙创办公文讲习所，以训练自治指导人员、培养地方自治骨干；又于1940年（民国29年）1月集合内乡全县之力编成《地方自治》一书，详细列举了宛西现行各自治法规，并将训练民团、整理保甲、清理田亩、推行五证、实行五禁等措施全部囊括其中且详加描述，更是针对抗战爆发而加入了动员国民精神的诸多方法[①]。除此之外，别还编著《宛西三自办法提要》一书，令宛西乡师编写《宛西乡村建设实施办法》《编练保甲》《兴办平民教育》系列丛书，又令吴拯寰编撰《地方自治概要》，将彭禹廷所留下的自治思想全盘整理下来，让宛西自治派的乡村建设体系完全成形，独树一帜地立于国内乡间学术流派之林，成为其余各地相互参考和借鉴的重要思想。

---

① 详见别廷芳《地方自治》，宛南民报代印，1940年，内乡县档案馆藏，第93页。

第三，针对彭提出的"自富主义"思想，别也是不遗余力地继续贯彻，尤其在内乡表现得更加显著。自1929年（民国18年）始，别便邀请林业专家和堤坝专家陈凤桐、贺体等人全面规划内乡县域的工农业生产和林业发展。经过十年的自富建设，别一共在全县植树8000多万株，在各大河口新开稻田670多顷，更是于1934年（民国23年）亲自主持修筑石龙堰大渠①，以供全县灌溉及水利发电之用。别与属下程炳传、符春轩和陈凤桐等人合力将这些自富道路上的措施总结并汇编成《植树经验谈》及《治河改地》两书，以指导后世继续进行"自富主义"道路的探索和建设。除此之外，别还在内乡境内发行"内乡县金融流通券"，建立起自己独立的金融体系；并大力发展工业，不仅创建造枪厂，生产大量武器弹药以供宛西民团使用，更创办了一大批灯泡厂、丝绸厂、铁锅厂等民用工业以满足宛西民众的日常生活需求。通过别将近十年的不懈努力，宛西地区初步建立起了一套完整的工业体系，彻底改变了旧有的经济格局，这不仅为宛西在抗战爆发后成为河南军政中心打下了坚实的经济基础，甚至为1949年之后宛西地区的社会主义工业化建设也奠定了坚实的基础。可以说，对于"自富主义"孜孜不倦的努力是宛西地区初步迈向自身现代化进程的关键一环。

2. 流变之处

彭作为"三自主义"理论的创始人和直接实施者，对于此理论体系自然理解得最为深刻，在其被暗杀之后，其理论失去了原创支持和主要创新驱动能力，在之后的实施过程中，自然会因各县自治领导者的主观认知、宛西社会顽固陋习的影响以及国民政府权力不断下移的压力等诸多因素而走向异化和流变。

其中最为重要的流变当属对于马列主义的理解和对于中国共产党的认识。徐有礼称自治运动是"社会改良的自治和改造社会的革命"②，

---

① 笔者走访了解到，此渠至今在内乡县内仍为重要的水利设施，不仅支撑着县内发电，更灌溉了666.7公顷的土地，为感激别廷芳当年修筑此渠所作出的贡献，当地人都亲切地称其为"别公堰"。

② 徐有礼：《30年代宛西乡村建设模式研究》，中州古籍出版社1999年版，第148页。

这就表明他认为宛西自治派兼有改良和革命两种活动行为，而这两种行为在彭禹廷和别廷芳两位自治派领导人身上分别有着不同的体现方式。彭禹廷除了是孙中山"三民主义"的忠实信徒之外，也十分推崇列宁及甘地，因此其"三自主义"理论体系之中或多或少地也吸收借鉴了列宁主义的某些思想，他在演讲中曾向民众疾呼当前地方自治的主要障碍是"匪式军队、贪官污吏和万恶土匪"，并指出："现在我们想实行地方自治，非把这三种障碍除掉不可！想除这三种障碍，便是革命！"①这便把地方自治活动披上了一层地方革命的外衣，加之其随后清理田亩、抑制巨富的做法，颇有同时期中国共产党在农村革命根据地"打土豪分田地"的气势。然彭虽然十分推崇俄国革命，但是其对于中国共产党却心生疑惧，他认为："共产主义在国外本来是一种最新的社会主义，这最新的办法是因本国国情而产生出来的，列宁采取急进的马克思主义和孙中山采取缓进的三民主义，也是因为中俄两国国情不同所致，……我们是农村社会，原来就没有走上资本主义的路子，用不着共产"②，表示出了不赞同在中国进行共产革命的主张。因此其对中共进行的革命并无太大好感，他认为："本来俄国的共产党，是社会主义，是为人类谋幸福的，是很好的，谁知道共产党一搬到中国就糟了！"③尤其是当彭确立了其在宛西的权势中心地位之后，中共在农村进行的土地革命就更加成为自治派所忌惮的对象，在彭的讲话中甚至将中共列为七大盗匪之一④，并在之后直接称其为匪："假共产之名，到处破坏，制造无产阶级，这叫做'共匪'，……至于'共匪'这种东西，他的性质我们现在可以不必研究；不过他的行动是和土匪没有区别的。现在疗

---

① 彭禹廷：《对民团官佐讲地方革命》，《彭禹廷演讲集》，王扶山、王彬贤笔记，镇平县教育局印行1932年版，第63页。

② 彭禹廷：《对乡村小学教师讲时代与地位》，《彭禹廷演讲集》，王扶山、王彬贤笔记，镇平县教育局印行1932年版，第78页。

③ 同上。

④ 彭禹廷所言及的七种匪徒类型为：夜聚明散，架票勒赎，这叫作土匪；聚众成千上万，烧杀奸掳，如同流寇，这叫作股匪；借官厅之威，敲骨吸髓，这叫作官匪；名为军队，其行为较土匪有过之无不及，这叫作兵匪；号称民团，专与老百姓为敌，这叫作团匪；假共产之名，到处破坏，制造无产阶级，这叫作"共匪"；侵占我土地，屠戮我人民，大肆其帝国主义的淫威，这叫作洋匪。

毒布满全国，'匪共'遍地焚掠"①，由此可见其对于中共的敌视态度。当大革命失败、国民党在全国实行白色恐怖、进行分共反共活动时，中共不得不转入地下活动，类似于宛西此等远离政治中心且极端封闭区域自然就成为共产党人保存自身并发展革命力量的首选之地，这自然被已经取得宛西权势中心地位的自治派精英视为莫大的威胁；除此之外，为对国民党白色恐怖进行反击，中共先后经历瞿秋白"盲动主义"（1927年11月至1928年4月）及李立三"冒险主义"（1930年6月至9月）等"左"倾思想的指导，执行的土地革命路线一度十分偏激，这让原本就对中共心生疑惧的宛西自治派更加厌恶，因此彭才将其归为盗匪一列。然自黄埔军校宁洗古回归之后，彭对于中共之认识似有加深，又加之其族侄彭雪枫②之故，彭对于中共之态度似有改善之变化。李腾仙所撰《彭禹廷与镇平自治》一书中曾明确记载了彭率领宛西民团追击堵截红军徐向前、贺龙所部一事："十一月，共匪徐向前由鄂边窜入新野、邓县。先生奉刘督办令，率民团往邓南一带防堵，并保护交通。未及，贺龙亦由唐方窜南召；刘督办又令截击；乃自带给养，星夜赴召，堵剿。徐贺两匪，审民团有备，即各引去。地方得全，未沦为赤区者先生与有力焉"③，此事也成为"文革"期间斥责彭为剿共刽子手的主要证据。不过近来的研究似乎对此事的真伪性又有了新的质疑，认为彭此次行动只是奉国民党上级命令、虚与委蛇之行事，对红军仅仅是围而不剿、礼送出境，并未与贺龙和徐向前部发生正面冲突④。

然而自宁洗古与彭禹廷相继被害之后，别廷芳全权接任宛西自治大局。如果说彭是偏向于"改造社会的革命"，那么纯粹宛西本土出身的

---

① 彭禹廷：《在各区对乡镇长讲话》，《彭禹廷演讲集》，王扶山、王彬贤笔记，镇平县教育局印行1932年版，第212页。
② 彭雪枫（1907年9月9日—1944年9月11日）：中国工农红军和新四军高级将领，中国革命史上36位军事家之一，参加过第三、四、五次反围剿；在红军长征中，组织土成岭战役，两次率军攻占娄山关，直取遵义城，横渡金沙江，飞越大渡河，进军天全城；抗战爆发后担任新四军第四师师长，组建豫皖苏抗日根据地；1944年10月在八里庄战役中中流弹牺牲，是抗日战争中新四军牺牲的最高将领之一。
③ 李腾仙：《彭禹廷与镇平自治》，镇平县地方建设委员会印行1933年版，第201页。
④ 于天命经过大量考证，认为李腾仙此次剿共记事仅仅是为了应付上级的举措，存在修改掩饰的嫌疑，真实情况中彭并未围剿红军。详见于天命《一代完人彭禹廷先生》，华夏出版社2008年版，第301—303页。

别便是向完全意义上的"社会改良的自治"流变,这便是程远潜在其论文中将彭与别分别归为激进派乡村自治精英与保守派乡村精英的主要依据。别接任宛西自治后对于宛西社会的控制更加严密,此时力图在宛西发动人民群众、进行土地革命的中共自然成为别着力打击的对象,两方数度发生摩擦。1929年(民国18年)9月17日,中共马山口特区委员会委员马华敏在宛西乡师策划暴动并力图建立伏牛山革命根据地,在10月初建立中共内乡县委,此次行动为别廷芳所知晓后,别亲自率领宛西一营民团包围学校,马华敏趁乱逃脱,贾殿一、刘明煊等共产党员被别所杀;1933年(民国22年)11月,中共镇平县委在石佛寺一带策划起义,准备建立苏区迎接红军北上,此时接任彭禹廷民团司令职务的王金声下令残酷镇压;随后,别与刘顾三、王金声等又相互配合,分别镇压了中共组织的西峡口暴动、邓县西部起义和唐河抗粮斗争。宛西自治派为确保自身统治安全,业已与中共势同水火。直至抗战爆发之后,国共两党实现了第二次合作,别廷芳才改变了自己一贯仇视共产党的态度,在民族大义面前,接受了中共抗日民族统一战线的方针。

除了对中共的态度变化导致自治理论遭到不同程度的流变之外,对于国民党的态度转变也在彭死后成为"三自主义"理论流变的主要原因。彭在架构宛西自治之初一直十分排斥政党政治进入宛西社会,因此不管是共产党还是国民党,彭都对其渗透宛西社会发展党员采取敌视和抵制态度。自彭死后,别最初也继承了此既有方针,采取极力与刘峙相对抗的办法,一边大力发展民团武装,令宛西社会军事化程度进一步提高;一边又采取"乱世用重典"的统治策略,对宛西地区进行严密到窒息的社会控制,据宛西民间流传,一乡间幼童只因偷掰了田间一根玉米棒便被别下令枪毙,由此可见别法令之严酷。而别手下的自治职员威势日益加重,其滥用权力、营私舞弊的举动也不可避免地出现,据张和宣回忆,"内乡区长别瑞九、刘顾三等人巧取豪夺、无所不至,……刘顾三于区长任内,放账买地,肆行收刮,不数年间,居然有地数百顷"[1],宛西自治精英团体已然从内部开始逐渐腐化变质。尤其是当别

---

[1] 张和宣:《内乡团阀刘顾三》,《河南文史资料选辑》第3辑,1980年8月,第163—166页。

廷芳于1938年（民国27年）受到蒋介石接见之后，其态度开始明显向国民党方面转化，不仅接受了蒋介石册封的河南第六区自卫军司令的职位以及授予的国民党少将军衔，更是抛弃彭禹廷"拒绝一切政党"的主张，直接加入了国民党并接受国民党河南省党部的委任书，成为了内、淅、邓三县国民党特派员。别对于国民党由对抗走向妥协的策略深刻影响了整个宛西自治精英团体。在别病死后，宛西地区顿时陷于群龙无首局面，各县自治精英为争夺权力、扩张势力，纷纷选择与国民党合作甚至直接加入国民党，依靠国民政府的实力互相攻讦，彭禹廷最初所倡行自治的封闭独立之环境已然完全消失，国民政府力量自此全面深入宛西，整个宛西地区权势再度陷于混乱。

受到宛西政治局势变动之影响，自治派所倚仗的民团力量也在彭死后悄然发生了某些变化。彭先前所提出的"自卫"方针在土匪几乎被完全清除以后，渐已失去剿匪保民的最初功能，开始成为各民团首领进行政治斗争的工具。在彭被暗杀后，镇平民团第一中队队长王金声迅速向别廷芳靠拢，并先后排挤十区自治办公处处长赵秩岑和其余民团首领，并以"为彭禹廷报仇"之名除掉长期与自治派不和的石佛寺区区长毕裕阜，从而独霸镇平县域。因为王金声的举动，镇平民团彻底改变了彭禹廷创建伊始的最初目的，成为王氏一族独霸镇平的工具。抗战期间王金声"为保存其实力，将民团主力拉进尖顶山，并暗派亲信王志元下山组织伪军，投降日寇以作后应"，并在抗战结束后继续在国共两党之间"反复无常，动摇不定"，最终在中国人民解放军所发动的宛西战役中被消灭殆尽，其剩余势力被国民党改编，经湖南入川，最终在四川省南江县被全歼，彭禹廷一手创建的镇平民团自此全部覆灭[①]。而自抗战爆发之后，在民族大义下，别廷芳与陈舜德等人所率领的宛西民团也接受了国民党的领导以及共产党的统战，开始被编入正规部队系列中并被派驻外地各处作战，彭所倡导的"人不离枪、枪不离乡"的自卫主义原则也被完全打破。"三自主义"理论体系中存在的那些浓厚地方性和保守性色彩的方针措施，在民族危机不断加深、国家权力不断下移

[①] 详见常庆三《镇平民团的创建与覆灭》，中国人民政治协商会议河南省镇平县委员会、文史资料委员会：《镇平文史资料》第十辑，第114—125页。

以及国内资源逐渐开始大整合的大趋势下，必然不能够久存，其作出相应的流变也是历史的必然。

四　昙花绽放

1933年（民国22年）3月1日，在宛西乡师澎湃激昂的校歌声中，彭禹廷正式继任乡师校长一职；3月26日凌晨，彭自镇平十区自治办公处返回东关张祠堂住所，旋即被手下卫士杨天顺、王国昌和李奎彪勒死。"三自主义"理论体系之所以失去了其创新驱动能力因而逐渐产生流化异变，其中最为重要的因素便是其创始人彭禹廷被害身亡。可以说，彭禹廷之死实乃宛西自治事业中最重大的损失。此时距离他在宛西乡师成立大会上出任校长、受万人拥戴才仅仅过去了25天的时间，为何在镇平县域权势威望正如日中天的自治领袖会突然遭到杀害？宛西自治派的权势地位自社会体系变动和社会关系重组得来，其被害缘由自然也须得从宛西社会结构转变中去找寻端倪。

（一）自治导师之死

彭禹廷自1927年（民国16年）8月6日因母病危返乡后直至其1933年（民国22年）3月26日被害身亡，其人生轨迹大概可以分为三个阶段：（1）1927年（民国16年）8月6日至1929年（民国18年）7月，其初步返乡进行剿匪保民；（2）1929年（民国18年）7月至1930年（民国19年）8月，赴河南辉县百泉创设村治学院研究乡村建设理论；（3）1930年（民国19年）8月7日至1933年（民国22年）3月26日，再返宛西创设"三自主义"理论体系，进行自治建设。这样来看，彭在推行宛西自治活动的过程中，其活动脉络还是十分清晰的，其在宛西权势中心地位的确立也分别在三个阶段步步向前推进，直至在最后确立起了宛西自治理论导师这样一个无与伦比的权势地位。然而正是他在这样一步步走向宛西权势中心的过程中，也逐渐走向了自身的毁灭，彭那刚毅坦诚、勇决果断的性格既让他在自治道路上整合一个又一个的资源，又让他树立起了一批又一批的死敌。成也萧何，败也萧何，当彭站在其人生巅峰和宛西权势中心时，其向下瞬间的跌落也貌似成了必然。总的来看，推动整个宛西局势再度发生变化的关键节点大致有以下几种事件，分别为宁洗古被刺案、捕杀县长阚葆贞事件及南召自治活动。

1. 宁洗古被刺案

当彭禹廷自辉县百泉再度返回宛西之时，他刚积累不久的权威正在面临着严峻的挑战：中原大战后西北军势力彻底失去了对河南地区的控制，刘峙代替韩复榘接任河南省主席，彭所面临的外部有利局面已经发生了改变；对于宛西而言，自1928年（民国17年）8月镇平县遭受"八二六"陷城事件、县长郭学济被土匪杀害之后，南阳警备司令姚丹峰派其参谋阚葆贞接任镇平县县长，阚葆贞到任后斥责宛西自治为武装割据，力图解散镇平民团并将县内的权力中心由侯集重新转移回县城之内。镇平县政府长期依赖并支持自治派的局面一去不复返，代之而起的则是镇平与侯集双方的激烈对抗。当彭再次回到侯集之后，对于阚葆贞的做法自然进行了强有力的抵制，他先是以联防土匪的名义聚合镇平九区区长，集体对阚葆贞的政令进行抵制，自此，阚的政令再也不能出镇平县城，县政府的权力自彭回归之后再次被打压；然后便联合别廷芳等人于1930年（民国19年）9月27日召开杨集会议倡导四县联防，完全将县政府晾于一边；10月，彭又受到豫南警务游击司令李正韬的推举，被任命为豫南民团宛属游击指挥，旋即便发布《告宛属十三县同胞书》，在公告中称"纵有贪官污吏、劣绅土豪凭空造谣，说兄弟是捣乱，说兄弟是造反，但是事实是不可磨灭的。久而久之，自有水落石出的那一天，徒见其心劳日拙罢了"①，将矛头直接对准了躲在镇平县城内的县长阚葆贞，双方的矛盾已然到了不可调和的地步。然而在彭已然形成的权势面前，阚葆贞几乎无力与之对抗，因此只能寻求上一级的帮助，宁洗古案便在这样的大背景下发生了。

当杨集会议召开之后，宛西四县联防一时声势大振，这不得不引起河南省主席刘峙的注意，在南京国民政府试图将党部下移、加强地方社会控制之时，宛西四县地方自治委员会的成立无疑是对于南京国民政府

---

① 彭禹廷：《告宛属十三县同胞书》，《彭禹廷演讲集》，王扶山、王彬贤笔记，镇平县教育局印行1932年版，第1页。

构建其地方合法性最大的挑战，这自然为刘峙所不能接受。为了瓦解业已成形的宛西自治精英团体，刘峙以昔年黄埔军校师生关系为由，提出推荐宁洗古担任河南省民政厅厅长的提案，并亲自写信给宁，希望他可以前来开封就职。满怀救国理想和一腔报国热血的宁洗古自然答应了刘峙的要求，向彭禹廷辞行，离开宛西前赴省城开封。此时长期困居于镇平县城的阚葆贞迎来了削弱宛西自治派的机会，他向南阳警备司令姚丹峰详细报告了宁洗古由宛西前赴开封的具体路线行程，姚丹峰则秘密指示泌阳县县长薛宾侯对宁洗古采取暗杀行动。1930年（民国19年）10月29日，宁洗古在前赴开封就职的途中，被暗杀在了泌阳县境内[①]，成为这场不断剧烈化之权力斗争的牺牲品。

宁洗古事件标志着宛西权力斗争自此进入了一个新的阶段，之前宛西自治派的主要对手是在宛西横行无忌的土匪大盗，其主要任务也就是相对简单的保境安民，而县政府在剿匪过程中则相对处于弱势的地位，基本依靠或全力支持自治派团体的各项措施；但宁洗古事件的发生则表明，在盗匪危机度过之后，宛西地区的主要矛盾已然发生了变化，由过去县域内精英人物、民众和官府与土匪的矛盾转变为试图恢复自身权力核心地位的官府与自治精英的矛盾，背后则有更深层次的国家权力与地方精英之间的矛盾。而彭如何应对新出现的情况和危机，不仅关乎其个人安危，更关乎整个宛西自治未来的走向。

2. 以下犯上：捕杀县长阚葆贞

四县联防仅仅开始数月，邓县自治领袖宁洗古便被杀害，这对宛西自治精英团体的打击是巨大的。尤其对于彭禹廷来讲，更是切骨之恨，他不仅召开纪念宁洗古的大会并向宛西呼吁："今天宛西各县民团及各界同胞，无论男女老少，都应当纪念宁烈士！都应当知道宁烈士是为民众殉难！都应当知道土匪军阀、贪官污吏，想摧残民众，才通同作弊，暗杀保护民众的宁烈士！"[②] 从而在整个宛西营造一种愤懑的情绪，并

[①] 李薰祥、李爱民：《宁洗古传略》，中共邓州市委党史工作委员会，1989年4月20日。

[②] 彭禹廷：《在侯集纪念宁烈士洗古大会演词》，《彭禹廷演讲集》，王扶山、王彬贤笔记，镇平县教育局印行1932年版，第133页。

及时借着民众这种情绪向镇平县县长阚葆贞发起了挑战。

而此时的阚葆贞似乎也感觉到了镇平县域内被彭调动起来的那种悲愤和紧张的情绪，唯恐彭借此情绪向自己宣泄不满甚至对自己有所行动，因此便主动声称"愿意拿三五百路费，请彭快快出门，回军队述职"，企图将彭礼送出镇平。但没想到却遭到了彭的严厉斥责："我是镇平人，叫我往哪里去？恐怕县长有离开镇平之时，我永远无离开镇平之日！"① 长久处于弱势地位的县政府让阚无力集合力量与彭所在的侯集抗衡，出于自身安全考虑，阚只得向姚丹峰请求调离镇平。1930年（民国19年）11月，豫陕鄂边绥靖公署督办长官刘镇华下令将新野县县长马鸣梧与镇平县县长阚葆贞对调，以消除自治派与官府长久嫌隙猜忌的相互对立局面。此时本为宛西自治派与县域内政府势力缓和关系的最好时机，然而一心为宁洗古报仇的彭却不顾一切地在此政令实施前，以为阚葆贞送行为由诱使其前往侯集，在侯集逮捕阚葆贞并迅速公开将其处决。随后，彭便彻底占领整个镇平县衙，宣布成立"镇平县自治委员会"，开始正式实施其"自治主义"理论。在此情况下，由新野调任而来的镇平县新任县长马鸣梧随即向全县发表《镇平自治宣言》，采取了完全依附自治派的主张。自此，镇平县政府在不断完善的自治机构面前日益成为摆设，镇平县域内"侯集 vs 镇平"的局面被彻底打破，彭在整个县内的权势地位彻底确立。

彭禹廷处决县长一事无疑是在宁洗古事件之后，又一深刻影响宛西社会局势变化的事件。彭在此事件中采取了十分极端激进的手段，再次以暴力方式强行进入宛西权势中心。彭此时虽然为豫南民团宛属游击指挥，但其仍然担任侯集区区长的职务，以此武力手段公然处决一县之长无疑是以下犯上之举，也由此看出民国以来宛西地区政治失衡的乱序景象。而彭虽然经此激进手段夺取了镇平最高领导权力，但与盗匪等边缘势力不同，阚葆贞乃是民国政府正式任命的合法官员，因此彭此举无疑会引发更大的争端。虽然彭在捕杀阚后曾亲自致书信于姚丹峰，历数阚

---

① 彭禹廷：《在南阳绥靖会议上之演词》，《彭禹廷演讲集》，王扶山、王彬贤笔记，镇平县教育局印行1932年版，第196页。

为政镇平之恶习,希望南阳方面可以理解其所作所为①。但其以下犯上、公开处决中华民国合法县长的举动却引起了省政府的震怒,省府向刘镇华下令逮捕彭禹廷,刘镇华派遣十一路军前赴潦河布防,与镇平民团对峙,大有一触即发之势。而此时彭昔日西北军的出身背景得以让他再次化险为夷,平安度过此次危机:先是其妻沈若愚向彭昔日的西北军长官张之江的秘书长孙思昉求助,迫使时任江苏绥靖主任的张之江不仅亲赴开封与刘峙洽谈,更赴南京向国民政府求助②;之后与其结成儿女亲家的蒋介石侍从官李正韬又在南京为其大力活动,最终促使此次事件不了了之。彭最终在多方斡旋下,得以摆脱此次国民政府的追捕,其所领导的宛西自治事业也得以继续开展下去。

  安全度过此次处决县长风波之后,彭既站在了镇平县域内权势中心的最高位置,又得到了别廷芳与陈舜德的大力支持,不仅顺利接管了宁洗古死后邓县的自治事业,更是将自己"三自主义"理论不断完善并推广至宛西各地。而此时南京国民政府所极力倡导的乡村自治建设活动也让整个中国再次出现地方自治、改造农村社会运动的高潮,这便给了彭十分宽松有利的外部环境,让其得以在宛西大力推行自治理论研究和自治事业建设。然而好景不长,暂时摆脱了外部压迫的彭马上将要陷入一场内部自身的权力斗争之中,而这次斗争则彻底断送了这位自治导师的生命。

---

  ① 原书信内容摘录如下:丹峰仁兄勋鉴,久仰宏名,不才蚁附。此次内乱发生,黄河流域大部军队麇乱。依赖贵军,维持宛属治安,鄙县桑梓之地得以安全,不胜感荷。田本为平民,不应过问地方之事,似又违背总理遗教。前因守制回籍,目睹匪祸之惨,方倡导自卫,以安乡梓。乃鄙县阚县长不察事实,信口雌黄,捏造谣言惑乱中听,挑拨军民感情,实田始料所不及也。回忆往昔,田曾任西北边防督办公署秘书长、高等执法官之职,凡事之曲直,自有量度,若有不法行为,总有事实证明,何以莫须有三字,任意污蔑!田曾数次对其表明心迹,总不蒙明察,望仁兄详察后予以传导,以免误会。则镇平幸甚!田幸甚!敬颂勋祺,弟彭锡田顿首,十月十一日。

  ② 彭禹廷曾在给张之江的信中言道:"阚伏诛后,田毫无惧祸之心。古有杀身成仁舍生取义者,纵上峰不加原谅,治田之罪,绝无悔焉。省府接到宛电,满城风雨,内子惊悚而致函思昉,其情急可想而知。时逾月余,寂然无声,田方以为奇,今奉知来谕,始知从中斡旋维护得以化险为夷者,皆我宪两电之力。田不能为我宪分劳,反为我宪增忧,愧恧悉似?"由此推断张之江在斡旋此事过程中的确曾作出过重大努力。

3. 自治外扩：南召与新野自治运动

新野地处宛南，与邓县比邻，南召位于宛北，与内乡、镇平接壤，当宛西四县自治事业蓬勃发展起来之后，紧邻宛西的两县便不可能不受到自治运动的影响。新野民团首领和自治派领袖人物王佑民，原为邓县自治领袖宁洗古的参谋长，只因宁被刺后方返回新野，将彭禹廷"三自主义"推广至宛南地区。

与新野自治相比，距离"三自主义"理论大本营更近的则是宛北南召地区，因此南召县很快便受到了自治活动的影响。将"三自主义"理论体系引入宛北地区的便是之后南召自治运动领袖李益闻，1929年（民国18年），时任南召县教育局局长的李益闻亲赴镇平拜访彭禹廷，并与其他镇平县自治精英团体中的人物罗卓儒、吴礼全和王福善等人会谈，全面吸收了彭的自治理念。回到南召之后，李益闻立即整合县内精英力量，发动地方自治，李的这一举动自然将打破南召旧有的社会体系，因此很快便招来乡绅阶层内部既得利益者的反对。其中反对最激烈的当数南召李青店区的杨氏家族，杨老庄寨主杨子清不仅在乡间组织乡绅集体抵制李益闻的自治活动，其三弟李青店区区长杨荣玉更是以武力围攻新成立的自治区，迫使自治区区长符敬轩退出李青店。杨氏宗族的武力胁迫让实力不足的李益闻毫无办法，因此只能去寻求彭禹廷的援助。

此时，自度过了处决县长风波之后，彭在宛西的自治事业正开展得顺风顺水，其也已经奠定了宛西无与伦比的自治导师地位。作为镇平北部的屏障，对于南召自治运动的进展，彭始终十分关注。1932年（民国21年）春，彭决定成立"南南新邓（南召、南阳、新野、邓县）四县自治办公处"，并自任处长，开始将宛西自治事业全面向整个南阳盆地推广，而南召县在彭的战略布局中自然就有着举足轻重的地位。彭不仅称"与镇平比邻的县不下四五县，为什么兄弟独对于南召如此关心呢？因为召、镇两县，关系非常密切；对于农村经济方面，相互间的关系更大"[①]，屡次强调镇平与南召间的战略伙伴关系；更是直接参与到

---

① 彭禹廷：《在南召城内欢迎会上演词》，《彭禹廷演讲集》，王扶山、王彬贤笔记，镇平县教育局印行1932年版，第204页。

了南召自治运动之中，1932年（民国21年）2月，彭陪同豫南民团司令李正韬赴南召视察，当天便以武力逮捕了反对李益闻推行自治的商会会长邓子仙和县政府行签张晓山，据传"两个官员被审讯后，遭到当众殴打，彭的举动使那些拒绝与李合作的精英成员感到十分恐惧"①。第二天，彭召集全县乡绅精英赴南召县城开会，李益闻趁机在会上成立"南召四区自治办公处"，并于各乡纷纷成立自治调解委员会，李益闻亲自担任处长。在彭武力支持下，李益闻的南召自治运动才得以顺利开展，这便埋下了十分巨大的隐患：首先，彭这一举动明显便可看出其权势有从宛西扩张至整个南阳盆地的倾向，这自然会引起周边各县乡绅精英的不满，甚至会招致省政府的抑制和打压；其次，由于南召地区的自治活动完全依靠镇平民团的支持，因此其县内统治基础十分薄弱，一旦宛西自治精英遭受打击回收势力，南召自治运动必然会遭受重大打击，之后李益闻的自治活动几经动荡和反复便说明了这一问题。

　　基于南召自治力量的薄弱，因此当彭回到镇平之后，李益闻很难支撑起整个局面。当杨氏家族公开以武力反对南召自治之后，李则更加显得无所适从，因此只能再次寻求宛西自治力量的帮助。彭也不能容忍其自治战略遭受挫折，因此便亲自带领镇平民团攻下李青店，逮捕并当场处决了李青店区区长杨荣玉。彭一贯不留情面的做法自然让整个杨氏家族大为惊恐，杨老庄寨主杨子清被迫屈服并交出了寨内全部武装。彭的此次行动造成了比捕杀阚葆贞更为严重的后果：其越境捕杀杨荣玉自然让整个杨氏乡绅大为震怒，此后杨子清更是与其余遭受彭打击的乡绅一起积极投入到了刺杀彭禹廷的计划之中，树敌过多的彭最终也未能逃过此次联合谋杀；而最为严重的是，彭此次带领宛西民团出境引发了国民党的大为不满，刘峙将其看作是宛西自治力量向外扩张的危险信号，因此下定决心极力扑灭南召自治活动。1932年（民国21年）底，刘峙遣省保安第一团前赴南召剿办自治活动，迫于军事压力，南召自治团体解散自治办公处和自治武装，李益闻也

---

　　① ［美］张信：《二十世纪初期中国社会之演变——国家与河南地方精英（1900—1937）》，岳谦厚、张玮译，中华书局2004年版，第177页。

逃亡宛西，历时不到一年的南召自治宣告失败。之后虽然在别廷芳的支持下，李益闻再度返回南召倡行自治，但很快又被省政府力量扑灭，再也无力恢复自治局面。

南召自治虽然在成就和影响力方面远远不如宛西自治，然而它却成为推动整个宛西局势变化的关键事件。首先，彭禹廷试图控制南召自治的努力遭受失败，并且此事直接导致了彭被刺身亡。1933年（民国22年）3月在彭住所将其勒死的卫士杨天顺、王国昌和李奎彪，据传便是被镇平县内乡绅杨瑞峰、石佛寺区区长毕裕阜以及杨老庄寨主杨子清等人收买，整个刺杀活动也是由彭的这些反对者一手策划的。从此整个宛西自治失去了理论导师的支撑，逐渐开始走向异化和流变。其次，彭此次贸然率民团出境导致省政府立即作出激烈回应，彭越境的举动让国民政府看出其扩张势力的意图，也让省政府看出宛西自治与南京国民政府所推行的县政改革和乡村自治有着明显不同，从此之后便改变了对宛西自治的纵容，开始将国家政权全面下移，不仅迅速将南召自治活动扑灭，更将新野、唐河、邓县等地的自治运动解散，"镇内淅三县的羽翼附从，尽遭剪除，河南省府的武力威胁，遂直指宛西本境"[1]，宛西自治多年以来有利的外部环境自此荡然无存，自治精英与国家权力的斗争不可避免。

（二）真的是"人亡政息"吗

很多研究宛西自治的学者在评价宛西自治最终走向沉寂时总会用到"人亡政息"四字，甚至亲身经历过自治活动的当事人也有此种感觉，认为彭禹廷被暗杀后，"镇平自治为之动摇，几致倾覆"[2]。在我们强调宛西自治精英个人对于整个自治活动所起的重要作用的同时，还应关注自治活动前后整个宛西社会体系的变化情况，分析在自治精英纷纷离世之后其思想政策在宛西地区的适用程度和时代特征，由此便可以更加客观地看待整个自治活动的走向，看其是否真的是人亡政息。

---

[1] 沈松桥：《地方精英与国家权力——民国时期的宛西自治（1930—1943）》，《"中央研究院"近代史研究所集刊》第21期，第428页。
[2] 周启邦：《我所经历的南召自治运动》，《河南文史资料》第14辑，1985年6月，第40页。

1. 地方主义的悲剧

彭禹廷在上一轮宛西权势转移中把握住了机会,以武力剿匪的手段顺利进入宛西权力中心,然而在新一轮的权力博弈之中,他惯有的强硬作风却为其招来不测,不仅未能将自治力量成功推出宛西地带,自己也在这场博弈中失败身亡。彭的悲剧也是其"三自主义"自治理论的重大缺陷所致,"三自主义"自带的那种浓厚的地方自治主义和地方保护色彩决定了其必然要与不断加强的国家政权之间发生冲突。现代国家政权建设并非简简单单是一个自上而下或是自下而上的过程,而是一个国家与地方社会长期相互作用的过程。因此,当彭针对宛西社会局势,将剿匪自治、保境安民、杜绝政党政治等一系列带有纯粹地方主义和地方利益色彩的政策措施公布实施之时,短期内自然可以解决宛西当前危机,自然可以迅速凝聚人心并形成新的权势中心,但却缺乏长远发展的可能。徐有礼将宛西自治称为"一场夭折的区域现代化实验",主要批判的便是彭浓厚的地方自保主义,认为其"片面夸大了地方性、区域性变革的作用,从根本上忽视了20世纪国家之间、地区之间联系和沟通的不可扼制性,以及这种联系在社会生活各个层面的互动性,结果把地方主义的思想意识走向了极端"[①]。在河南省政府逐渐将权力下移时,如果彭可以相应地作出些许改变和采取应对措施,那么宛西自治活动的走向将会发生极大改变。但不幸的是,彭越境支持南召自治的行为表明其继续利用地方主义与国家权力对抗的立场,因而在这场新的角逐中,彭最终失败并付出生命代价。

彭禹廷之死无疑是宛西自治历史上的重大事件,不仅让整个自治精英派失去理论导师支撑,更让镇平县域再次出现群龙无首的混乱局面。王金声趁势崛起,排挤了彭一手提拔的多位宛西自治精英,将十区自治办公处彻底架空,从而攫取了镇平县域军政大权,建立起军事独裁统治,"三自主义"理论发源地自此性质大变。从这一点来看,有学者将彭禹廷之死直接作为宛西自治运动结束的标志是有一定道理的。

2. 由对抗走向合作:别廷芳的新策略

但我们不能忽视的则是彭死后,别廷芳与陈舜德作为旧有宛西自治

---

① 徐有礼:《宛西自治:一场夭折的区域现代化实验》,《史学月刊》2002年第10期。

精英团体中仅存的两人,依然高举着"三自主义"理论大旗继续进行着自治事业建设,尤其是别廷芳以宛西四县联防地方自治团司令的身份扮演了宛西地区新的领导角色,因此一大部分学者将宛西自治结束的时间放在了1940年(民国29年)别病死之后。更有学者认为宛西自治真正结束的标志是陈舜德带领宛西民团出境抗日,打破自治主义"枪不离乡"原则。讨论宛西自治结束时间并非本文重点,因此不在此作过多讨论,不过这些研究至少表明在彭死后宛西自治活动仍在继续进行。

彭死后,宛西自治事业面临着极为严峻的局面,新野、南召、唐河各县的自治活动均被国民政府扑灭,刘峙的省政府力量下一步便将宛西地区作为直接的打击对象,别廷芳将直接面临来自开封的挑战。刘峙不仅于1934年(民国23年)5月12日亲赴镇平与内乡视察,更多次以别廷芳蔑视政府权威、私造枪支为由,积极设法拘捕,皆因宛西民团势力的强大而未能成行。当省政府发现无法实现控制宛西自治精英团体时,便试图以升迁为由将其调离宛西,刘峙为诱使别前往开封,亲自任命其为河南省保安第三支队司令,并要求别亲赴省城接受委任状。由于有宁洗古案的前车之鉴,机警的别并未离开内乡,而是派遣其副官杨捷三、田子约前往述职。果不其然,杨捷三与田子约一到开封便被拘捕,随后便遭到枪决,其所率卫兵也被拘捕。由此可见,宛西自治精英与省政府政权的斗争已然十分激烈,刘峙甚至曾经意图亲自带兵前往宛西拘捕别[1],却因南阳警备司令庞炳勋担忧激起宛西大规模民团变乱,进而劝说刘峙放弃了这一计划。

由此可见,当国家权力逐步加强并力图控制地方时,其必然要与地方自治势力发生严重冲突,但自晚清以来宛西地区便长期出现弱势政府与强势社会的格局,虽然国民党北伐后开启训政阶段并逐步建立日臻严密的党国体制,但其弱势独裁的特点导致在宛西四县范围之内,国家的影响依然极为有限。而地方政府出于维持其统治考虑,依然不得不采取与地方自治精英合作妥协的政策。所以虽然省政府极力打击宛西自治派,但别廷芳依旧可以在宛西游刃有余地应对各种省府带来的危机和挑

---

[1] 陈景涛:《别廷芳传》,中国文联出版社2005年版,第198页。

战。南阳地区警备司令庞炳勋便经常依靠宛西民团力量完成数次剿匪任务，其个人也与别建立了十分友好的关系，因此才会劝说刘峙放弃逮捕别的计划；而国民党南阳地区专员朱久莹也亲自视察内乡，并与别结成非常深厚的私人友谊。这样的社会土壤给予以别为代表的宛西自治派极大帮助，让其得以在不断缩小的社会空间内继续生存。

抗日战争的爆发是国民政府对宛西自治精英政策转变的转折点，也是别廷芳得以与国民政府由对抗转向合作的关键节点。杜赞奇称国民党取得全国政权之后，其政权有迅速内卷化的趋势，"在国家政权深入乡村并推行新政之时，它特别需要乡村精英们的密切合作。当国家政权企图自上而下恢复被战争破坏的社会秩序时，特别是在加强控制和推行现代化举措方面，它更离不开乡村精英的支持"[①]。抗战爆发后河南大部分地区沦陷于日寇，宛西地区竟成为了省政府和各机关学校的庇护所，其一下由边缘地区变为了核心地区。而国民政府也基于宛西抗战的重要战略地位，一改之前对于自治精英的敌对立场，转而支持地方精英及其自治组织，别也因此成为国府重点倚仗的对象，自此步步高升甚至得到了蒋介石的亲自接见和褒奖。而多年与国民政府对抗的别也深感国家权力下移所带来的无奈与压力，因此借此机会便放弃了与国民党长期敌视对抗的方针，并与陈舜德一起加入国民党，此举无疑达成了刘峙多年的既定方针——扩展国民党政治基础于宛西精英团体之中。宛西自治领袖集体加入国民党也标志着宛西自治"排斥政党政治"的理念被彻底打破。而地方自治领袖在抗战爆发后对国民政府事业的支持也使宛西自治事业日趋接近于国民政府国家政权建设的目标，双方在抗战开始后发生这样一次明显的互动，不仅标志着国民政府业已将宛西地区纳入现代国家政权建设范围，更标志着彭所倡行的带有浓厚地方主义色彩的宛西自治事业自此完全破产，宛西地区迎来了新的现代化发展方向。

3. 更彻底的革命来袭：新民主主义浪潮

虽然国民党借助抗战之机顺利将势力深入宛西地区并在一定程度上

[①] [美]杜赞奇：《文化、权力与国家——1900—1942年的华北农村》，王福明译，江苏人民出版社1994年版，第136页。

控制了自治精英派,然而却并没有实现其抗战建国的目标。关于1949年国民党在大陆失败的原因一直是近代史学界探讨的热点,而仅从宛西地区这一视角来由下及上地进行分析,则可以得出很多新的认识。美国学者布兰德利·肯特·吉赛特深刻剖析了地方精英与国民政府之间错综复杂的关系,他认为"国民政府与地方精英之间存在着一种特殊的同盟关系,这种同盟关系使国民政府建立一个真正现代国家的计划受到了阻碍,因为一个现代国家主要依靠的是整个国民的支持,而非仅仅依靠一个特殊的社会集团"①,河南省国民党政府长久以来一直将视线放在与宛西自治精英团体的博弈上,而非将注意力放在动员宛西地区广大民众身上,这与中共便存在着极大差距,"国民政府仅仅将武力扩展至地方精英一层,而没有达到普通的农村大众,而后一点正是建立一个现代国家的根本任务"②。南京国民政府一直努力推行的县政改革以及乡村自治建设事业最终也未有太大进展,国民党在大革命之后逐渐停止民众运动并一步步脱离农村,"在很大程度上是与共产党对立互动的结果,……清党反共之后,首先面临着如何与共产党划清界限",而从"军政"时期进入"训政"时期之后,更认为"执政党的民众运动方式必须改弦更张,化'破坏'型的民众运动为'建设'型的民众运动"③。长期忽视农村地区的策略终于给国民党带来毁灭性的打击,当1949年人民解放战争如山呼海啸般席卷而来时,国民党人终是尝到了放弃农村及边远地区的恶果。

而对于宛西自治派而言,其"三自主义"理论创设之处的确是有十分明显的进步意义和动员民众色彩,彭也多次声称宛西地方自治就是"进行地方革命",因而彭才会被国民党人斥责为"慢共产"。然而随着剿匪保民事业的顺利进行以及自治精英社会权势地位的确立,其始终不能完全摆脱自身乡绅分子的本质,开始逐渐与宛西民众拉开距离。尤其是当彭被害之后,其"抛弃官治,追求民治"的口号和主张完全流变

---

① [美]张信《二十世纪初期中国社会之演变——国家与河南地方精英(1900—1937)》,中华书局2004年版,第279页。
② 同上。
③ 王奇生:《党员、党权与党争——1924—1949年中国国民党的组织形态》,华文出版社2010年版,第154页。

为官绅政治，宛西自治派已然成为宛西地区新的统治阶级，宛西社会便再次形成了官府、乡绅与民众三位一体的社会形态，而自治派则既充当着官府的角色，又在地方充当士绅首脑，并以高度军事化手段建立起了更加严密和残酷的地方管控。此时在维持社会治安、防范共产党发动起义和镇压民众暴动方面，自治派与国民政府竟达成了一致，因此才会在抗战之后与国民党走上了某种程度的合作，别廷芳与陈舜德等自治领袖更是直接加入了国民党，自治派此等流变自然决定了他们的未来走向。当国民党大肆鼓吹"一个政党、一个领袖、一个主义"，并以"军令政令统一"为由继续不断强化自身统治权力、打击地方实力派时，自治精英自然首当其冲地遭到沉重打击，1940年（民国29年），接替刘峙担任河南省府主席的卫立煌召开会议免除地方精英尤其是别廷芳的正式职务，并旋即任命省府官员担任宛西民团最高首领，这让别大为恼火，失去了民团最高指挥权的别也在这一年因病愤而辞世。别去世之后，整个宛西地区再也无人可以与国民党省政府抗衡，宛西各县闭关自守的独立态势终于再也无力维持，各县精英纷纷走上对内争权夺利、对外与政府妥协合作的道路。

  当自治派纷纷走上与国民党合作道路的同时，新民主主义革命浪潮瞬间席卷而至，在国民党政权庇护下依旧勉强维持着宛西权势中心地位的自治派已然失去了彭禹廷回乡之初剿匪保民的革命色彩，其长期统驭宛西社会的立场决定了其必然采取反共反民众的态度，终是在更彻底的革命中被瓦解和消灭。1948年（民国37年）5月初，中国人民解放军中原野战军根据中共中央军委指示，由第4纵队司令员陈赓指挥发起宛西战役，先后攻克镇平、内乡、邓县以及别廷芳昔年的大本营西峡口，除抗战时期赴境外抗日的宛西民团外，其余民团大部被歼灭，一部分起义投诚，各县自治领袖纷纷作鸟兽散，镇平县民团首领王金声被中共逮捕枪决，淅川自治领袖陈舜德跟随国民党逃往台湾。宛西地区自此纳入中国共产党中原解放区的管辖之内，随着1949年中华人民共和国的成立，整个宛西社会格局再度发生急速变化，而宛西地区的现代化发展道路也再次进入另一种崭新模式。

（三）宛西自治启示录：乡村建设走向何处

近代中国由传统走向现代化的过程中，社会各方面都在发生着急剧的变化，宛西地区虽然因自身的落后封闭而暂缓于东部各地的现代化进程，但这种潮流和趋势是不可阻挡的。近代中国不断发展的工业化促使城乡不断分离，而长久以来不断东扩的西方价值体系已经打破了中国传统社会，社会转型过程中所产生的新需要并非是在传统社会体系中居主导地位的士绅所能适应的。以彭禹廷和别廷芳为代表的宛西自治精英团体虽然以较为革命和激进的身份出现在宛西政治舞台，但其归根到底依旧摆脱不了传统士绅的本质，尤其是在彭死后，整个宛西自治活动完全成为传统乡绅治理社会的翻版。这种绅治模式或许可以在匪患严重、中央权力缺失的社会边缘地带短暂生存并繁荣，但"在民族主义、民族制度、科学技术和工商业的冲击下，身处一个瞬息万变的世界之中，士绅作为一个居社会领导地位的群体已经不再成为社会的支柱。士绅过去虽曾对中国社会历史有过巨大的影响，却注定要灭亡"[①]，这就是宛西自治派的时代悲剧所在。具有浓厚地方主义色彩的"三自主义"理论体系只能短期内在相对封闭保守的宛西社会得到一时的繁荣，当国家与地方社会开始进行频繁互动并开始构建现代国家，宛西社会封闭保守的特性注定会被不断下移的国家政权彻底打破，"三自主义"理论体系也注定走向流变和消亡。

而在整个宛西自治活动过程中，我们也可以看到近代中国转型的复杂性和多样性，无论是国共两党还是乡村建设各流派，皆有改造古老中国、实现现代转型的思想主张及努力。由此可见，近代中国的现代化转型过程是在众多社会因素互相影响并相互结合之下展开的。而这些条件在中国如此广博的地域空间内又呈现出因地而异的多样性，在东部沿海地区可能表现为强劲商品化和外国经济利益的冲击侵犯，而在宛西地区则表现为严重的盗匪危机以及民众生存条件的不断恶化。宛西地方精英采取多种途径解决当地出现的危机，这些途径和方式既导致了旧社会结

[①] 周荣德：《中国社会的阶层与流动：一个社区中士绅身份的研究》，学林出版社2000年版，第317页。

构的解体，又让他们进入权势中心取得了乡村社会的领导权力。而国民党将国家权力不断下移的方针以及共产党彻底发动下层民众的努力则导致"多样化的，乃至两极分化的、更加日益复杂化的社会出现……这种多样性是由各种各样的社会与政治实体，特别是不同的国家政权、地方精英以及其他社会力量的各种企图和活动所造成的"①。由此可见，无论是中心地区与边远地区的互动也好，还是国家政权与地方自治精英之间的斗争合作也罢，中国迈向现代化的过程绝非单线条的简单发展，而是多线条的交叉发展过程，在这一过程中各种不同的政治潮流和派别、各地不同的经济发展模式和社会格局都纷纷朝着迥然不同的方向发展。这便是从宛西自治之中可以得出的重要启示，即柯文所提及的要以中国为中心，从中国内部选择准绳来决定中国历史的那些现象具有历史重要性，并将"中国按横向分解为区域、省、州、县与城市，以展开区域与地方史研究"②，从而真正做到"在中国发现历史"。而那些"任何将工业化与资本主义发展视为中国现代化前提条件的假设，只能反映出一种千篇一律的、单向的和单线的世界观，其与现实相差甚远"③。

　　随着1949年中华人民共和国的成立以及新民主主义革命在大陆取得完全胜利，中国共产党彻底掌控了整个农村和社会边缘地区，并开始实施大规模的土地改革，以及剿匪、镇压反革命等拱卫新生政权的措施。乡绅作为一个完整的社会阶层，或是被改造或是被消灭，最终被连根拔除。包括宛西在内的广大乡村之旧有社会体系又都被完全打破，皆被新型社会主义生产关系所替代。宛西地区也自此彻底抛弃了彭禹廷"三自主义"理论体系，在社会主义工业化浪潮下，历经社会主义三大改造、"大跃进"和人民公社化运动以及新型家庭联产承包责任制，走上了迥异于"三自主义"理论的社会主义现代化发展道路。关于1949年之后中国乡村社会的变迁，周荣德曾经提出一系列的追问，即："中

---

　　① ［美］张信：《二十世纪初期中国社会之演变——国家与河南地方精英（1900—1937）》，中华书局2004年版，第301页。
　　② 详见［美］柯文《在中国发现历史：中国中心史观在美国的兴起》，中华书局2002年版。
　　③ ［美］张信：《二十世纪初期中国社会之演变——国家与河南地方精英（1900—1937）》，中华书局2004年版，第302页。

国的现政权既已把旧日的'精英'们从他们的地位上驱逐了，那么新的精英是从哪里来的呢？是否现在的流动性比以前加大了呢？是否现在社会流动的过程与过去根本不同了呢？"[1] 共和国建立伊始中国共产党对于社会的管控无疑是相当严密的，社会流动的渠道和方式也相对有限。然而随着改革开放的步步推进，社会流动的渠道和方式急速增多，甚至已然超越了民国宛西自治时期社会流动的程度和规模。然而过于急速的社会流动目前依然造成了十分严重的问题，乡村人口大量涌向城市，三农问题、留守儿童问题、农村孤寡老人问题和乡村环境污染等问题日益突出，整个乡村社会仿佛又要回到清末民初走向残破衰退的老路上去。这一方面反映出百年来中国现代化进程仍在持续，城市化和工业化浪潮依旧在冲击着乡村社会；另一方面也让执政党不得不面临当年国民政府同样的问题，从而再次俯下身去解决百年以来皆悬而未决的乡村建设问题。中国的乡村建设运动与其现代化进程一样，仍为进行时而远非完成时。

而宛西自治所带来的另一个启示为，在传统社会中，乡绅作为政府与平民之间的中间人，其构成了地方政府必不可少的部分。当新民主主义及社会主义革命将乡绅阶层在农村社会连根拔除之后，其过渡和沟通功能自然要为其余阶层所代替。杨庆堃认为"共产党员和共青团员与传统士绅两者在功能上是可以比较的，因为两者的政治觉悟都基于单一的意识形态，两者都与国家政府机构有着密切的关系"[2]。以"全心全意为人民服务"为宗旨的地方中国共产党党员，的确在社会主义现代化建设中起到了团结民众、凝聚人心的重要作用，也涌现出了一大批如焦裕禄、谷文昌、杨善洲、沈浩等扎根于基层农村建设的优秀党员，被中共誉为"党的好干部"并大力弘扬其先进事迹，也在广大民众心中树立起了"人民好公仆"的高大形象。从这一点上看，先进中共党员的确在维系地方社会稳定上起着十分重要的作用。但也不乏逐渐脱离群众的党员干部存在，这对于中共在农村的执政基础无疑将会造成莫大的

---

[1] 周荣德：《中国社会的阶层与流动：一个社区中士绅身份的研究》，学林出版社2000年版，第322页。
[2] C. K. Yang: *A Chinese Village in Early Communist Transition*, Cambridge: The Technology Press, distributed by Harvard University Press, 1959, p. 255.

损害。如何永葆中共党员"从群众中来到群众中去"的先进性无疑也是今后执政党巩固并扩大其执政基础的关键。彭禹廷虽然逝去多年，但在如今的宛西地区，彭依然备受崇敬，不仅其事迹在民间广为流传，其死后所葬之地也修筑起彭公祠，至今香火尤盛。别廷芳、陈舜德与宁洗古的事迹也同样在宛西各县长盛不衰地被提及和谈到。昔年宛西自治精英团体在民间所留下的巨大声望至今仍存，这不仅是一个有趣的社会现象和文化心理，更是当今执政党所应深思的问题。正是宛西自治精英团体在极度混乱的宛西社会重建社会秩序，让宛西地区免于走向混乱和毁灭的举动让他们进入权势核心，并成为宛西民众在陷于农村危机时得以仰仗的精神寄托，其形象也在后世被渲染得越发高大。如今，当乡村问题层出不穷、乡村建设急需进一步发展之时，宛西自治派的经验教训是否值得吸收借鉴，"三自主义"理论体系内的部分乡村建设理论是否在如今的宛西乡村依旧适用，宛西乡村社会体系应向何处发展？这都是未来研究者和执政党所应继续思考和探讨的问题。

参考文献

一 档案资料

彭禹廷：《彭禹廷演讲集》，王扶山、王彬贤笔记，镇平县教育局印行1932年版。

彭禹廷：《日记三则》，彭氏后人藏。

彭禹廷：《致李正韬信》，彭氏后人藏。

彭禹廷：《致南阳警备司令姚丹峰信》，彭氏后人藏。

彭禹廷：《致张之江督办信》，彭氏后人藏。

镇平县十区自治办公处：《镇平县自治概况》，京城印书局1933年版。

镇平县地方建设促进委员会：《镇平县自治概况二集》，镇平县档案馆馆藏，1933年。

李腾仙：《彭禹廷与镇平自治》，镇平县地方建设委员会印行1933年版。

镇平县史志办：《彭禹廷与地方自治》，镇平县史志办提供。

南阳地区中级人民法院：《宛西地方自治建设中的法令、法规》。

南阳地区中级人民法院：《宛西地方自治乡村建设中的司法机构》。

别廷芳：《地方自治》，宛南民报代印，内乡县档案馆馆藏，1940年。

别廷芳：《宛西三自办法提要》，宛南民报代印，内乡县档案馆馆藏，1940年。

别廷芳：《植树经验谈》，宛南民报代印，内乡县档案馆馆藏，1940年。

别廷芳：《治河改地》，宛南民报代印，内乡县档案馆馆藏，1940年。

陈舜德：《闲话宛西集》，唯勤出版社1979年版。

吴拯寰：《地方自治概要》，内乡县档案馆馆藏，1940年版。

中共邓州市委党史工作委员会：《宁洗古传略》。

李文海、夏明芳、黄兴涛：《民国时期社会调查丛编·二编乡村社会卷》，福建教育出版社2009年版。

二 全集、年谱

陈锡祺：《孙中山年谱长编》（上册），中华书局1991年版。

孙中山：《孙中山全集》（第5、8、9卷），上海人民出版社1992年版。

梁漱溟：《梁漱溟全集》（1—5卷），山东人民出版社1990年版。

晏阳初：《晏阳初全集》（1、2卷），湖南教育出版社1992年版。

李渊庭、阎秉华：《梁漱溟先生年谱》，广西师范大学出版社2003年版。

三 方志、文史资料汇编

中国人民政治协商会议河南省镇平县委员会、文史资料委员会：《镇平文史资料》（第9、10、11辑）。

中国人民政治协商会议河南省内乡县委员会、文史资料委员会：《内乡文史资料》（第2、6、7辑）。

中国人民政治协商会议河南省淅川县委员会、文史资料委员会：《淅川文史资料》（第1、4、5辑）。

中国人民政治协商会议河南省委员会、文史资料委员会：《河南文史资料》（第20、25、27、29、33、41、58、63辑）。

陈子峰等编：《镇平县志》，河南人民出版社1987年版。

南阳市地方史志编纂委员会：《南阳市志》，河南人民出版社1989年版。

内乡地方史志编纂委员会：《内乡县志》，生活·读书·新知三联书店1994年版。

淅川地方史志编纂委员会：《淅川县志》，河南人民出版社1990年版。
邓州地方史志编纂委员会：《邓州市志》，中州古籍出版社1996年版。
《郁林直隶州志》卷18，台湾成文出版社1961年版。

四　著作

徐有礼：《30年代宛西乡村建设模式研究》，中州古籍出版社1999年版。
中国社会科学院近代史研究所中华民国史研究室：《中华民国史人物传》第五卷，中华书局2011年版。
蔡少卿：《民国时期的土匪》，中国人民大学出版社1993年版。
河北文史资料编辑部：《近代中国土匪实录》，群众出版社1992年版。
周荣德：《中国社会的阶层与流动：一个社区中士绅身份的研究》，学林出版社2000年版。
朱汉国、王印焕：《华北农村的社会问题——1928至1937》，北京师范大学出版社2004年版。
王奇生：《党员、党权与党争——1924—1949年中国国民党的组织形态》，华文出版社2010年版。
张仲礼：《中国绅士研究》，上海人民出版社2008年版。
张仲礼：《中国绅士的收入》，费成康、王寅通译，上海社会科学院出版社2001年版。
白贵一：《20世纪30年代南京国民政府县自治研究》，知识产权出版社2009年版。
李藤宪：《彭禹廷与镇平自治》，镇平县地方建设出版社1936年版。
周锡瑞：《义和拳起义的根源》，加利福尼亚大学出版社1987年版。
谢从高：《联省自治思潮研究》，中国社会科学出版社2009年版。
梁漱溟：《乡村建设理论》，上海人民出版社2006年版。
罗志田：《权势转移：近代中国的思想与社会》，北京师范大学出版社2006年版。
李帆主编，郭丽、徐娜编：《民国思想文书（乡村建设派）》，长春出版社2013年版。
刘凤翰：《国民党军事制度史》，中国大百科全书出版社2009年版。
张鸣：《乡村社会权力和文化结构的变迁（1903—1953）》，广西人民出版社 2001 年版。

林立功：《百年镇平（1900—2000）》，三秦出版社 2008 年版。

［美］张信：《二十世纪初期中国社会之演变——国家与河南地方精英（1900—1937）》，中华书局 2004 年版。

［美］柯文：《在中国发现历史：中国中心史观在美国的兴起》，中华书局 2002 年版。

［美］菲尔·比林斯利：《民国时期的土匪》，王贤知等译，中国青年出版社 1991 年版。

［美］费正清、［英］费维恺：《剑桥中华民国史（1912—1949 年）》（下卷），中国社会科学出版社 1994 年版。

［美］齐锡生：《中国的军阀政治（1916—1928）》，中国人民大学出版社 2010 年版。

［美］杜赞奇：《文化、权力与国家——1900—1942 年的华北农村》，王福明译，江苏人民出版社 1994 年版。

［美］罗威廉：《红雨：一个中国县域七个世纪的暴力史》，李里峰等译，中国人民大学出版社 2014 年版。

［美］孔飞力：《中国现代国家的起源》，陈兼、陈之宏译，生活·读书·新知三联书店 2013 年版。

［美］孔飞力：《中华帝国晚期的叛乱及其敌人》，谢亮生等译，中国社会科学出版社 1990 年版。

［美］艾凯采访，一耽学堂整理：《这个世界会好吗：梁漱溟晚年口述》，东方出版社 2006 年版。

［美］沈爱娣：《梦醒子：一位华北乡居者的人生（1857—1942）》，赵妍杰译，北京大学出版社 2013 年版。

C. K. Yang, *A Chinese Village in Early Communist Transition*, Cambridge: The Technology Press, distributed by Harvard University Press, 1959.

五　传记

牛砚秋：《宛西自治》，中国文联出版社 1997 年版。

谭学禹：《彭禹廷传》，三秦出版社 2003 年版。

于天命：《一代完人彭禹廷先生》，华夏出版社 2008 年版。

陈景涛：《别廷芳传》，中国文联出版社 2005 年版。
王遂河：《对话别廷芳》，河南大学出版社 2011 年版。
吴国琳：《乱世英杰彭禹廷》，河南人民出版社 2007 年版。
申庆璧：《宛西陈舜德先生传》，弘道文化事业有限公司 1976 年版。
李薰祥、李爱民：《宁洗古传略》，中共邓州市委党史工作委员会 1989 年版。
原景信：《怪杰别廷芳》，新中国出版社 1939 年版。
原景信：《抗战中的镇内淅》，新中国出版社 1938 年版。

六　报刊

《申报》。
《大公报》。
《乡村建设》。
《河南统计月报》。
《东方杂志》。
《村治月刊》。
《中国农村》。
《河南农村合作月刊》。
《国民党中央日报》。
《国民党新华日报》。
《内乡公报》。

七　论文

沈松桥：《地方精英与国家权力——民国时期的宛西自治（1930—1943）》，《"中央研究院"近代史研究所集刊》第 21 期。
常金龙：《宛西自治研究综述》，《河南社会科学》2008 年第 S1 期。
刘昂：《民国时期广西自治与宛西自治比较研究》，《新西部（文史纵横）》2014 年第 21 期。
买文兰：《冯玉祥主豫期间的社会风俗改革述评》，《华北水利水电大学学报》（社会科学版）2004 年第 20 卷第 1 期。
崔跃峰：《刘峙主豫时期县长管理制度分析》，《史学月刊》2013 年第

7 期。

王春英：《民国时期的县级行政权力与地方社会控制》，《求索》2007年第 7 期。

薛毅、张水根：《民国时期河南农村合作事业发展略论》，《商丘师范学院学报》2010 年第 26 卷第 4 期。

谢晓鹏：《河南匪祸治理的历史考察（1912—1949）》，《首都师范大学学报》（社会科学版）2005 年第 3 期。

王伟、邵雍：《民国匪灾对河南农村地权分配的影响》，《兰州学刊》2013 年第 10 期。

池桢：《"政治系统"与"军县"：宛西地方自治的政治制度》，《史林》2011 年第 3 期。

郭晓平：《30 年代宛西乡村建设的体制改良》，《史学集刊》2003 年第 3 期。

池桢：《"国家、地方与乡村建设"——1930 至 1940 年河南宛西地方自治研究》，《史林》2010 年第 5 期。

李伟中：《知识分子"下乡"与近代中国乡村变革的困境——对 20 世纪 30 年代县政建设实验的解析》，《南开学报》（哲学社会科学版）2009 年第 1 期。

徐有礼：《论三十年代宛西乡建运动的理论依据》，《郑州大学学报》（哲学社会科学版）1998 年第 31 卷第 3 期。

徐有礼：《宛西自治：一场夭折的区域现代化试验》，《史学月刊》2002 年第 10 期。

周冬梅：《略论宛西自治理论》，《郑州航空工业管理学院学报》（社会科学版）2008 年第 27 卷第 1 期。

朱喜：《简析 20 世纪 30 年代镇平自治中的社会救助》，《传承》2011 年第 9 期。

孙子文：《宛西乡建中的自富道路》，《郑州大学学报》（哲学社会科学版）1998 年第 31 卷第 3 期。

柴生高：《地方精英在乡村建设中的成效分析——以 20 世纪 30 年代宛西为例》，《安徽农业科学》2012 年第 40 卷第 6 期。

柴升高：《民国时期地方精英的乡村治理及其归宿探析——以二十世纪

三四十年代宛西为例》,《黑龙江史志》2012 年第 12 期。

柴升高:《宛西地方精英投身乡村建设的动因分析》,《中州大学学报》2009 年第 26 卷第 6 期。

胡振栓:《镇平自治派与中国共产党》,《郑州大学学报》(哲学社会科学版) 1998 年第 31 卷第 3 期。

王天奖:《简论别廷芳与宛西自治》,《中州学刊》2001 年第 5 期。

黄建华:《别廷芳的教育思想与实践》,《韶关学院学报》(社会科学版) 2009 年第 30 卷第 4 期。

王亦凡:《早期乡村现代化的有益尝试——评别廷芳的宛西自治》,《法制与社会》2011 年第 1 期。

沙春阳、陈莉莉:《彭禹廷乡村建设思想及实践》,《南都学坛》2006 年第 26 卷第 1 期。

王吉吉:《试探乡村建设运动中政治与文化途径的差异性——以彭禹廷、梁漱溟为例》,《传承》2010 年第 5 期。

池桢:《为宛西地方自治正名——彭禹廷的地方主义》,《史林》2012 年第 3 期。

曾绍东:《南京国民政府基层政治转型研究综述》,《司法》2012 年第 10 期。

万新芳、邵先崇:《抗日战争中的宛西自治派》,《河南大学学报》(社会科学版) 1997 年第 37 卷第 4 期。

万新芳:《彭禹廷乡村建设教育思想与实践》,《郑州航空工业管理学院学报》(社会科学版) 2006 年第 25 卷第 5 期。

万新芳:《彭禹廷与宛西自治初期的民众宣传》,《郑州大学学报》(哲学社会科学版) 2010 年第 43 卷第 6 期。

万新芳:《试论彭禹廷"三自主义"理论的实践途径》,《北京科技大学学报》(社会科学版) 2006 年第 22 卷第 3 期。

万新芳:《宛西自治"三自主义"理论群体初探》,《史学月刊》2002 年第 10 期。

万新芳:《宛西自治派与共产党人的人脉关系》,《河南大学学报》(社会科学版) 2006 年第 46 卷第 1 期。

万新芳:《宛西自治派与区域性现代化教育实验》,《韶关学院学报》

（社会科学版）2006 年第 27 卷第 5 期。

万新芳：《宛西自治述评》，《河南大学学报》（社会科学版）1996 年第 36 卷第 3 期。

康运东：《冯玉祥主政河南研究（1927—1930）：以地方政权和社会控制为中心》，硕士学位论文，暨南大学，2010 年。

郑向：《民国时期镇平县自治运动研究》，硕士学位论文，东北师范大学，2011 年。

武文：《宛西自治教育述评（1930—1943）》，硕士学位论文，华中师范大学，2008 年。

程远潜：《权力利益网络碰撞中的民国乡村建设运动——宛西自治（1929—1941）》，硕士学位论文，南昌大学，2008 年。

周扬：《社会转型视角下宛西地方精英与自治》，硕士学位论文，河南大学，2012 年。

周华嵩：《试论南京国民政府时期河南宛西地方自治制度》，硕士学位论文，西南政法大学，2012 年。

朱喜：《宛西自治中的民团研究》，硕士学位论文，安徽大学，2011 年。

杜中堂：《河南的匪祸与乡村社会》，硕士学位论文，兰州大学，2011 年。

任金帅：《近代华北乡村建设工作者群体研究：以邹平、定县、宛西为中心的考察（1926—1937）》，博士学位论文，南开大学，2013 年。

彭禹廷生平大事记

1893 年	生于河南镇平县七里庄
1900 年	七岁入学，就读于本地私塾
1904 年	应童子试，名列三甲
1906 年	入镇平县立第一高等小学堂
1907 年	考入县立师范传习所
1908 年	考入开封府知新中学
1909 年	被校长郑戬门保送进入河南省立优级师范
1911 年	配合开封革命党人密谋举义响应，事情泄密

	后逃至湖北襄阳。后被鄂北革命军司令季雨林派回镇平，联络王天纵会攻南阳。
1912年	重入省立优级师范
1914年	考入北京汇文大学
1917年	肄业后担任河南省立五中英语教员，受到校长阎敬轩器重
1918—1920年	先后担任河南省印刷局副局长、南阳丝厘局局长等职
1921年	为报知遇之恩，主持操办陕西省路政局长阎敬轩丧礼，被西北军师长张之江看重，并将其推荐给冯玉祥
1922—1926年	开始进入西北军任职生涯，先后担任西北革命军旅部书记官兼军部法官、西北革命军军法科科长兼哈尔滨禁烟督办、察哈尔都统署秘书长、西北边防督办公署秘书长

1926年

6月与北师大毕业生沈若愚结婚

6—8月返回北京，拜访梁仲华、马寅初诸位学者

8月赶赴银川，策划说服西北马鸿宾、马鸿奎起义

1927年

6月五原誓师后，随北伐军由西北进入河南，担任国民革命军第二集团军高等执法官

8月6日因母病危返回家乡，目睹镇平土匪猖獗，应乡邻哭请，抛弃西北军官职，戴孝出任镇平南区区长，公布《镇平县南区政府公告》《建立自卫团歌》

10月成立自卫队、自任队长，任命刘书云为副官、王金声为教官、张明甫为队副，开始剿匪事业

11月在房营驱逐侯金山、徐竹竿二匪，枪毙勾结土匪的倪家庄士绅廖汉岑

12月6日侯集保卫战，十七杆土匪以"为廖汉岑复仇"为旗号包围侯集，自卫队与红枪会里应外合，击溃土匪联队

1928年

3月15日卢医庙保寨胜利，击溃土匪李德芳

5月被石友三任命为"镇平民团军旅长"，公告宛属十三县成立大队并自任大队长，任李茂林为参谋长兼教官，王金声为第一中队长，梁吉甫为第二中队长

规划《三民主义概略》、"南区三自方针"和"军队纪律"

6月捕杀廖汉岑的结拜兄弟、石佛寺区卫队营营长张士增

与石佛寺区长毕裕皋结怨

8月助守南阳城，击退汝州巨匪王太

结识宁洗古，合力编写军歌及各类读物

1929年

1月被河南省新任主席韩复榘任命为河南自卫团第二区区长，辖镇平、内乡、邓县、淅川、新野、南召、方城、南阳等九县治安与剿匪事务

4月5日受新野县士绅邀请，东征战顾金斗、王明堂二匪于麻集

4月27日大破侵扰镇平西南村寨之匪群

5月奇袭唐河县惠老营，歼灭当地土匪并缴获大批鸦片

颁布《驱鬼令》，处死帮助土匪装神弄鬼的老监生卢九渊

6月被韩复榘委任为豫南民团总指挥，但其坚辞不就

7月离开镇平赴河南辉县百泉创办河南村治学院，担任院长一职，创办《村治月刊》，聘请梁仲华为副院长，梁漱溟为教务长

8月26日土匪趁彭禹廷离开之际，攻陷镇平县城，县长郭学济被害

9月彭在辉县陷入教育厅、财政厅、建设厅纠缠不休的交涉之中，并受到辉县县长李晋三的百般刁难，村治学院步履维艰

1930年

3月河南村治学院举办研讨会，晏阳初、陶行知、传教士相格里，南阳名士杨鹤汀、杨桂轩纷纷受邀前来，卢作孚也派代表出席

阚葆贞接任镇平县县长，宣布自卫队为非法组织，自治事业大受冲击

8月7日彭离开村治学院返回镇平，将院长一职交由梁仲华担任

8月23日召集镇平九个区区长赴侯集会谈，孤立阚葆贞，阚政令不出县城

9月27日与别廷芳、宁洗古、陈重华在杨集召开四县联防会议，成立宛西四县地方自治委员会和宛西四县联防办事处，自任宛西四县政治委员会主任和联防办事处副主任

10月10日受豫南警务游击司令李正韬推举，被任命为"豫南民团宛属游击指挥"

10月20日发布《告宛属十三县同胞书》

10月27日刘峙召宁洗古入开封任民政厅厅长，阚葆贞趁机向南阳警备司令姚丹峰报告宁洗古行踪，姚丹峰决意刺杀宁洗古，削弱宛西自治力量

10月29日宁洗古被杀于泌阳县县长薛宾侯辖区内

11月豫陕鄂边绥靖公署刘镇华下令将新野县县长马鸣梧与阚葆贞对调，彭禹廷设宴为阚饯行，席间逮捕并审查、处决阚葆贞

占领县衙，宣布成立"镇平县自治委员会"，任命赵秩岑为"十区自治办公处"处长

新任镇平县县长马鸣梧支持彭禹廷自治活动

发布《镇平自治宣言》

12月刘峙以处决县长的罪名，命令刘镇华派遣十一路军讨伐并逮捕彭禹廷

民团积极防御，潦河之战爆发

蒋介石派于右任赴河南处理此次危机，刘峙暂时选择妥协

1931年

1月河南村治学院迁往山东邹平

1月9日宝丰县土匪崔二旦进攻邓县，镇平、内乡民团两面合围土匪

2月17日取得邓县大捷，刘峙下令嘉奖，并由《河南民报》报道此次剿匪事件

4月举行第二批民团新兵训练

5月8日受南召自治首领李益闻邀请，前往南河店阻击土匪，保护百姓收割小麦

5月13日召集地方服务人员训练班，在文庙大成殿举行公务人员宣誓仪式

5月15日主持召开自治委员会第六次会议，研究清乡、户口登记等问题

5月23日再次击溃来犯土匪，打破其南河店抢粮计划，迫使其东入南阳抢麦

7月27日发表演讲《吾辈所处的时代与地位》

7月28日发表演讲《三民主义的时间性与空间性》

7月29日面向全县乡村小学教师发表演讲《缩小的三民主义》

召开富绅座谈会，限制巨富

9月将全县划分为十区、十九镇、一百七十一个乡，邻间乡镇区长经选举产生

称孙中山、列宁、甘地为20世纪三大圣人

1932年

春　将县立女子师范和县立第一师范学校并入宛西中学，达到省立标准

制定《镇平县乡村小学教师服务标准》，编撰《民众教材》

2月2日豫西巨匪王太指挥万余土匪至镇平东马营街，攻下东区

2月17日彭禹廷得到别廷芳相助耗时半月消灭王太，取得剿匪以来最大胜利

3月四县首脑聚会西峡口宛西地方自卫军司令部，总结镇西战役得失，豫西30余年的持续匪患彻底结束

10月张国焘、陈昌浩、徐向前率工农红军第四方面军主力向北突围，打入新野，彭禹廷接到迎击命令前去阻击，并无交战记录

11月帮助南召自治首领李益闻平息叛乱，杀南召李青店区区长杨荣玉，杨荣玉之兄杨子清前往刘峙处控告彭禹廷谋反

12月杨瑞峰和毕裕阜等与彭结怨的乡绅，逐步策划谋杀计划，收买彭的卫士班成员杨天顺、王国昌、李奎彪

1933年

3月1日在天宁寺主持宛西乡师开学典礼，自任校长，将"天宁

寺"改为"天明寺",以示光明正大之意,别廷芳、陈重华与邓县代表丁书蘅出席此次干部学校开学典礼

3月25日自十区自治办公处回到东关张祠堂

3月26日凌晨被卫士杨天顺、王国昌、李奎彪所害,时年四十岁

彭禹廷悼词挽联选录

公在乡邦。(李宗仁)

为乡捐躯。(于右任)

继国父遗教,为自治先驱。(孙科)

粉身碎骨全不怕,只留清白在人间。(梁仲华)

家中七亩地,居有八间屋;功造一县福,留芳百代名。(沈若愚)

公救我我未救公我恨无穷,人胜天天又胜人天心难问。(彭挚友、镇平师范校长王言)

大名垂宇宙,浩气壮山河。(南召县自治委员会)

叹公未竟十年约,恨我空留七尺躯。(镇平县晁陂区区长王绍堂)

七亩薄田,两袖清风。(镇平县贾宋区区长王启宇)

彭先生,彭禹廷,河南省,镇平人。一生好读书,说话不欺人。最不好说话,所说必真诚。民国11年,他在十一师。团部书记官,埋头能苦干。作事有恒心,性情极和善。有功常归人,有过自己担。行为极耿直,是一面铁汉。后来在西北,五原誓师时。他由宁夏来,特为报告事。朝夕想过从,更见其心志。又后在豫省,办学更认真。

多少好青年,佩服皆倾心。最后回南阳,办事为地方。实心作事业,父老多仰仗。不期有意外,忽然被贼害。关岳死如此,身死名万代。如果太平常,一事办不来。人生几时秋,不必问成败。是非与真理,咬定不变态。哎呀彭先生,真把百姓爱。哎呀彭禹廷,地方实利赖。哎呀彭书记,真理不能埋。哎呀彭秘书,始终未失败。我今纪念你,光辉永久在。

——冯玉祥于1941年8月24日重庆西郊金钢坡

做下层工作,享上等荣誉,大丈夫当如是也!迄今昭忠栖魂,菩提瘗骨,数千里齐来瞻仰,英名永不朽,功业直追佛、耶、回;

为民团领袖，当自治导师，有志者事竟成矣！试看桑麻遍野，花柳烟溪，百万户同庆升平，光辉垂乡梓，恩泽长留镇、内、浙。

——黄炎培

杀土匪，杀贪官，杀劣绅，新世界跃出铁血汉，福不介意，祸不介意；

办民团，办自治，办学校，大人物造就模范县，生也甘心，死也甘心。

——邓县自治委员会

纪念馆前石碑古朴依旧

彭公祠堂何处寻，杏花山腰柏森森

建构与统合

——20世纪三四十年代边疆研究刊物中的"中国"印象

孙 英

摘 要 清末民初,从西方传来的民族国家观念逐渐代替了传统中国的"天下观"成为了时人看待中国自身和他者的另一个视角。历史上形成的以中原汉文化为核心逐次向外拓展的"中国",在与西方"一族一国"国家理念的较量中败下阵来。与此同时,20世纪30年代的中国笼罩在战争的阴影下,日本抛出所谓的"满蒙非中国论"来消解中国作为统一民族国家的合法性。在这种情况下,摆在民国学人面前的首要任务是建构起中国作为统一民族国家的合法性以及提出对边民的统合的具体办法。

本文通过对民国时期边疆研究刊物的文本研究,从国家的建构和边民统合的视角来考察现代中国形成的过程。通过对以往历史资源、文化、天下关怀的再阐释,民国时期的学人完成了对中国的建构。改造后的中国,完全符合具有明确的主权、明确的疆界、明确的国民三要素的西方国家概念。与此同时,为了凝聚国人共赴国难,民国学人从边疆和民族国家的视角出发,提出了一系列统合和凝聚边疆地区少数民族人民的建议。

20世纪三四十年代的边疆研究是一个大舞台,在这个舞台上,不同的边疆研究团体以及所创办的刊物都在宣传着自己对于民族国家和边疆建设的看法。它们的不同研究方法和研究角度都为"从边疆看中国"的视野提供了注脚。因而,通过这几个刊物来分析三四十年代边疆、民族研究的多个面相就很有必要。

关键字 民族国家；国民统合；边疆研究刊物

  19世纪中后期，迅速扩张的资本主义将中国拉进了近代化的洪流中，使中国开始了政治、经济、文化、社会、思想的转型。这其中也包括民族、边疆、国家的近代化转型。

  在古人的观念中，"中国"是一个地理名词，并不是一个国家政权。在古人的观念中，"普天之下，莫非王土；率土之滨，莫非王臣"，天子统治的土地乃是整个天下。因此，《国语·周语上》说"夫先王之制，邦内甸服，邦外侯服，侯卫宾服，蛮夷要服，戎翟荒服。甸服者祭，侯服者祀，宾服者享，要服者贡，荒服者王"。这种以血缘纽带向外一层一层扩展出来的疆域，到后来就发展成以文化来判别亲疏远近的标准。然而，传统的"文化天下观"抵挡不住裹挟枪炮而来的西方民族、国家理论，"文化天下观"的失灵使时人在处理民族、国家问题时陷入了进退失据的状态。再加上国内政府软弱无能，社会问题层出不穷，民族隔阂严重，边疆发展滞后使帝国主义对边疆觊觎之心越来越强烈。1911年，辛亥革命甫一推翻清王朝，外蒙古就宣告和中国断绝关系，成立新政权。西藏也在英国的策动下，蠢蠢欲动意图独立。20世纪30年代，日本侵占东三省，建立了所谓的"满洲国"，提出了"满洲非中国论"。中国的边疆民族问题再一次成为国人关注的焦点。

  为了应对帝国主义在中国造成的边疆危机，学人积极呼吁政府和国人去关注以往不被人们重视的边疆地区和民族。一时间，各种研究边疆的报纸、刊物如雨后春笋般出现，大量关于边疆的情况也被更多的国人明了。然而，人们在讨论边疆问题时，其背后总是有一个一以贯之的主题，即近代民族国家的重构和国民的统合。在三四十年代，有代表性的边疆刊物有《禹贡》半月刊、《新亚细亚》月刊、《边政公论》《中国边疆》及《边疆服务》。在这些刊物上有时人发表的大量关于边疆地区民族、习俗、宗教、文化的调查报告，也有关于中国的周边国家，如朝鲜、越南、暹罗等的介绍文章。本文通过考察时人在边疆刊物上的文章，探究他们如何克服清末民初以来边疆越来越严重的离心倾向，进而在全面抗战爆发后，凝聚全国人民抵抗外来侵略，以及他们意识中边疆、民族、国家三者之间的关系。更为了探究他们如何在西方民族主义理论和中国现实国情之间，建构起现代中国的合理性。不仅如此，本文还对几个刊物进行了横向的比较研究，揭示了民国边疆研究刊物的几个不同的面相。从中发现，现代中国的出现并不是一帆风顺的，我们现在经常提及的一些概念，如"中华民族"、"中国"等都是一代又一代的学人不断探索以及改革西方理论的成果。

一　民族、国家观念和边疆研究的兴起

何为"中国"？哪里是边疆？什么是民族？在西潮东来之前，古代中国人将这些问题统统纳入文化的范畴。文物异同、文野之别是区别华夏与夷狄、"中国"与四裔的主要标准。在王朝体制下，中原王朝对族群和边地均因为文化不同而态度有别。只要信奉儒家文明，夷狄也可以变为华夏；反之，即使地处内陆地区，也会被称为蛮夷。而清季由于内忧外患和民族危机的刺激所引发的现代民族划分、民族国家观念和边界意识的勃兴与传统文化天下观之间有着很大的张力。而这种中西之间的文化的扞格进一步造成了国家的生存危机。20世纪以来愈加严重的边疆危机，促使时人思考这样一个问题，即边疆与现代中国的关系。而20世纪30年代，恰好是各种边疆研究刊物创办的高潮期，这就为我们提供了一个从边疆研究刊物的角度看待中国建构的机会。

（一）从"天下"到"万国"——国家观念的初现

古代中国人在认识世界时，将中国看成是"天下"。这里的"天下"有两层表意：第一层意思是这是古人自身文化优越性的表达；第二层意思则是古人地理知识上的局限。因为古人眼里的"天下"首先是一个文化意义上的概念，即"天下"是一个以中华文明为核心的文化帝国；其次是一个地域概念，即由中央王朝直接统治的汉人聚居本部十八省，次第向外扩展到间接统治的边疆地区，再到接受中华文化的朝

贡国。[1] 从以上可以看出，传统的中华帝国是儒家血缘宗法关系的扩大版。这种由近及远、由亲到疏的族群关系是以儒家文化为标准的。也就是所谓的"夷狄而中国，则中国之；中国而夷狄，则夷狄之"。在这种标准之下，无所谓族群和政权性质。因此在古代典籍中，随处可见古人将自己所处的地理环境和价值观念融合在一起。从《诗经·小雅·北山》里所记载的"普天之下，莫非王土"，再到《礼记》《尚书》中所提到的"中国戎夷，五方之民"。儒学的文化天下观给古人提供了看待自身和周边族群的思想资源。在这个特定的地理范围内，儒家的伦理价值不仅是中原王朝为确定自身合法性而必须奉行的价值观念，也是王化泽被之下藩属小国应该践行的价值。若非如此，则会沦为"戎蛮夷狄"之列。因此，"天下"是一种价值观[2]，并且"中国"当仁不让地成为这个儒家价值体系的中心而睥睨四方。这样的世界观发展到宋朝时，愈臻于极致。宋王朝在面对周边强大的异族政权，无力实现往日汉唐大一统的辉煌，到了南宋时，汉人政权更是偏安江南一隅。这种严峻的现实状况迫使士人开始重新思考王朝合法性的依据。在宋人的"天下观"中，代表道德正当性的"居正"逐渐代替了疆域广阔的"大一统"成为了"夷夏之辨"的主要内容，[3] 与此同时也愈加强调了华夷之间的界限。南宋士人以正统儒家道德文化的承载者来弥补疆域上的狭小，谁占据着道德上的正统，谁才是真正的"中华"或是"天下"。因此，顾炎武说："易姓改号，谓之亡国。仁义充塞，而至于率兽食人，人将相食，谓之亡天下。"儒家的礼仪秩序乃是超脱于国之上的更高的规范。

然而，到了鸦片战争之后，随着中西交往的不断加深，传统的"文化天下观"以及由这一世界观延伸而来的朝贡体系都被西方打得支离破碎。以何种姿态进入世界，成为了清末士人亟须解决的问题。因此，晚清持不同政治主张的人都对这一问题有过自己的阐述。

---

[1] 许纪霖：《从边疆看中国：一种不可忽视的历史视野》，《社会科学报》2015 年 8 月 27 日第 005 版。

[2] 列文森在其著作《儒家中国及其现代命运》一文中认为："早期的'国'是一个权力体，与此相比较，天下则是一个价值体。"

[3] 杨念群：《何处是"江南"——清朝正统观的确立与士林精神世界的变异》，生活·读书·新知三联书店 2010 年版，第 234 页。

梁启超在《国家思想变迁异同论》中讲道："世界之有完全之国家也，自近世始也。"① 清末，不论是维新派的康梁，还是革命党人，在论述其政治理念时均着眼于"国"。在他们的文集中，经常可以看到德意志国、美利坚国、英吉利国等以"国"的面貌而出现的西欧诸列强。这种趋向在官方文件中出现得也越来越多。例如道光以降，在历朝编写的《筹办夷务始末》中，"天朝"一词出现的频率越来越低，而"大清国"、"中国"出现的频率却逐次升高。这种转变的背后，是统治者和士人认识到了自己是万国中的一员。② 难怪陈独秀在《实庵自传》中说："此时（1902 年）我才晓得，世界上的人，原来是分作一国一国的，此疆彼界，各部相下，我们中国，也是世界万国中之一国。"③

从文化帝国到万国林立的世界观，这不仅仅是对外关系观念的转变，在这背后更深层次的原因是文化观的转变。在中西交往之中，裹挟着坚船利炮而来的"夷"不仅有一技之长，更有先进的思想和理念。越来越多的士人接触了西方思想后，认识到了西方武力强大不是偶然的。这使得人们开始从"天朝"的迷梦中醒来，转而积极面对万国并立的现实，即使在这个过程中充满了屈辱和痛苦。

（二）从臣民到国民——对国家主体的认识

与"天朝"转向"国家"并行的是从臣民到国民的转变。国家的主权属于国民，因而没有国民，也就谈不上国家。

古代"中国"大多指的是皇帝统治之下的领土。故而梁启超说："夫古昔之中国者，虽有国之名，而未成国之形也。或为家族之国，或为酋长之国，或为诸侯封建之国，或为一王专制之国……且我中国畴昔，岂尝有国家哉？不过有朝廷耳。"④ 梁启超认为传统"中国"只是

---

① 梁启超：《国家思想变迁异同论》，《饮冰室合集》第一册，中华书局 1989 年版，第 19—22 页。

② 邹明洪、冯建勇：《从传统天下到近代国家：清季近代国家观念之构筑——兼论民族国家构筑视野下的中国边疆》，《湖南科技学院学报》2010 年第 31 卷第 10 期。

③ 陈独秀：《实庵自传》，台北传记文学出版社 1967 年版，转引自高杨《主权的地理之维——从领土属性看中国民族国家之形成》，《历史法学》2010 年第 3 期。

④ 梁启超：《国家思想变迁异同论》，《饮冰室合集》第一册，中华书局 1989 年版，第 19—22 页。

代表一姓之朝廷，而非近代意义上的国。梁启超还曾将欧洲中世和近世以及传统中国的国家思想进行对比。其中最大的差别就在于欧洲旧的国家思想是"国家及君主、人民，皆为神而立者也，故神为国家之主体"；而传统中国的国家思想则是"国家及人民，皆为君主而立者也，故君主为国家之主体"。反观近代以来欧洲新的国家理念："国家为人民而立者也。君主为国家之一支体，其为人民而立，更不俟论。故人民为国家之主体。"① 梁启超明确地指出了朝廷与国的区别：朝廷乃是一家的私产，而国却是人民的共产。国民为"治人者"而非"治于人者"。基于此，梁启超将国民定义为："以一国之民，治一国之事，定一国之法，谋一国之利，捍一国之患，其民不可得而侮，其国不可得而亡，是之谓国民。"②

严复也认为："国者，斯民之公产业，王侯将相者，通国之公仆也。"③

革命党人邹容认为彼时之中国只有奴隶而无国民，"奴隶者，为中国人不雷同不普通独一无二之徽号"④。在他心目中，尊之为国民的人应该是"有自治之才力，有独立之性质，有参政之公权，有自由之幸福，无论所执何业，而皆得完全无缺之人"⑤。

上述这些论述都表明了在他们的心目中，一国之民只有拥有国家之主权才能称得上是"国民"。舍此之外，别无他途。在国家理念之下，作为主体的国民是不同于以往的臣民的。这种借鉴了德国和日本的国民观，对于当时的"中国"特别重要，尤其它强调国民要致力于整个国家和民族的利益。因此，梁启超等认为作为国民在国家利益和个人利益发生冲突时，要毫不犹豫地牺牲个人利益而成全国家利益。这样国家和国民就紧密地联系在了一起，构成利益共同体。

---

① 梁启超：《国家思想变迁异同论》，《饮冰室合集》第一册，中华书局1989年版，第19—22页。
② 梁启超：《论近世国民竞争之大势及中国前途》，《饮冰室合集》第一册第四卷，中华书局1989年版，第56页。
③ 严复：《辟韩》，《严复集》第一册，中华书局1986年版，第36页。
④ 邹容：《革命军》，载周勇编《邹容集》，重庆出版社2011年版，第76页。
⑤ 同上。

他们对于国民的论述"正是由于当初知识分子们建构'国民'时的原动力来自于对国家强盛目标的追求,'国民'被当做救亡图存、增强国力的工具。在表面上,我们看到大量的对国民思想的叙述和对'国民'的颂歌,可实际上知识分子们真正的关注点和要加以神圣化的却是'国家'本身;在表面上,国民被视为国家组成的必要部分,和国家密不可分,可在实际上,真正处在这一系列论述之核心位置的,却是知识分子们所魂萦梦绕的目标——国家的强大"①。

从臣民向国民的转化,是近代中国从"天朝"向国家转化的伴生问题。清季知识分子由日本引进的国民观念,涤荡了深深根植在中国人心中忠君、宗法等封建观念,剥落了臣民对君权的依附性,在帮助国人建立主体意识的同时承担起个人对国家的权利和责任。从这种意义上讲,国民观念的引进和传播,大大地促进了国人的觉醒,激发了国人的主人翁意识,使得国家在面对问题时,不再是少数精英阶层的专利,而是广大国人的责任。要实现现代民族国家的转型,必须将人从臣民的角色中拯救出来,使之成为国家机构直接控制下的独立个体。对于这一问题,霍布斯鲍姆认为:"唯有在脱胎换骨成为'人民'之后,一国的公民才可能结成共同体,虽然只是想象的共同体。"② 因此,从臣民到国民的转化乃是晚清民国时期国民统合的第一步。

(三) 分与合——清末民初民族问题的分歧

"中国"本无民族,只有文物异同。现在常说的民族乃是伴随着西学东渐来到中国的。章太炎曾说:"民族主义,自太古原人之世,远至今日,乃始发达。"③ 他在自述民族主义思想形成过程时也说:幼年读《东华录》,已愤恨"异种乱华"。后来读郑所南、王船山两先生的书,"全是那些保卫汉族的话,民族思想逐渐发达。但两先生的话,却没有

---

① 郑大华、朱蕾:《国民观:从臣民观到公民观的桥梁——论中国近代的国民观》,《晋阳学刊》2011年第5期。

② [英]埃里克·霍布斯鲍姆:《民族与民族主义》,李金梅译,上海世纪出版集团2013年版,第87页。

③ 章太炎:《驳康有为论革命书》,《章太炎选集》,上海人民出版社1981年版,第175页。

什么学理，自从甲午以后，略看东西各国的书籍，才有学理收拾进来"①。可见，章太炎的民族主义思想也是在收拾了日本和西方学理基础上形成的，同样也是舶来品。同样在严复看来，民族主义就是中国传统的宗法社会，自然也是由来已久。但是他的民族主义掺杂了西方进化论的观念，因而他的民族主义有很强的突出生存竞争的特点。革命党领袖孙中山也同样认为民族主义由来已久，在他看来"盖民族主义，实吾先民所遗留，初无待于外铄者也。余之民族主义，特就先民所遗留者，发挥而光大之；且改良其缺点，对于满洲，不以复仇为事"②。

虽然章太炎、孙中山、严复等人都相信中国的民族主义源远流长，但是在如何处理国内的民族问题这一点上，他们的观点却不统一。革命先行者孙中山所阐释的民族主义重在推翻清政府。1895年，他为兴中会提出了"驱除鞑虏，恢复中华"的革命誓词，认为："民族革命的原故，是不甘心满洲人灭我的国，主我们的政，定要扑灭他的政府，光复我们民族的国家。"③ 章太炎在《讨满洲檄》中就极尽诋毁、丑化满人之能事。然而，这样的口号虽然可以激励人心来推翻"奴隶的"清政府，但是却不利于团结边疆的蒙、藏、回等族。

相较于革命党的这种民族观，维新派显然比他们成熟得多。康有为不仅反对满汉对立，而且希望对各种族都不加以区别，统一冠以"中华"为共同族名，因此他建议"伏乞下廷议，删除满汉名字籍贯，而正定国名，即永名曰中华国，上自国书、官书莫不从同，自满、汉及蒙、回、藏既同隶一国，并当同为中华人，不得殊异，其满人并赐汉姓，俾合而同化，永泯猜嫌，则团合大群以强中国，莫善于此"④。梁启超和康有为在这一问题上意见一致。在梁氏笔下，民族主义不再是狭隘的大汉族主义，而是有大民族与小民族的区别，"则吾中国言民族

---

① 章太炎：《东京留学生欢迎会演说词》，转引自罗志田《近代中国民族主义的研究取向与反思》，《四川大学学报》（哲学社会科学版）1998年第1期。
② 孙中山：《中国革命史》，《孙中山全集》（第7册），中华书局1985年版，第60页。
③ 孙中山：《在东京〈民报〉创刊周年庆祝大会的演说》，《孙中山全集》（第1册），中华书局1985年版，第323页。
④ 康有为：《海外亚美欧非澳五洲二百埠中华宪政会侨民公上请愿书》，《康有为全集》第八册，中国人民大学出版社2006年版，第413页。

者，当于小民族主义之外，更提倡大民族主义"，并提出要"合汉、合满、合蒙、合回、合苗、合藏，组成一大民族，提全球三分有一之人类，以高掌远跖于五大陆之上"[①]。他所关注的焦点在于利用民族主义来抵御外来国家的侵略。因此，他建议："知他人以帝国主义来侵之可畏，而速养成我所固有之民族主义以抵制之，斯今日我国民所当汲汲者也。"[②] 不可否认的是，在民族主义这一问题上，梁启超独具慧眼，并根据当时国情的需要率先提出了"中华民族"一词，用以融合各族成一统一国家。

严复在论述民族问题时，也明确反对那种狭隘的、激进的、排外的革命民族主义，他认为："今之满、蒙、汉人，皆黄种人也。檀君旧国，箕子所封；冒顿之先，降由夏后，客何疑乎？故中国邃古以还，乃一种之所君，实未尝沦于非类。"[③] "请不必为满人道地，而但为所欲与复汉之汉族道地足矣。充汹汹者之所为，不沦吾国于九幽泥犁不止耳。合众民主定局之后，不知何以处辽沈，何以处蒙古、准噶尔、新疆、卫藏，不知我所斥以为异种犬羊而不屑与伍者。在他人方引而亲之，视为同种，故果遂前画，长城玉关以外断断非吾有明矣。他日者，彼且取其地而启辟之，取其民而训练之，以为南抗之颜行；且种族之恨相为报复，吾恐四万万同胞，卅年以往，食且不能下咽耳。"[④] 严复从现代民族国家的理念出发，用国家的眼光来看待民族问题，强调的是虽然种族不同，但皆为一国之民，以此来消解民族分裂，建构现代民族国家。

这一时期，杨度也对民族问题有所阐述。1907年，他在《中国新报》第一号至第五号上刊登了《金铁主义说》一文，他在该文中提倡"五族合一"的"大中国"。他敏锐地看到若一味讲求西方一族一国式的民族主义，会导致中国的分裂，"如持民族主义，则必五族互排，终至全体瓦解，外人乘之，俄罗斯之国旗必飞扬于长城之下"；"若蒙、

---

① 梁启超：《政治学大家伯伦知理之学说》，《饮冰室合集》第二册，中华书局1989年版，第76页。

② 梁启超：《国家思想变迁异同论》，《饮冰室合集》第一册，中华书局1989年版，第19—22页。

③ 严复：《原强》，《严复集》第一册，中华书局1986年版，第22页。

④ 严复：《与张元济书》，《严复集》第三册，中华书局1986年版，第556页。

回、藏决不能组织国家,以与列强相抗。如此则蒙、回必入于俄,藏必入于英,满洲必入于日,黄河流域必入于德,云、贵、两粤必入于法,长江流域必入于英,河北一带则必入于俄,而分立之四国同时俱亡,即中国全亡矣"。① 但是,如此一文受到了当时革命派的强烈反对,章太炎发表《中华民国解》一文以驳斥杨度。然而就当时的现实情况而论,杨度的"五族合一"显然比章太炎的"排满革命"更高明。

西方传来的民族主义最大的问题便在于其"一族一国"的理论旨归。如果严格按照这一标准,那么清王朝瓦解后帝国疆域内的满、蒙、回、藏等都可以成立独立的国家。这显然不符合当时人们的心理预期。因而,时人如何收拾西方学理进而整合出符合国情的民族主义思想观念就显得特别重要。如果说清末民初如何处理边疆各族还有分和合两种声音,那么到了"九一八"之后,合就成为主流大众的声音,在20世纪三四十年代的边疆研究刊物上,铺天盖地的都是关于如何统合各族人民的声音了。

(四) 民国时期边疆研究的兴起及刊物的兴办

在从"天下"到万国、臣民到国民的转型中,接受了西方国家理念的时人开始用近代民族国家的标准来评判现实问题。国家主权、明确的疆界和平等的国民构成了当时乃至今天所理解的国家观念。当民国时期的人们把这些要素叠加在一起再来考虑晚清以来领土丧失问题时,在他们心头就会产生巨大的危机感。因为在主权概念下,边疆不再是化外之所,也不再是可有可无的荒蛮之地,边疆地区成为了国家主权不可或缺的一部分。因而,边疆问题从以人的文野为别,转变到近代以地的归属为判。对于19世纪末20世纪初刚刚挣脱帝国模式且新建立的共和国而言,满、蒙、藏地区的危机无疑是巨大的考验。

清季以来有不少士人关注边疆,如魏源、姚莹、徐继畬、张穆、何秋涛等。但是19世纪的西北舆地学的兴起,在很大程度上是对俄国东扩的回应。"中央与地方的关系和中国与外国的关系是舆地学研究的内在动力","帝国扩张所导致的战争与和平关系是这些边界得以确立的

---

① 杨度:《金铁主义说》,《杨度集》,湖南人民出版社2008年版,第302页。

重要动力"。① 显而易见，被顾颉刚称为"边疆研究的第一次高潮"的19世纪西北舆地学，属于传统文化天下观中"帝国建设"②的内容，而非对近代意义上的国家边疆地区的关注。

进入20世纪之后，动荡的政治局势更加剧了边疆的离心倾向。当清朝皇帝的天下共主的地位被推翻之后，满、蒙、藏地区便有了充分的理由要求独立于新成立的民国政府。加上帝国主义势力的干涉，英国觊觎西藏，阴谋策动了分裂西藏的西拉姆会议；苏联盘踞北方，一手推动了外蒙古的独立；日本更是对整个中国充满野心，在"欲征服中国，必先征服满蒙"的政策推动下，日本在1931年初发动了侵略东北的九一八事变。这一系列事件，使边疆再一次进入人们的视野中。但是，与外敌逼仄日急相对的却是国内对边疆地区的认识的缺乏。格桑泽仁就曾感叹说："再转看内地的同胞或舆论界，对于蒙藏问题加以十分注意研究者，亦不多见，一般报纸，偶尔登载一些蒙藏的特殊风俗习惯，常多加以滑稽之批评论调，不过供读者们茶余酒后之消遣资料。……中国关于康藏的著述，十二万分的稀少，反而在外国文的著述中可以寻得，英文的有六十余种，日文的有二十余种，俄文的有七八种，并且内容丰富记载详实。因为多半是著者身历其境，不辞劳苦的实地调查。我们与其在旁边眼红说人家越俎代庖，莫如干脆点承认自己不太及人家好了！"③

边疆问题看似是一个局部问题，然而这个问题却是以包装在民族、文化、国家等诸多政治因素的面貌出现的。因而很多边疆问题的关注者如顾颉刚、傅斯年、胡适、戴季陶等都将自己的目光投向更深层次的近代民族国家建构和国民统合上。在边疆问题凸显的20世纪30年代，对民族国家和国民问题讨论也更加热烈。因此，从民国时期边疆刊物的内容来研究近代"中国"的重构、国民统合及边疆危机三者之间的关系就显得很有必要。

与19世纪末期关注西北舆地学的传统士人相比，此时的学人不再

---

① 汪晖：《现代中国思想的兴起》，生活·读书·新知三联书店2015年版，第87—90页。
② 同上。
③ 格桑泽仁：《亚洲民族问题与中国边疆问题》，《新亚细亚》月刊，1930年第一卷第一期。

……建构与统合

是以独自著书立说的方式进行，而是将这一问题付诸报纸刊物，进而来引起政府和广大国人的关注。这一时期边疆研究的报刊主要有：《边事》《西北》《新亚细亚》《边政》《边事研究》《中国边疆》《边政公论》《边疆研究通讯》《禹贡》《边声》《边疆服务》《边铎月刊》等。不同的政治组织、党派、大学和研究机构，甚至宗教机构都纷纷出版关于边疆研究和建设的报刊。以下是民国时期边疆研究刊物的概况。

表1　　　　　20世纪前半期中国边疆研究刊物一览

出版刊物	成立时间	成立地点	创办者	所属研究机构
《边事》	1924年	北京	吴史铭、黄成序等	筹边协会
《西北》	1929年	北京	王平等	西北文化促进会
《新亚细亚》	1931年	南京	戴季陶、马鹤天等	新亚细亚学会
《西北问题季刊》	1932年	上海	林康侯、郭维屏等	西北问题研究会
《西北言论》	1932年	北平		西北协社
《开发西北》	1932年	南京	陈立夫、戴宏等	开发西北协会
《边疆通讯》	1933年	南京	蒙藏委员会	边疆政教制度研究会
《西北》	1933年	北平		西北公学社
《西北论衡》	1934年	北平	白宝瑾、靳仙舟等	西北论衡社
《西北春秋》	1934年	北平		西北春秋社
《禹贡》半月刊	1934年	北平	顾颉刚、谭其骧等	禹贡学会
《边事研究》	1934年	南京	朱霁青、唐珂三等	边事研究会
《西南边疆月刊》《民族学报》	1934年	南京	凌纯声、徐益棠等	中国民族学会
《西北研究》	1939年	兰州	梅贻宝、朱允明等	西北研究社
《边疆问题》	1938年	重庆		中国边疆问题研究会
《边疆研究》	1939年	重庆	卞宗孟、赵石溪等	中国边疆文化促进会
《中国边疆》	1939年	重庆	张西曼、马鹤天等	中国边疆学术研究会
《边疆服务》	1939年	四川	诚静怡	中华基督教会全国总会边疆服务部
《中国边疆建设集刊》	1940年	重庆	于右任	中国边疆建设协会

续表

出版刊物	成立时间	成立地点	创办者	所属研究机构
《边疆人文》	1940 年	昆明	南开大学	南开大学文学院边疆人文研究室
《边政公论》	1941 年	重庆	吴忠信	中国边政学会
《边疆研究通讯》	1942 年	成都	金陵大学	金陵大学文学院边疆社会研究室
《边铎月刊》	1946 年	贵州	贵州省政府	贵州省政府边胞文化研究会
《中国边疆》	1947 年	成都	国立四川大学	国立四川大学边疆研究会

资料来源：李海健：《新亚细亚学会与抗战时期的边疆研究》，硕士学位论文，河北大学，2010 年；马大正、刘逖：《20 世纪的中国边疆研究——一门发展中的边缘学科的演进历程》，黑龙江教育出版社 1998 年版。

二 建构中国

建构中国就是要将"中国"打造成一个符合西方现代民族国家标准的中国。如果从边疆与中国的关系角度来看待这一过程，那么曾有两种建构方式摆在当时人们的面前：一种是严格按照西方一族一国的理论标准建立一个汉族的中国；另一种就是继承清王朝的政治遗产，建构一个统一多民族的中国。显而易见，后一种方式更加符合当时的国家利益和人民期望。但是如何遏制日益高涨的民族主义带来的分裂倾向，进而使各族边民认同新的国家。为了解决这一问题，当时的人们选择了从历史和文化中去寻找统一的资源。

建构中国不仅是对内统合各族，同时也是在处理中国与他者的关系。在如何处理与他者的关系时，不论是领袖人物孙中山还是一般的学者，都从中西两方面吸收了合理的因素来构建中外之间的关系，并在这个过程中形成了新的天下主义——民族国际。

（一）在历史和文化中寻找"中国"

1. 作为资源的历史

民族国家的主体是同一民族的国民，安德森认为民族是一个"充满创意的定义",它是一种"想象的政治共同体"。因此民族国家作为这一政治共同体的承载者,其在某种程度上也是想象出来的。作为"想象"的而非"捏造"的存在,民族国家必须找到自己的合法性。而诉诸历史往往可以从中找到建构民族国家所需要的材料。在这里,历史是作为资源库而出现的。

20世纪三四十年代,在严重的边疆危机之下,边疆研究刊物纷纷出现。这些刊物因为其创刊时间和自身定位的不同,在研究的方法和写作目的上均会有所差别。但是相同的是,这些刊物中关于边疆的叙述大多会追溯历史。例如《边政公论》刊载徐益棠的《西北建设纲领及其方案》,作者在说到甘肃省的建设时,首先做了回溯历史的工作,"(甘肃)在历史与地理上已有极深刻之教训:汉代先置酒泉、张掖、武威、敦煌四郡,以隔绝胡与羌通之路,而西域以通。清代左(宗棠)刘(锦棠)所以能经略新疆,亦赖哈密之屯垦。霍去病之征匈奴,汉光武之守玉门,莫不以弱水流域为其进退攻守之根据地。故河西四郡,实为甘肃西北新疆东南之唯一交通大道,亦即我中国西北边疆与心脏区域之一大动脉"[1]。杨成志在云南东陆大学演讲时,提到西南民族问题,也将视野投向了古代。在教学生如何正确研究西南民族问题时,他说道:"我们读我们上古史,知道有黄帝和蚩尤的战争,据谈黄帝是汉族的始祖;蚩尤是苗族的始祖。当时黄帝打胜,蚩尤打败,其苗裔由黄河流域逃到长江流域,由长江流域更南趋至珠江流域","我们再翻阅史记西南夷列传,后汉书西南夷列传,汉书地理志及华扬国志……"[2] 检阅那个时期的边疆研究刊物,可以找到很多关于古代中国各族经济文化交流、人口融合等方面的论述。可以看出,回溯历史不仅是为了以史为鉴,更重要的是让历史为现实正名。因此,从历史文献中找资料并不仅仅是为了观照历史,更重要的是为了照应现实。

回溯历史的好处在于,可以为不同民族的人们寻求共同的历史记忆,并以此来证明,这些地区自古便属于中国。通过用"自古以来就是如此"的不替之论消解清帝退位后带来的国家凝聚力的缺失。在这

---

[1] 徐益棠:《西北建设纲领及其方案》,《边政公论》,1942年第二卷第一、二期合刊。
[2] 杨成志:《从西南民族说到独立罗罗》,《新亚细亚》月刊,1932年第四卷第三期。

种论述下，以近代民族国家面貌出现的中国就可以理所应当地把历史疆域当现代领土，以政治边界当文化空间。

2. 以汉文化为主塑造中国文明

民族文化作为新生民族国家赖以维系的必需精神资源，在20世纪30年代的国家重构中发挥了重要的作用。一个为国人所广泛认同的民族文化可以加强国民对国家的认同。因此，这些刊物的撰稿人选择了历史悠久、影响最大的汉文化（儒家文化）来作为塑造新的民族文化的主体。

张振之在《新亚细亚》月刊上发表过多篇关于中国文化的文章，在他的描述中，汉文化（儒家文化）等同于中国文化。他的文章《中国文化之向南展开》，以汉文化为中国文化的历史脉络。描述了汉文化从黄河流域进而长江流域，最后至珠江流域的演进过程。在他的心目中，只有汉文化（儒家文化）是先进的文化，也只有汉文化才能成为代表中国的文化，其余各族的文化都不值一提。

在弘扬以汉文化为核心的中国文化这一点上，国民党的理论家戴季陶比张振之走得更远。他在《新亚细亚》月刊第八卷第三期上，发表了关于纪念孔子诞辰的演讲词，他认为："今日为国民政府成立以来第一次国家以至诚的隆礼纪念先师孔子之日。……吾人以十分的欢喜与真诚的恭敬感谢完成中国文化的先师孔子。"[①] 随后，在《新亚细亚》月刊第十卷第二期上，相继有人撰文纪念孔子，《先圣事迹及生卒年月日之考信》《尊孔史叙》《孔子年表》《尊孔论》等，都是为了使汉文化（儒家文化）适应多民族共存的复杂国情，进而成为凝聚各民族国民的有效工具。戴季陶主张"汉民族之文化优于蒙古民族而中国建国之基本为汉民族之文化，故今后汉民族应努力以其文化化蒙古民族而蒙古民族应努力接受汉民族之文化。以后于上古同族同宗之本源而造成真正统一之中华民国，千载万世发展无穷为人类文化之光。藏回诸族其理亦同，然今日之谋国事者多不计及于此，而论国事者多不敢明白主张以汉族为中心而为同化，此盖昧于汉满蒙藏诸族在人种上本为同宗之历史与

[①] 戴季陶：《孔子诞辰纪念演讲词》，《新亚细亚》月刊，1934年第八卷第三期。

文化为人类共同幸福之道理，故既不能自信而后不敢信人耳"①。在戴季陶的心目中，蒙、藏、回、满、苗及各族都应放弃自身落后文化，主动接受汉文化的熏陶。只有这样才能使中国文明成为民族文化，真正打造一个形神俱一的政治—文化共同体。

像张振之和戴季陶那样，选择儒家文化作为中国文明，在当时关注边疆问题的学人当中很普遍。虽然这种做法有其合理性，但是传统"夷夏之辨"的历史记忆或多或少还是在民族文化的建设中存在影响。因而也就出现了很多民国时期的学者和边疆研究者对少数民族风俗和文化的蔑视。戴季陶的《中藏思想沟通之重要》所表达的"西藏文明是畸形的，西藏文明是高而不广，而且除了宗教之外无文明"②。盛襄子在《最近湖南的苗民开化运动》也讲道："苗民僻居西南林谷，天性浑厚，吾人欲推动其文化，使之挤于近代民族之林，实行汉苗同化……"③

本来在以往的历史和文化中寻找共通的习俗、符号和象征在民族国家的建设中很普遍。然而遗憾的是，他们没能处理好少数民族文明和汉文明的关系，简单的替代不能消弭民族文化之间的差异和矛盾，在将二者融合为一这项工作上，他们做得并不是很成功。

3. 新的边疆地域形象的建构

在"华夷天下观"的影响下，古代中国人在提到边疆时，往往将其与海内之地、王化之地并列起来，因而也就有了远近、亲疏、内外之分。那些远离中原汉文明、区别于华夏族的外族居住之地，就常常被古人称为"绝域"、"异域"、"殊域"等。为了突出自己在地域上和文化上的优越性，古人在对边疆进行描述时，往往掺杂自己的想象。比如在古代文献中经常出现的"地广人稀"、"荒僻"、"漠北"、"南荒"的词汇都是用来描绘边疆的。更有唐代兴起的边塞诗，突出描写边塞地区的荒凉和人的孤寂的情绪。同时，对边疆不同风俗的观察也表现在了古人对边民的描述上，例如形容"异族"之人往往用"腥膻"、"性悍"、

---

① 戴季陶：《东方民族与东方文化》，《新亚细亚》月刊，1931年第二卷第一期。
② 戴季陶：《中藏思想沟通之重要》，《新亚细亚》月刊，1931年第二卷第五期。
③ 盛襄子：《最近湖南的苗民开化运动》，《新亚细亚》月刊，1937年第十三卷第一期。

"犷悍"等字眼来描绘。这种传统的文化天下观也深深地影响了民国时期关注边疆的人们。杨希尧是《新亚细亚》月刊的撰稿人之一,他积极倡导人们到边疆去,去建设边疆,用自己无尽的热情去研究边疆。但是即使这样,他在描述边疆地区时也带有传统"夷夏之辨"的烙印。他在青海游记中如此写道:"走过青海的人,总觉得住不惯那种挡不住风雪的黑牛毛帐房,吃不惯那种三分兽粪,七分白面的糌粑,闻不惯那种由人畜身上分泌出来而化合的一种怪味,听不惯那种支离咕噜的番话和那种牛鸣狮吼的诵经声,看不惯那种面目狰狞,终身不浴,裸臂露腿的男女,走不惯那种自有地球以来未经人工修理的道路。"[1] 这种对边疆和边民又爱又鄙夷的心态,恐怕是那个时期研究边疆的人们的常见现象。

然而,这种对边疆的疏离和对边民及其文化鄙夷的态度,在近代民族国家的建构中却越来越不合时宜。为了让中原地区的人们接纳边疆,同时也为了让边民认同国家政权,就需要树立新的边疆地域形象。杨仲华在《西康概况》一文中就一改对边疆地区的负面描述,将西康描述成"畜群来往,低洼之地,烟树相望,亦非穷山戈壁……况虫草知贝,为境内之特产;麝香鹿茸,乃输出之大宗。皮毛之属,利赖无穷。金银诸矿,随地蕴藏"[2]。专注研究西北的马鹤天也对西北三省大加赞赏:"此三省者,均大半为未开发之处女地,而加以新开发之数县,莽野千里,然除少数部分沙漠外,大半沃壤,又最受黄河之利,物产丰富。"[3] 在他们的描述中,边疆地区俨然是地利富庶、人烟繁茂堪比内地的好地方。

古人对于边疆地区的描述既有符合事实的成分,也有一些主观的臆断。而以往这些对边疆地区的负面描述在建构中国的过程中必须要抛弃,代之以一些对边疆积极正面的叙述。因此,民国时期的人们纵然对边疆地区做了大量的实地调查,但是在他们的一些描述中,依然可以见到忽视边地干旱缺水、盐碱地等自然因素的限制,单纯美化边疆的言

---

[1] 杨希尧:《青海漫游记》,《新亚细亚》月刊,1931年第二卷第二期。
[2] 杨仲华:《西康概况》,《新亚细亚》月刊,1930年第一卷第二期。
[3] 马鹤天:《西北三新省之开发问题》,《新亚细亚》月刊,1930年第一卷第六期。

论。如果说古人因为"华夷天下观"的局限而对边疆地区产生了一些误解的话，那么在近代建构中国的过程中，人们为了加速国民的认同，也对边疆产生了一种美好的错觉。

（二）新"天下观"的理论及其实践

自我身份的确定只有在与他者的关系中才能很好地体现出来。因此，20世纪国人在考虑中国问题时，不仅仅从内在的眼光来审视中国，同时也在积极思考中国与外部世界的关系。这既是传统儒家"天下"、"大同"思想在过渡时期知识分子身上的体现，更是现实情况的迫切需要。作为东亚最大的共和国，中国应该在"殖民者—被殖民者"的二分世界中起什么样的作用？一衣带水的邻邦日本和朝鲜又是如何建构自己在新秩序中的地位？中、日、韩三国之间的关系是怎么样的？三国的亚洲主义和孙中山等人的民族国际构想成了解决这些问题的一个切入点。

1. 日、中两国亚洲主义的比较

亚洲主义的发源地在日本，盛邦和先生认为日本早期亚洲主义有三重流派：战略亚洲主义、文化亚洲主义和征亚亚洲主义。随着时间的推移，各个时期亚洲主义的侧重点不一。

日本是东亚三国中最早脱离西方列强控制，通过变革成为世界强国的。然而，热切拥抱西方新秩序的日本发现自己并没有彻底摆脱西方对日本的束缚。日本《亚细亚历史事典》对日本亚洲主义是这样定义的："为抵抗欧美列强对亚洲的侵略，亚洲诸民族以日本为盟主团结起来。明治初年以来，关系到日本的独立问题，提出了'亚细亚连带论'。"[①]之所以这样定义亚洲主义，是因为在明治维新之初，日本尚把自己看成是被压迫民族。因此，日本初期的战略亚洲主义还没有那么多极端民族主义和国家主义的色彩，而是侧重于中日提携共同抵御西方。

但是，日本逐渐发现西方的近代化理论对自己的排斥。为了摆脱西方话语霸权，日本开始在同文同种的东亚三国的内部发现亚洲自身近代

---

① 盛邦和：《日本亚洲主义与右翼思潮源流——兼对戚其章先生的回应》，《历史研究》2005年第3期。

化的种子。这样既可以打破欧洲神话,又能走出传统中国"华夷天下观"的影响。因此,这一时期日本的亚洲主义是带有侵略意图的文化亚洲主义。明治大正年间的日本学者开始频繁地对中国内地及边疆地区蒙、藏、回族聚居地调查就是这一文化亚洲主义的突出表现。他们调查背后的政治目的是要将"中国"从一个庞大的中华帝国中"解放"出来,并借用欧洲"民族国家"的理念,将"中国"解构成以汉族为主体的聚居地在长城以南的一个汉人国家和周边以满、蒙、回、藏民族为主体的多个少数民族国家。[①] 值得注意的还有当时日本汉学界兴起的"唐宋变革论",希望通过这种历史叙事模式打破西方的近代化话语霸权,进而得出"日本才是东亚核心文明的正统继承者"这样的结论,并配合以天演进化论和近代科学理论来确立日本是亚洲的拯救者,新的亚洲秩序应该以日本为盟主和主导者。因此,草间时福坦白地说道:"亚洲可以主持连衡大业的,除了日本难道还有其他的国家吗?"[②]

这样一种带有侵略政治意味的文化亚洲主义很快就在日本国内右翼势力的推动下发展到极端的征亚亚洲主义。20世纪30年代日本军国主义势力的极度扩张并最终导致了1937年的全面侵华。

反观国内,在西方种族主义压迫日重之时,国人对日本的"中日提携"论调产生了极大的兴趣,进而接受了日本"同文同种"的东亚想象。清末不仅是赴日留学生和流亡日本的康梁维新派、孙中山革命党对日本的亚洲主义表示过好感,就连光绪皇帝致书日本天皇时,都冠以"同洲同种同文最亲爱"的词语。[③] 由此可见日本亚洲主义在中国影响之深。对于深受日本影响的革命派来说,更是在以后很长一段时间内在日本亚洲主义的基础上进一步阐释了本国的亚洲主义。1907年,章太炎、陈独秀、刘师培等成立了"亚洲和亲会",虽然和亲会存在没多长时间,却给孙中山完善其亚洲主义提供了思想资源。

[①] 参考葛兆光《宅兹中国——重建有关"中国的历史论述"》,中华书局2014年版,第242—245页。

[②] 章益国:《日本亚洲观的近代转换——从"华夷变态"到亚洲侵略主义》,《社会科学家》2006年第2期。

[③] 中国第一历史档案馆:《光绪朝朱批奏折》第112辑,中华书局1996年版,第383页,转引自许赛锋《甲午战后中日"黄种联合"的政治想象》,《史林》2014年第6期。

孙中山本人对其亚洲主义的阐释经过了两个阶段。第一阶段为了寻求日本的帮助达到革命成功的目的。但是，进入20世纪之后，日本的亚洲主义所表现出的侵略性，让孙中山不得不对日本有所防备，再加上这一时期马克思主义传入中国，孙中山确立了联共的政策。在此情况下，孙中山的亚细亚主义进入第二阶段，即侧重于联合受帝国主义压迫剥削的亚洲弱小民族进行反帝运动，而不仅仅限于中日提携。在民国时期的边疆研究刊物中，《新亚细亚》月刊有不少关于亚洲主义的论述，很好地体现了孙中山第二阶段亚洲主义的特点。

在《新亚细亚》月刊的第一卷第一期"通讯与时论"中刊登了马鹤天对亚洲主义的说明。针对国家主义派曾琦所坚持的"大亚细亚主义"，即中国应该努力奋斗，成为东亚强国之后收复在晚清失掉的朝鲜、安南、暹罗、缅甸为本国国土，即使是日本和南洋地区，也应该重新为中国的属国的言论。马鹤天强烈地批评了曾琦这种带有侵略性的亚洲主义。他认为，中国的亚洲主义应该坚持孙中山生前关于亚洲主义的表述，"应援助朝鲜安南印度等独立，联合各民族，反抗强权国家"[1]。并认为任何的"大……主义"都是侵略弱小民族的借口。可以看出马鹤天关于亚细亚的论述更加符合孙中山晚年亚洲主义的构想。孙中山曾在日本神户高等女校以传统的"王道"与"霸道"的演讲来区别东西洋思想，实际上已经暗含了对日本推行侵略"霸道"政策的批判。因此当日本在20世纪初期表现出对中国强烈的占有欲时，它就被中国人排斥出"亚洲弱小民族"范围，将其归类于应该反抗的"强权国家"的行列。《新亚细亚》的撰稿人克兴额说："可是这已得解脱自强的大和民族，反受了欧洲帝国主义的传染，做了同样的不肖，来东西相应的压制弱小民族。日本之压制朝鲜侵略中国，可算一个明白的铁证。"因而克兴额的意识中亚洲主义更加强调联合团结（弱小民族）"一致抵抗欧美的强盛民族，和本洲内在的专横民族——日本"[2]。在他心目中，亚洲主义是由民族主义到世界主义的阶梯。

---

[1] 马鹤天：《关于"大亚细亚"与"新亚细亚"提名的迥异》，《新亚细亚》月刊，1930年第一卷第一期。

[2] 克兴额：《民族主义与大亚洲主义及世界主义》，《新亚细亚》月刊，1930年第一卷第二期。

在这一时期亚洲主义话语中，中国在亚洲的主导权更多地体现在中国自身形象的塑造和对三民主义的输出上。例如，在《新亚细亚》月刊的创刊宣言中就明确指出"所以中国问题是亚细亚一切民族问题的枢纽，中国复兴是亚细亚民族复兴的起点"，"亚细亚的各民族如何能够免于灭亡呢？整个的亚细亚如何能够站起来呢？那么只有一条唯一的生路，就是全亚细亚的民族要在三民主义之下团结起来，要在三民主义的原则之下创造新生命"。[①] 张振之更是认为世界文化的中心是亚细亚文化，而亚细亚文化的中心是中华文化。通过诉诸自身文化和政治纲领的优越性，以及对外承诺联合亚洲一切弱小民族抵抗东西帝国主义，使中国成为亚洲主义新秩序的主导者。

那么亚洲其他国家是如何在两种不同的亚洲主义间做出抉择呢？毋庸置疑，它们大多选择了中国的"新亚细亚主义"。作为同样被侵略的国家，朝鲜、越南等亚洲国家在感情上自然更亲近中国。因此，一些朝鲜反日人士不仅在上海成立了韩国流亡政府和韩国独立党，并且在孙中山三民主义的启发下，提出了韩国独立党的政治纲领"三均主义"。在国内大革命期间国民党提出的"反帝连带"和"反帝联合战线"更是引起了韩国和越南的革命派的合作兴趣。这些流亡的外国革命家通过对"反帝"领袖孙中山的关注和宣传来传达韩国人的"反帝"反日主张，并以此种方式对中国的革命运动表示关注与支持。[②] 因此，亚洲主义在某种程度上成为20世纪30年代民族国家视野下的中国新的"天下"关怀。

2. 民族国际的构想

如何让中国成为亚洲民族解放运动的领导者，并推广"三民主义"使之成为亚洲民族解放运动的指导思想，从而在民族国家的视阈下实现中国新的"天下"关怀呢？对于这一问题的解决，新亚细亚学会的同人将目光聚焦在建立一个类似于国联和第三国际的国际机构上。

一战之后成立的国联是英法主导下的国际组织，然而在20世纪30

---

① 《创刊宣言——亚细亚之将来》，《新亚细亚》月刊，1930年第一卷第一期。
② [韩]裴京汉：《国民革命与东亚地区的"反帝连带"：以韩国志士吕运亨的在华活动为中心》，《近代史研究》2015年第4期。

年代德意日法西斯肆虐之际，笼罩在"绥靖"政策之下的英法尚且对德采取妥协政策，遑论国联。在日本侵占东三省之后，国联赴中国的调查团提供大量翔实的资料证明日本的侵略罪行，然而即便如此，日本不仅没有得到任何制裁，还以不满国联调查为由退出了国联。日本此举让更多的国人认清了国联的真面目，使国联在国人心目中的形象大打折扣。同样，共产国际在新亚细亚学会同人眼中也是"靠不住"的。大革命国共分流之后，国民党公开反共清共，对于共产国际更是"大加挞伐"。胡汉民就直截了当地表示了他对共产国际的不信任，"我当时所以要提出组织民族国际的主张，就是因为要打破共产党的诡计"①。他认为打破共产党的阴谋就是要让国民党独立自主，不把"国民党送给共产国际"。因而，在反苏反共的立场上言，共产国际也不能成为他们心目中的理想机构。

在他们的心目中，民族国际是区别于国联和共产国际的唯一可以代表弱小民族利益的国际机构。因为，"现在国际的斗争中，我们可以鲜明的看见三股势力放在眼前就是：一、帝国主义的，二、社会主义的，三、民族主义的。第一方面是英美法日意诸强国的势力，第二方面是以苏联为中心的无产阶级的势力，第三方面则是如中国印度等弱小民族的势力。第一第二两方面都有他们的国际组织，就是国际联盟和第三国际，唯独世界的弱小民族却至今没有国际的组织；于是国际联盟和第三国际便做了压迫世界弱小民族的双轮。在这双轮下要解放出来，只有组织民族国际"②。在胡汉民、洪为法和戴季陶等人的意识中，民族国际不仅继承了孙中山的遗志，更以扶持弱小民族，实现民族独立为宗旨，以中国的"王道"思想为基础。民族国际在民族解放运动中将起到"统一意志、集中力量、整齐步调"的作用来完成反帝的任务。因此，在将来组建的民族国际中，"中国将无疑的为其他弱小民族的领导者"③。

在胡汉民和洪为法等人的思维中，民族国际很好地融合了传统的

---

① 胡汉民：《民族国际与第三国家》，《新亚细亚》月刊，1930年第一卷第一期。
② 洪为法：《关于民族国际》，《新亚细亚》月刊，1932年第三卷第四期。
③ 同上。

"天下"意识和现代的"国家"观念。是将"种族、文明、地域、道德等超民族主义的意识形态"和"民族、领土、主权等民族主义的意识形态"① 糅合在一起的努力，并试图克服民族主义与超民族主义在近代中国重构中的张力。虽然民族国际只是那一时期新亚细亚学会同人的一个设想，仅停留在文字上而没有付诸实践，但是仍然是那一时期边疆研究者形塑中国的一个特色。

三 民族国家视阈下的边民统合

在近代民族国家中，民既不是一个个分散的个体，也不是匍匐在君主脚下唯命是从的附庸。国民作为一个整体被赋予了浓重的政治色彩，他们是国家的主人，是出让治权的群体，是拥有独立人格的自由民。与在帝制时代皇帝关系着帝国的治乱兴亡不同的是，在民族国家中，国家的主权归于全体国民。因此，民族国家的首要任务就是要将一盘散沙的臣民凝聚成国民。这一问题具体到边疆上，就是如何将边民统合到民族国家的政治共同体下。

（一）民族统合——民族识别与国族认同

在近代中国的国族建构中存在一个现象，就是民族识别与国族认同并存。本来民族识别和国族认同是一对矛盾体，然而身处转型期的中国却不得不将西学理论与国家需要同时包含进民族统合的过程中。王建民在研究中国民族学问题时强调："一种学术思想的产生和演变决不是偶然的，必然有其所以如此的缘由，是社会发展的产物，受到整个时代社会思潮和社会运动的影响，与其他相近学科的学术思想发展有关，如果把民族学从整个社会总体中分离开来，我们所能见到的就只是琐碎的史料的堆积或支离破碎的片段。"② 同样，研究民国时期的国族建构，也应该将这一过程还原到具体的历史语境中去。

---

① 孙江：《近代中国的"亚洲主义"话语》，《上海师范大学学报》（哲学社会科学版）2004年第3期。
② 王建民：《中国民族学史》（上卷），云南教育出版社1997年版，第15—16页。

在西方人类学、社会学的影响下，不同的语言、文化、政治制度，乃至生活习俗都是区别不同民族的证据。这种民族识别需要用一系列方法学问题来进行田野调查与书写民族志，由此来建立所调查的社会和民族"真实"形态。1895年，日本人类学家鸟居龙藏对中国东北地区进行了调查，随后又去台湾对高山族进行了调查。随着日本侵略扩张意图的愈加明显，派遣到中国的调查团体也越来越多，其中最主要的是东北的满铁调查部。1926年美国的拉铁摩尔横穿了塔克拉玛干沙漠，翻越天山、昆仑山后，完成了他对中国西北边疆的考察。其著作《通往土耳其斯坦的沙漠之路》和《突厥斯坦的重逢》在哈佛大学引起了很大的反响。还有很多英、法、德等国的人类学、社会学、民族学家或传教士、领事官对中国内地进行了深入调查，很多调查俨然就是一部成熟的民族学著作。在这种方法学的影响下，归国之后的留学生和学者也开始用西方人类学、民族学的学科方法对边疆地区的民族进行识别。例如卫惠林在其《边疆文化建设区站制度拟议》一文中，就主张通过文化和语言来进行不同族群文化建设的工作。他认为东北地区应该设置一文化大区，因为这里是通古斯民族的活动范围。在具体设置文化亚区时，他将松花江地区设置为一文化亚区，因为这里是通古斯系赫哲民族居住区，文化特质是渔猎；而兴安岭因其为南通古斯之索伦、达胡尔与北通古斯的鄂伦春族居住地，文化特质与赫哲民族略有不同，是狩猎与驯鹿畜牧，因此自成为一文化亚区——兴安岭亚区。同样，针对西南地区，也应该划分为多个文化区，例如卫氏列举的滇黔区，属于"苗、猡。泰文化区。以云贵台地为范围，为边疆区中孤立部落最多，民族、语言、文化交错性最大的区域。语言常与民族单位相平行。分藏缅、苗蒲、泰掸之语系。文化特质为初级农业"①。在藏缅系民族之下又分出么些、力些、窝尼、古宗、怒子、卡拉、卡瓦；泰掸系民族之下，又分出摆夷、沙人、侬人、仲家；苗蒲系民族之下又分出花苗、白苗、青苗、黑苗、傜、畲等小族。不仅如此，很多学者也关注边疆地区人们的生活习俗、语言、宗教等。在民国时期边疆研究刊物上常常可以看到类

---

① 卫惠林：《边疆文化建设区站制度拟议》，《边政公论》，1942年第二卷第一、二期合刊。

似于《茂莲社区的男女夜会》《贵州宗族研究述略》《黑水社区政治》《青海佑宁寺及其名僧》等这类关于社会和生活习俗的文章。这些学者在完成实地调查后，用语言、宗教、习俗、宗族社区等标准给每个不同的人群贴上属于自己的"文化标签"。再通过在史料中搜罗一些惯听的称呼，例如苗、滇、越、夷等名称来为新识别出来的族群命名。以此完成了民国年间的"民族创造"，也使得民国时期边疆地区出现了"民族化"。这些被识别出来的制度、体系以及结构与象征意义，均难以摆脱研究者自身的文化想象，而与被研究者（异文化人群）之行为与认知无关。①

另外，还有一些学者，他们在处理近代中国的民族问题时，认为应该避免强调民族差异的研究，而应更多关注于民族融合方面。当民族学家努力进行边疆民族考察的时候，许多历史学者从历史文献中努力找寻中华民族多元融合之迹，他们主张以加强国族认同来抵消民族分离倾向。②

1902年梁启超就提出"中华民族"一词，当时他用这一词语代表清王朝境内的汉、满、蒙、回、藏等民族。辛亥之后，革命派领导人孙中山也放弃了原先"排满"的口号而主张"五族共和"，希望将五族同化为以汉族为主体的中华民族。然而，清末已经鼓荡起来的民族情绪和封建帝制的瓦解，使得蒙、藏、满等族不承认其与汉族为同一民族。更有甚者，外蒙的上层统治者为了实现独立向其人民灌输仇视汉族的思想。30年代日本又精心策划了扶持前清溥仪为"满洲国"皇帝的阴谋。这一举动极大地刺激了国人，很多人意识到了"民族自决"的口号已经成为帝国主义侵略中国的"方便法门"。

于是1932年，为了反驳日本为侵略中国东北而炮制出来的"满蒙非中国论"，胡伯玄发表了《东北四省之建置历史与民族源流——为辟日人"东北非中国领土"说而作》一文。文中他列举大量的史料来论证东北与内地的联系，以此来说明东北是中国的领土。但是胡伯玄只做

---

① George E. Marcus and Michael M. J. Fischer, *Anthropology as Cultural Critique: An Experimental Moment in the Human Sciences*, Chicago: The University of Chicago Press, 1986, pp. 25 – 30. 转引自王明珂《反思史学与史学反思》，上海人民出版社2016年版，第25页。

② 王明珂：《反思史学与史学反思》，上海人民出版社2016年版，第36页。

了简单的论述，没有进一步的理论依据。日本帝国主义的步步紧逼，迫使学者再一次思考中国的民族问题。1937年，顾颉刚在《申报》上发表文章《中华民族的团结》，对民族和种族进行了区别，他认为："血统相同的集团，叫做种族。有共同的历史背景，生活方式，而又有团结一致的民族情绪的集团，叫做民族。……我们暂不妨循着一般人的观念，说中国有五个种族；但我们确实认定，在中国的版图里只有一个中华民族。"[①] 卢沟桥事变四个月后，顾颉刚又在为伊斯兰学会同人的演讲《如何可使中华民族团结起来》一文中讲道："'民族'和'种族'不能混为一谈。"1939年，顾颉刚针对时局变化再一次阐释了自己关于民族问题的看法，在《益世报》的《边疆》周刊上发表文章《中华民族是一个》，文中认为从辛亥之后提出的"五族"一词，"是中国人自己作茧自缚"。他之所以如此强调"民族"与"种族"之间的差别，就是因为顾颉刚看到了民族识别、强化民族意识所带来的严重后果。不仅是顾颉刚，很多学人都意识到了"民族"这一概念背后强烈的政治诉求。难怪傅斯年在致顾颉刚的信中就表达了他对人类学家凌纯生研究赫哲而采用了"民族"一词表示的忧虑。因此，作为时代产物的"国族"一词由此而生，成为20世纪30年代后期和40年代统合边民的产物。

以国族来消弭种族差异进而统合边民，同样也成为了边疆研究刊物的重要任务。1941年发刊的《中国边疆》，首刊上发表了许崇灏的《五族同本说》，他认为："凡世之所谓汉藏蒙回满者，仅以为土地之区别，而无复为民族之称号矣。……黄帝之后居中原，后世所谓汉也，炎帝之后居西方，后世之所谓藏也，夏后氏之后居朔方，后世之所谓蒙也，有扈氏之居西北，后世之所谓回也，肃慎氏之居东北，后世之所谓满也，在厥初共为中华一裔。"[②] 1942年《边政公论》创刊时，在民族问题上也坚持同样的观点，认为"在我边疆广大的区域上，散居着汉满蒙回藏各族的人民，而这各个民族，都为大中华民族之一支系，在初本出一源，……中间复经过几千年来的往来接触，使其混合熔铸，成为一个国

---

① 顾潮：《顾颉刚年谱》，中华书局2011年版，第301页。
② 许崇灏：《五族同本说》，《中国边疆》，1941年第一卷第一期。

族"①。可以看出，为了契合"一族一国"和"民族自决"的理论框架，这一时期的学人将已经识别出来的民族"纠正"为"种族"，而把"民族"一词留给作为国族的中华民族。通过这种方式来避免国家分裂，拉近各族人民的情感，共赴国难。

到1943年时，国民政府出版了蒋介石《中国之命运》一书。为了进一步团结国内人民坚持抗战，蒋介石用了联系更加紧密的"宗族"一词来形容各"种族"与国族之间的关系。文章认为满、蒙、藏、回、苗等诸族均是中华民族这个大宗族的一支小宗族，通过诉诸有血缘关系的宗族概念来强化国族认同成为1943年《中国之命运》一文发表后，边疆研究刊物处理民族问题的原则。例如《边政公论》《中国边疆》《边疆服务》等刊物都不再用别的称谓，而是统一用"宗族"一词来称呼汉、满、蒙、回、藏等族，"民族"指代的则只有中华民族。

有了国族之后，如何强化边民的国族认同呢？一些边疆刊物的撰稿人认为应该以汉文化为同化的标准，这其中立编译馆人文组主任郑鹤声就持如此的观点，他认为："我国民族分子，虽甚繁复，但因有汉族为其融合之中心，故同化之力量，殊为强大。在昔各族入据中原，靡不融合与汉族，历代即久，遂形成今日之中华民族。"② 但是对于学术性较强的《边政公论》和《中国边疆》两刊来说，大多数学人则更赞同将现代化设置为同化的标准，以期将各族人民塑造成政治经济上同质的国民。1947年6月，《边政公论》月刊召开了一个关于"边疆自治与文化"的座谈会，会上凌纯生、芮逸夫、柯象峰、马长寿、徐益棠、卫惠林等社会学、人类学、民族学家都对民族同化问题发表了自己的看法，众多学者明确了民族同化应该以现代化为目标。凌纯生认为："边疆的文化不是孤立发展，也不是同化、汉化，而应该是现代化。"③ 芮逸夫也指出文化融合问题应该坚持各族自由发展，使他们凝聚成一种"共同的新型文化"，他同时强调了这种新型文化应该是趋向于现代化的。卫惠林更是从战后整个中国文化和国族精神的建设的高度来论证现

---

① 中国边政学会：《发刊词》，《边政公论》，1942年第一卷第一期。
② 郑鹤声：《近三百年来中华民族融合之趋向》，《边政公论》，1944年第三卷第二期。
③ 凌纯生：《边疆自治与文化——本刊边疆问题座谈会记录》，《边政公论》，1947年第六卷第三期。

代化的重要性。他在《边疆文化建设区站制度拟议》中认为战后中国新文化应该是：1. 放弃海洋文化建立内陆文化；2. 实现彻底的工业化；3. 战后中国新文化必须由国族更为强大的融合；4. 战后中国新文化应该全面发展；5. 新文化应该放弃旧时代的惰性，朝气蓬勃。他特别指明了中国内地的文化有一些因循守旧的因素，如"家庭主义、乡土观念等常为进步之障碍"[①]。他重点说明了边疆文化建设并非仅仅意在边疆地区，而是关乎整个中国战后新文化建设的前途问题。文中他虽然没有提出一个明确的原则，但是彻底的工业化和放弃传统中因循守旧的因素均指向了现代文明。

在20世纪三四十年代，加强民族认同成为统合边民的重要组成部分。虽然民族识别工作和民族统合工作在边疆研究刊物上均有出现，但是在面对外来侵略时，越来越多的人把民族统合当作解决边疆问题的重点，并以现代化来作为统合边民的理论工具。

（二）40年代边疆开发的计划

统合边民的重要手段，就是通过同质的教育、无差别的公民权利以及各种现代化的手段，使单个的人民成为国家政府直接控制下的权利主体，进而将国家疆域内的全体人民凝聚成为与国家休戚相关的共同体。

1. 发展文化教育事业

同质的国民教育对于建立起国民对国家之间认同的桥梁，培养国民的国家意识是至关重要的。清末维新思想家康有为、梁启超都对国民教育的重要性有过论述。清政府在自我改革中，也确立了国民教育的方针和宗旨，通过强民进而强国。在1904年"癸卯学制"改革中，对教育的宗旨即是如此诠释："国民之智愚贤否，关国家之强弱盛衰。初等小学堂为教成全国人民之所，本应随地广设，使邑无不学之户，家无不学之童，始无负国民教育之实义。"[②] 清末的国民教育体系针对的是全国，而民国时期尤其是三四十年代学人的教育计划则更侧重于边疆不发达地

[①] 卫惠林：《边疆文化建设区站制度拟议》，《边政公论》，1942年第二卷第一、二期合刊。

[②] 《奏定初等小学堂章程》，收入璩鑫圭、唐良炎编《中国近代教育史资料汇编·学制演变》，上海教育出版社2007年版，第292页。

区。可以看出，由于帝国主义对边疆地区的觊觎和侵略，国家需要将国民教育体系扩展到更偏远的边疆地区，以此来加强边民的国家认同，抵抗外来侵略。因而在边疆研究刊物中，有很多人提出了针对边疆地区的文化和教育计划。

就《新亚细亚》月刊来说，有不少人都注意到了边疆地区的落后不仅是经济不发达造成的，更重要的是因为教育的落后阻碍了边疆经济的发展。因此，他们主张边疆地区要引入内地先进的文化，重视文化和科学技术的教育。冯云仙就曾说："边民知识简陋，非教育无由启迪。"① 戴季陶也认为，在边疆地区单纯发展经济是行不通的，"有了学问才能发展事业"②。马鹤天在游历了甘肃、青海、宁夏、绥远和蒙古等地后，也忧心忡忡地说道："所感与戴张两先生略同，即觉西北人民之最大苦痛，一为生活饥荒，一是知识饥荒，故开发西北，必先解决西北人民之生活饥荒与知识饥荒。"③ 而在当时学人眼中，教育所要达到的目标不仅是启迪民众，更重要的是强化边民的国家认同。因此，贺伯烈在论述西藏、西康等边疆地区教育的目的时说："1. 须唤起民族精神，破除部落思想；2. 须融合民族情感统一言语及意志；3. 须先深究国际情形，激发爱民族爱国家之精神；4. 须利用科学方法改善日常生活对自然之准确认识；5. 须具有佛学情操，培养忠孝仁爱信义和平之国民道德。"④ 除此之外，蒙藏地区的国民教育还应该"了解民族融合之意义，俾趋向语言及意志之统一。使了解大中华民族之构成与国际地位，激发其爱民族爱国家之精神"⑤。不光是《新亚细亚》月刊撰稿人，金陵大学的教授徐益棠也认为边疆教育在自然科学方面有了一定程度的进步，但是在"国家观念、民族思想上，亦须益求其健全之发展"⑥。在他们的论述里，在边疆发展教育文化事业的目的就是实现对边民的统合。

---

① 冯云仙：《目前西康兴革之要点》，《新亚细亚》月刊，1931年第二卷第五期。
② 戴季陶：《中国的经济建设与教育建设》，《新亚细亚》月刊，1932年第四卷第三期。
③ 马鹤天：《西北开发必先解决西北人民的生活饥荒与知识饥荒》，《新亚细亚》月刊，1932年第四卷第五期。
④ 贺伯烈：《二十四年度中央对于蒙藏回苗教育之设施》，《新亚细亚》月刊，1936年第十一卷第五期。
⑤ 同上。
⑥ 徐益棠：《西北建设纲领及其方案》，《边政公论》，1943年第二卷第一、二期合刊。

霍布斯鲍姆认为，一个近代民族国家想要直接管理其治下的人民，一个最重要的条件就是要有共同的文字书写。因为"现代化国家意味着拥有均质性和标准性的居民，而国家通常会利用共同的书写式'国语'，来达成这项目标"①。因此，推行国语就成为民族国家培育均质国民的必要步骤。贺伯烈在蒙藏教育课程规划中就谈到了国语班的课程计划。国语班规定教授的课程有："一、国音（注重注音符号之认识及应用）；二、国语（形式方面注重日常用语及会话。内容方面注重历史、自然、生活各故事及民间传说笑话寓言等）……"国立西南联合大学的教授罗莘田通过讲述自己的亲身经历，感慨道："要想增加宗族（少数民族）的向心力，使整个的中华民族越发团结，并不是无从着手的。"② 他这里所暗指的就是通过推行国语来增强民族向心力。

除此之外，他们还主张鼓励内地的优秀人才到边疆去；送边疆的学生去留学；广泛创办学校；普及教育；增加中央对边疆教育经费的投入；并希望把大量的报纸、图书运送到边疆地区去，"凡报纸图书，应尽用航空运输。通汽车者，除邮件全用汽车外，由地方政府，特备货车，专运图书杂志。其它教育用品，及文化有关之文件物品，亦可酌量情形，同谋便利"③。在发展文化教育方面，《新亚细亚》月刊的发起人之一戴季陶尤为热心，他不仅鼓励积极发展文化和民族教育事业，还奖励边疆地区的人才。他曾提到要开办更多的西康班，让更多的西康青年出来读书，建设西康，带动边疆各项事业的发展。

2. 移民实边

统合边民的另一个重要问题就是移民。之所以会产生移民问题，是由于清王朝不许汉人私自向东北、蒙古、新疆等地区迁移，因此形成了边疆地区地广人稀而内地生齿日繁的人口格局。这种情况既不利于边疆地区的开发，也不利于民族融合和文化交流，因此成为统合边民的障碍。而解决这一问题的方法，就在于移民实边。

---

① ［英］埃里克·霍布斯鲍姆：《民族与民族主义》，李金梅译，上海世纪出版集团2013年版，第90页。
② 罗莘田：《推行语政与宗族融合》，《边政公论》，1944年第三卷第一期。
③ 马鹤天：《西北开发必先解决西北人民的生活饥荒与知识饥荒》，《新亚细亚》月刊，1932年第四卷第五期。

张六师在论述西康在亚洲、国防和国家经济上的地位时，曾感叹道："如果我们再不到边防去，则被帝国主义蚕食鲸吞，自然是意中事。"① 这一看法得到了新亚细亚学会同人的普遍认同，马鹤天说道："东北环境往往数百里无一人，平均每方里不过数人。蒙古地方，甚至不足一人，且大半为无知识未进化之民族，一切事业，无从着手。故欲开发边疆，须先移民。人口增加，村市稠密，交通产业等等自然可渐次发展。且移南省文化较进之民于东北荒鄙之区，边疆文化，亦可自然进步。可知移民为开发边疆之首要步骤。"② 民国时期因研究日本而出名的戴季陶，在这一时期不仅认为中国应该积极向边疆地区移民，而且还敏感地意识到了日本人移民东北背后的意图，"我们要知道有土地一定要有人民，然后才可以防备别人的殖民。古人说'移民实边'就是这个意思。东三省在这几年里头，受着种种的影响，对于移民实边这件事，已经作了一大部分的功夫。所以以后我们对于东三省的工作，便是'生聚教训'，养成健全的国民，团结力量来抵抗一切的外力"③。

移民问题一方面为了解决内地和边疆地区人口分布不均的问题，另一方面是为了抵御外部力量的蚕食，更重要的还是在于民族的融合。进而让大量的内地汉人到边疆地区去，使汉族和边民共同建设边疆，加强文化和经济的交流，减少民族间的隔膜和敌意。通过移民实边形成民族融合。

（三）官方价值观的宣传

通常来说，一国的国民如若对其国家产生高度的认同感，就必然会认同国家的主流价值观。本文所选取的几个刊物《新亚细亚》《边政公论》《中国边疆》《边疆服务》均带有官方色彩。因此，它们主要用以统合边民的理论工具就是官方的主流价值观念——三民主义。

1. 主义治边

主义指的孙中山的"三民主义"。《新亚细亚》月刊在创刊伊始就

---

① 张六师：《西康移民问题》，《新亚细亚》月刊，1931年第二卷第五期。
② 马鹤天：《救济灾民与移民东北》，《新亚细亚》月刊，1931年第三卷第一期。
③ 戴季陶：《建设东北是中国强盛的起点》，《新亚细亚》月刊，1930年第一卷第三期。

开宗明义地表示要"造成三民主义的中心理论。本刊文字不尚空谈，趋重于实际的研究，除发扬三民主义孙文学说之真意以确定中心革命理论外，对于'实业计划'须尤加以具体的专门的研究。以主义为原则研究中国的边疆问题。分析中国边疆问题之过去现在未来之形势，归结于边疆之开发与建设。以主义为原则研究亚细亚民族的解放问题"①。作为《新亚细亚》学会的发起人，戴季陶经常在《新亚细亚》月刊上发表关于用三民主义凝聚边民的文章。他在《目前救国之途径》中写道："能将全国四万万国民一致统一于青天白日之三民主义之下，以行我数千年来天下为公之大道，则前途之幸福光明可以决定无疑。"② 他认为统合边疆人民的重点在于思想意志的统一，边民所信仰的主义必须是三民主义。只有大家主义一致，边疆才能建设起来，边民才能忽略民族的差异而加深对国家的认同。

黄奋生在讲三民主义与民族自决的关系时，指出将三民主义运用到边疆民族的"自治自决"中去，就是要让"蒙古西藏及新疆边省，当然以实行三民主义为唯一的要求"③，将边疆纳入官方的三民主义话语体系之中。再比如中华基督教会全国总会边疆服务部也都要求其边疆服务的部员要以"三民主义为立国行政之根本大纲"④ 为其信条。

抛开三民主义的民族理论正确与否不谈，单就利用三民主义统合边民、凝聚人心方面，其合理性是毋庸置疑的。民国时期各个边疆刊物对三民主义的宣传不论是出于官方授意还是出于自觉自愿，都是希望在国民精神层面上将边疆省份人民的意识形态纳入国家主流价值体系之内，同时也是将"边疆建构活动纳入国民政府的施政框架之下"⑤。

2. 对边民的塑造

在近代民族国家建设过程中，国家要通过各种宣传手段将现代国家

---

① 新亚细亚学会：《发刊词》，《新亚细亚》月刊，1930 年第一卷第一期。
② 戴季陶：《目前救国之途径》，《新亚细亚》月刊，1932 年第四卷第一期。
③ 黄奋生：《中国边疆民族自决自治问题之探讨》，《中国边疆》，1942 年第一卷第一期。
④ 中华基督教会全国总会边疆服务部：《边疆服务部员信条》，1943 年第一卷第四期。
⑤ 孙喆、王江：《边疆、民族、国家——〈禹贡〉半月刊与 20 世纪 30—40 年代的中国边疆研究》，中国人民大学出版社 2013 年版，第 162 页。

所需的合格国民的标准渗透入国民脑中。也就是福柯说的用"驯顺的肉体"来为现代国家服务。① 因此，政府对边民的塑造，不仅包括生活层面，还包括思想层面。

《新亚细亚》月刊上常常刊登一些有明显教化意义的文学作品。例如该刊的第一卷第一期里，刊登的陆鲁一的文章。文中刻画了一个母亲，她不关心女儿的幸福，只是一味地跟女儿要钱吸大烟，进而引起了女儿和母亲之间的一场争吵。在文章的最后，作者用女儿的嘴说出了这样一番话：

"素性闹开了也好，我心里早已气满了！一天到晚，躺在烟榻上，只知道要钱、钱、钱，钱，你可知道你每天从那支短枪里要吹掉两块多？既然知道没有钱的日子难过，为什么还不省一省？为什么还不把瘾戒掉？"

荷生觉得自己无在这厌恶的地方久留的必要了，对着紫鹃略微迟疑了一下，便转身走了出去。②

通过对忍气吞声的女儿、只顾自己吸大烟的母亲、厌恶女方母亲的男人这几个人物的刻画，把鸦片对人的毒害和人们对吸鸦片者的鄙视用文学化的语言表述出来。这样既不会给人一种生硬的说教感，又可以通过这种方式加深人们对鸦片危害的认识，从而以一种"润物无声"的方式把政府和社会对新国民的要求根植于边民的脑海中。

与在生活方式上改造边民相应的是戴季陶在《新亚细亚》月刊上关于边民思想层面上的改造。戴季陶一直坚持要促使国人觉醒，一定要在思想上下功夫。他在自己的专栏《孝园文稿》和灌片词上阐释了国民在思想和精神上觉悟的重要性。他在《救中国须从心理革命始》一文中指出："想要把国家人民从危亡当中救转来，造成一个富强安乐的国家，文明高尚的国民。必须要中国人自己争气学好，从国民的心理

---

① 刘文楠：《规训日常生活：新生活运动与现代国家的治理》，《南京大学学报》（哲学·人文科学·社会科学）2013 年第 5 期。

② 陆鲁一：《女儿》，《新亚细亚》月刊，1930 年第一卷第一期。

上，起一个伟大的革命。心理的革命成功，全国的人心，强了起来。然后一切革命事业才能够成功。"① 而心理革命的关键则在于国民要分清楚"是非善恶，真伪厉害"。他从中国传统文化和佛教思想等不同的角度来说明心理革命的重要。他希望同人都要"认真大发慈悲，想法把佛教的教化搬出山门以外，行于社会里，而叫一般人都能行五戒十善，进而推行四摄六度，才能保持佛教在人世的真实价值"②。无论是心理革命，还是分清楚"是非善恶，真伪利害"，行佛教的"五戒十善、四摄六度"，这些背后都有一个显而易见的目标，那就是一个良好的社会秩序。他认为："……君子以制度数议德行，这就明明是说一切社会国家个人的生活都要有节制。节制的方法，就是要有秩序，所有一切道德，法令，规章，都是秩序的标准，只要能事事照着秩序去行，便是有节制了。"③ 他认为只有这样才能达到真正的救国。

此外，30 年代的国共对峙同样影响了当时的边疆刊物。尤其是对红军转战频繁的云贵川几个省份的边民进行思想教化时，边疆刊物的撰稿人时时会警醒当地人不要成为分裂国家、扰乱边疆建设的"帮凶"。同样以《新亚细亚》月刊为例，马鹤天在考察西北时，认为中国有一个大问题就是"匪"。他认为妨碍建设边疆的原因之一就是中共和西北军阀，因而他说："中国的匪多，可说是世界有名的。这几年来，因军阀共产党的直接间接影响，日益增加，南北各省，无地无之。"④《新亚细亚》月刊上也登载了一些文学作品，用以"教化"边民远离赤化。蒋用寰的《希娜日记》在涉及红军之时如此写道：

> 我是怕，怕我不幸，也怕全城人不幸！假若红军当真窜入了萍城，那怎得了呢！——杀人放火！尤其是那些赤卫队！……又名他

---

① 戴季陶：《戴季陶先生灌片词：救中国须从心理革命始》，《新亚细亚》月刊，1934 年第八卷第一期。
② 戴季陶：《佛教信徒报恩弘法要从寻常的十善道做起》，《新亚细亚》月刊，1933 年第六卷第三期。
③ 戴季陶：《心力体力与财力节约的真义》，《新亚细亚》月刊，1933 年第六卷第五期。
④ 马鹤天：《开发西北是解决中国社会民生问题的根本方法》，《新亚细亚》月刊，1930 年第一卷第一期。

们为察富队。凡是一种人可以过生活的就是富！富就是土豪！若是沾上了官绅的气息的更是不消说了：所以就要察！察出后，就实行小暴动，一抢而空！抢后一把火烧了它就了事！①

同样，蒋用宜在《两种死法》中描写了一个学生的父亲，因为家里有几亩薄田而被苏维埃领导人认定为"土豪"，要革他的命，最终父亲被红军杀害的故事。其实这些文字大都歪曲、丑化了中共领导下的苏维埃和红军，纯属小说家言。然而，当时的一些关注边疆的知识分子希望用文学作品润物细无声的力量来教化边民远离反政府力量，达到将边民控制在国家、政府的手中的目的。

在少数民族聚居的地方，往往有着复杂的社会矛盾和多种角逐力量，这些矛盾和多种力量部分消解了中央政府对边民的整合力度，因而用文学故事或道德说教塑造边民、强化边民对民族国家认同就显得尤为重要。

四 三四十年代边疆研究的多面相

20世纪三四十年代边疆问题再一次成为显学，很多政府官员、大学教授、学生、不同党派人士都借边疆问题来表达他们对时局和中国命运的看法。然而，在这同一目标的背后，各个边疆刊物建构中国和统合国民的具体关注点和研究方法却非常不同。因此，通过对这一时期的边疆刊物的考察，可以揭示不同群体对边疆研究的不同取向，进而分析这一时期建构中国和统合国民的几个面相。

（一）学术、政治、宗教的共同旨归

本文具体选取了在三四十年代影响力较大的几个边疆刊物进行研究，如30年代的《新亚细亚》月刊、《禹贡》半月刊和40年代的《边政公论》《中国边疆》《边疆服务》。

1934年发行的《禹贡》半月刊是由顾颉刚、谭其骧发起，北京大

---

① 蒋用寰：《希娜日记》，《新亚细亚》月刊，1930年第一卷第六期。

学、燕京大学、辅仁大学等校师生为会员的禹贡学会创办的一个边疆研究刊物。《禹贡》半月刊固然出现在民族危机深重的时代背景下，然而若是单纯从挽救民族危亡、关注边疆危机的角度来考察《禹贡》，不免有脱离具体历史语境去研究问题的嫌疑。顾颉刚在《禹贡》发刊词中讲道："研究地理沿革在前清曾经盛行一时。可是最近十数年来此风衰落已到了极点。各种文史学报上找不到这一类的论文，大学历史系里也找不到这一类的课程，而一般学历史的人，往往也不知禹贡九州、汉十三部为何物，唐十道、宋十五路又是什么。这真是我们现代中国人的极端的耻辱！在这种现象之下，我们还配讲什么文化史、宗教史，又配讲什么经济史、社会史，更配讲什么唯心史观、唯物史观！"① 因此，他认为如果没有实证的研究，就没有发言权，"不读书的便不能说话"②。他建议，要"从散漫而杂乱的故纸堆中整理出一部中国地理沿革史来"③。因而，顾颉刚虽然是受民族危机的刺激而研究边疆问题的，但是"我们大体可以看出他由考辨古史而关注古地理，由《禹贡》而关注地理沿革，再到办《禹贡》半月刊的内在学术发展理路"④。顾颉刚办《禹贡》半月刊既是对现实问题的回应，同时也是他自己"从'古史辨'到'古地辨'这一学术旨趣演化过程的客观反映"⑤。

在这几个刊物中，《禹贡》将晚清以来"经世致用"的学术理念和"乾嘉考据"的研究方法通过边疆研究这一平台表达出来，故而独具特色。但是，同样是研究边疆问题，《边政公论》所表现出来的学术风格和《禹贡》便大不一样。

单从作者群来看，《禹贡》由顾颉刚、谭其骧主编，在谭其骧南下广州之后又由冯家升接替其工作。该刊主要由钱穆、蒙文通、童书业、孟森、史念海、张维华等学者和北大、燕大、辅大的一些学生供稿。在这些供稿的作者中，顾颉刚、谭其骧、冯家升以及钱穆、蒙文通等学者

---

① 顾颉刚：《发刊词》，《禹贡》半月刊，1934年第一卷第一期。
② 同上。
③ 同上。
④ 孙喆、王江：《边疆、民族、国家——〈禹贡〉半月刊与20世纪30—40年代的中国边疆研究》，中国人民大学出版社2013年版，第30页。
⑤ 同上书，第32页。

都是当时著名的历史学家。北大、燕大、辅大的学生也大多是三校选修古代地理沿革的人。因此,《禹贡》半月刊的边疆史地文章明显属于历史学"考据考辨"的类型。

而经常为《边政公论》供稿的作者则是吴泽霖、卫惠林、林耀华、张印堂、徐益棠、张维华、李安宅、凌纯声、陶云逵、岑家梧、吴其昌等,其中张维华和吴其昌是历史学家,吴泽霖、卫惠林、林耀华、陶云逵、李安宅均是各大学的社会学系的教授;凌纯声是中研院历史语言所人类学组专任研究员;岑家梧曾留学日本研究人类学和民族学,抗战时期也曾担任过大学社会系教授。徐益棠留学法国,师从有"20世纪法国民族学之父"之称的马塞尔莫斯学习民族学理论,回国后在金陵大学任教,专任研究员、西南边疆主编。

从作者群的比较来看,《边政公论》已经脱离了传统的"考据考辨"的学术理路,在阐述边疆问题时,更多的是按照西方已发展成熟的民族学、社会学、人类学等近代社会学科来考察中国的边疆社会。因此,《边政公论》的行文风格既不同于《禹贡》的古地考辨类型,也不同于《新亚细亚》边疆概述、略述式的粗浅介绍。而是通过大量的田野调查、实地考察来收集资料。例如,卫惠林在《边疆文化建设区站制度拟议》一文中就主张针对中国边疆文化之构成因素与基本特质,"每一区内依民族分布与文化特质"来设置文化建设工作站。徐益棠在《西北建设纲领及其方案》一文中也有关于建设西北边疆的详细论述,他在"建设——水利第六"这一节中,就不再是提出要新修水利等大而无当的建议,而是详细论述了西北各地的水文条件,并提出培养森林、修浚渠道、坎儿井与引水木槽之设置三条主张。还有严德一的《柴达木屯垦问题》、陈正祥的《甘肃之地理环境与农业区域》、马溶之和席连之的《甘青土壤调查记》、李方桂的《莫话之分布地点及其与他种语言之关系》、罗莘田的《语言学在云南》《推行语政与宗族融合》、闻宥和杨汉先的《黑水社区政治》等一些文章,均深入当地进行田野调查获取第一手资料,并根据实际情况提出了切实可行的建议。

在众多的边疆研究团体中,还有一个比较特别的团体就是中华基督教会全国总会。该教会发起的边疆服务运动,既是承接它自身基督教

"本色化"的要求，也是应外部环境的要求"抗战建国"而发起的。①1927年中华基督教全国总会成立后，强调"教会要担负起改造社会的使命"，实现教会的"本色化"。②因而在40年代的现实环境下，中华基督教会将自己关注的焦点放在了边疆上，并且开始服务抗战的大后方——西南边疆。但是与政府主导的《新亚细亚》和学术型的《禹贡》《边政公论》刊物不同的是，《边疆服务》同时要把边疆研究服务和传播宗教信仰联系起来。因此，崔锡峰在《边疆服务》的开会词中认为："服务边胞是一件实行基督教训的伟大运动。"

三四十年代，国人关注的焦点莫过于边疆。日本侵略者的步步紧逼让人们认识到边疆不存，中国亦亡。在这种环境下，各方人士纷纷借"边疆"来表达自己对国家、民族的看法。其中不乏不同教育背景的学者、政府官员以及宗教界人士，他们在剖析边疆问题的同时，也借此展示了不同的知识结构、学术趣味及政治目的。

（二）从文化民族到政治民族

美国政治学家卡尔·多伊奇将民族区分为"文化民族"和"政治民族"，文化民族就是历史形成的文化共同体。③传统中国人以文化来区别族群，因此有"所以为中国者，以礼仪也；所以为夷狄者，无礼仪也"④，这里所指的礼仪就是汉文化的浓缩。古代士人用《春秋》"夷夏之辨"来强化自身文化的优越性。在此种话语模式下，古代的边疆就不仅仅是一个地理概念，更是一个借以区分夷夏的文化概念。到了民国，"边疆"一词中的文化意义仍然大于单纯的地理界限。卫惠林在阐述"边疆"时，仍然觉得："我国边疆的含义与其说是政治的，毋宁说是文化的，乃是由其文化的特殊性质所构成的地区类型。凡是与内地纯中原文化异趣的特殊文化区域，即汉族本位文化圈以外，或与非汉族

---

① 汪洪亮：《中华基督教会全国总会边疆服务运动研究》，硕士学位论文，四川师范大学，2004年。
② 同上。
③ 高永久：《民族学概论》，南开大学出版社2009年版，第95页。
④ 皇甫湜：《东晋元魏正闰论》，转引自饶宗颐《中国史学上之正统论》，中华书局2015年版。

文化交错性较大的地区，我们普遍称之曰'边疆'。"① 陶云达在其《西南边疆社会》一文中也表达了相同的意思，即："现在普通一般所谓的'边疆社会'、'边疆民族'，实在是指所有一切与中原汉语文化不同体系的诸非汉语社会而言，边疆社会一语中的边疆一词的地理的含义，在人们的心目中，实已失去其原著地位了。这样，则所谓边疆社会一词是不限于靠近边界诸省中非汉语人群，而是指一切非汉语社会而言。"② 文化的边疆是一个与中原文化异趣的区域，当然就不存在一条确定的国界线来区别汉与非汉的边界。以传统中国的政治理念而论，"中国之与夷狄，内外之辩也。以中国治中国，以夷狄治夷狄，势至顺也"③。因此，历朝历代对异文化人群基本采用因其教不易其俗、齐其政不易其宜的怀柔政策，这种圈层的统治秩序，使得越远离中原汉文化圈的区域，中央的统治力越薄弱，各地离心力越强。

然而，这种侧重文化的边疆和怀柔政策抵挡不住西方的枪炮和更有政治目的的民族理念。对近代兴起的民族主义来说，共同的文化只是塑造民族的工具而非标准，它真正的意义在于国家、人民、主权。因此，在论及近代民族时，马克斯·韦伯认为："在明显、模棱两可的'民族'一词背后，都有一个共同的目标，它清晰地根植于政治领域。"④ 清末孙中山提出的"驱除鞑虏，恢复中华"虽与朱元璋《喻中原檄》中"驱逐胡虏，恢复中华"大致类似，但是前者的最终目标却不仅仅在于文化上的中华，更是要求打破皇权世袭，建立一个基于人民主权基础之上的中华民国。在这里"民族"的意义已经变成"作为一政治实体及独立主权的涵义"⑤。

因此，虽然19世纪中后期和20世纪三四十年代的学人都关注边疆

---

① 卫惠林：《边疆文化建设区站制度拟议》，《边政公论》，1942年第二卷第一、二期合刊。

② 陶云达：《西南边疆社会》，《边政公论》，1943年第三卷第九期。

③ 胡翰：《正纪》，转引自饶宗颐《中国史学上之正统论》，中华书局2015年版。

④ Max Weber, *The Nation*, in *From Max Weber: Essay in Sociology*, trans. and ed. by H. H. Gerrth and C. Wright – Mills, London: Routledge & Kegan Paul, 1948, p. 179. 转引自高永久《民族学概论》，南开大学出版社2009年版，第90页。

⑤ ［英］埃里克·霍布斯鲍姆：《民族与民族主义》，李金梅译，上海世纪出版集团2013年版，第87页。

问题，但是20世纪三四十年代的重点却是国家的重构和边民统合。从30年代的《新亚细亚》和《禹贡》到40年代的《边政公论》《中国边疆》《边疆服务》，已经开始了从"边疆"到"边政"的过渡。边疆不再是单纯的文化概念，而是要将其统合入国家行政体系内，是摒弃有差异的圈层统治秩序，代之以同质化的科层治理模式。因为一个现代化国家意味着拥有均质性和标准性的居民，① 在这种情况下，学人建议的统合边民的方法就集中在推行国语、普及中小学教育、设省置官、兴建交通、移民实边等措施。以此来使各民族凝聚成一"有能力制订、支持、推行共同愿望的群体"② 的政治民族。

从文化民族到政治民族的趋向在40年代表现得愈加明显。如果说30年代所激发起来的民族主义主要在于一致对外抗击日本保卫国家的话，到了40年代中期抗战进入了最后的阶段，如何建国、建立怎样的国家则成为各方关注的焦点。此时国内的民主化呼声此起彼伏，反映在边疆问题之上就是《中国边疆》《边政公论》等刊物中出现了大量关于边民参政、行宪与自治之类的文章，以及对近代民族所包含的公民权利的重提。

穆勒在界定民族定义时，特别强调了同一民族的认同感是"想在同一个政府之下效忠国家，或者想通过自治或部分自治的方式来管理国家"，霍布斯鲍姆对此评价道："我们一点也不惊讶穆勒会特别把民族认同问题，放在他那本有关代议政府或民主制度的论著里面。"③ 其实深入挖掘从文化族群到政治民族的转变，实际上就是从传统国家到现代国家的转变过程，也是从臣民到国民的转变过程，更是现代国家机器的扩张的过程。文化族群常常是政治民族建构的必需素材，然而脱离了政治民族而存在的文化族群，就像卸下盔甲、放下武器的士兵一样软弱无力。

---

① ［英］埃里克·霍布斯鲍姆：《民族与民族主义》，李金梅译，上海世纪出版集团2013年版，第90页。
② 王缉思：《民族与民族主义》，《欧洲》1993年第5期，转引自高永久《民族学概论》，南开大学出版社2009年版，第95页。
③ ［英］埃里克·霍布斯鲍姆：《民族与民族主义》，李金梅译，上海世纪出版集团2013年版，第18页。

（三）同化与反同化

20世纪三四十年代，就在汉族知识分子积极响应时局需要建构国族，帮助政府从学理层面出发融合各族共赴国难之时。那些"被同化"的少数民族却对这一行为持不同意见，甚至很排斥主体民族的同化行为。

从民国初年，孙中山将其民族口号改为"五族共和"开始，到30年代以《新亚细亚》月刊为代表的"大汉族主义"的民族同化论，再到抗战后期蒋介石发表《中国之命运》一书中的"宗支论"，都是汉族知识分子进行的民族建构的努力。他们希望模糊各族之间的差异，将国内的民族统一在国族的旗帜之下。这一行为在大多数汉族知识分子看来，当然没有什么不妥。[1] 然而却没有得到少数民族的赞同。

1939年，张廷休相继发表了《苗夷汉同源论》和《再论夷汉同源》。两篇文章的主旨都是为了说明夷汉同源这个命题。与张廷休同时的还有顾颉刚、傅斯年、张维华、黄奋生都持此种观点。但是苗族的鲁格夫尔对此提出了不同的意见，他认为："苗夷虽无专书记载，但夷苗自己绝不承认是汉族同源"，"所谓建国亦建汉族之国，使蒙、藏、回、夷苗同胞听了必然反对，他们也不会盲目地跟汉人乱喊的，认黄帝为祖宗。所以要想团结各民族一致对日，对变相的大民族主义之宣传须绝对禁止，以免引起民族间之摩擦，予敌人以分化的口实"。[2] 黄奋生在《中国边疆民族自决自治问题之研究》一文中也举了一个例子，说有一天，某一个边疆的地方机关代表看到了我根据国父的遗教，主张中国要造一个"美利坚型的中华民族"的言论时，他就立刻表示惊异。[3] 生怕在统一的国族之下没有了少数民族而只剩下大汉族，并忧心自己民族的

---

[1] 并不是所有的汉族知识分子都赞同"中华民族一元论"这样的民族观，费孝通、翦伯赞、白寿彝等学人对此就持保留意见。

[2] 黄天华：《民族意识与国家观念——抗战前后关于"中华民族是一个"的论争》，载中国社会科学院近代史研究所民国史研究室、四川师范大学历史文化学院编《一九四〇年代的中国》（下卷），社会科学文献出版社2009年版，第1044页。

[3] 黄奋生：《中国边疆民族自决自治问题之研究》，《中国边疆》，1942年第一卷第一期。

利益及诉求被忽视。不难看出,"大汉族主义"和"中华民族一源论"以及这种观念下产生的民族同化政策,只是主体民族史观的叙事范例,并没有得到广大非主体民族的认同。他们反对与汉族同出一源、反对民族同化的政策,因为这样就会模糊了自身的民族认同。以上两例中的少数民族人士虽然不同意汉族知识分子的国族建构叙事和民族同化政策,但是在国难当头之际并没有因为民族认同而不顾国家认同。与此相较,另一些地区的民族人士却将自己的民族诉求直接付诸政治行动,用制造分裂的方式来反对主体民族的同化。

近代民族主义的东来,激荡起来的不仅仅是清朝统治下的汉人,那些生活在边疆地区的少数民族也在强化自身的民族认同。就在汉人喊出"驱逐鞑虏,恢复中华"的革命口号时,他们也在积极寻求建立属于自己的民族国家的途径。

1911年辛亥革命,清王朝的统治被推翻。随之而来的是因清帝的退位而造成的蒙古上层人士对新政权的不认同。此后,不论是哲布尊丹巴政权还是蒙古人民革命党建立的蒙古人民共和国均宣称自己是一个独立的共和国。在一些蒙古学生中都有着"我将来的目的,要解放蒙古族,而解放蒙古族之方法,在推翻汉人对蒙古族之统治"、"中国的反动统治者没有放弃统治和压迫我们蒙古的企图,他们的野心未死"。[①]通过人为地制造汉蒙矛盾、拉大民族差异、强化民族仇恨来对抗汉族知识分子倡导的国族认同。但是,对于外蒙古,民国学人并没有放弃将其拉回中华民族的努力。马鹤天就多次考察过内外蒙古,并针对外蒙古已形成事实上的独立,如何争取其回归中华民国发表过一系列看法。他认为:欲解决外蒙问题,不可不研究外蒙国民党(人民革命党),究竟其党的成立经过如何?主张如何?与三民主义相近,抑或与共产主义相近?是否可以用三民主义的力量,统一蒙古民族于青天白日旗帜之下?实为吾党今日应研究之问题。[②] 在"五族共和"和"中华民族是一个"的口号不能解决外蒙古的问题之时,马鹤天想到了用三民主义的力量去

---

① 冯建勇:《边疆民族精英的建国想象——以民国时期蒙疆藏为例》,《文化纵横》2014年第6期。
② 马鹤天:《外蒙国民党与三民主义》,《新亚细亚》,1930年第一卷第四期。

吸引外蒙古政权。

对于三四十年代汉族知识分子和中央政府进行的国族建构，边疆民族人士对此并不是全部都认同。边疆民族将国族建构看成一个消灭他们民族特性、忽视其特殊利益、取消边疆地区自治地位的行为。因而，在主体民族进行同化之时，他们成为一股"妨碍"同化的力量，并通过各种方式来完成他们自己的民族塑造。

结　语

于今人而言，中国、中华民族、中国人这些词汇以及它们背后的含义都是天然的常识，以至于如果我们讨论"哪里是中国"、"谁是中国人"这些的问题都会让人觉得不可思议。因为对于生活在当下的人来说，熟悉自己国家的历史脉络，认同自己的国籍属性再正常不过了。但是，这种"倒放电影"式的观念看法不利于我们深入当时的历史语境去研究中国现代国家和国民认同的形成。今天的中国人之所以会接受一整套中国民族国家的话语体系，乃是因为这套话语体系是清末民初以来的知识分子不断收拾西方学理、考虑现实国情整合出来的，是符合中国现代民族国家建构和国民认同要求的结果。

对于中国这样一个统一多民族的国家来说，要将其改造成西方民族主义理论所宣扬的"一个民族一个国家"，既不符合近代中国的国家利益，也不符合中国几千年民族融合、多元一体的实际情形，这就需要时人处理好边疆和国家之间的关系。20世纪三四十年代，边疆研究之所以再度成为显学，主要是因为"九一八"事变之后，边疆危机日益加深。为了遏制帝国主义制造的分裂我国边疆的趋势，同时也使边疆承担起国家抗战后方战略调整的任务，政学界人士认识到急需加速现代中国的建构和边民的统合，以便全国团结一致共赴国难。建构中国是为了树立中国统一民族国家的形象，强化国民的国家认同。统合边民是为了打破近代以来各民族之间狭隘的族群限制，实现整个国族的政治、经济、文化、社会的渐次整合。只有将边疆纳入国家的政治格局和法律秩序内，才能使边疆由"边鄙之地"变为"畿辅要地"，撑起中华民族抗战建国的希望。

以 20 世纪三四十年代边疆刊物为切入点研究现代中国的建构与统合，可以让人们对国难下的政学界人士为实现统合边疆和建构中国的努力具有同情之理解，进而使现代国人更加明白统一多民族中国所走过的艰难历程。

参考文献

一　民国期刊资料

新亚细亚学会：《新亚细亚》月刊，第 1 卷第 1 期—第 14 卷第 78 期，1930—1944 年。

顾颉刚、谭其骧：《禹贡》半月刊，第 1 卷第 1 期—第 7 卷第 10 期，1934 年。

中国边疆学会：《中国边疆》月刊，1942—1948 年。

中国边政学会边政公论社：《边政公论》，第 1 卷第 1 期—第 7 卷第 4 期，1941—1948 年。

中华基督教会全国总会边疆服务部：《边疆服务》，1943—1950 年。

二　著作

孙喆、王江：《边疆、民族、国家——〈禹贡〉半月刊与 20 世纪 30—40 年代的中国边疆研究》，中国人民大学出版社 2013 年版。

王建民：《中国民族学史》，云南教育出版社 1997 年版。

王明珂：《华夏边缘：历史记忆与族群认同》，浙江人民出版社 2013 年版。

高永久：《民族学概论》，南开大学出版社 2009 年版。

马大正、刘逖：《二十世纪的中国边疆研究——一门发展中的边缘学科的演进历程》，黑龙江教育出版社 1997 年版。

中国社会科学院近代史研究所民国史研究室、四川师范大学历史文化学院：《一九四〇年代的中国》（下卷），社会科学文献出版社 2009 年版。

于逢春：《国民统合之路——近代中国民族国家构筑视野下的内蒙古东部蒙旗教育》，黑龙江教育出版社 2012 年版。

杨念群：《何处是"江南"——清朝正统观的确立与士林精神世界的变异》，生活·读书·新知三联书店2010年版。
汪晖：《现代中国思想的兴起》，生活·读书·新知三联书店2015年版。
葛兆光：《宅兹中国——重建有关"中国"的历史论述》，中华书局2014年版。
王明珂：《反思史学与史学反思》，上海人民出版社2016年版。
顾潮：《顾颉刚年谱》，中华书局2011年版。

三 译著

［英］埃里克·霍布斯鲍姆：《民族与民族主义》，李金梅译，上海世纪出版集团2013年版。
［美］本尼迪克特·安德森：《想象的共同体：民族主义的起源与散布》，上海世纪出版集团2015年版。

四 期刊

许纪霖：《共和爱国主义与文化民族主义——现代中国两种民族国家认同观》，《华东师范大学学报》（哲学社会科学版）2006年第4期。
邹明洪、冯建勇：《从传统天下到近代国家：清季近代国家观念之构筑——兼论民族国家构筑视野下的中国边疆》，《湖南科技学院学报》2010年第31期。
郑大华、朱蕾：《国民观：从臣民观到公民观的桥梁——论中国近代的国民观》，《晋阳学刊》2011年第5期。
盛邦和：《日本亚洲主义与右翼思潮源流——兼对戚其章先生的回应》，《历史研究》2005年第3期。
章益国：《日本亚洲观的近代转换——从"华夷变态"到亚洲侵略主义》，《社会科学家》2006年第2期。
许赛锋：《甲午战后中日"黄种联合"的政治想象》，《史林》2014年第6期。
［韩］裴京汉：《国民革命与东亚地区的"反帝连带"：以韩国志士吕运亨的在华活动为中心》，《近代史研究》2015年第4期。
孙江：《近代中国的"亚洲主义"话语》，《上海师范大学学报》（哲学

社会科学版）2004年第3期。

刘文楠：《规训日常生活：新生活运动与现代国家的治理》，《南京大学学报》（哲学·人文科学·社会科学）2013年第5期。

冯建勇：《边疆民族精英的建国想象——以民国时期蒙疆藏为例》，《文化纵横》2014年第6期。

韦清风：《近代中国边疆研究的第二次高潮与国防战略》，《中国边疆史地研究》1996年第3期。

徐文渊：《"民国时期的边疆与社会研究（1911—1949）"学术研讨会综述》，《中国边疆史地研究》2014年第4期。

都永浩：《辛亥革命前后的"中华民族"概念》，《中国边疆史地研究》2012年第3期。

段金生：《30年来南京国民政府边政研究综述》，《中国边疆史地研究》2010年第3期。

王希隆、付军：《顾颉刚先生在西北》，《中国边疆史地研究》2005年第4期。

周文玖、张锦鹏：《关于"中华民族是一个"学术论辩的考察》，《民族研究》2007年第3期。

叶罗娜：《新亚细亚学会与〈新亚细亚〉月刊》，《赤峰学院学报》（汉文哲学社会科学版）2007年第1期。

房建昌：《简述民国年间有关中国边疆的机构与刊物》，《中国边疆史地研究》1997年第2期。

刘逖：《中国地学会》，《中国边疆史地研究》1991年第2期。

尚季芳：《国民政府时期的西北考察家及其著作述评》，《中国边疆史地研究》2003年第3期。

冯建勇：《构建民族国家：辛亥革命前后的中国边疆》，《中国边疆史地研究》2011年第21期。

冯建勇：《重构国家认同：民初中央政府对蒙藏边疆地区之统合——以1911—1915年为中心》，《黑龙江民族丛刊》2009年第4期。

刘民、胡跃华：《晚清民初中国的国民国家构筑与国民铸造——评于逢春〈中国国民国家构筑与国民统合之历程〉》，《中国边疆史地研究》2007年第17期。

段金生：《边疆研究与近代民族国家之构筑：以1941年〈边政公论〉发刊词为中心的考察》，《烟台大学学报》（哲学社会科学版）2012年第25期。

刘锋焘：《艰难的抉择与融合——浅论"华夷之辨"观念对中华民族史的负面影响》，《文史哲》2001年第1期。

胡逢祥：《民族主义与中国现代民族国家意识的形成》，《华东师范大学学报》（哲学社会科学版）2010年第2期。

赵永春：《从复数"中国"到单数"中国"——试论统一多民族中国及其疆域的形成》，《中国边疆史地研究》2011年第21期。

张文：《论古代中国的国家观与天下观——边境与边界形成的历史坐标》，《中国边疆史地研究》2007年第17期。

杨天宏：《清帝逊位与"五族共和"——关于中华民国主权承续的"合法性"问题》，《近代史研究》2014年第2期。

姜红：《"想象中国"何以成为可能——晚清报刊与民族主义的兴起》，《安徽大学学报》（哲学社会科学版）2011年第1期。

罗志田：《近代中国民族主义的研究取向与反思》，《四川大学学报》（哲学社会科学版）1998年第1期。

五　硕士论文

李海健：《新亚细亚学会与抗战时期的边疆研究》，硕士学位论文，河北大学，2010年。

储竞争：《抗战时期国人西北书写与国族意识建构》，硕士学位论文，兰州大学，2011年。

封磊：《20世纪三四十年代边政研究的学术转型——基于〈新亚细亚〉与〈边政公论〉的比较研究》，硕士学位论文，兰州大学，2013年。